C.H.BECK
STUDIUM

Ralf von den Hoff

Einführung in die Klassische Archäologie

C.H.Beck

Mit 45 Abbildungen

Satz: Janß GmbH, Pfungstadt
Druck und Bindung: CPI – Ebner & Spiegel, Ulm
Umschlagkonzeption: Bruno Schachtner, Dachau
Gedruckt auf säurefreiem, alterungsbeständigem Papier
(hergestellt aus chlorfrei gebleichtem Zellstoff)
Printed in Germany
ISBN 978 3 406 72728 3

www.chbeck.de

Inhalt

Vorwort 7

I. Die Klassische Archäologie als historische Kulturwissenschaft 9

1. Gegenstände und Grundlagen der Klassischen Archäologie 13
   Materielle und visuelle Kultur, Taphonomie, Objektbiographie 13 – Kontexte und Re-Kontextualisierungen 14 – Hermeneutik 16
2. Grundlagen der Bild- und Artefaktinterpretation in der Klassischen Archäologie 17
   Vergleich, Klassifizierung, Interpretation 18 – Gattungen 19 – Formanalyse 22 – Chronologie 27 – Funktionen: Verwendungs- und Wahrnehmungskontexte 31 – Ikonographie 32 – Kommunikation: Semiotik und Medien 35 – Historisch-soziale Kontextualisierung, Repräsentation 40

II. Fallbeispiele 44

1. Das Grab einer *‹rich lady›* in Athen (9. Jh. v. Chr.) . . . 44
2. Ein Grabmal aus der Zeit Homers (spätes 8. Jh. v. Chr.) 54
3. Opfern, Weihen, Speisen, Flüchten: Das Heraheiligtum von Perachora (7.–2. Jh. v. Chr.) 67
4. Ein prächtiges Weihgeschenk für Hera (640/610 v. Chr.) 86
5. Kuros und Kore: zwei archaische Grabstatuen (540/530 v. Chr.) 104
6. Bilder im Diskurs auf attischem Symposiongeschirr (480–450 v. Chr.) 127
7. Der hässliche Dornauszieher (2. Jh. v. Chr.) 149
8. Das Grabmal des L. Munatius Plancus in Gaeta (20/10 v. Chr.) 163
9. Ein höfisches Edelsteingefäß: Bildsymbolik und politische Realität (ca. 30/10 v. Chr.) 182
10. Das Porträt eines Römers mit Ahnenbildnissen (frühes 1. Jh. n. Chr.) 199
11. Die Grablege eines Römers aus dem Ritterstand (160–180 n. Chr.) 217
12. Ein Herakles im Typus Farnese in den Thermen des Caracalla (211–217 n. Chr.) 235

III. Hilfsmittel und Online-Ressourcen 256

IV. Anhang 261
Bildnachweis 263
Register und Glossar 264
Begriffe 264 – Orte/Regionen/Bevölkerungsgruppen 274 – Personen/Figuren 276

Vorwort

Die vorliegende Einführung in die Klassische Archäologie ersetzt jene vergriffene aus der Feder von Ulrich Sinn, die im Jahr 2000 publiziert wurde. Seither ist viel geschehen. Die Etablierung der neuen Bachelorstudiengänge an deutschen Universitäten hat bis zum Jahr 2002 eine Welle von Büchern hervorgebracht, die in das Studium des Faches einführen. Dies hat gezeigt, dass *eine* ‹Einführung in die Klassische Archäologie› nicht alles leisten kann und muss. Zu groß ist der zeitliche Rahmen, zu vielfältig sind die Gegenstände, die Fragestellungen, Möglichkeiten und Traditionen dieses Faches.

Die Lehrpraxis macht aber auch deutlich, welcher Bedarf besteht: Es fehlen Hinführungen zur wissenschaftlichen Arbeit anhand konkreter Fallbeispiele, wie sie Ulrich Sinns Einführung bereitgestellt hat. An dieser Idee wurde deshalb für das vorliegende Buch festgehalten. Es fehlt eine Einführung, die Bilder und mit Bildern versehene Artefakte in den Mittelpunkt rückt, da sie zentrale Gegenstände der Klassischen Archäologie sind. Und es fehlt für dieses Forschungsfeld eine Heranführung an die wissenschaftliche Methodik des Faches. Vor allem deren grundlegende Schritte werden in diesem Buch erklärt. Der vorliegende Band versteht sich in diesem Sinne als Ergänzung zur Bereitstellung von Sachwissen, das er nicht systematisch vorführen kann; er versteht sich als praxisorientierte Hinführung zu den Methoden des Umgangs mit Bildern und Bildobjekten der griechischen und römischen Antike, die anders ausgerichtete Einführungen in das Fach komplementär ergänzt; und er richtet sich an alle Interessierten, soll aber vor allem in der Lehre seinen Einsatz finden. Die zeitlichen Grenzen, die ein universitärer Einführungskurs setzt – und natürlich auch die Interessen und Kompetenzen des Verfassers –, mögen entschuldigen, dass vieles nicht behandelt, viele Fragen und Methoden des Faches und auch seine so wichtige Fachgeschichte nicht besprochen werden. Die Literaturangaben wurden auf Einführendes und erste Orientierungen beschränkt. Doch ist gerade die weitere und eigenständige Lektüre der Kern des Eintritts in das wissenschaftliche Arbeiten. Sollten die behandelten Inhalte der wissenschaftlichen Qualifikation der Studierenden dienen und alle diejenigen zu einer kritischen Arbeitsweise und weiteren Lektüre anregen, die sich für die materielle Kultur der griechischen und römischen Antike interessieren, so ist bereits viel erreicht.

Ohne meine langjährige Lehrerfahrung in München und Freiburg i. Br., ohne viele ‹Einführungskurse› und kritisch fragende Studierende, aber auch ohne Debatten um Methoden und Potenziale des Faches mit Kolleginnen und Kollegen hätte dieser Band nicht entstehen können. Für konstruktive, kritische und immer bereichernde Anstöße und Diskussionen danke ich Jens-Arne Dickmann und Florian Ruppenstein, besonders auch Martin Dorka Moreno, Benjamin Engels und Alexander Heinemann, die Teile des Buches gelesen, kommentiert und mich vor mancher Engstirnigkeit bewahrt haben. Dank schulde ich vielen weiteren Freiburger Kolleginnen und Kollegen besonders in unseren interdisziplinären Forschungsverbünden. Es war mir Antrieb und Bereicherung, durch sie den Blick auf Methoden und Arbeitsweisen zu erlangen, die nur auf den ersten Blick als fachfremd erscheinen, und zugleich die Vorteile einer geisteswissenschaftlichen Disziplin besser schätzen zu lernen, die zwischen den großen Fächergruppen steht und dadurch Offenheit besser zu ihrer Chance machen kann.

Ulrich Sinn, bei dem ich erste Schritte in die Klassische Archäologie erlernte, und Philip Brize stellten dankenswerterweise Bilder und Zeichnungen aus ihren Forschungen als Druckvorlagen zur Verfügung; für Unterstützung bei der Bildbeschaffung danke ich auch Kornelia Kressirer (Bonn) und Elena Mango (Bern). Elsbeth Raming fertigte in bewährter Weise Umzeichnungen an, der ich dafür ebenso herzlich danke wie Günther Kopp, der bei der digitalen Bearbeitung half, und Tobias Wild, der mich als Hilfskraft unterstützte. Vor allem gilt mein Dank aber im Verlag Andrea Morgan und Stefan von der Lahr, der mir dieses Buch zugetraut und mich als Lektor mit großer Geduld, mit Umsicht und Verständnis für seine Inhalte begleitet hat.

Freiburg i. Br., im Januar 2019 *Ralf von den Hoff*

I. Die Klassische Archäologie als historische Kulturwissenschaft

Die genaue Definition einer Geisteswissenschaft hat selten dauerhaft Gültigkeit. Neue Forschungen, wissenschaftliche Interessen und Möglichkeiten, die sich mit der jeweiligen Gegenwart ändern, bestimmen sie ebenso wie langfristige Traditionen. Hat man noch in den sechziger Jahren des 20. Jahrhunderts die Klassische Archäologie als ‹Kunstgeschichte der Antike› bezeichnet, so besagt die heute gängigste Definition etwas anderes: Sie ist diejenige Wissenschaft, die sich mit den Kulturen der griechischen und römischen Antike anhand ihrer materiellen Hinterlassenschaften beschäftigt.

Materielle Hinterlassenschaften

Mit den *materiellen Hinterlassenschaften* sind alle von Menschen hergestellten Dinge (‹Artefakte›) gemeint sowie Spuren und Überreste menschlicher Aktivitäten, die sich im menschlichen Lebensraum erhalten haben. Diese materielle Orientierung hat die Klassische Archäologie mit allen Archäologien gemeinsam.

Geographischer und zeitlicher Rahmen

Das Adjektiv *‹klassisch›* drückt aus, dass sie sich mit antiken Kulturen beschäftigt, die man seit dem 18. Jahrhundert als ‹klassisch›, d. h. als normativ-vorbildlich ansah. Heute hat diese Bestimmung nur mehr eine geographische und zeitliche Bedeutung: Es geht in der Klassischen Archäologie um die griechische und vor-christliche, römische Antike von der Bronzezeit (3.–2. Jt. v. Chr.) bis zum Beginn der Spätantike (4. Jh. n. Chr.) im Mittelmeerraum und in den angrenzenden Regionen. Dabei sind Griechenland, die heutige Türkei vor allem mit ihrem Westteil, dem antiken Kleinasien, und Italien besonders wichtig. Zum Arbeitsraum zählen auch Kontaktzonen der griechisch-römischen Welt mit benachbarten Kulturen, etwa die Phöniker im Vorderen Orient oder die Etrusker in Italien.

Kultur

Die zeitlichen und räumlichen Grenzen des Faches sind wissenschaftlich offen, denn es beschäftigt sich mit *Kulturen*. Mit diesem Begriff ist ein System von Sinnzuschreibungen (Bedeutungen) gemeint, die Menschen in Äußerungen und Handlungen artikulieren und an denen sie sich orientieren (Ideen, Sprache, Gesang, Schrift, Artefakte, Gestaltung der Umwelt). Alles was der ‹Pflege› (lat. *cultus* = Pflege, Bearbeitung) durch Menschen im Umgang miteinander und mit der Welt unterliegt, zählt zur Kultur. Kultur ist das Bedeutungsgewebe, in das Menschen sich verstricken (Clifford Geertz/Max Weber). In diesen weiten Begriff sind Untersysteme wie Politik, Ökonomie, Religion oder Technologie einbezogen. Die Klassische Archäologie erforscht dabei lange vergangene Kulturen und untersucht zeitlich sich vollziehende, also historische Wandlungsprozesse, d. h. Geschichte. Insofern gehört sie zu den historischen Kulturwissenschaften.

Textzeugnisse

Um Kulturen historisch zu verstehen, muss man ein möglichst breites Feld menschlicher Äußerungen berücksichtigen: Nichts besitzt allein Sinn, sondern nur im ‹Bedeutungsgewebe›. Das antike Griechenland und Rom brachten nicht nur materielle, sondern auch Schriftzeugnisse hervor, und man kannte eine Geschichtsschreibung. Die Klassische Archäologie bezieht deshalb das Wissen, das in Sprache, Literatur und Historiographie der griechisch-römischen Antike festgehalten ist, in die Interpretation der materiellen Hinterlassenschaften ein. Deshalb arbeitet sie im Verbund mit den Fächern, die dieses Wissen zum Gegenstand haben und wie sie selbst zu den ‹Klassischen Altertumswissenschaften› (engl. *Classics*) zählen (Klassische Philologie, Alte Geschichte). Deren textliche Zeugnisse unterrichten uns über Begriffe, Vorstellungen und Geschichte der Menschen, die Artefakte herstellten und benutzten: Homers Epen über die Namen der Heroen und Götter, deren Bilder über Jahrhunderte Griechenland und das Imperium Romanum prägten und die man in Heiligtümern verehrte, Tacitus «Annalen» über Daten zu Personen, Ereignissen und Orten, so dass wir Bauwerke und Bilder identifizieren können. Enge Verbindungen der Klassischen Archäologie bestehen auch zu anderen Fächern, die dieselben Kulturen untersuchen (Antike Numismatik [Münzkunde], Archäologie der Ägäischen Bronzezeit, Antike Bauforschung, Provinzialrömische Archäologie). Doch bleibt es bei allem Zusammenwirken wichtig, die Gegenstände dieser Fächer in je spezifischer Weise zu berücksichtigen: Bilder liefern uns andere Hinweise auf Vorstellungen und Handeln als Tragödien, ein Geschichtswerk andere als eine Münze mit einer bildlichen Darstellung oder ein Bauwerk.

Altertumswissenschaften

Weitere Nachbardisziplinen

Eng verbunden sind der Klassischen Archäologie naturwissenschaftliche Disziplinen, die Daten zu ihren Gegenständen ermitteln, sowie jene Archäologien, die benachbarte geographische Räume oder Epochen behandeln. Die dort erforschten Kulturen schufen vielfach Grundlagen, auf die die griechisch-römische Kultur aufbaute, oder traten in Kontakt zu ihr. Doch selbst ohne solche Kontakte können der wissenschaftliche Vergleich und die Kontrastierung von Kulturen dabei helfen, sie besser zu verstehen (historische Komparatistik). Auch dies verfolgt die Klassische Archäologie, schon zwischen Griechenland und Rom; doch ist sogar zu Archäologien weit entfernter Epochen oder Räume, zur Archäologie Chinas oder Afrikas, und zur Ethnologie, Kulturanthropologie und Kunstgeschichte eine Offenheit notwendig, weil dort ebenfalls Methoden des wissenschaftlichen Umgangs mit materiellen und visuellen Hinterlassenschaften erprobt werden und zugleich der Charakter der jeweils untersuchten Kulturen neue Fragen aufwirft. Die anderen Kultur-, Geschichts- und Sozialwissenschaften eigenen Methoden der Beschreibung und Erklärung kultureller Systeme, historischer Prozesse und sozialer Zusammenhänge erlauben es, auch Veränderungen in der materiellen Kultur der Antike besser zu verstehen.

Kulturvergleich

Tradition des Fachs

Nicht zu vergessen ist schließlich, dass die ‹Klassische› Archäologie eine besondere Geschichte hat. Ihre Gegenstände sind zwar zeitlich weit von uns entfernt, doch wird die griechisch-römische Antike gern als das uns «nächste Fremde» (Uvo Hölscher) angesehen. Schon seit dem Mittelalter hat sie über lange Zeiträume in unterschiedlichen Renaissancen und Adaptionen die jeweilige Gegenwart – zumindest Europas und europanaher Kulturen – grundlegend mitgeprägt. An dieser Prägung hatten ihre materiellen Überreste Anteil, die bis heute manches Stadtbild bestimmen und Museen füllen. Man hat sie lange Zeit als identitätsstiftend und normativ angesehen, ja die Entstehung der Klassischen Archäologie im 18. Jahrhundert mit Johann J. Winckelmann ist mit dieser Normativitätsbehauptung eng verbunden. Sie bestimmte ihre Ziele, und sie hat andere Sichtweisen oft verdrängt, so sehr sie heute durch die Globalisierung und neue, interkulturell generierte Normgefüge infrage steht. Dies hat zur Folge, dass auch die Formen des Umgangs mit den materiellen Hinterlassenschaften der Antike und ihre Aneignung, wie sie sich seit dem 4. Jahrhundert n. Chr. bis heute wandelten (‹Antikenrezeption›), von der Klassischen Archäologie erforscht werden. Dazu zählen u. a. die Erhaltung, der restauratorische und der museale Umgang mit den Artefakten der griechisch-römischen Antike und ihre Vermittlung an gegenwärtige Gesellschaften.

Die Fachbezeichnung ‹Klassische› Archäologie ist insofern Bürde und Chance zugleich. Sie gibt dem Fach die Erinnerung an seine prägend-vereinnahmende und darin nicht unproblematische Wirkung als Aufgabe dauerhafter kritischer Selbstreflexion mit. Dies macht ein Bewusstsein der eigenen Forschungsgeschichte unumgänglich. Aus der Spannung zwischen langfristiger normativer Prägung, eigener Tradition, moderner Kritik daran und aktuellen Zielen und Potenzialen gewinnt die Klassische Archäologie aber auch ihre wissenschaftliche Dynamik.

Literatur: *Fachspezifische Einführungen:* R. Bianchi Bandinelli: Klassische Archäologie. Eine kritische Einführung (München 1978) [weiter lesenswert]; A. H. Borbein/P. Zanker/T. Hölscher: Klassische Archäologie. Eine Einführung (Berlin 2000) [Forschungsfelder und Methodik]; B. Schweizer: Klassische Archäologie, in: Der Neue Pauly 14 (Stuttgart 2000) 901–953; U. Sinn: Einführung in die Klassische Archäologie (München 2000) [Fallbeispiele]; F. Lang: Klassische Archäologie. Eine Einführung in Methode, Theorie und Praxis (Tübingen 2002) [Methodik, auch Feldforschung]; T. Hölscher u. a.: Klassische Archäologie. Grundwissen, 4. Aufl. (Darmstadt 2015); vgl. die Rezension von W. Raeck in: Klio 86 (2004) 268–274. – *Englischsprachige Überblicke:* S. E. Alcock/R. Osborne, Classical Archaeology, 2. Aufl. (Malden 2012); A. Lichtenberger/R. Raja (Hrsg.): The Diversity of Classical Archaeology (Turnhout 2017). – *Einführungen im Kontext weiterer Archäologien:* R. Bernbeck: Theorien in der Archäologie (Tübingen 1997); M. K. H. Eggert/U. Veit (Hrsg.): Theorien in der Archäologie. Zur englischsprachigen Diskussion (Stuttgart 1998); S. R. Hauser: Archäologische Methoden, in: Der Neue Pauly 13 (Stuttgart 1999) 201–216; M. K. H. Eggert: Archäologie. Grundzüge einer historischen Kulturwissenschaft (Tübingen 2006); C. Renfrew/P. Bahn: Basiswissen Archäologie. Theorien, Methoden, Praxis (Darmstadt 2009). – *Kontext der Altertumswissenschaften*: P. Bahn u. a.: Wege in die Antike. Kleine Einführung in die Archäologie und die Altertumswissenschaft (Stuttgart 1999). – *Fachgeschichte und ‹Klassische› Archäologie:* H. Sichtermann: Kulturgeschichte der Klassischen Archäologie (München 1996); T. Hölscher: Klassische Archäologie am Ende des 20. Jahrhunderts, in: E.-R. Schwinge (Hrsg.): Die Wissenschaften vom Altertum am Ende des 2. Jahrtausends n. Chr. (Stuttgart 1995) 197–228; S. L. Marchand: Down from Olympus. Archaeology and Philhellenism in Germany 1750–1970 (Princeton 1996); N. Terrenato: The Innocents and the Sceptics. ‹Antiquity› and Classical Archaeology, in: Antiquity 76 (2002) 1104–1111; S. Altekamp (Hrsg.): Posthumanistische klassische Archäologie. Historizität und Wissenschaftlichkeit von Interessen und Methoden (München 2001); A. Schnapp: Die Entdeckung der Vergangenheit. Ursprünge und Abenteuer der Archäologie, 3. Aufl. (Stuttgart 2011). – *Kulturbegriff/Sinn/‹Bedeutung›:* C. Geertz, Dichte Beschreibung. Beiträge zum Verstehen kultureller Systeme, 13. Aufl. (Frankfurt a. M. 2015); R. Sommer: Kultur/Kulturtheorien, in: H. Reinalter (Hrsg.): Lexikon der Geisteswissenschaften. Sachbegriffe, Disziplinen, Personen (Wien 2011) 427–431; C. W. Haß u. a.: Bedeutung, in: T. Meier u. a. (Hrsg.): Materiale Textkulturen. Konzepte – Materialien – Praktiken (Berlin 2015) 71–86; vgl. auch A. Assmann: Einführung in die Kulturwissenschaft. Grundbegriffe, Themen, Fragestellungen (Berlin 2017).

1. Gegenstände und Grundlagen der Klassischen Archäologie

Materielle und visuelle Kultur, Taphonomie, Objektbiographie

Artefakte/Befunde

Artefakte und materielle Spuren menschlicher Aktivitäten sind die Gegenstände der Klassischen Archäologie. Die Spuren menschlicher Tätigkeit im oder auf dem Erdboden bezeichnen wir als Befunde. Die Summe aller Artefakte bestimmter zeitlicher oder kultureller Räume nennen wir *materielle Kultur*, die Summe aller damals mit den Augen wahrnehmbarer Objekte *visuelle Kultur*. Diese übergeordneten Begriffe verweisen darauf, dass die Gegenstände nur im Rahmen von Kultur als Sinnsystem erforscht werden können.

Materielle und visuelle Kultur

Grundsätzlich ist zu beachten, dass die materielle und visuelle Kultur nicht nur Geschichte erforschbar macht, sondern dass jeder ihrer Bestandteile auch eine eigene Geschichte hatte. Sie kommt in Herstellungs- bzw. Entstehungsspuren, in Form und Gestaltung und in Spuren der Veränderung eines Gegenstands zum Ausdruck, sodann durch seine Niederlegung (Deponierung) oder Zurücklassung. Zur Geschichte von Artefakten und Befunden gehören auch moderne Veränderungen (Ausgrabung, Restaurierungen). Mit all diesen Vorgängen beschäftigt sich die sogenannte Taphonomie (griech. *taphos* = Grab, *nomos* = Regel). Im Falle von Artefaktgeschichten sprechen wir auch von der *Objektbiographie*. Die Entstehung und Veränderungen eines Befunds oder Artefakts nennen wir *Formationsprozesse*. Sie stellen die Gegenstände der Klassischen Archäologie in den konkreten Zusammenhang mit Geschichte.

Taphonomie/Objektbiographie

Literatur: *Bildkultur und Architektur der griechisch-römischen Antike*: T. Hölscher: Die griechische Kunst (München 2007); T. J. Smith (Hrsg.): A Companion to Greek Art (Chichester 2012); B. Borg (Hrsg.): A Companion to Roman Art (Chichester 2015); P. Zanker: Die römische Kunst, 2. Aufl. (München 2015); C. Marconi: The Oxford Handbook of Greek and Roman Art and Architecture (Oxford 2015); T. Hölscher: Visual Power in Ancient Greece and Rome (Oakland 2018). – *Artefakt*: C. Tsouparopoulou/T. Meier: Artefakt, in: T. Meier u. a. (Hrsg.): Materiale Textkulturen. Konzepte – Materialien – Praktiken (Berlin 2015) 47–62. – *Materielle Kultur:* U. Veit u. a.: Spuren und Botschaften. Interpretationen materieller Kultur (Münster 2003); H. P. Hahn: Materielle Kultur. Eine Einführung, 2. Aufl. (Berlin 2014); S. Samida u. a. (Hrsg.): Handbuch Materielle Kultur. Bedeutungen, Konzepte, Disziplinen (Stuttgart 2014). – *Visuelle Kultur:* M. Rimmele/K. Sachs-Hombach (Hrsg.): Bildwissenschaft und Visual Culture (Bielefeld 2014); s. u. Ikonographie; Kommunikation. – *Taphonomie/ Formationsprozesse:* F. Lang: Klassische Archäologie (Tübingen 2002) 29–40; U. Sommer, Zur Entstehung archäologischer Fundvergesellschaftungen. Versuch einer archäologischen Taphonomie, in: E. Mattheußer/U. Sommer, Studien zur Siedlungsarchäologie I (Bonn 1991) 51–174. – *Objektbiographie*: D. Boschung u. a. (Hrsg.): Biography of Objects. Aspekte eines kulturhistorischen Konzepts (Paderborn 2015).

Kontexte und Re-Kontextualisierungen

Von den konkreten menschlichen Handlungen und historischen Ereignissen, aber auch von den menschlichen Vorstellungen, die sie begleiteten – Normen, soziale Rollenbilder, Moden –, sind die Gegenstände der Klassischen Archäologie heute getrennt. Um ihnen den ‹Sinn im Leben› zurückzugeben, den sie im Rahmen ihrer Kultur besessen haben, müssen all diese Zusammenhänge (Kontexte) rekonstruiert und interpretiert werden (Re-Kontextualisierung). Dies ist eine zentrale Aufgabe der Klassischen Archäologie.

Archäologischer Kontext

Die Re-Kontextualisierung von Artefakten hat unterschiedliche Ebenen. Artefakte können Teile von Befunden sein; ist dies der Fall, sprechen wir von ihrem *archäologischen Kontext.* Er hält die letzte Handlung fest, die mit dem Artefakt vollzogen wurde, den letzten Zusammenhang, in dem es sichtbar war. In vielen Fällen ist er uns unbekannt, denn Objekte aus dokumentierten archäologischen Ausgrabungen stellen nur einen kleinen Anteil des Materials dar, das die Klassische Archäologie untersucht. Außerdem gibt der ‹letzte›, archäologische Kontext eher selten einen Hinweis auf die Herstellung eines Gegenstands und seine vorherige Benutzung. Er muss nicht mit allen Handlungs- und Vorstellungskontexten verknüpft sein, für die ein Artefakt produziert wurde und in die es kulturell eingebunden war (*systemische Kontexte*).

Systemische Kontexte

Die systemischen Kontexte sind deshalb gesondert zu ermitteln. Zu ihnen zählen die Herstellung (Produktion), die Verbreitung (Distribution), die Verwendung, Benutzung oder Aufstellung (Konsumption) und die Deponierung. Zu den systemischen Kontexten zählen ferner der Platz, den ein Artefakt nominell im kulturellen System erhalten hat, und seine Stellung in praxeologischen, visuellen und symbolischen Untersystemen von Kultur. Mit den örtlichen Gegebenheiten selbst, an denen Artefakte benutzt wurden, wie Landschaften und Städten, beschäftigt sich die Topographie. Artefakte waren zugleich Bestandteile historisch-zeitlicher, politischer, sozialer und ökonomischer Kontexte, bezogen sich auf Personen und Ereignisse (historisch-sozialer Kontext). An all diesen Kontexten hatten sie in der Antike Anteil; als Überreste legen sie für uns aber auch Zeugnis ab über diese Zusammenhänge und können so dazu dienen, sie zu rekonstruieren.

Topographie

Die Klassische Archäologie hat deshalb das Ziel, durch die Re-Kontextualisierung von Artefakten und Befunden im Verbund mit textlichen Zeugnissen kulturelle Handlungs- und Sinnsysteme mit ihren Regeln und Konventionen in ihrer Geschichte zu rekonstruieren. Sie muss dabei versuchen, die besonderen Leistungen und Wirkungen zu bestimmen, die Artefakten in ihren systemischen Kontexten zukamen. Sie wird herausarbeiten, welche für die Wahrnehmung (visuell) und Handhabung (praxeologisch) je eigenen Qualitäten bestimmte Artefakte und Handlungen besaßen und welchen Zeugniswert diese für die Erschließung antiker Kulturen besitzen. Dies zeigt schon, wie vielfältig die Fragen sind, die die Klassische Archäologie an ihre Gegenstände stellt.

Literatur: R. Bernbeck: Theorien in der Archäologie (Tübingen 1997) 278–286; B. Schweizer: Klassische Archäologie III. Kontextuelle Archäologie, in: Der Neue Pauly 14 (Stuttgart 2000) 939–953; F. Lang: Klassische Archäologie. Eine Einführung in Methode, Theorie und Praxis (Tübingen 2002) 23–28; C. Marconi: The Oxford Handbook of Greek and Roman Art and Architecture (Oxford 2015) 268–413; D. C. Luft u. a.: Kontext, in: T. Meier u. a. (Hrsg.): Materiale Textkulturen. Konzepte – Materialien – Praktiken (Berlin 2015) 101–112.

Hermeneutik

Erklären und Verstehen

Menschliche Handlungs- und Sinnsysteme lassen sich nicht naturwissenschaftlich begreifen. Es fehlt zudem die Möglichkeit, sie experimentell zu überprüfen und so im engeren Sinne beweisend zu erklären – zumal wenn es sich um Kulturen ferner Vergangenheiten unter heute lange überholten Bedingungen handelt. Deshalb können Geisteswissenschaften – einer gängigen Definition zufolge – Kulturen zu *verstehen* suchen, nicht aber schlüssig erklären. Dies gilt auch für die Klassische Archäologie. Es bedeutet aber nicht, dass Artefakte oder Befunde auf der Grundlage ‹menschlichen Nacherlebens› oder der Intuition willkürlich interpretiert werden. Vielmehr gelten die Regeln der Hermeneutik (griech. *hermeneuein* = auslegen, übersetzen): Indizien werden zusammengetragen, die die Existenz von Mustern, d. h. wiederholt beobachteten und konventionellen Erscheinungen, nahelegen (induktiv). In diesem Netz von Indizien und Mustern sind weitere Artefakte dann plausibel zu interpretieren (deduktiv).

Hermeneutisches Netz

In der Klassischen Archäologie wird eine besondere Verdichtung dieses hermeneutischen Netzes erreicht, indem ihre Gegenstände zu vielen anderen, vor allem textlichen Zeugnissen in Beziehung gesetzt und so in größere kulturelle Zusammenhänge eingebunden werden können als in vielen anderen Archäologien. Dies mag in manchen Fällen zu Ergebnissen führen, die finalen Erklärungen ähneln, hat aber immer Plausibilität, nicht Beweisbarkeit zur Grundlage.

Indem Sinnzusammenhänge nicht nur der Vergangenheit immer komplex und mehrdeutig sind, ist die Möglichkeit einer ‹einzig wahren› Erklärung kultureller Phänomene zudem kaum je gegeben, so sehr sich Daten und Sachstände für Artefakte und Befunde auch ermitteln lassen. Da sich die Klassische Archäologie mit Überresten beschäftigt, die von Menschen hervorgebracht wurden, bleiben zudem individuelle Vorgänge und zufällige Erscheinungen möglich. Sollen auch sie Bestandteile des Verstehens werden, müssen sie sich ebenfalls durch hermeneutisch hervorgebrachte Argumente stützen lassen. Dies gilt auch für die Vorstellungen, die die Wissenschaftler*innen selbst in die Forschung einbringen. Sie müssen kritisch reflektiert werden und lassen sich nur im Zirkel hermeneutischen Verstehens von Intuitionen abgrenzen und damit verwissenschaftlichen. Dass die Fragen, das

Vorwissen und die Analysemöglichkeiten der Wissenschaftler*innen den Horizont für jede wissenschaftliche Arbeit abstecken, aber auch öffnen, bleibt davon unberührt – und trägt gerade in den Kulturwissenschaften zur Innovation bei.

Literatur: J. Grondin: Hermeneutik (Göttingen 2009); L. Giuliani: Kleines Plädoyer für eine archäologische Hermeneutik, die nicht mehr verstehen will, als sie auch erklären kann, und die nur soviel erklärt, wie sie verstanden hat, in: M. Heinz u. a. (Hrsg.): Zwischen Erklären und Verstehen? Beiträge zu den erkenntnistheoretischen Grundlagen archäologischer Interpretation (Tübingen 2003) 9–22; M. K. H. Eggert: Hermeneutik, Semiotik. Kommunikationstheorie, in: C. Juwig (Hrsg.): Bilder in der Archäologie – eine Archäologie der Bilder? (Münster 2010) 49–74, bes. 58–62; vgl. N. Himmelmann: Klassische Archäologie – Kritische Anmerkungen zur Methode, in: Jahrbuch des Deutschen Archäologischen Instituts 115 (2000) 283–309.

2. Grundlagen der Bild- und Artefaktinterpretation in der Klassischen Archäologie

Im Folgenden werden Grundlagen der Methodik der Interpretation von *Artefakten*, und dabei vor allem von *Bildern* besprochen; die Interpretation von *Befunden* entwickelt vor allem die archäologische *Feldforschung*, wo ein besonderer Bedarf dafür existiert.

Naturwissenschaften

In neuester Zeit ist es dort vor allem zu einem Zuwachs *naturwissenschaftlich-technischer Methoden* gekommen. Dies betrifft neben den eigentlichen Ausgrabungen beispielsweise Surveys und Prospektionen (Geländeerkundungen). Sie können Ergebnisse liefern, ohne Ausgrabungen durchzuführen, welche die Befunde ja auch zerstören und kostspielig sind. Es betrifft auch Erdbohrungen und Pollenuntersuchungen (Geoarchäologie, Archäobotanik). Die Analysemöglichkeiten anthropologischer oder zoologischer Überreste haben sich ebenfalls erweitert (Archäoanthropologie, Archäozoologie, DNA-Analyse) und neue Fragestellungen generiert. Schon länger sind naturwissenschaftliche Artefakt- und Fundanalysen (Archäometrie) geläufig, so bei der Altersbestimmung (Radiokarbonmethode, Dendrochronologie, Thermolumineszenz), aber auch bei der Herkunftsbestimmung (Isotopenanalyse) und in technologischen Fragen (UV/VIS-Spektroskopie, Fluoreszenzanalyse). Naturwissenschaftliche Methoden liefern in außerordentlichem Umfang neue Daten und Zugriffe und gehören zu den derzeit wichtigsten Feldern wissenschaftlicher Weiterentwicklung in der Klassischen Archäologie, die sie – wie alle Archäologien – stärker an der Schnittstelle zwischen Natur- und Geisteswissenschaften positionieren. Sie ermöglichen es, heute drängende Fragen nach Mensch-Natur-Beziehungen, Technologiegeschichte oder biologisch-physischen Prägungen von Kultur besser zu beantworten. Zur kulturwissenschaftlichen Artefaktanalyse tragen sie bei, sind aber stark spezialisiert und werden deshalb kaum von Klassischen Archäolog*innen selbst, sondern in Kooperation mit ihnen angewandt und im Folgenden nicht weiter erläutert.

Literatur: *Feldforschung:* E. Gersbach u a.: Ausgrabung heute. Methoden und Techniken der Feldgrabung, 3. Aufl. (Stuttgart 1998); F. Lang: Klassische Archäologie. Eine Einführung in Methode, Theorie und Praxis (Tübingen 2002) 74–126. – *Naturwissenschaftliche Methoden:* G. A. Wagner: Einführung in die Archäometrie (Berlin 2007); H. G. M. Edwards: Analytical Archaeometry (Cambridge 2012); vgl. auch S. Samida/M. K. H. Eggert: Archäologie als Naturwissenschaft? Eine Streitschrift (Berlin 2013). – *Aktuelle Herausforderungen für die Archäologien*: K. W. Kintigh u. a.: Grand Challenges for Archaeology, in: American Antiquity 79 (2014) 5–24.

Vergleich, Klassifizierung, Interpretation

Da antike Artefakte oft fragmentarisch und zerstört auf uns gekommen und insgesamt schätzungsweise nur 1 bis 5 % des ehemals tatsächlich vorhandenen Materials erhalten sind, kann die Artefaktinterpretation nicht nur mit Blick auf das Einzelobjekt, sondern muss im Vergleich mit anderen Artefakten, Befunden und Zeugnissen geleistet werden. Dieses Vorgehen legen auch die Hermeneutik und die kulturwissenschaftliche Perspektive des Faches nahe, denn Artefakte sind nur kulturspezifisch im Kontext verstehbar, und die jeweiligen Kulturspezifika sind selbst erst zu ermitteln.

Zeugnismaximierung und Muster

Die wichtigsten Methoden der Artefaktinterpretation sind folglich die Maximierung der herangezogenen Zeugnisse, der Vergleich und die Verbindung mit anderen Zeugnissen, um über das Erkennen von Mustern und Konventionen Fehlendes zu ergänzen und Zusammenhänge zu rekonstruieren. Vergleiche werden mit bestimmten Zielen verfolgt, wobei Ähnlichkeiten und

Unterschiede präzise darzulegen sind; Verbindungen mit anderen Zeugnissen erfordern eine plausible positive Begründung auf der Grundlage der Hermeneutik.

Erfassung und Beschreibung

Am Anfang der sachlichen Interpretation eines Artefakts steht seine genaue Erfassung und Beschreibung. Dies schließt Material, Gestaltung und archäometrisch gewonnene Daten ein. Zur Gestaltung gehören die Technologien der Herstellung, die Größe, die äußere Form und die sogenannte Dekoration. Zudem sind der Erhaltungszustand, die Herkunft und ggf. der archäologische Kontext (Taphonomie/Befundformation) zu ermitteln. Anschließend werden solche Fragen geklärt, die das Artefakt selbst nahelegt und die für die folgende kulturwissenschaftliche Interpretation grundlegend sind. Dazu gehören die Klassifizierung, die eine Zuordnung zu bestimmten Herstellungs- (Gattung), Verwendungs- und Vorstellungs- (systemische Kontexte) sowie Zeitkontexten (Datierung) ermöglicht, und die Objektbiographie einschließlich der Rekonstruktion bzw. Ergänzung fehlender Bestandteile.

Klassifizierung

Fragestellung und Interpretation

Die anschließende kulturwissenschaftliche Interpretation versucht, in mehreren Schritten Fragen zu beantworten, die von den Artefakten zwar abhängig, im Einzelnen aber durch die Ziele, Fragen und methodologischen Möglichkeiten des Faches und der Wissenschaftler*innen gegeben sind. Diese Forschungsfragen vorab zu präzisieren ist deshalb eine unerlässliche Bedingung jeder wissenschaftlichen Arbeit und geht mit der Klärung der theoretischen Grundlagen und der daraus abzuleitenden Methodik einher.

Literatur: T. Rosky, Die Kunst des Beschreibens (Freiburg i. Br. 1995); A. Gramsch (Hrsg.): Vergleichen als historische Methode. Analogien in den Archäologien (Oxford 2000); U. F. Ickerodt: Einführung in das Grundproblem des archäologisch-kulturhistorischen Vergleichens und Deutens (Frankfurt a. M. 2010); S. Klamm, Sammeln – Anordnen – Herrichten. Vergleichendes Sehen in der Klassischen Archäologie, in: L. Bader u. a. (Hrsg.): Vergleichendes Sehen (München 2010) 383–405.

Gattungen

Die Klassifizierung von Artefakten erfolgt in der Klassischen Archäologie zunächst durch die Zuordnung zu Gattungen. Gattungen sind analytische Einheiten, die von der Wissenschaft definiert wurden, um das Material zu ordnen. Sie orientieren sich – anders als Medien (s. u.) – an technologischen, herstellerischen und formalen Qualitäten der Artefakte.

Keramik

Zu den Gattungen antiker Artefakte zählt die Keramik (griech. *keramos* = Ton), d. h. sämtliche aus gebranntem Ton gefertigte Gefäße. Die Keramik wird nach ihren Formen und Funktionen untergliedert. Tongefäße aus eher feinem Ton (Feinkeramik), die aufwändig gebrannt und dekoriert wurden, nennt man – vor allem in der griechischen Kultur – Vasen (ital. *vaso* = Gefäß), ihre malerische Dekoration Vasenmalerei. Zur antiken Keramik zählen auch Tonlampen.

Skulptur

Plastisch ausgearbeitete Bildwerke bezeichnen wir als Skulpturen oder Plastik und unterscheiden Rundplastik (Statuen) von Reliefplastik. Als Statuen werden annähernd lebensgroße oder größere, als Statuetten kleinere rundplastische Skulpturen bezeichnet. Zur Reliefplastik zählen auch Sarkophage, wenn sie mit Reliefs dekoriert wurden. Als ‹Staatsreliefs› bezeichnen wir Reliefs mit Bildern von Ritualen oder Geschehnissen, die an öffentlichen Bauwerken im Imperium Romanum angebracht waren. Daneben existierten Reliefs in vielen systemischen Kontexten, so Weih- oder Votivreliefs, Grabreliefs und Schmuckreliefs. Als Materialien der Skulptur kommen vor allem Stein, hier besonders Marmor, und Bronze vor. Zur Skulptur gehören auch die antike Porträt- oder Bildnisplastik sowie die Terrakotten (ital. ‹gebrannte Erde›), d. h. aus gebranntem Ton hergestellte Figuren,

Koroplastik

meist Statuetten, und Reliefs (Koroplastik).

Architektur

Als Architektur wird alles Gebaute bezeichnet; mit ihr beschäftigt sich auch die Antike Bauforschung. Zur Architektur gehören Bauteile, die oft in regelhaften ‹Ordnungen› zusammengesetzt wurden (‹dorische›, ‹ionische Ordnung›) und ihre Dekorationselemente, so die Architektur- oder Bauplastik und die Architekturornamentik, die Verbindungen zur Plastik herstellen. Die Architekturforschung ist eng mit der Urbanistik (Stadtforschung) und der Wohnforschung verbunden.

Toreutik

Aus Metallen, vor allem aus Bronze, hergestellte Gegenstände zählen zur Toreutik. Dazu gehören auch Metallgefäße, was eine Verbindung zur Keramik und ihren Formen herstellt, aber auch Skulpturen, was sie mit der Plastik verbindet. Die antiken Münzen zählen, obgleich aus Metall gefertigt, nicht zur Toreutik,

Numismatik

sondern zur Numismatik. Sie besitzen häufig Reliefs auf Vorder- und Rückseite.

Musivik, Malerei, Glyptik

Antike Mosaiken, also aus kleinen, oft farbigen Steinchen hergestellte Boden-, Wand- oder Deckenflächen, gehören zur Musivik. Zeugnisse der Malerei sind – weil vielfach auf Holz aufgebracht – kaum überliefert, erhalten sind sie vor allem als Wandmalerei (dies in besonderer Vielfalt aus dem Imperium Romanum) und als (griechische) ‹Vasenmalerei›, was eine Brücke zur Keramik schlägt. Aus Edel- oder Halbedelsteinen hergestellte Reliefs gehören zur Gattung der Glyptik.

Epigraphik

Als Zeugnisse der Epigraphik bezeichnen wir sämtliche Inschriften, die u. a. als Bau- oder Weihinschriften oder an unterschiedlichen Gegenständen und Materialien, so an Skulpturen, auf Keramik und in der Malerei – in gemalter Form oder geritzt (Graffito) – oder in Mosaiken angebracht gewesen sein können.

Artefakte weiterer Gattungen sind – zusätzlich zu den materiell existierenden – in antiken Texten genannt, ohne selbst erhalten zu sein. Auch sie sind von der Klassischen Archäologie zu berücksichtigen.

Gattungsstil

Gattungen sind als wissenschaftliche Konstrukte hilfreich für die Ansprache und erste Einordnung antiker Artefakte, doch überschneiden sich die Zuordnungen vielfach; sie entsprechen antiken Gegebenheiten nur unsystematisch. Ihre Bindung an Materialien und Herstellungstechniken lässt Rückschlüsse auf praktische Konventionen zu; so zeichnen sich bestimmte Gattungen durch lange tradierte Formen der Gestaltung (Gattungsstil) aus. Innerhalb von Gattungen lassen sich gestalterische Veränderungen über Epochen hinweg anschaulich verfolgen. Die Gattungsbestimmung allein erlaubt aber noch keine kulturwissenschaftliche Interpretation.

Literatur: *Gattungen*: N. Himmelmann: Klassische Archäologie – Kritische Anmerkungen zur Methode, in: Jahrbuch des Deutschen Archäologischen Instituts 115 (2000) 320–323; F. Lang: Klassische Archäologie (Tübingen 2002) 203–205. – *Keramik*: I. Scheibler: Griechische Töpferkunst, 2. Aufl. (München 1995); J. W. Hayes: Handbook of Mediterranean Roman Pottery (Norman 1997); T. Mannack: Griechische Vasenmalerei. Eine Einführung, 2. Aufl. (Darmstadt 2012); s. u. Fallbeispiel 1, 2, 6. – *Skulptur*: P. C. Bol (Hrsg.): Geschichte der antiken Bildhauerkunst, 5 Bände (Mainz/Worms 2002–2017); s. u. Fallbeispiel 5, 7, 11, 12. – *Römische ‹Staatsreliefs›*: K. Fittschen: Das Bildprogramm des Trajansbogens zu Benevent, in: Archäologischer Anzeiger (1972) 742–788; T. Hölscher: Roman Historical Representations, in: B. Borg (Hrsg.): A Companion to Roman Art (Chichester 2015) 52–70. – *Bildnisse/Porträts*: J. Fejfer: Roman Portraits in Context

(Berlin 2008); R. Amedick/M. Bergmann: VIAMUS. Virtuelles Antikenmuseum Göttingen: Das Porträt in der Antike (http://viamus.uni-goettingen.de/fr/e/); s.u. S. 42–43 sowie Fallbeispiel 10. – *Terrakotten*: s.u. Fallbeispiel 7. – *Architektur/Bauforschung*: A. Schmidt-Colinet/G. A. Plattner: Antike Architektur und Bauornamentik. Grundformen und Grundbegriffe (Wien 2004); G. Gruben: Klassische Bauforschung (München 2007); C. Höcker: Metzler Lexikon antiker Architektur (Stuttgart 2008); s.u. Fallbeispiel 3, 8. – *Wohnforschung und Stadtforschung*: W. Hoepfner (Hrsg.): Geschichte des Wohnens 5000 v. Chr.–500 n. Chr. (Ludwigsburg 1999); J. C. Donati: The City in the Greek and Roman World, in: C. Marconi: The Oxford Handbook of Greek and Roman Art and Architecture (Oxford 2015) 269–293. – *Malerei*: I. Scheibler: Griechische Malerei der Antike (München 1994); I. Scheibler: Die Malerei der Antike und ihre Farben (Weimar 2017). – *Römische Wandmalerei*: H. Mielsch: Römische Wandmalerei (Darmstadt 2001). – *Toreutik*: F. Baratte: Silbergeschirr, Kultur und Luxus in der römischen Gesellschaft (Mainz 1989); H. H. v. Prittwitz und Gaffron/H. Mielsch (Hrsg.): Das Haus lacht vor Silber (Bonn 1997). – *Numismatik*: K. Christ: Antike Numismatik, 3. Aufl. (Darmstadt 1991); S. von Reden: Money in Classical Antiquity (Cambridge 2010); C. Howgego: Geld in der Antiken Welt, 2. Aufl. (Darmstadt 2011). – *Mosaiken*: K. M. D. Dunbabin: Mosaics of the Greek and Roman World (Cambridge 1999); B. Andreae: Antike Bildmosaiken (Mainz 2003). – *Epigraphik*: M. G. Schmidt, Lateinische Epigraphik. Eine Einführung, 3. Aufl. (Darmstadt 2015); G. Klaffenbach: Griechische Epigraphik, 2. Aufl. (Göttingen 1966); s.u. Fallbeispiel 5, 8. – *Textzeugnisse zu antiken Künstlern*: S. Kansteiner u. a. (Hrsg.): Der Neue Overbeck, 5 Bde. (Berlin 2014).

Formanalyse

Ein Ausgangspunkt der Beschäftigung mit einem Artefakt ist seine Form. Neben der Materialität und dem archäologischen Kontext gibt einzig die Form Hinweise auf kulturelle Zusammenhänge und Geschichte: Den sich wandelnden Sinnsystemen gemäß brachte man Artefakte in ihre Form, in ihrer Form benutzte man sie (Praxeologie) und nahm sie wahr (Ästhetik, griech. *aisthesis* = Wahrnehmung).

Form

Die genaue phänomenologische Beschreibung und Untersuchung der Form zu wissenschaftlichen Zwecken nennen wir Formanalyse. Die Form eines Objekts kann auf bestimmte Funktionen verweisen und so helfen, systemische Kontexte der Objekte zu bestimmen, sie kann im Vergleich aber auch Hinweise auf fehlende Bestandteile des Objekts liefern. Die Form von Artefakten hat eine zeitliche Dimension, denn die Produzenten wendeten bestimmte Technologien an und folgten Arbeitstraditionen, die sich weiterentwickelten. Sie hat aber auch eine inhaltliche Dimension, denn mit neuen Formen konnten sich Sinnzuschreibungen an Artefakte ändern, und jede Formgebung hat mit den zu ihrer Zeit geläufigen Ideen, Geschmacksvorstellungen, Handlungs- und Sinnsystemen zu tun; dies betrifft vor allem die Gestaltung und die figürliche und nichtfigürliche (ornamentale) Dekoration.

Die Formanalyse beschäftigt sich in der Klassischen Archäologie deshalb sowohl mit der äußeren Gestaltung eines Objekts (Objektform) als auch mit jedem Bestandteil der Gestaltung seiner Oberfläche (Gestaltungsmittel/Stil, Dekorationsform). Sie untersucht handwerkliche Eigenschaften ebenso wie die Formen der in und an Objekten dargestellten Bilder. Ihr geht es aber nicht nur um die Feststellung, sondern um die Veränderung und Entwicklung von Formen als Hinweisen auf die historisch-sozialen Dimensionen von Artefakten. Wichtige Methoden der Formanalyse sind die Stilanalyse und die typologische Analyse. Gestaltung und Dekoration

Stil. Als Stil bezeichnen wir die Art und Weise – das Wie – der *Form*gebung eines Artefakts oder der Darstellung einer Sache durch *Gestaltungsmittel*: die Umrissgestaltung des kissenartigen Echinus eines dorischen Kapitells, die Haaroberfläche eines Marmorkopfs, die man mit dem Meißel differenziert gestalten oder mit dem Bohrer in Hell-Dunkel-Kontraste auflösen kann, die Art, wie ein menschliches Auge oder die Muskeln eines Körpers dargestellt werden, die Gestaltung des Zusammenhangs der Teile eines Bildwerks oder Objekts (Komposition) oder auch die Art der Darstellung von räumlicher Tiefe oder Bewegung, ästhetische Prinzipien wie eine lineare oder malerische Gestaltung, eine ‹offene› oder ‹geschlossene› Form eines Bildwerks. Stil

Der Stil hängt von den technischen Möglichkeiten des Produzenten ab, den zudem eine individuelle Arbeitsweise auszeichnet (‹individueller Stil›). Geographisch-lokale Besonderheiten mehrerer Produzenten nennen wir Lokal- oder Regionalstil. Die Stilanalyse antiker Artefakte hat zudem gezeigt, dass bestimmte stilistische Qualitäten auch jenseits technologischer Möglichkeiten regionenübergreifend zu bestimmten Zeiten vielen Artefakten gemeinsam waren (‹Zeitstil›). Dies deutet darauf hin, dass ihr Stil überregionalen Bedürfnissen entsprach, die Auftraggebern, Benutzern und Betrachtern gemeinsam waren: Der Zeitstil erfüllte ihre Vorstellungen von Angemessenheit des Produkts.

Individueller Stil

Stellt man also fest, dass eine Gruppe von Artefakten einer Gattung in kleinen, oft auch unbedeutenden und deshalb ohne weitere Überlegung ausgestalteten Details ihres Stils identisch sind – so in der Zeichnung des Fußknöchels bei einer gemalten Figur oder der identischen Art der Meißelführung bei einer Steinskulptur –, so ordnen wir sie einer Werkstatt oder sogar einem Produzenten zu, die ihre ‹Handschrift› hinterlassen haben. Diese Methode hat sich bei der Zuschreibung von Malerei und Skulptur an einzelne Künstler in der kunstgeschichtlichen Forschung bewährt (‹Morelli'sche Methode›, besonders in der ‹Vasenmalerei›). Zudem können wir eine Reihe von Bildwerken mit bestimmten Künstlern in Zusammenhang bringen, die in der Literatur der Antike, so in der «Naturgeschichte» Plinius' des Älteren (1. Jh. n. Chr.), oder durch Signaturen an Artefakten bezeugt sind. Dies gibt uns eine Vorstellung vom Stil einzelner Produzenten (‹Meisterforschung›) und Epochen.

Regionalstil

Stellen wir fest, dass bestimmte lokal hergestellte Produkte sich in ihrem Stil gleichen und von Produkten anderer Provenienz unterscheiden, so können wir einen ‹Regionalstil› erfassen. So lassen sich provenienzlose Artefakte zuordnen und regionale Besonderheiten von Kultur ermitteln.

Zeitstil

Vor allem hat es sich bewährt, zeittypische Stileigenschaften zu bestimmen. Dem lassen sich andere Objekte, deren Entstehungsdatum nicht feststeht, zuordnen und so datieren. Dies ermöglicht es, materielle Kultur epochenspezifisch zu beschreiben.

Die Möglichkeiten der Stilanalyse sind also groß, haben aber Grenzen und bauen auf bestimmten Voraussetzungen auf. Die Abgrenzung von thematischen oder typologischen Qualitäten ist wichtig, aber oft unklar. Schon im 5. Jahrhundert v. Chr. wurden Stilelemente als inhaltliche Ausdrucksformen benutzt, und in der römischen Kaiserzeit waren unterschiedliche Stile überregional und überzeitlich verfügbar und mit bestimmten Inhalten verknüpft – doch blieb es bei zeittypischen Formen der Oberflächenwirkung und Proportionierungen von Figuren. Man weiß selten genau, wie vernetzt die Produzenten arbeiteten oder wie Werkstätten organisiert waren. Auch sind individuelle Abweichungen nie auszuschließen. In einem System aber, in dem die Produzenten weniger auf ‹künstlerische› Individualität setzten als auf sach- und nutzungsbezogene Passgenauigkeit der Produkte wie in der Antike – also ‹autonome Künstler› im modernen Sinne eher nicht am Werk waren, sondern Handwerker – und in dem handwerkliche Traditionen sehr direkt weitergegeben wurden, ist die Zuverlässigkeit stilanalytischer Zuordnungen eher zu erwarten. Sie haben sich zudem als System bewährt – vor allem im Hinblick auf die Chronologie und die Produktionsbedingungen bei der Analyse in großer Zahl über lange Zeiträume überlieferter Gattungen wie der attischen Vasenmalerei, der kaiserzeitlichen Sarkophagreliefs und der Porträtplastik.

Stil und Inhalt

Stil ist aber nicht nur ein Indiz für die regionale und zeitliche Einordnung eines Artefakts, er war in der Antike auch Bestandteil des visuellen Systems. Indem Stil gezeigt und durch die visuelle Wahrnehmung erfasst wurde, können Stilformen als Hinweise auf bestimmte ästhetische Vorlieben und Geschmacksausprägungen verstanden werden, die selbst historisch bedingt waren. Stil kann uns so Informationen über kulturelle Spezifika und ihre Entwicklungen liefern. So stellt sich beispielsweise die Frage, welche Schlüsse über die Vorstellungswelt der hellenistischen Epoche ihr naturalistischer Stil zulässt. Eine solche interpretierende Stilanalyse erfordert eine weit über das archäologische Material hinausgehende abstrahierende Methodik. Sie wird beispielsweise die literarisch überlieferten Beschreibungen antiker Bildwerke oder den Stil anderer kultureller Äußerungsformen in Beziehung zu den Stilformen der zeitgleichen Artefakte und Bildwerke zu setzen versuchen.

Typologie

Typologie. Die Typologie ist die zweite wichtige Kategorie der Formanalyse. Sie betrifft das Wie der Gestaltung eines *Themas* mit bestimmten *Formen*. Der Typus ist also wie die Gattung eine Kategorie wissenschaftlicher Klassifizierung. Er bezeichnet die Koppelung bestimmter Einzelformen (Motive) zu einem Ganzen, welche über eine bestimmte Zeit Gültigkeit hat. Dies kann die Verbindung eines Standmotivs mit einer bestimmten Körper- und Handhaltung meinen, wie beim Kuros, aber auch die Koppelung einer Gefäßkörper- mit einer Henkel- und Fußform bei einem Volutenkrater (Gefäßtypus) oder die wiederkehrende Verbindung einer bärtigen, thronenden Figur mit einem Blitzbündel in ihrer Hand, die Zeus meint (Darstellungstypus).

Muster und Typenreihen

Durch die typologische Analyse bestimmen wir konventionelle Muster der Gestaltung von Artefakten oder Darstellungen, die sie auch erkennbar machten und Bezüge zu anderen, ähnlichen Artefakten herstellten. Die Typologie besitzt wie der Stil zudem eine historisch-zeitliche Dimension. So untersucht die Klassische Archäologie die Veränderung von Typen (Typenreihen). Auch der Typologie ist eine inhaltliche Komponente eigen. Es ist eine auffällige Besonderheit der griechisch-römischen Antike, dass Typen (ebenso wie überregionale Stile) häufig im Bestand der Artefakte und Bilder erkennbar sind. Dies ist Ausdruck einer eher starken Bindung an feste Muster von formalen Merkmalen, während willkürliche Abweichungen – die moderne Vorstellungen von künstlerischer Produktion ja nahelegen würden – seltener sind. Das hat sicher mit handwerklichen Traditionen zu tun, aber auch mit den relativ klar definierten Verwendungskontexten von Artefakten. Es bedeutet zugleich, dass Typen als Mittel der Bewahrung und Tradierung von kulturellen Formen angesehen werden können. An Typengeschichten und -reihen lassen sich deshalb normative Faktoren und deren Brüche beobachten, und diese betreffen sowohl kulturelle Praktiken als auch Sinnzuschreibungen an Artefakte.

Typologie und Inhalt

Kopienwesen

Ein spezifischer Fall der Typologie ist das Kopienwesen, das vor allem die visuelle Kultur der römischen Kaiserzeit prägte. Gruppen von Skulpturen dieser Zeit sind untereinander in der Kombination kleinster Details der Form identisch (Repliken). Dies ist nur möglich, wenn sie nach demselben Vorbild reproduziert wurden, als dessen Kopien wir sie deshalb bezeichnen. Die Vorbilder sind meist nicht erhalten, werden aber bisweilen als berühmte Werke in antiken Texten erwähnt. An ihre Stelle tritt nach einer typologischen Analyse (Kopienkritik) wissenschaftlich das charakteristische, distinktive Muster der Formmerkmale der Repliken, das wir Typus nennen.

Das Kopienwesen betraf berühmte ältere Statuen, die man so im Imperium Romanum verfügbar machte, aber auch das Bildnismodell des römischen Kaisers, das durch Kopien in den Provinzen zu seiner Ehrung benutzt und auch auf mit seinem Namen versehenen Münzen reproduziert wurde. Kulturhistorisch ist dieses Phänomen bedeutsam, weil es die Orientierung an Modellen zeigt – sei es ästhetischer Art wie bei den griechischen ‹Meisterwerken›, sei es politisch-sozialer Art wie bei der Vervielfältigung des Kaiserbildnisses –, aber auch den Umgang damit, der in Abweichungen, im Bedeutungsverlust oder in der Umgestaltung bestimmter Typen zum Ausdruck kommt.

Literatur: *Formanalyse:* A. H. Borbein: Formanalyse, in: P. Zanker/T. Hölscher: Klassische Archäologie. Eine Einführung (Berlin 2000) 109–128; F. Lang: Klassische Archäologie. Eine Einführung in Methode, Theorie und Praxis (Tübingen 2002) 168–230. – *Stil:* N. Himmelmann: Der Entwicklungsbegriff in der Klassischen Archäologie, in: Marburger Winckelmann-Programm 1960, 13–40; R. Bernbeck: Theorien in der Archäologie (Tübingen 1997) 231–250; N. Himmelmann: Klassische Archäologie – Kritische Anmerkungen zur Methode, in: Jahrbuch des Deutschen Archäologischen Instituts 115 (2000) bes. 261–283; C. Kunze: Formal Approaches, in: C. Marconi: The Oxford Handbook of Greek and Roman Art and Architecture (Oxford 2015) 541–556. – *‹Morelli'sche Methode›*: R. Neer: Beazley and the Language of Connoisseurship, in: Hephaistos 15, 1997, 7–30. – *Stil, ästhetische und politische Systeme*: A. H. Borbein: Die griechische Statue des 4. Jhs. v. Chr., in: Jahrbuch des Deutschen Archäologischen Instituts 88 (1973) 43–212; T. Hölscher: Die Nike der Messenier und Naupaktier in Olympia. Kunst und Geschichte im späten 5. Jahrhundert v. Chr., in: Jahrbuch des Deutschen Archäologischen Instituts 89 (1974) 70–111; T. Hölscher: Römische Bildsprache als semantisches System (Heidelberg 1987); A. Leibundgut: Künstlerische Form und konservative Tendenzen nach Perikles (Mainz 1991). – *Typologie:* D. Willers: Typus und Motiv. Aus der hellenistischen Entwicklungsgeschichte einer Zweifigurengruppe, in: Antike Kunst 29 (1986) 137–150; Bernbeck a. O. 206–230; Lang a. O. 138–147. – *Kopienwesen und Kopienkritik:* C. Landwehr: Die antiken Gipsabgüsse aus Baiae (Berlin 1985); E. E. Perry: The Aesthetics of Emulation in the Visual Arts of Ancient Rome (Cambridge 2005); K. Junker/A. Stähli (Hrsg.): Original und Kopie. Formen und Konzepte der Nachahmung in der antiken Kunst (Wiesbaden 2008); A. Anguissola: «Difficillima imitatio.» Immagine e lessico delle copie tra Grecia e Roma (Rom 2012); S. Settis u. a. (Hrsg.): Serial/Portable Classic. The Greek Canon and its Mutations (Mailand 2015); K. Fittschen: Methodological Approaches to the Dating and Identification of Roman Portraits, in: B. Borg (Hrsg.): A Companion to Roman Art (Chichester 2015) 52–70 (Typologie von Porträts).

Chronologie

Antike Chronologiesysteme

Da die Klassische Archäologie sich als historische Wissenschaft versteht, ist die Datierung ihrer Gegenstände Bestandteil jeder Re-Kontextualisierung. Als Chronologie bezeichnen wir die zeitliche Bestimmung von Artefakten und Befunden. Die Antike bediente sich anderer Chronologiesysteme als wir (nach Olympiaden, nach Jahresbeamten, *ab urbe condita*), die in moderne kalendarische Systeme (v. Chr., n. Chr.) übertragen werden.

Epochen

Den äußeren Rahmen der Chronologie stellt die Gliederung der Antike in *Epochen* dar. Auch dies ist ein von der Wissenschaft entworfenes Raster der zeitlichen Klassifizierung, das antiken Menschen natürlich nicht bekannt war. Epochengrenzen sind also künstlich und beruhen auf historischen und archäologischen Kriterien. Im Arbeitsfeld der Klassischen Archäologie schließt sich dabei an die Späte Ägäische Bronzezeit (spätes 2. Jt. v. Chr.) die Frühe Eisenzeit zunächst mit der ‹geometrischen› (ca. 1000–700 v. Chr.), dann mit der ‹archaischen› Epoche (ca. 700–490/80 v. Chr.) an. Es folgt die ‹klassische› Epoche (ca. 490/80–330 v. Chr.), zu der auch die ‹Spätklassik› (4. Jh. v. Chr.) gehört. Mit Alexander dem Großen beginnt die ‹hellenistische› Epoche (ca. 330–31/27 v. Chr.). An sie schließt sich die römische Kaiserzeit an – historisch nach Herrscherfamilien, also nach einem anderen System untergliedert –, deren Ende im 3. Jahrhundert n. Chr. am Beginn der sogenannten Spätantike liegt – mit Konstantin I. als erstem christlichem Kaiser (ca. 300 n. Chr.). Für Italien und den westlichen Mittelmeerraum überschneiden sich zeitlich die ‹archaische›, die ‹klassische› und die ‹hellenistische› Epoche mit der eisenzeitlichen etruskischen Kultur (ca. 800/700–1. Jh. v. Chr.) und der römischen Republik (ca. 500–44/27 v. Chr.).

Struktur und Epoche

Jede Epoche zeichnet sich durch strukturelle Grundeigenschaften, d. h. formale Qualitäten ihrer Artefakte und Befunde aus. Indem aber nur sehr wenige Artefakte oder Befunde ihr Datum ‹bei sich› tragen oder naturwissenschaftlich datierbar sind, muss die Zuordnung zu Epochen und die genauere Datierung durch qualitative Vergleiche und Verbindungen von Artefakten und Befunden untereinander und mit sicher datierten Ereignissen erfolgen. Diese Methode geht davon aus, dass jedes Artefakt etwas Zeittypisches besitzt – wie für Stil und Typologie bereits festgestellt –, d. h., dass sich die Form von Artefakten diachron veränderte, wenn sie auch nicht ausschließlich zeitlich begründet war. Dies anzuwenden führt zu relativen (relative Chronologie) und absoluten, d. h. jahres-, jahrzehnt- oder jahrhundertgenauen Daten (absolute Chronologie).

Datierung

Absolute Chronologie

Grundlage der *absoluten Chronologie* sind Artefakte und Befunde, die mit festen Daten verbunden sind (‹fest datierte Denkmäler›). Dazu zählen beispielsweise Bauwerke mit Architekturdekoration oder Statuen, deren Errichtungsdatum uns in textlichen Zeugnissen überliefert ist; dazu zählen Artefakte, deren Inschriften genaue Herstellungsdaten angeben, wie Münzen. Dazu zählen ferner Objekte, deren Datierung sich aus Befunden ergibt, deren Datum durch andere Hinweise erschlossen werden kann. Manche

Verbindung von Texten mit Artefakten oder Befunden ergibt auch Indizien für relative, aber mit klaren Zeitpunkten verbundene Zusammenhänge: Bildnisse historischer Personen können nicht vor ihrem ersten öffentlichen Auftreten, eine rotfigurig bemalte Keramikscherbe kann erst nach der Erfindung dieser Technologie gegen 520 v. Chr. (*terminus post quem*) entstanden sein, die aber zeitlich selbst erst bestimmt werden musste, während ein Objekt, das man in Pompeji gefunden hat, das 79 n. Chr. beim Vesuvausbruch verschüttet wurde, vorher entstanden sein muss (*terminus ante quem*). Für alle ‹festen› Daten ist zu prüfen, wie zuverlässig die archäologische Überlieferung in der Befundformation und Objektbiographie und wie vertrauenswürdig die entsprechende Angabe in einem Text, der ja vielfach erst viel später festgehalten wurde, und sein Bezug auf das Objekt sein können.

Unter den absolut – vielfach aber nicht jahresgenau – datierten Artefakten lassen sich durch den Vergleich untereinander in ihrer gegebenen zeitlichen Folge Entwicklungslinien der Form erkennen, sei es im Stil, sei es in der Typologie. Sie bilden die erste Grundlage für eine relative Chronologie.

Relative Chronologie

Mit der *relativen Chronologie* ist die Ordnung von Artefakten in zeitlichen, also diachronen Reihen gemeint. Sie kann in archäologischen Befunden durch die Stratigraphie oder die Seriation, durch Vergesellschaftung, d. h. gemeinsame Deponierung, oder Zurücklassung von Artefakten in geschlossenen Befunden, muss sonst aber aufgrund der Formanalyse erfolgen. Dazu werden die formalen Ähnlichkeiten und Unterschiede zwischen Artefakten, die im besten Fall einer Gattung angehören, bestimmt und dann Entwicklungsreihen gebildet, die Wandlungsprozesse vor allem des Stils aufzeigen. Dabei ist nicht gesagt, dass Entwicklungen von der ‹einfachen› zur ‹komplizierten› Form verlaufen. Die Richtung der Veränderung lässt sich erst bestimmen, wenn an mehreren Stellen der relativen Chronologie ‹fest› datierte Artefakte oder Befunde in die Abfolge integriert werden können. Dann wird aus der relativen eine an einzelnen Punkten absolute Chronologie.

Absolute Daten

Welche Zeiträume die Entwicklungsschritte abdeckten, die in relativen Chronologien beobachtet werden, ist nicht aus sich heraus klar. Durch die punktuellen absoluten Daten und Erfahrungen aus anderen Gattungen und Epochen können nur Schätzwerte ermittelt werden. In jedem Fall stellen formanalytisch ermittelte absolute Daten Annäherungswerte dar und werden so auch angegeben, u. U. auch in Form von *termini ante/post quos*. Der Annäherungscharakter des Netzes relativchronologisch ermittelter und absolutchronologischer Daten erlaubt es nie, exakt zu datieren. Die Verbindung zur Ereignisgeschichte muss deshalb immer locker bleiben.

Probleme formanalytischer Datierung

Die formanalytische Datierung ist nicht unproblematisch. Ob bestimmte stilistische oder typologische Eigenschaften eine zeitliche oder aber eine lokale, individuelle oder inhaltliche Dimension besaßen, und ob sich Entwicklungen an unterschiedlichen Orten unterschiedlich schnell vollzogen, ist anhand weiterer Informationen zu prüfen. Je lokaler, d. h. näher an der Produktion und Benutzung, eine Chronologie aufgebaut ist, desto besser; je gattungs- und darstellungsähnlicher Objekte in einer relativen Chronologie sind, desto besser lassen sich Unterschiede in der Form erkennen. Wichtig ist die Feststellung, dass chronologische Entwicklungen keine zielgerichteten antiken Vorgänge waren, sondern – wie Gattungen, Stil und Typologie – wissenschaftliche Hilfskonstruktionen sind, um Veränderungen zu beschreiben. Insgesamt hat sich für viele Gattungen und Epochen die Ermittlung linearer Wandlungsprozesse bewährt und zu Ergebnissen geführt, die keine grundsätzlichen Widersprüche hervorrufen. Sie bilden das hermeneutisch plausible Grundgerüst vieler Chronologien. In Einzelfällen Alternativen als möglich hinzustellen, ohne ein anderes System der Datierung vorzuschlagen, ist problematisch, die kritische Prüfung jedes Bestandteils der Datierungsargumentation aber unverzichtbar.

Literatur: M. Golden/P. Toohey: Inventing Ancient Culture. Historicism, Periodization and the Ancient World (London 1997); B. Bäbler: Epochenbegriffe II. Archäologie, in: Der Neue Pauly 13 (Stuttgart 1999) 1001–1008; U. Sinn: Einführung in die Klassische Archäologie (München 2000) 42–47; F. Lang: Klassische Archäologie. Eine Einführung in Methode, Theorie und Praxis (Tübingen 2002) 127–151; 187–183; B. Bäbler: Archäologie und Chronologie. Eine Einführung (Darmstadt 2004). – *Ägäische Bronzezeit und Frühe Eisenzeit*: E. H. Cline (Hrsg.): Oxford Handbook of the Bronze Age Aegean (Oxford 2010); A.-M. Wittke (Hrsg.): Frühgeschichte der Mittelmeerkulturen. Historisch-archäologisches Handbuch, Der Neue Pauly Supplement 10 (Stuttgart 2015). – *Übrige Epochen*: s. u. Fallbeispiele 1–12.

Funktionen: Verwendungs- und Wahrnehmungskontexte

Vielfalt der ‹Funktionen›

Um ein Artefakt zu re-kontextualisieren, ist neben der gattungsmäßigen, stilistischen, typologischen und zeitlichen Klassifizierung die Frage nach seiner Verwendung bzw. Benutzung zu beantworten, was häufig als ‹Funktionsbestimmung› bezeichnet wird. Archäologische Kontexte erlauben es, die Verwendung eines Artefakts bei seiner Deponierung oder Zurücklassung zu bestimmen, etwa als Grabbeigabe, als Votiv im Heiligtum oder als Verfüllungsschutt. Um mögliche vorherige Verwendungen zu ermitteln, müssen Kulturspezifika, materielle und formale Qualitäten des Artefakts sowie sämtliche anderen Zeugnisse archäologischer und textlicher Art herangezogen werden, die Hinweise darauf geben können.

Affordanz

Viele Artefakte sind durch ihre äußere Form besonders geeignet für bestimmte Verwendungen und fordern zu diesen unter kulturell festgelegten Konventionen geradezu auf (Affordanz). Gegenstände erscheinen in bildlichen Darstellungen in bestimmten Verwendungskontexten oder werden in textlichen Zeugnissen in bestimmten Verwendungen beschrieben. Andere zeigen uns ihren Verwendungskontext durch Aufschriften oder Beischriften. Zudem liefern uns so ermittelte systemische oder auch archäologische Kontexte Hinweise auf die Verwendung bestimmter Gattungen oder Untergattungen und damit auf Verwendungskonventionen, so dass für äußerlich gleiche Objekte ohne archäologischen Kontext dieselbe Verwendung angenommen wird.

Wandel der ‹Funktionen›

Verwendungskontexte desselben Artefakts können sich aber im Laufe der Zeit ändern. So kann ein Tongefäß beim Gelage dem Weinkonsum dienen, danach als Grabbeigabe verwendet und aus dem Grab als wertvolles Objekt geraubt werden. Jede Verwendungsbestimmung muss dies berücksichtigen und ist deshalb oft nur für ein bestimmtes Ereignis gültig.

Praktiken und Orte

Verwendungskontexte liefern zum einen Hinweise auf die konkreten Handhabungen eines Gegenstands (Praxeologie). So können wir das Handeln von Menschen rekonstruieren. Sie geben uns zum anderen Hinweise auf die Gründe für die Verwendung, Aufstellung oder Deponierung eines Gegenstands. Indem sie überdies die Orte anzeigen, an denen ein Artefakt aufgestellt oder benutzt wurde (Topologie), unterrichten sie uns über

Zusammenhänge, in denen es gezeigt und betrachtet werden sollte (Wahrnehmungskontext). Die Orte (Topographie), an denen, und die Praktiken, in denen dies geschah, legten äußere Bedingungen fest, in denen sich die Betrachter des Objekts jeweils befanden, wenn sie es sahen; sie zeigen uns, was sie zugleich sahen oder taten, welche Verbindungen zu anderen Objekten sie u. U. herstellen konnten.

Sinnzuschreibung

Damit einher geht, dass Artefakte mit bestimmten Verwendungskontexten ideell verbunden sein konnten, für die sie in einem anderen Kontext nur mehr symbolisch einstanden. Dies zeigt uns, dass Artefakte auch jenseits ihrer konkreten Verwendung Sinn erhalten, Kommunikationsprozesse auslösen und Assoziationen hervorrufen konnten, die natürlich bestimmten Regeln und kulturellen Konventionen unterlagen.

Die Verwendungs- und Wahrnehmungskontexte sind also auf vielfältige und komplexe Weise in die systemischen Kontexte eines Artefakts eingewoben, doch legen sie seinen kulturellen Sinn nur zum Teil fest.

Literatur: C. Marconi: The Oxford Handbook of Greek and Roman Art and Architecture (Oxford 2015) 268–413. – *Affordanz*: R. Fox u. a.: Affordanz, in: T. Meier u. a. (Hrsg.): Materiale Textkulturen. Konzepte – Materialien – Praktiken (Berlin 2015) 63–70; vgl. zu Form und Funktion: F. Lang: Klassische Archäologie. Eine Einführung in Methode, Theorie und Praxis (Tübingen 2002) 221–223. – *Praxeologie*: J.-A. Dickmann/A. Heinemann (Hrsg.): Vom Trinken und Bechern. Das antike Gelage im Umbruch (Freiburg i. Br. 2015); J.-A. Dickmann u. a.: Praxeologie, in: T. Meier u. a. (Hrsg.): Materiale Textkulturen. Konzepte – Materialien – Praktiken (Berlin 2015) 135–146. – *Topologie*: J.-A. Dickmann u. a.: Topologie, in: ebenda 113–128. – s. u. Kommunikation: Semiotik und Medien, S. 39–40.

Ikonographie

Ikonische Differenz

Mit Bildern sind diejenigen Artefakte gemeint, die darstellenden Sinn haben: Sie zeigen mit materiellen Mitteln etwas, das mehr ist als ihre Materialität (‹ikonische Differenz›; griech. *eikon* = Bild), sei es figürlich oder nicht, gegenständlich oder nicht. Fast jedes Objekt – und dies zeichnet die griechisch-römischen Kulturen aus – konnte mit Bildern versehen oder bildlich gestaltet werden. Deshalb sind Bilder zentrale Gegenstände der Klassischen Archäologie; die Möglichkeit, eine vormoderne Kultur im Hinblick auf ihren Umgang mit Bildern zu verstehen, ist ihr besonderes Potenzial.

Die bildliche Gestaltung kann ein Objekt selbst zu einer Darstellung von etwas anderem machen, oder aber die Darstellung von etwas dem Objekt Fremden ist an diesem (Bildträger) ‹angebracht›. Die Ikonographie beschäftigt sich mit den Inhalten (dem Was) dieser Darstellungen. Dazu gehören ihr Vokabular (Bildmotive), die Zusammensetzung der Bildmotive (Bildsyntax) und die Typologie.

Vor-ikonographische Beschreibung

Am Beginn jeder ikonographischen Analyse steht die Beschreibung des Sichtbaren, wobei zunächst die sachlichen Bildmotive und ihre Zusammensetzung genau erfasst werden (*vor-ikonographische Beschreibung*). Die folgende *ikonographische Bestimmung* identifiziert die dargestellten Gegenstände, Figuren und Handlungen gemäß den Konventionen ihrer Zeit. Dies geschieht entweder durch die äußere Form, wenn sie Realia imitiert, oder es gelingt durch die typologische Ähnlichkeit mit anderen Bildern, die durch Beischriften identifiziert sind, oder mit Texten, die den Bildern verwandte Erzählungen wiedergeben. Dieselben Attribute oder körperlichen Kennzeichnungen, dieselbe Typologie sowie die Darstellung ähnlicher Handlungen sind mögliche Grundlagen dieses Vergleichs. Durch die ikonographische Bestimmung wird aus einer bewaffneten Frau mit langem Gewand Athena/Minerva, aus Männern, die einen einäugigen Riesen angreifen, die Geschichte von Odysseus und Polyphem (Homer, *Odyssee* 9), aus Waffen an einem Baumstamm ein *tropaion/tropaeum* (Siegesmal).

Ikonographische Bestimmung

Narration

Bereits an dieser Stelle ergeben sich auffällige Beobachtungen. Man hat nicht nur mythologische Figuren oftmals mit zeitgenössischen Attributen versehen, auch Bilder, die sich auf historische Figuren oder Ereignisse zu beziehen scheinen, weisen außeralltägliche oder stilisierte Motive auf; textlich überlieferte Sachverhalte werden im Bild anders dargestellt, oder es werden nur bestimmte Szenen aus Erzählungen gewählt, unabhängig davon, ob sie in der literarischen oder historischen Darstellung relevant waren. Die Regel der Einheit der Zeit (Moment) wird dabei vielfach missachtet: Bilder oder Bildfolgen verweisen in eigener Art und Weise auf Erzählungen als zeitliche Abläufe (Narrationstechnik). Einzelne Bildmotive können isoliert und im Widerspruch zur physischen Raumrealität gezeigt werden, etwa ‹Füllornamente›. So wird deutlich, dass Bilder uns zwar vielfach über die antike Lebenswelt unterrichten, doch ihr Zeugniswert dafür jeweils kritisch zu prüfen ist. Sie dienten nicht der Illustration von Realität oder der einfachen Nacherzählung bekannter Geschichten, sondern waren Konstruktionen, die eigene Aussagen auch zusätzlich zum dargestellten Thema machten. Darin liegt ihr historischer Wert.

Ikonographische Analyse

Die Ikonographie besitzt neben ihrer bisher geschilderten inhaltlichen auch eine zeitliche Dimension: Sie ist konventionell, kann sich also im Laufe der Zeit wandeln. Zudem erscheinen bestimmte Szenen oder Figuren über längere Zeiträume in Darstellungstypen, aber auch diese verändern sich. Solche Veränderungen können mit anderen Verwendungskontexten, müssen aber auch mit neuen Aussagen, Interessen und Sinnzuschreibungen verbunden sein. Diese im diachronen Wandel zu verstehen ist eine Aufgabe der ikonographischen Analyse.

Ikonologie

Der dritte Schritt der Bildinterpretation wird als *Ikonologie* bezeichnet. Damit entfernt man sich von den Bildern und betritt ihren weiteren systemischen Kontext. Die Ikonologie zielt auf die Einordnung der Bildthemen in die Gedanken- und Vorstellungswelt ihrer Zeit ab. Dabei geht es nicht um ihre Funktion oder ihre ‹Botschaften›, was oft verwechselt wird, sondern darum, zunächst grundlegende Problemlagen, Vorstellungen und Diskussionen der jeweiligen Zeit aus literarischen oder historiographischen Überlieferungen zu erschließen und die Bilder danach – gleichsam bestätigend – darauf zu beziehen. Die Ikonologie ist so nur *ein* Weg der historischen Kontextualisierung von Bildern. Erst in erweiterter Form wird daraus eine Interpretation der Bilder, die diese selbst als Zeugnisse für die Erkenntnis kultureller Zeitprinzipien und historischer Zusammenhänge nutzt. Eine ikonologische Analyse erfordert umfängliche Kenntnis von nichtmateriellen Zeugnissen; eine interdisziplinäre Zusammenarbeit ist dabei geboten. Sie hat ihre Perspektive seit dem Zweiten Weltkrieg vor allem auf eine sozial-historische Interpretation von Bildern ausgeweitet und damit einen Anschluss an die historische Forschung erreicht.

Literatur: *Ikonographie/Ikonologie*: E. Panofsky: Ikonographie und Ikonologie, in: E. Kaemmerling (Hrsg.), Bildende Kunst als Zeichensystem 1 (Köln 1979) 207–225. – *Anwendung in der Klassischen Archäologie*: C. Robert:

Archaeologische Hermeneutik. Anleitung zur Deutung klassischer Bildwerke (Berlin 1919); K. Lorenz: Ancient Mythological Images and their Interpretation. An Introduction to Iconology, Semiotics and Image Studies in Classical Art History (Cambridge 2016); C. Isler-Kerényi: Iconographical and Iconological Approaches, in: C. Marconi: The Oxford Handbook of Greek and Roman Art and Architecture (Oxford 2015) 557–578; vgl. P. Schollmeyer: Einführung in die antike Ikonographie (Darmstadt 2012). – *Narrationstechnik*: N. Himmelmann: Erzählung und Figur in der archaischen Kunst (Wiesbaden 1967); L. Giuliani: Bild und Mythos. Geschichte der Bilderzählung in der griechischen Kunst (München 2003); L. E. Baumer: Narrative Systematik und politisches Konzept in den Reliefs der Traianssäule, in: Jahrbuch des Deutschen Archäologischen Instituts 106 (1991) 261–295.

Kommunikation: Semiotik und Medien

Kommunikation

Wenn sich Bilder durch ihre Materialität und Form auf etwas Außerbildliches beziehen und die Ikonographie diese Beziehungen *inhaltlich* aufzeigt, stellt sich die Frage, wie die Beziehungen zwischen Bild und Außerbildlichem *formal* und zwischen Bild und Wahrnehmendem (Kommunikation) *in der kulturellen Praxis* beschaffen waren und gestaltet wurden.

Signifikat/Signifikant

Im kommunikativen Sinn sind Bilder und ihre Bestandteile Zeichen (griech. *sema/-ta)*, die durch Konvention, d. h. ausgesprochene oder unausgesprochene Übereinkünfte, durch das kulturelle ‹Bedeutungsgewebe› ihrer Nutzer definiert sind. Als Signifikant (lat. *significans* = zeigend) verweist ein Zeichen auf etwas anderes, das Signifikat (lat. *significatus* = gezeigt). Zeichen können dabei unterschiedlichen Charakter haben: In ikonischer Form stehen sie in einem direkten formalen, oft mimetischen Bezug zum Signifikat, in indexikalischer Form in einem lediglich inhaltlichen Zusammenhang, in symbolischer Form ersetzen sie es in übertragener Weise. Das Verstehen des Zeichens geschieht durch Betrachter (Rezipienten) in Form von Begriffen, die ihnen für das Signifikat bekannt sind. Das System dieser Zusammenhänge bezeichnen wir als Semiotik.

Ikon, Index, Symbol

Semiotik

Semantik

Mit dem Begriff Semantik nun sind die konkreten Sinnzuschreibungen gemeint, die ein Zeichen in diesem System besitzt oder erhält. Semantiken sind wiederum nur im Netz musterhafter Konventionen zu verstehen, die uns andere Bilder und textliche Zeugnisse zu erschließen erlauben. Die Ikonographie ist ein erster Schritt, die Semantik von Bildzeichen zu ermitteln – doch erschöpft sich die Bedeutung eines Bildes nicht in der Ermittlung des Dargestellten. Vielmehr meint die Semantik eines Bildes weitere, über-ikonographische Inhalte, die die Klassische Archäologie ermitteln muss: Dass ein Vasenbild mit Herakles im Ringkampf mit dem Löwen von Nemea auf das Athletentum verweist, beruht auf der Athleten ähnlichen Handlung des Protagonisten zusammen mit seiner für Athleten üblichen Nacktheit und auf Texten, die Herakles mit Athleten vergleichen; die Semantik einer römisch-kaiserzeitlichen Kopie einer Athenastatue des Phidias (tätig ca. 460–430 v. Chr.) schließt auch die Qualitäten ein, die in Texten der Kaiserzeit mit Werken dieses Künstlers verbunden wurden.

Bildsprache

Die semiotische Analyse ist zunächst eher abstrakt, indem sie Semantiken zwar erkennt, aber ihre Wahrnehmungen und Strukturen nicht untersucht. Sie lässt sich deshalb in zwei Richtungen ausweiten. Einerseits kann man die Sprache, in der Zeichen miteinander kombiniert wurden, genauer untersuchen, den Zeichenvorrat (Code) und die Arten der Zusammensetzung der Zeichen (Syntaktik). Dies zielt auf Fragen beispielsweise nach der Darstellung zeitlich-narrativer Vorgänge, nach den Verbindungen zwischen Ornament und Figur oder nach Denkmustern und Anschauungen, die aus bestimmten regelhaften Zeichenkombinationen zu erschließen sind. Letzteres hat seit den sechziger Jahren des 20. Jahrhunderts, angeregt durch die Ethnologie, die von Frankreich ausgehende strukturalistische Bildinterpretation unternommen.

Strukturale Anthropologie

Sie hat in der visuellen Kultur Griechenlands im 6. und 5. Jahrhundert v. Chr. anthropologische Prinzipien und Konzepte der Darstellung als grundlegend erkannt. Die Errungenschaft war dabei vor allem, dass Bilder und Bildsprache jenseits des Illustrativen als kulturelle Zeugnisse ernst genommen wurden. Eine historische Perspektive auf Veränderungen solcher ‹Strukturen› wurde erst später in diese Theorie integriert; ihre Nähe zur Ikonologie ist deutlich.

Kommunikation

Andererseits kann man semiotische Zusammenhänge als kommunikative Prozesse betrachten und so in die konkrete kulturelle Praxis integrieren. Ein Kommunikationsprozess hat unterschiedliche Akteure: Urheber, d. h. Produzenten und Auftraggeber, die wechselweise voneinander abhängig sind; Adressaten, an die sich die Bilder richteten; Rezipienten oder Publika, die sie wahrnahmen; Personen, die dargestellt und so an der Kommunikation mittelbar beteiligt waren. Kommunikation geschieht durch die Gestaltung von Materie zu einem Zeichen (Artefakt) für bestimmte Verwendungskontexte. Als Medium bezeichnen wir deshalb das Artefakt in seiner Materialität und Form unter Einschluss seines konventionellen Verwendungskontexts und der dadurch vorgegebenen Erwartungen der Urheber und Rezipienten. Die kontextuell-kommunikative Perspektive ist ein wichtiger Unterschied zur produktionsbezogenen Gattungsperspektive und zur Ikonologie: Medien sind nicht Gattungen.

Medium

Im Einzelnen liefern die Theorien der Semiotik und der Kommunikation keine Methodik, die ein bestimmtes Artefakt abschließend zu erklären erlaubt. Vielmehr eröffnen sie Perspektiven auf Artefakte, die dabei helfen, sie im Zusammenhang kultureller und historischer Prozesse und als deren Teilhaber zu verstehen. Beispielsweise zeigt eine semiotische Perspektive, dass *jedes* sichtbare Artefakt Teil von Kommunikationsprozessen ist, sei es durch Vermittlung oder durch Wahrnehmung von etwas – ein Objekt «kann nicht nicht kommunizieren» (Paul Watzlawick). Das sensibilisiert dafür, dass es nicht einfach ist, ‹intendierte› oder ‹primäre› Botschaften von Artefakten zu ermitteln. Auftraggeber und Produzenten konnten mit demselben Produkt durchaus unterschiedliche Ziele verfolgen. Die Ikonographie, Datierung und Bestimmung eines (ersten?) Verwendungskontexts eines Bildes geben zwar Hinweise auf beabsichtigte Botschaften, doch legen auch sie deren Wahrnehmung und kulturellen Sinn nicht fest. Für eine kommunikative Perspektive ist es wichtig festzustellen, wer Auftraggeber eines Artefakts war oder ob es beispielsweise in Massenproduktion für den Kauf gefertigt wurde, um zu bestimmen, wer dabei eigentlich mit wem und über wen kommunizierte (Selbstdarstellung vs. Fremddarstellung, Geschmack vs. Semantik). Auch auf der Seite der Rezipienten werden durch die Kommunikationsperspektive Besonderheiten klar: Ihre Reaktion auf ein Zeichen muss kein ‹Begriff› oder die Erkenntnis einer Botschaft (‹Denotation›), sie kann auch emotionaler oder mentaler Art sein, d. h. in Assoziationen oder ‹Konnotationen› geschehen; sie ist also weit dynamischer, als es eine ‹intendierte Botschaft› nahelegt. In diesen Zusammenhang gehören auch aktuelle Theorien der Artefakt- und Bildanalyse wie die Akteur-Netzwerk-Theorie (ANT). Sie rückt das Problem in den Vordergrund, dass Kommunikation nicht nur durch inten-

‹Botschaften›

Denotation, Konnotation

Agency

dierte ‹Botschaften› bestimmt, sondern Wirkungen auch emergent oder assoziativ, durch Artefakte als ‹aktive Teilhaber› (*agency*) von Kommunikation (‹Bildakte›) erzeugt werden können. Welche Wirkungskraft dabei ihrer Gestaltung – formal, stilistisch, ikonographisch, ästhetisch – zukommen kann, bedarf weiterer Untersuchungen auch im Verbund mit Studien zur ‹Ding-Geschichte›, die in der Ethnologie weiterentwickelt wird.

Impliziter Betrachter

Ein Artefakt wird seine Wirkung im Rahmen der Kommunikation vor allem durch Reaktionen von Rezipienten entfalten. Gleichwohl sind sie diejenigen Akteure, die wir durch die Gestalt eines Objektes, an dessen Produktion sie ja nicht beteiligt waren, nicht unmittelbar erfassen können. Das Konzept des ‹impliziten Betrachters› versucht hier Abhilfe zu schaffen. Es geht davon aus, dass die Gestaltung eines Artefakts geschieht, weil man bestimmte Betrachter erwartete. So können wir aus den Konventionen, die in einem Bild befolgt werden, damals erwartete Betrachterreaktionen indirekt erschließen. Dies beruht auf hermeneutischen Prinzipien, denn intuitive Rekonstruktionen von Betrachterverhalten sind ebenso problematisch wie die Behauptung ihrer je individuellen Beliebigkeit, die hermeneutische Möglichkeiten ignoriert.

Diskursanalyse

Schließlich lassen sich unter bestimmten Bedingungen durch die semiotisch-kommunikative Analyse von Bildern auch größere Kommunikationszusammenhänge zu bestimmten Themen als historische Kontexte beschreiben (Diskursanalyse) oder die Frage untersuchen, wie überhaupt die Kommunikation von Sinnzuschreibungen innerhalb von Kultur abläuft und welche Rolle welche Medien dabei spielten (‹kultureller Kreislauf›).

‹Image Studies›

Eine Ausweitung erfährt die Kommunikationstheorie in Theorien der *image studies* oder Bildwissenschaften im engeren Sinne. Diese setzen voraus, dass nicht nur Semantiken, sondern grundlegende Gegebenheiten des Visuellen zusammen mit Materialität zu untersuchen sind und dass vor allem die physische Präsenz von Bildern als Artefakten, d. h. die räumlichen und ästhetischen Prozesse ihrer Wahrnehmung (Pragmatik), wichtig für ihre Interpretation sind. Dies schließt ihre Handhabung weit konkreter ein, als es die Bestimmung des Verwendungskontexts erreicht. Dabei werden die konkreten Wahrnehmungsvorgänge eines Bildes *zusammen* mit seinem Bildträger und seinem Nutzungskontext berücksichtigt.

Rezeptionsästhetik

Vergleichbar sind Studien zur Rezeptionsästhetik, die die Verschränkung der Wahrnehmung mit Ikonographie und Semantik untersucht haben. Hier erhielten in den vergangenen Jahren vor allem Forschungen Auftrieb, die die visuelle, auch statuarische Gestaltung von architektonischen Räumen untersucht haben. Dies hat Ergebnisse zur Ästhetik erbracht, aber auch zur Repräsentation. Es hat die Architekturforschung und Urbanistik ergänzt um weitere Aussagen dazu, welche Atmosphären Räumen eingeschrieben wurden und wie dies die Wahrnehmung von Bildern auch inhaltlich konditionierte. In eine andere Richtung sind Studien zur Ikonik gegangen. Eine ikonische Analyse unternimmt es, die bildimmanente Komposition und ästhetische Inszenierung eines Themas als das, was der Betrachter sah, zu erkennen und so Form und Ästhetik von Bildern mit ihren Inhalten zu verbinden. Ikonik

Literatur: *Bildwissenschaften*: G. Frank/B. Lange: Einführung in die Bildwissenschaft (Darmstadt 2010); Bild und Methode. Theoretische Hintergründe und methodische Verfahren der Bildwissenschaft (Köln 2014); S. Günzel u. a. (Hrsg.): Bild. Ein interdisziplinäres Handbuch (Stuttgart 2014); – *Semiotik*: U. Eco: Einführung in die Semiotik, 9. Aufl. (München 2002); L. Schneider: Zeichen, Spur, Gedächtnis: Der semiotische Blick und die Fachwissenschaft Archäologie, in: D. Botewa (Hrsg.): Zeichen in der Archäologie (Tübingen 1995); T. Hölscher: Semiotics to Agency, in: C. Marconi (Hrsg.): The Oxford Handbook of Roman Art and Architecture (Oxford 2015) 662–686; K. Lorenz: Ancient Mythological Images and their Interpretation. An Introduction to Iconology, Semiotics and Image Studies in Classical Art History (Cambridge 2016). – *Strukturale Anthropologie*: C. Bérard: Die Bilderwelt der Griechen. Schlüssel zu einer ‹fremden› Kultur (Mainz 1985); G. Ferrari: Anthropological Approaches, in: C. Marconi: The Oxford Handbook of Greek and Roman Art and Architecture (Oxford 2015) 621–636. – *Kommunikation*: L. Schneider u. a.: Zeichen – Kommunikation – Interaktion. Zur Bedeutung von Zeichen-, Kommunikations- und Interaktionstheorie für die Klassische Archäologie, in: Hephaistos 1 (1979) 7–41. – *Medien*: R. von den Hoff: Kaiserbildnisse als Kaisergeschichte(n). Prolegomena zu einem medialen Konzept römischer Herrscherporträts, in: A. Winterling (Hrsg.): Zwischen Strukturgeschichte und Biographie (München 2011) 15–44; S. Muth/I. Petrović: Medientheorie als Chance. Überlegungen zur historischen Interpretation von Texten und Bildern, in: B. Christiansen/U. Thaler (Hrsg.): Ansehenssache. Formen von Prestige in Kulturen des Altertums (München 2012) 281–318; O. Dally u. a. (Hrsg.): Medien der Geschichte. Antikes Griechenland und Rom (Berlin 2014). – *Akteur-Netzwerk-Theorie*: P. W. Stockhammer: Performing the Practice Turn in Archaeology, in: Transcultural Studies (2012) Nr. 1, 7–42. – *Agency*: A. Gell: Art and Agency. An Anthropological Theory (Oxford 1998); R. Osborne/J. Tanner: Art's Agency and Art History (Oxford 2007); J. Whitley: Agency in Greek Art, in: T. J. Smith (Hrsg.): A Companion to

Greek Art (Chichester 2012) 579–596; T. Hölscher: Semiotics to Agency, in: C. Marconi (Hrsg.): The Oxford Handbook of Roman Art and Architecture (Oxford 2015) 662–686. – *Bildakte*: H. Bredekamp: Theorie des Bildakts (Frankfurt 2010). – *Ding-Geschichte*: I. Hodder: Entangled. An Archaeology of the Relationships between Humans and Things (Chichester 2012); H. P. Hahn (Hrsg.): Vom Eigensinn der Dinge. Für eine neue Perspektive auf die Welt des Materiellen (Berlin 2015). – *Impliziter Betrachter/Rezeptionsästhetik*: W. Kemp: Der Betrachter ist im Bild. Kunstwissenschaft und Rezeptionsästhetik (Berlin 1992). – *Diskursanalyse*: K. Schade: Diskursanalyse. Möglichkeiten und Grenzen ihrer Anwendung in der Archäologie, in: Schriften des Deutschen Archäologen-Verbands 16 (2005) 57–68; J. Angermüller u. a.: Diskursforschung. Ein interdisziplinäres Handbuch (Bielefeld 2014); A. Haug: Bilder und Geschichte im 8. und 7. Jh. v. Chr. Ein diskursanalytischer Ansatz, in: Jahrbuch des Deutschen Archäologischen Instituts 132 (2017) 1–39. – *Kultureller Kreislauf* (*cultural circuit*): P. Du Gay u. a.: Doing Cultural Studies, 2. Aufl. (Los Angeles 2013). – *Image studies*: K. Lorenz: Ancient Mythological Images and their Interpretation. An Introduction to Iconology, Semiotics and Image Studies in Classical Art History (Cambridge 2016). – *Raum/Handlung/Atmosphären*: K. Stemmer (Hrsg.): Standorte – Kontext und Funktion antiker Skulptur (Berlin 1995); P. Zanker: Bild-Räume und Betrachter im kaiserzeitlichen Rom, in: A. H. Borbein u. a. (Hrsg.): Klassische Archäologie. Eine Einführung (Berlin 2000) 205–226; O. Dally u. a. (Hrsg.): Bild. Raum. Handlung. Perspektiven der Archäologie (Berlin 2012). – *Ikonik*: M. Imdahl: Giotto. Zur Frage der ikonischen Sinnstruktur (1979), in: ders.: Gesammelte Schriften 3 (Frankfurt a. M. 1996) 424–463; J. Stöhr: Max Imdahls Ikonik. Ausgangspunkte – Verfahren – Reichweite, in: Regards croisés. Deutsch-französisches Journal für Kunstgeschichte und Ästhetik 7 (2017) 81–96.

Historisch-soziale Kontextualisierung, Repräsentation

Soziale Prozesse

Eine ikonologische Analyse interpretiert Bilder als *Ausdruck von* bekannten Mentalitäten, Ideen und Wertvorstellungen, eine kommunikativ-semiotische untersucht sie *in* Wahrnehmungsvorgängen. Eine sozialhistorische Analyse versucht, Bilder als Faktoren in *sozialen Prozessen* zu verstehen. Dabei haben die gesellschaftlichen Rollen von Auftraggeber/Stifter und Dargestellten und die Präsentation von Rollenvorstellungen eine zentrale Bedeutung. Derartige Studien haben die Klassische Archäologie seit den siebziger Jahren des 20. Jahrhunderts wesentlich bestimmt.

Repräsentation

Die Analyse von *Repräsentationsvorgängen* ist eine Form dieser Kontextualisierung. Mit Repräsentation sind Darstellungen gemeint, welche mit Personen verbunden sind und über den sachlichen Inhalt hinaus die politisch-soziale Stellung der Person oder ggf. auch einer Institution vergegenwärtigen (re-präsentieren). Solche Zusammenhänge lassen sich nur in ihrem historischen Kontext und am besten im Verbund mit textlichen Zeugnissen und im Vergleich mit anderen Repräsentationsformen herausarbeiten. Sie sollen zeigen, welche Qualitäten und soziale Rollen im Bild bestimmten Institutionen, Auftraggebern und/oder Dargestellten zugeschrieben, wie und wo dabei Identitäten, d. h. Zuordnungen zu bestimmten ideellen oder sozialen Gruppen, gerade durch Bilder mitgestaltet wurden oder ihnen implizit waren, ohne dass dies gleich eine ‹Botschaft› dieser Bilder sein musste. Beispielhaft zu nennen sind hier Studien zu geschlechterbezogenen Rollenbildern (Gender) und zu antiken Körpervorstellungen, zumal der menschliche und vor allem männliche Körper in der visuellen Kultur seit dem 8. Jahrhundert v. Chr. eine maßgebliche Bedeutung besaß. Dazu zählen auch Studien zum antiken Porträt und zu seiner sozialen Rhetorik oder zu Freigelassenen an ihren Gräbern im Imperium Romanum, die das Streben nach sozialem Aufstieg anzeigen. Dies kann man auf unterschiedliche Weise mit anderen sozialen Praktiken in Zusammenhang bringen und damit in einen weiteren kulturellen Kontext stellen. So wird auch das Zusammenwirken bildlicher Repräsentation mit den Verhaltenskulturen bestimmter sozialer Gruppen (Habitus) greifbar. Vor allem können visuelle Formen der Stabilisierung oder In-Frage-Stellung von Ideologien und ihrer Propagierung oder sozialen Aushandlung untersucht werden.

Gender/ Körper

Sozialstatus

Wichtig ist es zu unterscheiden, wer aus welchen Gründen der Repräsentation von Status und Prestige, wer Ideologiebestätigung oder -kritik kommunikativ betrieb: Die Selbstdarstellung eines Herrschers ist medial etwas anderes als seine Ehrung in einer Stadt oder ein Bild, das ihm überreicht wurde, ein Votiv etwas anderes als eine dekorative Plastik. In vielen Fällen ist der Übergang zu ikonologischen Analysen, in denen die visuellen Zeugnisse zusätzliche Beiträge zur Bestimmung leitender Wertvorstellungen und wichtiger Problemlagen leisten, fließend.

Bild und Ereignis

Eine zweite Ebene der historisch-sozialen Kontextualisierung ist die Verbindung von Bildern mit *historischen Prozessen und Ereignissen* sowie der Erinnerung an sie – von der Stiftung eines Geldbetrags durch einen Einzelnen bis zum Sieg in einer Schlacht oder zur Ehrung einer Person für ihre Leistungen. In Ergänzung zur Historiographie liefern gerade Bilder und ‹Denkmäler›, die sich auf Ereignisse beziehen lassen, akteurbezogene Interpretationen oder dienen der Repräsentation, leisten aber weit mehr als die ‹Illustration› der Ereignisse, die oftmals gar nicht beabsichtigt ist. So haben sich die sogenannten Historienbilder der griechischen und römischen Antike als Konstruktionen erwiesen, die uns die Ansichten, die man einem bestimmten Ereignis gegenüber ausdrücken wollte, nicht aber dessen Faktizität präsentieren: Sie *deuten* Geschichte. Die Monumente, an denen römische ‹Staatsreliefs› als solche Historienbilder angebracht waren, standen oft mit konkreten Kriegen oder religiösen Akten in Zusammenhang. Man bevorzugte in den Reliefs gleichwohl standardisierte Darstellungen, um die Persistenz regelgerechten Verhaltens und der Qualitäten vor allem des Kaisers zum Ausdruck zu bringen. Porträts zählen seit dem 6. Jh. v. Chr. zu den wichtigsten Medien der Repräsentation und sind deshalb zentrale sozialhistorische Zeugnisse, die aber die Dargestellten ebenfalls deutend und in sozialen Rollen wiedergeben.

Historienbild

‹Staatsrelief›

Porträts

Breiten Raum haben in den vergangenen Jahrzehnten in der Klassischen Archäologie auch grundsätzliche Studien zur Erforschung von Erinnerungspraktiken eingenommen (kulturelles Gedächtnis). Dies war auch deshalb naheliegend, weil viele Artefakte als bleibende ‹Denkmäler› entworfen wurden oder beispielsweise Darstellungen antiker Mythen als Formen der Vergangenheitskonstruktion verstanden werden können, die mit der Geschichte und ihren Ereignissen (‹intentionale Geschichte›), aber auch mit anderen kulturellen und politischen Bedingtheiten ihrer Entstehung eng verbunden waren.

Erinnerung

‹Intentionale Geschichte›

Literatur: *Repräsentation*: M. Bergmann: Repräsentation, in: A. H. Borbein u. a. (Hrsg.): Klassische Archäologie. Eine Einführung (Berlin 2000) 166–188; vgl. auch G. Weber u. a. (Hrsg.): Propaganda – Selbstdarstellung – Repräsentation im römischen Kaiserreich des 1. Jhs. n. Chr. (Stuttgart 2003). – *Sozialhistorische Perspektiven*: B. Fehr: Sociohistorical Approaches, in: C. Marconi: The Oxford Handbook of Greek and Roman Art and Architecture (Oxford 2015) 579–601. – *Gender*: N. B. Kampen: Gender Studies, in: A. H. Borbein u. a. (Hrsg.): Klassische Archäologie. Eine Einführung (Berlin 2000) 189–204; S. Schroer (Hrsg.): Images and Gender. Contributions to the Hermeneutics of Reading Ancient Art (Fribourg 2006); C. Vout: Gender Studies, in: C. Marconi: The Oxford Handbook of Greek and Roman Art and Architecture (Oxford 2015) 602–620, vgl. auch L. Foxhall: Studying Gender in Classical Antiquity (Cambridge 2013). –

Körperbild: N. Himmelmann, Ideale Nacktheit in der griechischen Kunst (Berlin 1990) mit Rezension von T. Hölscher, in: Gnomon 65 (1993) 519–528; N. Himmelmann: Klassische Archäologie – Kritische Anmerkungen zur Methode, in: Jahrbuch des Deutschen Archäologischen Instituts 115 (2000) 298–309; A. Stähli: Nackheit und Körperinszenierung in Bildern der griechischen Antike, in: Schroer a. O. 209–227; A. Haug: Die Entdeckung des Körpers. Körper- und Rollenbilder im Athen des 8. und 7. Jahrhunderts v. Chr. (Berlin 2012); vgl. auch L. Thommen, Antike Körpergeschichte (Zürich 2007). – *Porträt:* L. Giuliani: Bildnis und Botschaft. Hermeneutische Untersuchungen zur Bildniskunst der römischen Republik (Frankfurt a. M. 1986); M. Bergmann: Die Strahlen der Herrscher. Theomorphes Herrscherbild und politische Symbolik (Mainz 1998); D. Boschung/F. Queyrel: Bilder der Macht. Das griechische Porträt und seine Verwendung in der antiken Welt (Paderborn 2017). – *Römische Freigelassene*: P. Zanker: Grabreliefs römischer Freigelassener, in: Jahrbuch des Deutschen Archäologischen Instituts 90 (1975) 267–315; B. Borg: Das Gesicht der Aufsteiger. Römische Freigelassene und die Ideologie der Elite, in: M. Braun u. a. (Hrsg.): *Moribus antiquis res stat Romana* (München 2000) 285–299. – *Historienbilder und Geschichtsauffassung*: T. Hölscher: Griechische Historienbilder (Würzburg 1973); ders.: Die Geschichtsauffassung in der römischen Repräsentationskunst, in: Jahrbuch des Deutschen Archäologischen Instituts 95 (1980) 265–321; P. J. Holliday: The Origins of Roman Historical Commemoration in the Visual Arts (Cambridge 2002). – *Bildanalyse und Kulturanalyse:* T. Hölscher: Bilderwelt, Formensystem, Lebenskultur. Zur Methode archäologischer Kulturanalyse, in: Studi italiani di filologia classica 10 (1992) 460–483; T. Hölscher: Visual Power in Ancient Greece and Rome (Oakland 2018); vgl. N. Himmelmann: Klassische Archäologie – Kritische Anmerkungen zur Methode, in: Jahrbuch des Deutschen Archäologischen Instituts 115 (2000) 309–316. – *Erinnerung/‹kulturelles Gedächtnis›*: A. Erll: Kollektives Gedächtnis und Erinnerungskulturen. Eine Einführung, 2. Aufl. (Stuttgart 2011); J. Assmann: Das kulturelle Gedächtnis. Schrift, Erinnerung und politische Identität in frühen Hochkulturen, 7. Aufl. (München 2013). – *‹Intentionale Geschichte›/ Politik und Mythos*: H. J. Gehrke: Was heißt und zu welchem Ende studiert man intentionale Geschichte? Marathon und Troja als fundierende Mythen, in: G. Melville (Hrsg.): Gründungsmythen, Genealogien, Memorialzeichen. Beiträge zur institutionellen Konstruktion von Kontinuität (Köln 2003) 21–36; K.-J. Hölkeskamp: Mythos und Politik – (nicht nur) in der Antike. Anregungen und Angebote der neuen ‹historischen Politikforschung›, in: Historische Zeitschrift 288 (2009) 1–50.

II. Fallbeispiele

1. Das Grab einer ‹*rich lady*› in Athen (9. Jh. v. Chr.)

Agora von Athen

Seit 1931 erforscht die American School of Classical Studies in Athen das Zentrum der antiken Stadt: die Agora, den wichtigsten politischen Platz der Polis. Doch ist die Talsenke am Flüsschen Eridanos nördlich des Areopag-Hügels und nordwestlich der Akropolis nicht immer politisches Zentrum und freier Platz gewesen. Brunnen weisen vielmehr auf kleine dörflich Ansiedlungen in der geometrischen Epoche (1000–700 v. Chr.) hin; in ihrem Umfeld fand man Gräber. Zu diesen zählt auch der Befund ‹H 16:6›, der im Juni 1967 entdeckt wurde.

Archäologischer Befund: Grab und Grabinventar

Grabinventar

Es handelt sich um eine Grube mit unterschiedlichen Ton-, Stein- und Metallobjekten (Abb. 1–2). Umliegende Brandspuren (Brandareal) und die Überreste verbrannter Menschenknochen erlauben es, den Befund als Brandgrab zu identifizieren. Zu den Funden zählt das größte Tongefäß, das den Leichenbrand aufgenommen hatte und also als Urne diente (Abb. 1–2 Nr. 1). Die übrigen Funde aus der Grube bilden das sogenannte Grabinventar (bisweilen missverständlich auch als ‹Beigaben› bezeichnet, Abb. 3–4). Funde und Befund stellen zusammengenommen das Ergebnis einer Bestattung (Grablegung) dar. Aus ihnen lässt sich mithin der Vorgang dieser Bestattung rekonstruieren, um dann zu ermitteln, welchen Sinn man ihm und den Objekten beimaß, die ans und ins Grab gegeben wurden.

Befund

Der Befund im Boden (Abb. 1) zeigt uns zunächst, dass eine jüngere Zisterne, die zwischen dem 3. und 1. Jahrhundert v. Chr. in den Boden gegraben wurde, Teile des Grabes von oben gestört hat. Damals war seine Lage nicht mehr bekannt. In Aufsicht (Abb. 1) und Schnitt (Abb. 2) ist eine ca. 30 cm mächtige Schicht

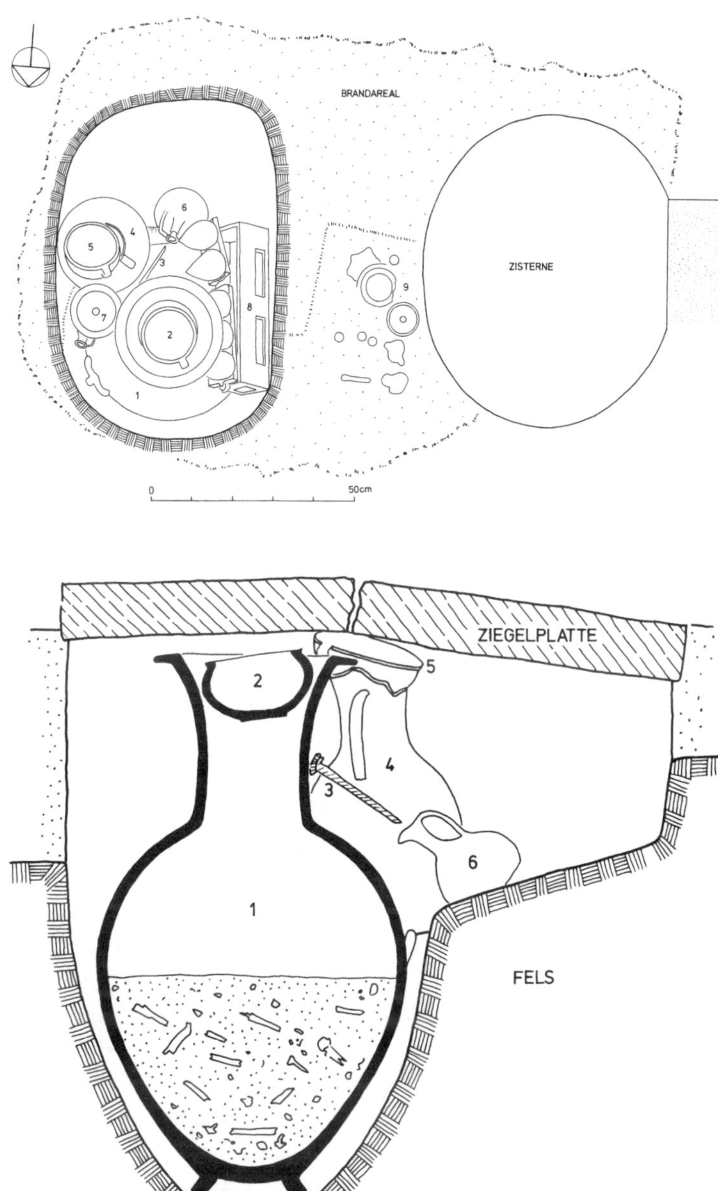

Abb. 1–2: Athen, Agora: geometrisches Grab einer Frau. Aufsicht und Nord-Süd-Schnitt

aus verkohltem Material auf einer Fläche von etwa 1 m × 1,50 m zu sehen (Brandareal). Darin haben sich verbrannte Reste zerbrochener, einfacher Tongefäße und Tierknochen gefunden (Abb. 1 Nr. 9), die die Bearbeiter auf ca. 70 kg Fleisch haben schließen lassen. Die ovale Grube mit Urne und Grabinventar durchschneidet diese Schicht und wurde in den Felsboden eingetieft. Folglich kann sie erst angelegt worden sein, als das Brandmaterial bereits an dieser Stelle lag. Die Grube ist asymmetrisch geformt. Im tieferen, runden Teil stand die Urne (Abb. 1/2, Nr. 1; Abb. 3). Sie war von einem Henkelbecher (Abb. 1/2, Nr. 2; Abb. 3) abgedeckt und frei von Brandspuren. Um ihren Hals hatte man eine bronzene Gewandnadel (Abb. 1/2, Nr. 3) gelegt. Unverbrannt waren auch alle weiteren Objekte in der Grabgrube. Sie lagen am Hals der Urne und reichten noch in den flacheren Teil der Grube hinüber, der sich nach Süden erstreckt. Das Grab war von einer Ziegelplatte bedeckt. In der Urne fanden sich kalzinierte, also durch Brand angegriffene Knochen einer Frau von 30 bis 35 Jahren zusammen mit den Knochenresten eines ungeborenen Kindes – so der aktuelle anthropologische Befund – und wenige Tierknochen. Dort lag unverbrannt auch der Schmuck der Frau.

Bestattungspraxis: ein Ereignis

Ekphora

Auf der Grundlage dieser Beobachtungen lässt sich der Bestattungsvorgang rekonstruieren. Dies erlaubt Rückschlüsse auf die zeitgenössische Grablegungspraxis: Verstorben war eine Frau in der Endphase ihrer Schwangerschaft. Ihr Leichnam wurde zum Ort der Grablegung getragen (Ekphora). Die späteren Beigaben und die Urne (Abb. 1/2, Nr. 1; Abb. 3) hatte man mitgebracht; sie

Kremation

lagen bei der folgenden Verbrennung (Kremation) abseits vom Scheiterhaufen – ebenso wie der wertvolle Schmuck der Frau. Zusammen mit dem sicherlich aufgebahrten, im Übrigen nicht geschmückten Leichnam verbrannte man sodann einfache Tongefäße, die man zuvor zerschlagen hatte, sowie Fleisch- und Knochenreste (Abb. 1/2, Nr. 9). Ob man vorher bereits von dem Fleisch gegessen hatte, lässt sich nicht entscheiden, doch spricht die Menge für ein vorausgegangenes ‹Totenmahl›. Aus dem ver-

Deponierung

brannten Material am Boden las man danach die Überreste menschlicher Knochen auf (einzelne Tierknochenreste gerieten dabei irrtümlich hinzu) und legte sie zusammen mit dem wertvollen Schmuck der Frau in die Urne. Deren Hals schmückte man mit der bereits erwähnten, gebogenen Gewandnadel der Verstorbenen (Abb. 1/2, Nr. 3). In die Brandreste am Boden grub man eine ovale Grube. Ihre Tiefe entsprach der Höhe der Urne, die man an der Grubensohle stehend deponierte und mit einem Henkelbecker (Abb. 1/2, Nr. 2; Abb. 3) abdeckte. Dann stellte man von oben weitere Tongefäße (Abb. 1/2, Nr. 4–8; Abb. 3) an die Urne und bedeckte das Grab mit einer Ziegelplatte. Ähnliche Vorgänge lassen sich an anderen Brandgräbern der Zeit in Athen beobachten; es handelt sich um ein typisches Grabritual. Wir wissen nichts über die oberirdische Markierung des Grabes; andere Gräber der Zeit besaßen Grabsteine ohne Dekoration oder Tongefäße als oberirdische Grabzeichen.

Totenmahl

Haben wir so das Bestattungsritual als Ereignis weitgehend aus dem Befund rekonstruiert, so erlaubt der aus Funden und Befunden ermittelte Sachstand weitere Interpretationen. Auffällig ist, dass die verbrannten Gefäße und Speisereste auf ein wohl im Beisein des Leichnams vollzogenes Mahl vor der Kremation hinweisen. An ihm müssen aufgrund der zu rekonstruierenden Fleischmenge viele teilgenommen haben. Es zeigt sich zudem, dass sowohl der Metall- und Steinschmuck der Frau (Kette, zwei Goldohrringe, drei bronzene Gewandnadeln, zwei Bronzefibeln usw.; Abb. 4) als auch das keramische Grabinventar (Urne und mehr als zehn Tongefäße; Abb. 3) nicht mit verbrannt worden ist.

Präsentation der Beigaben

Das bedeutet, dass Schmuck und Keramikinventar bei Kremation und Mahl bereits am Ort und – darauf lässt allein schon die Menge schließen – vermutlich sichtbar aufgestellt waren: Wer Verbrennung, Mahl und anschließender Grablegung beiwohnte, konnte diese Objekte sehen. Sie waren nicht nur ‹Beigaben› der Verstorbenen, sie zu zeigen war vielmehr Bestandteil des Rituals. Und sie zeigen uns und den damaligen Teilnehmern zudem, was die Hinterbliebenen der Verstorbenen zuordnen wollten.

Datierung

Geometrische Dekoration

Die ‹Beigaben› des Grabes geben uns Hinweise auf das Alter der Bestattung. Die Graburne und die übrigen Tongefäße aus der Grabgrube erweisen sich aufgrund ihrer Dekoration eher als teure Objekte und gehören sicher nicht zum Alltagsgeschirr. Zudem wurden sie mehrheitlich in einer einzigen Werkstatt hergestellt, wie Details ihrer Bemalung erkennen lassen. Dass sie eigens für die Bestattung angefertigt wurden, ist mithin wahrscheinlich. Der Stil der Bemalung vor allem der großen Urne (Abb. 3) gibt damit auch einen Datierungsanhalt für die Grablegung: Die Amphora besitzt noch große, von Tonschlicker überzogene und deshalb beim Brand im Töpferofen schwarz verfärbte Flächen. Nur wenige Ornamentbänder umziehen Hals und Bauch. Am Bauch dominieren metopenartige Felder mit Kreisdekor zwischen senkrecht stehenden Hakenmäandern. Die Ornamentmotive und ihre Verteilung auf der Gefäßoberfläche sind typisch für die späte Phase der sogenannten frühgeometrischen Epoche (Early Geometric/EG II), die ins mittlere 9. Jahrhundert v. Chr. zu datieren ist. In gleicher Weise lassen sich auch die übrigen Gefäße einordnen. Etwa um 850 v. Chr. also wurde die Frau bestattet.

Semantik und Objektsymbolik

Bauchhenkelamphora

Bei der Urne (Abb. 1/2, Nr. 1; Abb. 3) handelt es sich um eine Bauchhenkelamphora. Sie ist mit einer Höhe von 71 cm relativ groß. Die Gefäßform ist typisch für Frauenbestattungen – sowohl als Urne als auch in noch größerem Format als oberirdische Grabmarkierung. Dass man mit einer Bauchhenkelamphora ein Vorratsgefäß wählte, ist kein Zufall. Vielmehr wurde über dieses Objekt die Frau mit der Vorratshaltung verbunden. Man kann hier von Objektsymbolik sprechen. Umso auffälliger ist es, dass

Halshenkelamphora

eine andere Form der Amphora, eine Halshenkelamphora kleineren Formats (Abb. 1/2, Nr. 4; Abb. 3), der Bestattung beigegeben wurde und dass diese zwar leer, aber wie eine Urne mit einer Tontasse (Abb. 1/2, Nr. 5; Abb. 3) verschlossen war. Diese Gefäßform diente ursprünglich dem Weintransport; sie findet sich ‹objektsymbolisch› als Urne sonst in Männergräbern. Vermutlich vertrat die leere, aber urnenartige Beigabe die Mitbestattung des ungeborenen (und deshalb nicht in der Urne bestatteten) Kindes. Die Gefäßform zeigt aber an, dass man auf einen männlichen Nachkommen gehofft hatte. Dies alles wollte man den Teilnehmern der Bestattungszeremonie auch zeigen. An den Hals der

Besitztümer

großen Urne hingegen hatte man eine bronzene Gewandnadel der Frau (Abb. 1/2, Nr. 3) gelegt. Bei Männern gab man in Athen damals oft die verbogenen Waffen um den Urnenhals – offenbar

Abb. 3: Athen, Agora: geometrisches Grab einer Frau. Inventar: Keramik

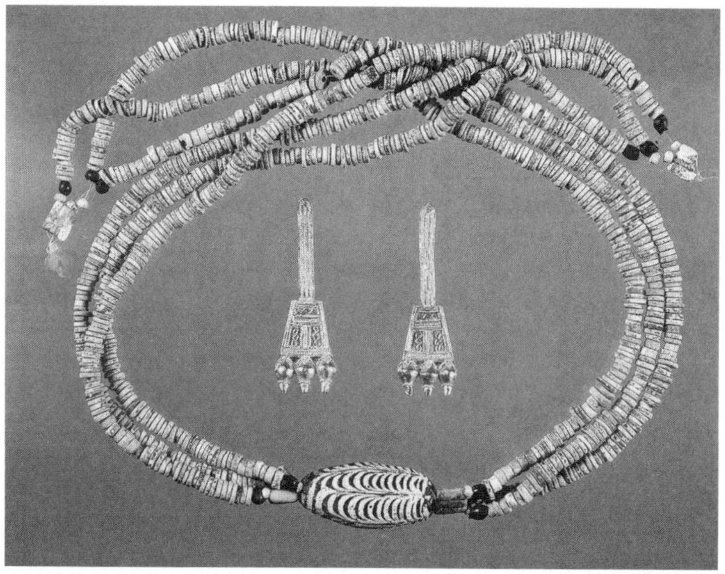

Abb. 4: Athen, Agora: geometrisches Grab einer Frau. Inventar: Schmuck

ein Ritual, um Schmuck/Waffe, Urne und Bestattete(n) physisch zu verbinden. Kännchen (Abb. 1/2, Nr. 6; Abb. 3), die wegen ihrer schmalen Mündung u. U. parfümierte Öle oder wertvolle Flüssigkeiten aufnehmen konnten, und runde Deckeldosen (Pyxiden; Abb. 1/2, Nr. 7; Abb. 3) – vielleicht für Schmuck – gehörten als Besitztümer der Bestatteten zum Inventar. Es fand sich aber auch

Tonpyxis

eine einzigartige langrechteckige Tonbox (Abb. 1/2, Nr. 8; Abb. 3). Sie besitzt fünf gleichartige, eiförmige, aber spitz zulaufende Aufsätze mit kleinen Öffnungen am oberen Ende. Ein weiterer, einzelner Aufsatz dieser Form in größerem Format gehörte ebenfalls zum Inventar. Der Box kann keine praktische Funktion zugeordnet werden: Sie ist ein Einzelstück, denn wir kennen solche Gefäße sonst nicht. Deshalb wurde sie als symbolisches Objekt interpretiert. Die Box auf Füßen gleiche altägyptischen Modellen von Kornspeichern; sie sei deshalb als Modell eines fünffachen Ernte- oder Getreidespeichers zu interpretieren. Die Fünfzahl der Aufsätze erinnere an die ‹500-Scheffler› (*pentakosioimedimnoi*), diejenigen Bürger Athens, die fünfmal 100 Scheffel Erntegut pro Jahr einbrachten und die höchste Einkommensklasse seit der Zeit Solons stellten (Aristoteles, *Athenaion politeia* 7, 4). Das Objekt verweise daher auf den Sozialstatus der Frau. Doch ist die genannte Einkommensklasse erst seit dem 6. Jahrhundert v. Chr. bezeugt. In attischen Gräbern kommen ähnlich geformte Objekte sonst nur mit einem Aufsatz, nicht mit fünfen vor. Wären sie tatsächlich Hinweise auf die Einkommensklasse, wäre dies nicht erklärlich. Einer neueren Deutung zufolge soll das Objekt ein Modell von Bienenstöcken sein. Dies würde die Bestattete mit der Honigproduktion verbinden. Es läge also ein Hinweis auf ihre Tätigkeit vor – aber zugleich durch die einzigartige Fünfzahl auch auf den Reichtum ihres Besitzes an Bienenstöcken. Doch sahen antike Bienenkörbe eher röhrenförmig aus. Keine Erklärung der Symbolik des Modells kann bisher völlig überzeugen.

Kultureller, sozialer und wirtschaftlicher Kontext

Reichtum

Gleichwohl muss man nicht nur die Einzelobjekte im Grab, sondern auch das Grab als Ganzes im Zusammenhang zeitgleicher Gräber sehen. Es handelt sich tatsächlich um das am reichsten ausgestattete Grab aus Athen in dieser Zeit überhaupt. Man hat der Bestatteten deshalb den Spitznamen «*rich Athenian lady*» gegeben. Der Reichtum äußert sich nicht nur in Verweisen auf Ernteertrag oder Bienenzucht, sondern auch quantitativ (mit mindestens 81 Objekten) und qualitativ im Hinblick auf Materialwert und Herkunft der Objekte: Zum Schmuck gehören vier goldene Finger- und zwei aufwändig granulatverzierte Goldohrringe; es fanden sich ferner zwei Siegel aus Elfenbein und zudem eine aus Phönikien stammende Kette aus Fayence (Abb. 4). Sicherlich war die Bestattete also Mitglied einer der reicheren Familien Athens in dieser Epoche. Doch wissen wir nicht, ob dieser Reichtum tatsächlich zu Lebzeiten ihr eigen war bzw. ihr indirekt als Ehefrau zukam. Die Stempelsiegel könnten auf eine eigene Verwaltungstätigkeit hindeuten. Ähnlich reiche Männergräber oder solche mit Symbolen ökonomischer Potenz fehlen in Athen überraschenderweise – doch sicher nicht, weil Männer in Athen damals ärmer gewesen wären. Nicht auszuschließen ist deshalb auch, dass die Inventarfülle nicht einfach den realen Reichtum der Frau spiegelt, sondern vielmehr ihren außerordentlichen Status markierte. Dieser könnte darin gelegen haben, dass sie als Schwangere einer reichen Familie starb. Dass sie mit einem ungeborenen Kind (dem erhofften erstgeborenen Jungen?) in den Tod ging, wäre dann Anlass für eine besonders aufwändige Bestattung gewesen. Die doppelte Trauer und ein besonderes Übergangsritual (‹*rite de passage*›) bei der Bestattung einer verstorbenen Gebärenden bzw. Mutter im Kindbett könnten diesen Aufwand erklären. Er wäre mithin weltanschaulich bzw. ideologisch begründet. Ob das Grabinventar den ökonomisch-sozialen Status der Bestatteten zu Lebzeiten spiegelt oder auf die besondere Bewertung ihres außerordentlichen Todes zu beziehen ist, ist eine wichtige Frage, die sich nicht grundsätzlich beantworten lässt. Die erste Schlussfolgerung, die eher eine strikte Spiegelung des Sozialen im Grabinventar behauptet, folgt einer Richtung, die man als prozessuale Archäologie bezeichnet hat. Die zweite Folgerung, die eher soziale und kulturelle Praktiken ins Zentrum stellt, lässt sich mit der sogenannten post-prozessualen Archäologie verbinden. Doch muss es sich keinesfalls um ganz und gar alternative Deutungen handeln; sie können auch je teilweise zutreffen.

Sozialstatus

‹rite de passage›

prozessual/post-prozessual

Weitergehende sozial- und wirtschaftshistorische Interpretationen eröffnen sich, wenn man das Grab im Zusammenhang mit den Veränderungen und Gemeinsamkeiten sämtlicher athe-

Wirtschaft, Luxusgüter

nischen Gräber aus geometrischer Zeit betrachtet – und dies umso mehr, weil für die Epochen vor dem 6. Jahrhundert v. Chr. überhaupt keine anderen als solche archäologischen (und vor allem sepulkralen) Zeugnisse vorliegen, um soziale Strukturen zu erschließen. Das Grab lässt unter diesem Blickwinkel auf eine gestiegene Verfügbarkeit von Luxusgütern schließen. Hinzu kamen offenbar bereits ausgeprägte Kontakte zu den Kulturen des Vorderen Orients. Beides dürfte freilich nur für kleinere elitäre Gruppen in Athen gelten, wobei sich diese Interpretation allerdings interessanterweise bisher vor allem auf Grabinventare von Frauen stützten muss. Umstritten ist, ob die insgesamt eher geringe Gesamtzahl an Gräbern in dieser Zeit Indiz für ein Bevölkerungsminimum ist oder ob sich die Bestattungssitten bzw. Orte der Bestattung und ihre Sichtbarkeit veränderten. Hier zeigt sich erneut eine Abhängigkeit jeder Interpretation von den gewählten Erklärungsprämissen.

Interpretation von Grabbefunden

Das Grab der ‹*rich Athenian lady*› führt mithin Wege, Möglichkeiten und Grenzen der Interpretation von Funden und Befunden aus Gräbern vor Augen. Befunde lassen sich zunächst als Spuren bestimmter Bestattungspraktiken und damit als ‹Miniatur-Ereignisse› verstehen. Die Funde erlauben Datierungen. Durch ähnliche Objekte in anderen, konkreter bestimmbaren Kontexten lässt sich auch die Zeichenhaftigkeit einzelner Artefakte (Semantik) ermitteln. Praktiken und Objekte können sodann als komplexes symbolisches Zeichensystem erklärt werden. Dieses Zeichensystem erlaubte zeitgenössische Sinnzuschreibungen gegenüber den Verstorbenen für die Hinterbliebenen und Teilnehmer der Bestattung – muss aber von uns erst erschlossen werden. Dabei stellen die rekonstruierten Grabpraktiken und Objekte Hinweise auf ideologische Gegebenheiten dar, die den damaligen Akteuren selbstverständlich waren. Ob und wie Rituale und Grabinventare im Einzelnen den Sozialstatus der Bestatteten repräsentierten, ob eher Reichtum und ökonomische Potenz, ob eher Geschlechterrollen, eher die konkrete Lebens- oder Todessituation oder das Ansehen der Bestatteten relevant(er) waren, bleibt im Kontext zeitgleicher Praktiken jeweils zu prüfen. Bestattungen und Grabinventare prinzipiell als Eins-zu-eins-Spiegelungen sozialer Realitäten anzusehen verbietet sich; ebenso wenig lassen Veränderungen der Bestattungsformen automatisch auf soziale oder politische Veränderungen schließen. Ihre Sinnhaftigkeiten zu ermitteln ist nicht nur dann schwierig, wenn wir neben Funden und Befunden keine textlichen Informationen zu Konventionen und Zeichenhaftigkeit von Bestattungen besitzen, wie es für das 9. Jahrhundert v. Chr. in Athen der Fall ist. Vielmehr muss man sich immer an Interpretationsmodelle und modellhafte Konventionen halten, die man anderwärtig erschlossen hat. Abzuwägen sind dabei durchweg die möglichst widerspruchsfreie Passhaftigkeit von Indizien und des Modells ebenso wie mögliche komplexe Sinnkombinationen.

Literatur: *Ausgrabungen auf der Agora von Athen*: www.agathe.gr [Datenbank der Agoragrabung]; The Athenian Agora. Results of Excavations Conducted by the American School of Classical Studies at Athens (Princeton 1953–2017) [Vorlage der Grabungsergebnisse]; J. M. Camp: Die Agora von Athen (Mainz 1986); J. M. Camp: The Athenian Agora. Site Guide (Princeton 2010). – *Grabbefunde und Grabrituale*: I. Morris, Death-ritual and Social Structure in Classical Antiquity (Cambridge 1992); B. d'Agostino: Archäologie der Gräber: Tod und Grabritus, in: Adolf H. Borbein u. a. (Hrsg.): Klassische Archäologie. Eine Einführung (Berlin 2000) 313–331; C. Kümmel u. a. (Hrsg.): Körperinszenierung, Objektsammlung, Monumentalisierung. Totenritual und Grabkult in frühen Gesellschaften. Archäologische Quellen in kulturwissenschaftlicher Perspektive (Münster 2008). – *Geometrisches Griechenland:* J. N. Coldstream: Geometric Greece (London 1979); S. H. Langdon (Hrsg.): New Light on a Dark Age. Exploring the Culture of Geometric Greece (Columbia 1997); Zeit der Helden. Die ‹dunklen› Jahrhunderte Griechenlands 1200–700 v. Chr. (Karlsruhe 2008). – *Zu Befund, Funden und anthropologischer Analyse des Grabes*: E. L. Smithson: The Tomb of a Rich Athenian Lady, in: Hesperia 37 (1968) 77–116; M. A. Liston/J. K. Papadopoulos: The ‹rich Athenian lady› was pregnant: The Anthropology of a Geometric Tomb Reconsidered, in: Hesperia 73 (2004) 7–38; J. K. Papadopoulos/E. L. Smithson: The Early Iron Age. The Cemetries, The Athenian Agora 26 (Princeton 2017) 124–176; 534–536 (Tomb 15). – *Sozial- und wirtschaftshistorische Interpretationen*: I. Morris: Burial and Ancient Society. The Rise of the Greek City-state (Cambridge 1987); J. Whitley: Style and Society in Dark Age Greece. The Changing Face of a Pre-literate Society 1100–700 B.C. (Cambridge 1991); J. N. Coldstream: The Rich Lady of the Areopagus and her Contemporaries, in: Hesperia 64 (1995) 391–403; S. Langdon: Views of Wealth, a Wealth of Views: Grave Goods in Iron Age Attica, in: D. Lyons/R. Westbrook (Hrsg): Women and Property. Conference at the Center for Hellenic Studies (Washington 2003) [reiche Frauengräber]; G. Kalaitzoglou: Adelsgräber des 9. Jhs. v. Chr. in Athen und Attika, in: H. Lohmann u. a. (Hrsg.): Attika. Archäologie einer ‹zentralen› Kulturlandschaft (Wiesbaden 2010) 47–72. – *Deutung der Tonbox als Getreidespeicher oder Bienenstock*: S. P. Morris/J. K. Papadopoulos: Of Granaries and Games. Egyptian Stowaways in an Athenian

Chest, in: A. P. Chapin (Hrsg.): Χαρις. Essays in Honor of Sara A. Immerwahr (Princeton 2004) 225–242; I. Martelli: The Tomb of a Rich Athenian Lady, ca. 850 B. C. Honey and Purple for a Textile Interpretation Attempt, in: Pasiphae 10 (2016) 117–144. – *Datierung und Gruppen geometrischer Keramik*: J. M. Coldstream: Greek Geometric Pottery. A Survey of Ten Local Styles and their Chronology (London 1968); s. u. Fallbeispiel 2.

2. Ein Grabmal aus der Zeit Homers (spätes 8. Jh. v. Chr.)

Das Metropolitan Museum of Art in New York beherbergt die größte Sammlung griechischer und römischer Antiken in den USA. Seit seiner Gründung 1870 erhält es Nachlässe oder erwirbt aus Erträgen von Stiftungen antike Objekte im Kunsthandel fast immer ohne nachprüfbaren Hinweis auf ihren Fundzusammenhang. Dass der archäologische Kontext verloren ist, gilt leider für die meisten der uns überlieferten Artefakte und vor allem für solche, die schon lange im Besitz von Museen sind. Ihre Bewertung muss allein anhand ihrer selbst geschehen. Dies möglichst umfassend zu leisten ist eine der Kernaufgaben der Klassischen Archäologie.

Gefäßform, systemischer Kontext und Funktion

Gefäßform

1914 kaufte das Metropolitan Museum die Scherben eines antiken Tongefäßes an. Im Zuge der Restaurierung setzte man sie zusammen und ergänzte fehlende Teile in eingefärbtem Gips. Es entstand ein Tongefäß von 1,31 m Höhe, das die Inventar-Nummer 14.130.15 erhielt (Abb. 5). Seine Form kennzeichnet eine weit offene Mündung (Durchmesser 76 cm), deren senkrecht stehende Lippe (Höhe 3,2 cm) vom Gefäßkörper abgesetzt ist. Der Gefäßkörper erreicht seine größte Ausdehnung im oberen Bereich. Dort ist an der einen Seite ein aufgesetzter Henkel aus je zwei bogenförmig geformten Tonwülsten teilweise erhalten, zu dem das Pendant auf der Gegenseite symmetrisch zu ergänzen ist. Nach unten verengt sich der Gefäßkörper. Durch einen Tonring abgetrennt schließt ein hoher Fuß an.

Die Formmerkmale des Gefäßes mit Fuß, bauchigem, voluminösem Körper und sehr weiter Öffnung sowie seine großen

Abb. 5: New York, Metropolitan Museum of Art Inv.-Nr. 14.130.15: spätgeometrischer Grabkrater aus Athen

Dimensionen erlauben es, das Objekt zu benennen: Es handelt sich um einen Krater. Dieser antike Begriff erhellt den Funktionswert der Gefäßform, denn er kommt schon bei Homer vor (*Odyssee* 1, 110; 9, 10; *Ilias* 3, 269; 23, 741–749). Er ist vom altgriechischen Wort *kerannymi* abgeleitet, was ‹mischen› bedeutet. Im Krater mischte man Wein mit Wasser, um daraus dann die Trinkgefäße der Teilnehmer beim Gelage der Männer (*symposion*) zu füllen. Dies ist der sogenannte systemische Kontext eines Kraters, seine Funktion innerhalb der Kultur, die ihn hervorgebracht hat. Krater

Verwendungskontext

Fragt man nach dem Verwendungskontext des New Yorker Kraters, so wird man jedoch stutzig: Seine kleinen Henkel erlauben es kaum, das große Gefäß zu tragen. Der Boden ist über dem hohen Fuß nach unten offen. Hier würde der gemischte Wein ausfließen. Offenbar diente der Krater in seiner letzten Verwendung nicht dazu, beim Männergelage Wein mit Wasser aufzunehmen. Dies zu erklären helfen Ausgrabungsbefunde, in denen ähnlich hergerichtete Gefäße *in situ* angetroffen wurden, d. h. an ihrem antiken Verwendungsort. In der Nekropole des Athener Kerameikos standen solche Gefäße während der geometrischen Epoche (10.–8. Jh. v. Chr.) als Grabmarkierungen – oft vor einem Steinmal – über Bestattungen von Männern. Das Loch im Boden diente dazu, beim Totenkult Trankspenden (Libationen), die gerne an Gräbern dargebracht wurden, direkt in die Erde und so weiter hinab zu den Überresten der Verstorbenen zu leiten. Das New Yorker Stück erweist sich damit als ein tönernes Grabmal in Kraterform. Die Form und ihr systemischer Kontext entsprechen nicht seiner für uns greifbaren konkreten Verwendung.

Grabmal

Datierung und Herstellungskontext

Dekorationsstil

Das Gefäß erlaubt keine unmittelbaren Rückschlüsse darauf, wann es gefertigt wurde. Dazu können aber sehr wohl seine aufgemalte Dekoration und deren Stil dienen. In diesem Zusammenhang ist es von besonderem Interesse, dass seine Ornamente aus geometrische Formen wie Mäandern und Dreiecken bestehen. Sie sind typisch für die Bemalung von Tongefäßen in Griechenland zwischen dem 10. und 8. Jahrhundert v. Chr., ja sie gaben der Epoche ihren modernen Namen: geometrische Epoche. Das Dekorationssystem, in dem diese Ornamente angeordnet sind, lässt eine Präzisierung zu: Lange horizontale Bildstreifen (Friese), dicht übereinander gestaffelt, überziehen das Gefäß. Flächig übermalte Zwischenräume fehlen weitgehend, anders als bei der Amphora der ‹rich lady› (Abb. 3). Dies zeichnet Gefäße der spätesten Phase der geometrischen Epoche aus (*Late Geometric* = LG). Seit etwa 760 v. Chr. finden sich zudem Friese, die figürliche Darstellungen, Menschen und Tiere in größerer Zahl zeigen, während der Mäander gegen 700 v. Chr. verschwindet. Geht man noch weiter in die Darstellungsdetails, dann kann man feststellen, dass aus Athen und Attika spätgeometrische Gefäße stammen, deren Malstil bereits weiter entwickelt ist als derjenige des New Yorker Kraters: Ein spätgeometrischer, kleiner Krater im Louvre (Inv.-Nr. CA 3256) zeigt Pferdeköpfe, die bereits differenzierter mit Augen gestaltet sind, und bewegtere Menschenfiguren. Diese letzte Stufe des Spätgeometrischen (LG IIb) hatten die Schöpfer unseres Kraters noch nicht erreicht; er ist innerhalb der geometrischen Epoche also relativchronologisch früher entstanden. Zu dieser Einordnung kommt noch hinzu, welche Werkstatt an dem Gefäß arbeitete: Es gibt attische Gefäße, die untereinander und mit dem New Yorker Krater in Details der Strichführung und Figurenzeichnung, also in ihrem konkreten Malstil, so eng übereinstimmen, dass sie von denselben Malern hergestellt worden sein müssen, mithin in derselben Werkstatt. Wir nennen sie nach einem Fundort südlich von Athen Trachones-Werkstatt. In der relativen Chronologie der spätgeometrischen Gefäßmalerei gehört sie an den Anfang der späten Phase (LG IIa), was einem absoluten Datum etwa gegen 730/20 v. Chr. entspricht. Aus dekorationstypologischen, stilistischen und die Werkstatt betreffenden Gründen also können wir annehmen, dass unser Krater in dieser Zeit in Attika hergestellt worden ist. Werkstattstil

Vor-ikonographische Beschreibung

Versuchen wir nun seine bildlichen Darstellungen zu verstehen. Hauptbild
Dazu beginnen wir mit der vor-ikonographischen Beschreibung: Auf der einen Gefäßseite zeigt der oberste Figurenfries links elf menschengestaltige Figuren. Sie sind zur Mitte hin orientiert, wie auch die acht Figuren rechts (Abb. 5–6). Im Zentrum sieht man eine den seitlichen gleich gestaltete menschliche Figur, doch erscheint sie horizontal hingestreckt auf einer vierbeinigen Liege (griech. *kline*). Ihre obere Konturlinie begleitet eine Fläche im Schachbrettmuster, die wahrscheinlich ein Tuch darstellen soll. Unter der Kline sitzen sechs Figuren, die jeweils beide Hände zum Kopf führen; rechts auf dem Bett steht, links sitzt ein kleines Wesen. Offenbar folgen Größenverhältnisse, Raumangaben und Bezüge der gezeigten Figuren und Gegenstände zueinander nicht den uns geläufigen Darstellungskonventionen: Niemand wird ‹unter› der Kline sitzen; ein Leichentuch ‹schwebt› nicht über dem Leichnam. Darüber hinaus fallen drei Details auf: Am Kopf der Menschen rechts der Bahre ist eine mit kleinen Strichen be-

Abb. 6: New York, Metropolitan Museum of Art Inv.-Nr. 14.130.15: spätgeometrischer Grabkrater aus Athen. Detail: Prothesis, Umzeichnung

Abb. 7: New York, Metropolitan Museum of Art Inv.-Nr. 14.130.15: spätgeometrischer Grabkrater aus Athen. Detail: Wagenzug mit ‹Doppelwesen›, Umzeichnung

Abb. 8: New York, Metropolitan Museum of Art Inv.-Nr. 14.130.15: spätgeometrischer Grabkrater aus Athen. Detail: Streit (?) um einen Kessel, Umzeichnung

setzte, nach unten geschwungene Linie zu erkennen; diese Figuren weisen ferner eine Doppellinie auf, die ihre Taille kreuzt. Diejenigen links und unter der Bahre zeigen kleine, je rechts und links an den Oberkörper gesetzte Striche. Ihnen fehlen weitere Attribute. Die Figur ganz rechts außen scheint einen Körper, zwei Köpfe, vier Arme und vier Beine zu besitzen.

Umlaufende Bildfriese

Die beiden Bildstreifen weiter unten am Krater kommen ohne Mittelmotiv aus. Sie laufen zäsurlos um das Gefäß herum (Abb. 5). Der obere zeigt 15 Zweigespanne (lat. *bigae*), nach rechts gewendet, mit je einer Figur im Wagen. Die Linie am Kopf und eine Querlinie an der Taille haben die Wagenfahrer mit den Figuren rechts der Kline gemeinsam. Der unterste Fries zeigt 13 Wagen, ebenfalls nach rechts fahrend, mit je einem Wagenlenker. Die Menschenkörper selbst bestehen dort aus Kreissegmenten oben und unten, die ein Sanduhrmotiv verbindet. Auch diese Menschen kennzeichnet der gebogene Strich am Kopf; sie tragen aber auch je zwei längere und eine kürzere, T-förmig endende Linie diagonal am Körper. In diesem Fries erscheint eine Doppelkopf-Vier-Arm-und-Vier-Fuß-Figur zweimal, und nur ihr Gespann hat jeweils zwei Zugpferde (Abb. 7). Ein Blick auf die Rückseite des Kraters zeigt, dass auch dort im oberen Fries ein Mittelmotiv hervorsticht (Abb. 8): Einander zugewandt erkennt man eine Figur mit Bogenlinie am Kopf und T-förmigem Taillenstrich und rechts wiederum eine Doppelkopf-Figur. Beide berühren mit den Händen ein kleineres Objekt auf Beinen in der Mitte, das kelchförmig gestaltet ist.

Rückseite

Ikonographische Bestimmung I

Um die zunächst seltsam anmutenden Malereien zu verstehen, d. h. um sie ikonographisch zu bestimmen, bedarf es der Kenntnis der Darstellungskonventionen der Zeit. Auch muss der Betrachter heute der regelhaften Systematik Rechnung tragen, in der bestimmte Bildmotive erscheinen. Beides erschließt sich durch den Blick auf andere, ähnliche Darstellungen, für die schlüssige Interpretationen vorliegen. Die Beobachtungen und Kenntnisse gilt es sodann mit realen oder fiktionalen Gegebenheiten zu verbinden.

Prothesis

Die Hauptszene der Vorderseite des Kraters (Abb. 6) können wir in diesem Sinne unschwer als Leichenaufbahrung (griech.

prothesis) identifizieren – Standardthema auf Grabgefäßen der geometrischen Epoche und ein reales Ritual der Grablegung. Rechts und links stehen trauernde Figuren, wie ihre Gesten zeigen: Die an den Kopf gelegte Hand entspricht dem Raufen der Haare und dem Schlagen an den Kopf. Homer, der in geometrischer Zeit lebte, nennt dies als Trauergesten (*Ilias* 22, 33–35; 77; 406; 24, 74; 18, 23–27). Die Trennung der Gruppen rechts und links erschließt sich aus anderen Darstellungskonventionen: Die je zwei kurzen, oben an den Oberkörper gesetzten Striche der linken Figuren kommen in der geometrischen Malerei nie bei Kämpfern vor; diese zeigen hingegen oft die gebogene Linie am Kopf und den Querstrich an der Taille. Doch führen in unserer Szene nur Figuren ohne diese Linie und den Querstrich zwei Hände zum Kopf. Wie lässt sich dies erklären? In etwas jüngeren Darstellungen ist der gebogene Strich am Kopf als Teil eines Helmes und damit als Helmbusch zu identifizieren. Die Attribute am Körper erklären sich aus Kampfszenen. Dort tragen Krieger dieselben Gegenstände. Mit der T-Form sind Schwerter gemeint bzw. in längerer Form Lanzen. Rechts der Kline erscheinen also männliche, bewaffnete Krieger. Auch der Verstorbene ist durch seinen Helmbusch als Krieger gekennzeichnet. Die Strichzusätze am Oberkörper, wie sie die Figuren links und unter der Kline aufweisen, kommen bei Kriegern jedoch nie vor. Dies und ihr Anbringungsort legen es nahe, sie als schematische Andeutungen weiblicher Brüste zu interpretieren. Links und unter der Bahre trauern also Frauen – und nur sie trauern auf diesem Krater durch Gesten. Die Männer rechts hingegen berühren Tiere, die aufgetürmt zwischen ihnen erscheinen. Oder sie fahren auf Wagen, wie in den beiden anderen Friesen (Abb. 5; 7). Im unteren sind es sanduhrförmige Gebilde mit kreissegmentförmigen Abschlüssen oben und unten, die ihre Körper bilden. Solche Objekte finden sich in Kampfszenen als Schilde. Wir nennen diese Schildform aufgrund des Herkunftsorts der Grabgefäße vom Doppeltor (Dipylon) in Athen heute ‹Dipylon-Schilde›, im 6. Jahrhundert v. Chr. auch ‹böotische Schilde›. Schild und Körper des Kriegers werden hier also als Einheit dargestellt, ja sie verschmelzen geradezu.

Männer/Frauen

‹Dipylon-Schild›

Dreifuß

Gehen wir kurz noch auf den oberen Fries der Gegenseite ein, der durch Kreismotive in Segmente geteilt ist (Abb. 8): So wie den Gegenstand in der Mitte zwischen den beiden Menschen stellte man im späten 8. und frühen 7. Jahrhundert v. Chr. Tröge und Kessel dar, aber auch Dreifüße. Dreifüße waren, wie etwa in der Ilias anlässlich der Leichenspiele des Patroklos beschrieben (*Ilias* 23, 261–265; 485), wertvolle Siegespreise und Statussymbole der Elite. Riesige bronzene Exemplare stiftete man im 8. Jahrhundert – also in der Zeit unseres Kraters – in griechische Heiligtümer. Indem die beiden Krieger jeweils an den Dreifuß greifen, versuchen sie, ihn in Besitz zu nehmen. Es geht also neben der Darstellung vielfiguriger Trauer bei der Prothesis und prächtiger Wagenzüge auch um den Gewinn eines Statussymbols oder Siegespreises, den Männer begehren. Alle Bildinhalte weisen mithin vielfache Bezüge zu den homerischen Epen auf.

Ikonographische Bestimmung II: Bildsprache und Semantik

Mythenbild?

Auf dieser Grundlage können wir nun fragen, welche Inhalte mit diesen Bildern und den Darstellungsvokabeln, die wir übersetzt haben, vermittelt wurden, was sie schilderten und wofür sie als Zeichen standen (Semantik). Wie ist all dies auf die Funktion des Bildträgers als Grabmal und auf dessen Wahrnehmungskontext zu beziehen? Da die Bilder handelnde menschliche Figuren zeigen, hat man nach literarisch überlieferten Geschichten gesucht, deren Inhalte dem Dargestellten entsprechen. Freilich waren den Bildern keine erklärenden Texte oder Namen beigeschrieben, die die Sache erleichtern würden. Wir müssen also nach Bildmotiven suchen, die sich nur durch ganz bestimmte Geschichten – und nicht anders, etwa als alltägliche Szenen der zeitgenössischen Lebenswelt – erklären lassen. Dabei scheinen uns zunächst die absonderlich erscheinenden Wesen mit einem Körper, zwei Köpfen, vier Armen und vier Beinen weiterzuhelfen (Abb. 7). Die antike Literatur kennt ein mythisches Wesen, das man sich so vorstellen könnte: die Söhne des Aktor und der Molione, nach ihnen Aktorione oder Molione genannt. Manche Texte berichten nämlich, dass sie zusammengewachsen waren wie siamesische Zwillinge (Pindar, 10. Olympische Ode, 22–39; Apollodor, *Bibliotheke* 2,7,2; Hesychos, Fragment 17–18). Der 23. Gesang der *Ilias* erzählt (638–645), dass sie bei den Leichenspielen für den verstorbenen König Amarynkeus erschienen seien. Dort habe sie Nestor im Wagenrennen nicht bezwingen können. Diese Geschichte nun wollten einige Forscher auch auf unserem Krater erkennen: zum einen den toten Amarynkeus als den Verstorbenen auf der Kline, zu dessen Trauer auch die Aktorione ganz rechts im Zug der Krieger erschienen; zum anderen die Leichenspiele mit dem Wagenrennen, an denen sie dem Mythos zufolge beteiligt waren, und schließlich den Gewinn des Siegespreises, des Dreifußes auf der Rückseite des Kraters. Die Bildfriese würden – folgt man dieser Interpretation –, entstanden um 730/20 v. Chr., zu den frühesten Bilddarstellungen griechischer Mythen gehören.

Widersprüche

Eine solche mythologische Deutung identifiziert einzelne Bildakteure, indem sie vom Text ausgeht, der möglichst widerspruchsfrei mit den Bildern parallelisiert wird. Widerspruchsfreiheit oder vollständige Erklärung liefert der Mythos in diesem Falle aber nicht: bleiben doch viele Figuren des Bildes namenlos; außerdem berichtet niemand von Frauen bei der Aufbahrung des Amarynkeus. Vor allem aber erscheint das Doppelwesen im unteren Fries des Kraters zweimal hintereinander (Abb. 7). Wie soll dies also eine bestimmte Figur bei einem Wagenrennen meinen? Tatsächlich müsste man ein Versehen des Vasenmalers annehmen, wollte man die mythologische Deutung beibehalten. Im mittleren Wagenfries des Kraters fehlen zudem die ‹Zwillinge›. Wie wäre das zu verstehen? Und Bilder auf anderen Gefäßen, in denen das Doppelwesen ebenfalls vorkommt, zeigen andere, uns im Übrigen unbekannte Geschichten. Nur für den New Yorker Krater scheint die mythologische Deutung in manchem aufzugehen. Einfache Eins-zu-eins-Illustrationen einer homerischen Geschichte waren die Bilder auf dem Grabkrater in keinem Fall.

Darstellungskonventionen

Ein anderer Weg der Deutung ist es, das Dargestellte nicht unmittelbar mit einer Geschichte zu parallelisieren, sondern zunächst zu verstehen, wie der Maler überhaupt seine Bilder gestaltet, wie er überhaupt erzählt. Dazu müssen wir seine Darstellungskonventionen verstehen. Wir haben schon gesehen, dass die Bilder keine Namensbeischriften besitzen: Der Maler wollte also die Figuren nicht unbedingt namentlich benennen. Die Bilder entsprechen zudem, wie gesehen, weder unseren räumlich-perspektivischen Sehgewohnheiten, noch ist jeder Gegenstand im Sinne unserer Bildkonventionen vollständig wiedergeben. Jede menschliche Figur (Abb. 6–8) besteht aus Beinen, die man von der Seite sieht, einem Oberkörper, der von vorne betrachtet erscheint, und einem wiederum im Profil gezeigten Kopf. Die seitlichen

Beinpaare der Kline sind nebeneinander in die Fläche gezogen, die Beine der Sitzenden erscheinen räumlich übereinander. Besitzen die Wagen eine Achse mit zwei nebeneinander gezeigten Rädern – oder sind zwei Achsen gemeint? Die Figuren und Bildmotive erscheinen, so können wir festhalten, wechselansichtig: Sie sind nicht in einer einheitlichen Perspektive gezeigt, sondern in jeweils charakteristischen Ansichten. Offenbar besitzt zudem jedes Ding auch eine für den Maler am treffendsten erscheinende, unveränderliche Form: Klinen und Hocker haben vier Beine. Menschenbeine bestehen aus vollen Ober- und dünnen Unterschenkeln; meist sind sie am Knie leicht eingeknickt (‹knieweich›). Arme hingegen erscheinen ‹muskellos›. Die Brust ist dreieckig; Bäuche fehlen. Die Körperteile scheinen wie aus einem Baukasten zusammengesetzt, vieles wird aber auch gar nicht dargestellt. Der Helmbusch der Krieger wächst aus dem Kopf heraus: Er kennzeichnet den Krieger, ist aber nicht als Teil eines Helmes und schon gar nicht wie ein wirklich getragener Gegenstand gemalt. Die Wagenfahrer bestehen aus Schild-Oberkörpern, statt dass sie Schilde halten. Um eine Frau darzustellen, werden zwei weibliche Brüste an den Oberkörper angesetzt. Keine große Figur scheint ein Gewand zu tragen – doch trauerte man, wie wir wissen, bei der Prothesis nicht nackt. Überhaupt sind die Figuren nicht als Individuen, sondern als bloße Menschen gestaltet, die im Grundsätzlichen ähnlich dargestellt und aus vielfach wiederholten Bildformeln aufgebaut sind. Nikolaus Himmelmann hat diese Art der Darstellung mit der zeitgleichen Sprache der homerischen Epen verglichen. Dort werden Körperteile, Gegenstände und Figuren regelhaft in gleicher Weise durch bestimmte Qualitäten oder Beiwörter gekennzeichnet: Die Brust ist immer der Sitz des *thymos*, des ‹Mutes›; ist sie also breit, so ist der *thymos* groß. Die Beine sind immer beweglich und schnell, diese Eigenschaften kennzeichnen den Helden. Hingegen werden die Arme kaum je erwähnt, auch nicht der Bauch. Die Mähne des Helmbusches eines Kriegers erzeugt Schrecken. Diese Sprache arbeitet mit charakteristischen Eigenschaften von Objekten als sie auszeichnende Merkmale. Auch in den Bildern zeigen Grundformen durch ihren Umriss und durch Wechselansichtigkeit auf ganz ähnliche Weise bestimmte Eigenschaften an: die am Knie beweglichen Beine, die breite Brust, der wippende Helmbusch. Sie rühmen also ihre je hervorragenden Qualitäten. Man kann diese

Wechselansichtigkeit

Charakterisierung

Darstellungsweise als poetisch und rühmend bezeichnen; sie repräsentiert Vorstellungsideale – schildert mithin nicht mimetisch, in Nachahmung beobachteter Natur, das Gesehene.

‹Doppelwesen›?

Macht man sich dies bewusst, so kann man auch die zunächst ‹unrealistisch› scheinenden ‹Doppelwesen› mit anderen Augen sehen (Abb. 7–8). Ihre Deutung als ‹siamesische Zwillinge› unterstellt, dass ihr körperliches Äußeres im Bild genau dargestellt ist, was aber der Bildsprache gerade nicht entspricht. Die geometrische Malerei kennt auch andere Darstellungen zweier Wesen mit einem einzigen Körper: Bei Pferdegespannen ist damit die gemeinschaftliche Leistung der Zugpferde ins Bild gesetzt, als wären sie eins und damit besonders stark (Abb. 7). Dies könnte auch bei menschlichen Figuren mit einem Körper gemeint sein. Homer spricht davon, dass zwei Krieger mit einem *thymos* (Mut) kämpfen (*ena thymon echein*: *Ilias* 13, 487 f.; 17, 266). Die Oberkörper, die ja ‹zusammengewachsen› gezeigt werden, sind, wie wir erfahren haben, der Sitz des *thymos*. Dieser homerischen Floskel entspräche die Bildformel der ‹Doppelwesen›. Gemeint wären auf unserem Krater zwei besonders eng verbundene, ‹wie ein Mann› kämpfende Krieger. Bezeichnenderweise fahren die scheinbaren Zwillinge im unteren Wagenfries, wo sie zweimal vorkommen, als einzige in einer Biga, als sei damit zusätzlich ihre größere Schnelligkeit angedeutet (Abb. 7). Dort erscheinen sie neben anderen Wagenlenkern, die anders als sie durchweg einen ‹Dipylon-Schild› als Körper besitzen. Wo der Schild der Schutz der einen ist, ist vielleicht die ‹Doppelmacht› ihrer Zweisamkeit, ihre doppelt-physische Leistungsfähigkeit, der Schutz der anderen. Und auch der ‹Dipylon-Schild› als solcher, der den Körper der anderen Wagenlenker ersetzt, ist eine solche Bildformel: ein Mann wie ein Schild! Verstehen wir die Bilder so, dann wäre zunächst keine uns bekannte, einzigartige mythische Erzählung ins Bild gesetzt. Der Krater zeigt in diesem Sinne vielmehr ideale Szenen in homerisch anmutenden Bildvokabeln: die riesige Trauergemeinde bei einer Prothesis, Wagenfahrten, den Gewinn eines Siegespreises, Krieger wie Schilde, mit prächtig wippenden Helmbüschen und voll homerischen ‹Mutes›. Tatsächlich erscheinen Totenaufbahrung und Wagenfahrt geradezu regelhaft auf geometrischen Grabgefäßen. Wir sehen die Welt, die für den Verstorbenen an dessen Grab offenbar wichtig, erinnerungswürdig und ‹ideal› war.

Die hier vorgetragenen Überlegungen zur Semantik der Bilder des Grabkraters schließen eine mythologische Lesung dennoch nicht grundsätzlich aus. Der Maler hat ihnen nichts unzweideutig Identifizierendes beigegeben: Figurenbeischriften fehlen ebenso wie unzweideutige Attribute. Auch der antike Betrachter hatte nicht mehr Informationen als wir heute; doch mutet in der Tat vieles außerordentlich homerisch an, vor allem Bildsprache und Bildthemen. Es mag also möglich gewesen sein, in der Betrachtung der Bildfriese an die großen Figuren der homerischen Epen zu denken – doch sind sie nicht eindeutig und alternativlos als genau diese Figuren, als Nestor, Amarynkeus, als Achilleus oder Odysseus, gekennzeichnet. In einer semantisch eindeutigen Illustration erschöpften sich die Bilder nicht. Sie besaßen vielmehr paradigmatischen und welt-beschreibenden Charakter. Luca Giuliani hat dies ‹deskripitiv› genannt. Die beste Parallele stellen jene Bilder dar, die in Homers *Ilias* (18. Gesang) den Schild des großen Achilleus schmücken. Der Dichter beschreibt namenlose Akteure in bedeutungsvollen Szenen des städtischen und kriegerischen ‹Alltags›, die beispielhaft sein sollen und seine Vorstellung einer ‹idealen Welt› zeigen.

Deskriptive Bilder

So wie diese Bilder im Epos verwendet werden, so wie die Bilder des Grabkraters am Grab gelesen werden – in ähnlicher Weise können wir uns auch eine Funktion der homerischen Epen selbst in ihrer Zeit – und in der Zeit des Kraters – vorstellen: Erzählte man sie, so boten die Taten der Helden Beispiele relevanter Verhaltensmuster und Ideale, aber auch Problemlagen der eigenen Erfahrungswelt. In und mit diesen Geschichten erklärte und verstand man die Welt. Dies war eine der wichtigen Funktionen griechischer Mythen. Auch Bilder, die keine benennbaren Heroen zeigten, konnten eine solche Semantik aufrufen, wie die Dekoration des Kraters zeigt.

Bildpraxis, Kommunikation, Repräsentation

Status

Werfen wir zum Abschluss nochmals einen Blick auf das gesamte Gefäß und seine Nutzung, so erschließen sich weitere semantische, kommunikative und praxeologische Ebenen: Die Bilder und die in ihnen artikulierten Ideale und Werte werden durch den Standort des Kraters in Beziehung gesetzt mit dem Leben und der Umwelt des Verstorbenen, als dessen Grabmal das Gefäß diente. Einer solcherart heroenhaft-homerisch aufgeladenen Welt sollte der Verstorbene sozial und habituell zugeordnet werden. Ähnlich aufwändige Grabkratere konnten sich einfache Bauern in Athen nicht leisten. Allein schon Größe und Dekorationspracht lassen den Status des hier Bestatteten erkennen. In diesem Sinne wird man kaum umhin gekommen sein, die ‹homerische› Prothesis des Hauptbildes mit ihren zahllosen Trauernden auch auf den Bestatteten, sein Begräbnis und seine soziale Rolle zu beziehen – wie auch immer Betrachter diesen Transfer leisteten. Vielleicht konnte man in dem Mann, dessen Aufbahrung auf dem Krater dargestellt ist, auch den Bestatteten sehen? Der Krater erinnerte zudem als Gefäßform an das Gelage (*symposion*), eines der wichtigsten Bestandteile adeliger Kommunikationspraxis in der Männergesellschaft des frühen Griechenland, zu der der Verstorbene zweifellos gehörte. Opferte man ihm, dann goss man Wein in den Krater, nutzte also ein statusbestimmendes Gelagegefäß für einen Kultakt der Erinnerung: Damit verband man Überlebende, Verstorbene und deren sozialen Habitus. Auf diese Weise rühmten die Eliten aus der Zeit um 720 v. Chr. in Athen in Bildern und Grabmälern demonstrativ und in höchsten Tönen ihren extraordinären Reichtum und ihre besondere Lebensweise: ihre Symposia, die Pracht ihrer Trauerfeiern, die Großartigkeit ihres Kriegertums und ihre Wettkämpfe um Dreifüße. Sie stilisierten sich durch ihre Grabmäler gleichsam wie die Heroen Homers. Sie verbanden in symbolischen Bildern und Praktiken, in Gegenständen und ihrem Bilddekor homerische Ideale und Statusdefinition mit der Erinnerung an ihre eigenen Verstorbenen.

Symposion

Sozialer Habitus

Literatur: *Zum Krater New York, Metropolitan Museum of Art Inv.-Nr. 14.130.15:* G. M. A. Richter: Two Colossal Athenian Geometric or ›Dipylon‹ Vases in the Metropolitan Museum of Art, in: American Journal of Archaeology 19 (1915) 385–397; M. B. Moore, Greek Geometric and Protoattic Pottery, Corpus Vasorum Antiquorum: The Metropolitan Museum of Art New York 5/USA 37 (New York 2004) 13–19 Taf. 14–18; s. a. https://www.metmuseum.org/art/collection/search/248905. – *Chronologie und Werkstätten geometrischer Keramik*: J. N. Coldstream: Greek Geometric Pottery. A Survey of Ten Local Styles and their Chronology (London 1968); J. Boardman: Early Greek Vase Painting (London 1998) 24–28. – *Attische Grabkratere des 9./8. Jhs. v. Chr.:* K. Kübler: Die Nekropole des 10. bis 8. Jhs., Kerameikos 5 (Berlin 1954); ders.: Die Nekropole des späten 8. bis 6. Jhs., Krerameikos 6 (Berlin 1959); D. Boschung: Function and

Impact of Monumental Grave Vases in the Eighth Century B. C., in: J. F. Osborne (Hrsg.): Approaching Monumentality in Archaeology (Albany 2014) 257–271; B. Bohen, Kratos & Krater. Reconstructing an Athenian Protohistory (Oxford 2017). – *Ikonographie, ‹Aktorione›/Doppelwesen*: A. Snodgrass: Homer and the Artists (Cambridge 1998) 17–19; 26–32; L. Giuliani: Bild und Mythos. Geschichte der Bilderzählung in der griechischen Kunst (München 2003) 56–58; M. K. Dahm: Not Twins at All. The Agora Oinochoe Reinterpreted, in: Hesperia 76 (2007) 717–730 [mit älterer Literatur]; vgl. E. Walter-Karydi: Ἕνα φρεσὶ θυμὸν ἔχοντες, in: Gymnasium 81 (1974) 177–181. – *Trauer und Aufbahrung/Prothesis*: G. Ahlberg: Prothesis and Ekphora in Greek Geometric Art (Göteborg 1971); I. Huber: Die Ikonographie der Trauer in der griechischen Kunst (Möhnesee 2001); A. Haug: Die Entdeckung des Körpers. Körper- und Rollenbilder im Athen des 8. und 7. Jahrhunderts v. Chr. (Berlin 2012). – *Darstellungen von Dreifüßen*: A. Sakowski: Darstellungen von Dreifusskesseln in der griechischen Kunst bis zum Beginn der klassischen Zeit (Frankfurt a. M. 1997). – *Homerischer Charakter der geometrischen Bildsprache*: N. Himmelmann-Wildschütz: Bemerkungen zur geometrischen Plastik (Berlin 1964); N. Himmelmann-Wildschütz: Erzählung und Figur in der archaischen Kunst (Wiesbaden 1967) 82–92; vgl. Haug a. O. – *Analyse figürlicher Bilder geometrischer Zeit*: A. Haug: Bilder und Geschichte im 8. und 7. Jh. v. Chr. Ein diskursanalytischer Ansatz, in: Jahrbuch des Deutschen Archäologischen Instituts 132 (2017) 1–39.

3. Opfern, Weihen, Speisen, Flüchten: Das Heraheiligtum von Perachora (7.–2. Jh. v. Chr.)

Temenos

Heiligtümer (griech. *temene*, Sing. *temenos*; lat. *templa*) waren im antiken Griechenland und Rom Orte der Präsenz der Götter. Da sie als Götterbesitz angesehen wurden, galten sie als sakrale Räume und deshalb als von der übrigen Welt – zumeist durch Mauern oder Grenzmarkierungen – abgetrennt (*temenos* von griech. *temnein* = schneiden). Im Temenos trat man mit den Göttern in Verbindung, indem man ihnen Opfer darbrachte, Kultrituale vollzog oder ihnen Gegenstände übergab. Die Heiligkeit des Ortes verlangte Reinheit: So musste man sich vor dem Betreten in der Regel waschen. Das Opfer – sei es blutig (Tieropfer) oder von anderer Form, als Trankopfer (Libation) oder als Darbringung von Nahrungsmitteln – wurde im Freien am Altar vollzogen. Der Altar war folglich das unverzichtbare Zentrum eines jeden Heiligtums. Die Anwesenheit der Götter machte man viel-

Opfer

fach – aber nicht zwingend – durch Götterbilder sichtbar. Diejenigen Götterbilder, denen eine besondere Verehrung zukam (sog. Kultbilder), konnten in Tempeln aufbewahrt werden. Tempel waren folglich Häuser der Gottheit, sie waren aber keine Versammlungsräume. Gegenstände, die man im Heiligtum den Göttern überantwortete, nennen wir Weihgeschenke, Weihgaben oder Votive. Man dedizierte sie zumeist als Bitte um oder als Dank für ein erfolgreiches Unternehmen. Als Kultobjekte bezeichnen wir hingegen Gegenstände, die man zur Ausübung des Kultes benutzte: Messer, Schalen, Weihrauchständer und vieles mehr, aber auch Kultstatuen, die man bekleidete oder wusch. Auch Kultobjekte konnten ins Heiligtum gestiftet werden. Priester oder Priesterinnen waren für gemeinsame Kulthandlungen verantwortlich, doch konnte in Griechenland grundsätzlich jeder und jede Priester werden. Man versammelte sich im Heiligtum um den Altar, trug in gemeinsamen Prozessionen Götterbilder oder andere Gegenstände vom Heiligtum in die nahe gelegene Stadt oder durch das Temenos. Brachte man den Göttern blutige Opfer dar, so gehörten gemeinsame Mahle, bei denen das den Menschen zukommende Opferfleisch verspeist wurde, zu den gängigen Kultpraktiken.

Kultbilder

Votive

Kultobjekte

Kult- und Votivpraktiken

In der archäologischen Bewertung von Heiligtümern greifen Landschaftsgestaltung, Architektur, Funde und Befunde als Hinweise auf bestimmte Gestaltungsinteressen, religiöse Vorstellungen und Praktiken (Kult- und Votivpraktiken) ineinander. Themen der Erforschung von Heiligtümern sind deshalb vor allem die Zusammenhänge von Objekten mit dem Ort ihrer Nutzung, den Nutzungspraktiken und der Gestaltung des sakralen Areals.

Das Heiligtum von Perachora ist in seiner Größe von etwas mehr als einem Hektar noch gut überschaubar. Es war gleichwohl nicht nur regional bedeutsam, reichte aber an die panhellenischen Heiligtümer wie Olympia und Delphi nicht heran. Man nutzte es in geometrischer, archaischer, klassischer und hellenistischer Zeit. Es liegt ca. 14 km Luftlinie nordwestlich des antiken Korinth auf einer Halbinsel. Der Ort und die Halbinsel heißen in antiken Texten Peraia (von griech. *pera gaia* = ‹Land auf der anderen Seite›, was dasselbe bedeutet wie *pera chora*), weil sie Korinth – durch das Meer getrennt – direkt gegenüber liegen. Das Heiligtum befand sich an der Südseite der Halbinsel an einer geschützten kleinen Bucht (Abb. 9). Zwischen 1930 und 1933 hat ein britisches Archäologenteam dort Ausgrabungen durchgeführt.

Topographie und Gesamtplan

Topographie

Die wichtigsten Überreste des Heiligtums von Perachora liegen auf einer Fläche von etwa 45 × 245 m (Abb. 9 Nr. 1). Dieser Teil befindet sich im Westen direkt an der kleinen Bucht – die allerdings nicht von tiefer liegenden Schiffen befahrbar war. Dort sind die Bauten zwischen Küste und felsigem Rückgelände eingezwängt; der zweite, damit zusammenhängende Teil der Grabungen erstreckt sich nach Osten ein flaches Tal hinauf (Abb. 9 Nr. 2).

Kernbereich

Beginnen wir mit dem Überblick über Topographie und Architektur im Westen: Dort liegen die Überreste eines polygonal ummauerten Hofes (Abb. 12–13 Nr. 3), der von einem römisch-kaiserzeitlichen Gehöft überbaut wurde, als das Heiligtum aufgegeben worden war. Nach Nordosten schließt sich fast auf Küstenniveau ein Steingebäude an, das aufgrund seiner langrechteckigen Form und zentralen Lage als Tempel angesprochen wird (Abb. 12 Nr. 1). Nach seiner Zerstörung errichtete man dort einen Kalkofen, vermutlich um das Steinmaterial der Überreste des Heiligtums zu Kalk zu verbrennen. Östlich davon haben sich die Reste eines apsidialen Bauwerks (Abb. 10 Nr. 1) und eines kleineren Baurechtecks gefunden, das als Altar bezeichnet wird (Abb. 12–13 Nr. 2). Noch weiter nach Osten folgt eine L-förmige Säulenhalle (Stoa; Abb. 13 Nr. 4). Sie schließt den Westteil des Heiligtums an der Bucht ab. Vor hier aus steigt das Gelände nach Osten hin leicht an: Zunächst liegt dort ein unterirdisches, gemauertes Wasserdepot (Zisterne), in das Wasserleitungen münden (Abb. 13 Nr. 1). Südlich daneben kann man die Überreste eines mehrräumigen Bauwerks erkennen. Es schließen sich Treppen und Terrassen an, die größere Flächen befestigen, auf denen kleinere Gebäude liegen. Oberhalb einer polygonalen Stützmauer folgt ein weiteres Rechteckgebäude mit einer Feuerstelle in der Mitte (Abb. 11 Nr. 2; Abb. 12 Nr. 4). Es schließt den Kernbereich des Heiligtums ab.

‹Ostareal›

Nach Osten erstreckt sich auf etwa 800 Meter Länge ein sanftes Tal. Dort hat man eine kleinteilige Bebauung mit Zisternen und Brunnen aufgedeckt (Abb. 9 Nr. 2). Diese Bebauung endet an

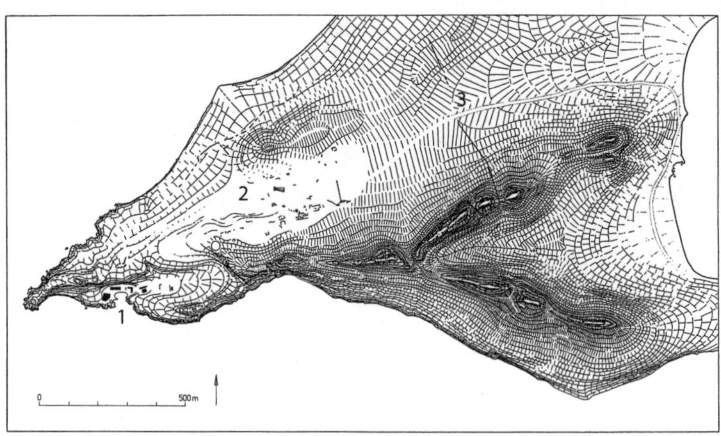

Abb. 9: Perachora, Heiligtum der Hera Akraia: Gesamtplan

einer langen Mauer, die die Halbinsel von Norden nach Süden durchschneidet (Abb. 9 Nr. 3). Aufgrund der kleinteiligen Bebauungsstruktur und der offenbar sorgfältig gesicherten Wasserversorgung ist dieses Ostareal als Siedlung zu bezeichnen.

Identifikation

Den Kernbereich des Heiligtuns im Westen hat man deshalb früher als Hafen mit einer Agora gedeutet, wie sie zu einer Stadt gehören. Doch sprechen die Funde, die man im gesamten Areal gemacht hat, eine andere Sprache: Gefunden haben sich in großer Zahl Tongefäße mit der Aufschrift HPAΣ, also dem Genitiv des Götternamens Hera, was so viel heißt wie «der Hera gehörig», sowie Weihinschriften für Hera. Diese Funde und Inschriften lassen erkennen, dass wir hier ein Besitztum der Göttin Hera vor uns haben, also ein Heiligtum. Die zusammenhängende, nicht durch eine Temenos-Mauer unterbrochene Bebauung zeigt gleichwohl, dass die Siedlung im Ostareal zu diesem Heiligtum gehörte. Erst eine lange Nord-Süd-Mauer im Osten trennt das heilige Areal von seiner Umgebung ab.

Textzeugnisse

Antike Textzeugnisse erwähnen ein Heraion in der Gegend von Korinth (Xenophon, *Hellenika* 4, 5; Strabo 8, 22 [380]; Livius, *Ab urbe condita* 32, 23; Plutarch, *Kleomenes* 20, 3; 26, 2; Plutarch, *Agesilaos* 22, 1–2). Texte und Inschriften auf Fundobjekten aus den Ausgrabungen erlauben es, in der Fundstätte dieses Heiligtum zu erkennen. Beide nämlich sprechen von einem Kultort der Hera in einer bestimmten Epiklese, d. h. einer bestimmten Erscheinungsform: Hera Akraia heißt die verehrte

Gottheit. ‹Akraia› bedeutet ‹auf der Spitze›; gemeint ist damit also wohl die Hera, die auf der Landspitze verehrt wird, auf der die Ausgrabungsstätte ja auch liegt. Aus anderen antiken Texten wissen wir zudem, dass dieses Heiligtum in Korinth eine Dependance hatte (Euripides, *Medea* 1378–1380). Sie verband das außerhalb der Stadt (extra-urban) liegende Heiligtum mit dem Zentrum der Polis.

Fundspektrum und Baugeschichte

Votivpraxis

Was erfahren wir durch Funde und Befunde über den Kultbetrieb in diesem Heiligtum? Und wie veränderte er sich im Laufe der Zeit im Verbund mit der Architektur? Dazu gilt es zwei Informationsstränge zu verfolgen: Wir müssen uns einerseits dem sogenannten Fundspektrum des Heiligtums zuwenden. Dazu zählen die Votive, d.h. sämtliche Objekte, die man dort der Hera darbrachte: Ihre Analyse lässt bestimmte Votivpraktiken erschließen. Dies erlaubt Rückschlüsse auf das Wirkungsfeld, das man Hera Akraia zuschrieb, auf die Stifter und den Aufwand, den diese für ihre Weihgeschenke betrieben. Die Votive zeigen uns insgesamt, wer in diesem Heiligtum was der Gottheit darbrachte und damit zugleich allen anderen Besuchern präsentierte. Weihungen waren insofern immer Medien der Kommunikation mit den Göttern und mit anderen Heiligtumsbesuchern. Andererseits haben wir die im Heiligtum verwendeten Artefakte zu untersuchen, die mit dem Kultbetrieb, mit Opfern, Speisungen oder Prozessionen zu tun hatten. Sie sind Zeugnisse für die Kultpraxis, lassen Rückschlüsse auf bestimmte Tätigkeiten im Heiligtum zu. Schließlich müssen wir im Verbund mit dem Fundspektrum die Baugeschichte des Heiligtums in den Blick nehmen, d.h. architektonische Überreste von Bauwerken, in und an denen die Kult- und Votivpraktiken vollzogen wurden. Sie geben durch ihre Architektur und Typologie oder auch durch die Verbindung mit bestimmten Fundstücken weitere Hinweise auf ihre Benutzung und damit auf die Tätigkeiten, die man im Heiligtum ausgeübt hat. Die Zusammenhänge von Baubefunden und Fundspektrum gilt es zudem in zeitlicher Abfolge, d.h. diachron von den frühesten Zeugnissen bis zu den spätesten zu verfolgen, um die Entwicklung des Heiligtums herauszuarbeiten.

Kultpraxis

Architektur

Die Frühzeit des Heiligtums (9.–7. Jh. v. Chr.)

Geometrische Votive

Die frühesten Zeugnisse aus dem Areal des Heraions von Perachora stammen aus geometrischer Zeit. Es handelt sich um Keramik im typischen Streifen- und Musterdekor, den wir für die mittel- (MG) und spätgeometrische Zeit (LG) kennen, d. h. aus dem spätesten 9. und 8. Jahrhundert v. Chr. Hinzu kommen tönerne Miniaturdreifüße und Kleinbronzen in Pferdeform, bei denen es sich sicher um Votive handelt. Die Kleinbronzen und Dreifüße kennen wir nämlich als typische Weihgeschenke des 8. Jahrhunderts aus den großen Heiligtümern von Olympia und Delphi. Die Anfänge des Heraions lassen sich so spätestens in die Zeit um 800 v. Chr. datieren. Gehörten zu diesem frühen Heiligtum auch schon Steinbauwerke? Humfry Payne legte in der Mitte des westlichen Kernareals in den untersten Schichten ein Gebäude frei, das eine rechteckige Form besaß, nach Osten offen und nach Westen apsidial abgeschlossen war (ca. 5,5 × 8 m; Abb. 10 Nr. 1). Die dort gefundene Keramik datiert es ins 8. Jahrhundert. Es besteht aus einem Bruchsteinsockel, auf dem eine Lehmziegelmauer aufsaß. Solche Apsidengebäude kennen wir aus dieser Zeit beispielsweise in Eretria, wo der frühesten Tempel des Apollon einen apsidialen Abschluss hatte. Da sich zudem der spätere Tempel, wie wir noch sehen werden, in gleicher Orientierung benachbart gefunden hat und auch der spätere Altar, das ideelle Zentrum eines jeden Heiligtums, direkt benachbart liegt, befindet sich das Apsidialgebäude im Heraion von Perachora tatsächlich in zentraler Position. Dies lässt zusammen mit der typischen Bauform den Schluss zu, dass es sich hier um den frühesten Tempel des Heiligtums handelt.

Früher Tempel

Hausmodelle

Bezeichnend ist ein weiterer Fund: In einem Depot von Weihgaben haben sich Reste von insgesamt vier aus gebranntem Ton gefertigten sogenannten Hausmodellen gefunden. Das am besten erhaltene ist 35 cm lang und stellt ein apsidiales Gebäude mit Vorhalle dar. Aufgrund seines aufgemalten Dekors gehört es ins späte 9. oder frühe 8. Jahrhundert. Solche Hausmodelle kommen ebenfalls in vielen Heiligtümern geometrischer und archaischer Zeit als Votive vor, besonders häufig aber in Heraheiligtümern, etwa auf Samos. Vermutlich hängt das damit zusammen, dass Hera für das Haus zuständig war, man ihr dessen Schutz gleichsam im bildlichen Votiv übereignete. Es ist aber unklar, ob die

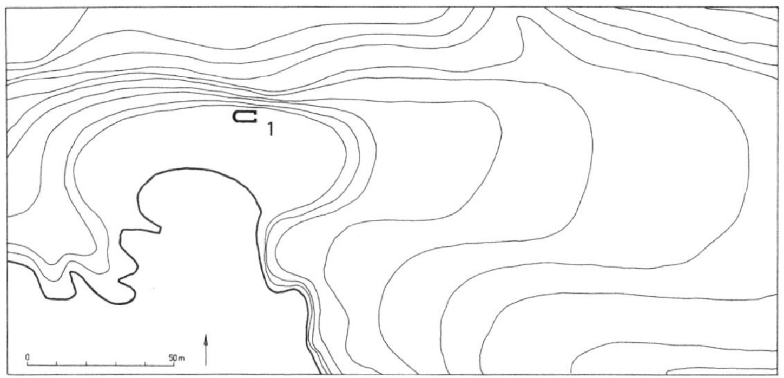

Abb. 10: Peracora, Heiligtum der Hera Akraia: spätgeometrische Phase (8. Jh. v. Chr.)

Hausmodelle Häuser – dann sicher nicht die einfachsten – oder sogar Häuser für Götterbilder, also Tempel darstellten. Für Letzteres spricht in Perachora vor allem die Apsis, die sowohl im Baubefund des Tempels als auch am Modell vorhanden ist. Jedenfalls erweitert das Modell unsere Kenntnis vom Aussehen solcher Gebäude und ist ein Hinweis darauf, dass Heras Schutz für das Haus auch in Perachora eine Rolle spielte. Zum frühen Fundspektrum gehören außerdem Keramik, die man u. U. im Heiligtum benutzte, Miniaturdreifüße als Votive – Hinweise auf Prestigeobjekte, die beispielsweise als männliche Siegespreise vielfach bei Homer erwähnt werden – und kleine Bronzepferde, die vermutlich auf Pferdebesitz hindeuten. Dies zeigt, welche Vielzahl von Schutz-, Dankes- und Hilfsfunktionen der Gottheit Hera zugeschrieben wurden. Im 8. Jahrhundert weist der Charakter der Fundobjekte zudem eher auf männliche, nicht aber zweifelsfrei auf weibliche Tätigkeitsbereiche.

Fundspektrum

In dieser Zeit bestimmten in großen griechischen Heiligtümern unter den Weihgeschenken bisweilen riesige geometrischen Bronzedreifüße das Bild. Solche Prachtobjekte fehlen in Perachora und sind nur in Form verkleinerter tönerner Imitate vertreten. Das Heraion gehörte deshalb im 8. Jahrhundert nicht zu den Sakralstätten, die von besonders reichen Mitgliedern der überregionalen Elite aufgesucht wurden. Im 7. Jahrhundert aber änderte sich das Bild. Nun lösten überall die sogenannten Greifenkessel als aufwändige Metallvotive die Dreifüße ab. Reste von bronzenen, getriebenen Greifenbüsten (Protomen), die als Auf-

Dreifüße und Kessel

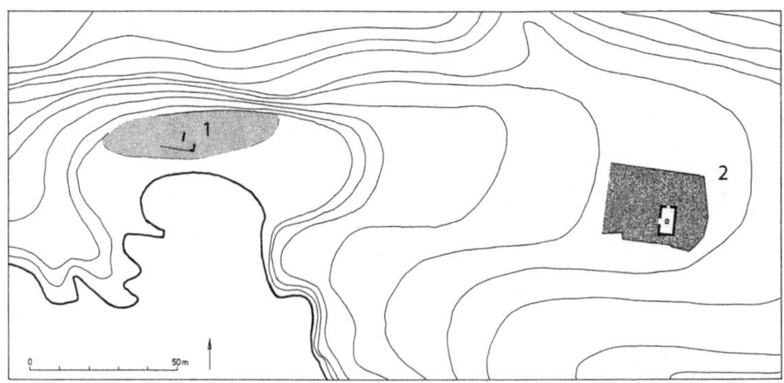

Abb. 11: Perachora, Heiligtum der Hera Akraia: früharchaische Phase (7. Jh. v. Chr.)

sätze am Rand solcher Kessel angebracht waren, haben sich auch in Peracheora gefunden. Nun zog das Heraion also mit den großen Heiligtümern Griechenlands gleich. Auch Elfenbeinfunde, etwa eine Sphinx, gehören ins 7. Jahrhundert. Sie stammen wohl von aufwändig dekorierten Möbelstücken. Hinzu kommen weibliche Terrakottafiguren, die vermutlich die Göttin Hera darstellten. Im 7. Jahrhundert florierte das Heiligtum also, und es finden sich erste weibliche Votive.

Tempel

Ein neuer Tempelbau lässt sich im architektonischen Befund nicht nachweisen. Es gibt aber tönerne Stirnziegel des frühen 7. Jahrhunderts, die zu einem Bauwerk gehört haben müssen. Ihre Größe und ihr reicher Dekor sprechen dafür, dass sie von einem Tempel stammen, der möglicherweise später zerstört wurde (Abb. 11 Nr. 1). Zu den Objekten, die uns über die Kultpraxis des 7. Jahrhunderts Auskunft geben, gehört ein beschädigter Steinblock mit der Inschrift «Ich bin eine Drachme! Oh Hera (nimm dies an)». Er trug also die Weihung einer ‹Drachme› an Hera. Bei einer solchen Drachme kann es sich nicht um ein Geldstück gehandelt haben, obwohl die Drachme später natürlich eine antike Währungseinheit war. Eine Drachme ist ursprünglich ein Bündel von sechs Obeloi (griech. *obelos* = Spieß). Ein Obelos diente dazu, das Opferfleisch über dem Altar oder beim gemeinsamen Mahl zu rösten, wie man es in Heiligtümern üblicherweise tat. Der Steinblock aus dem Heraion markierte offenbar den Ort, an dem eine Handvoll solcher Bratspieße deponiert waren, die der Hera überantwortet worden waren, sicher um sie

Opfer

im Kultbetrieb zu benutzen. Es gab also blutige Opfer, und wir werden deshalb einen Altar auch ohne archäologischen Befund spätestens für das 7. Jahrhundert annehmen können.

Hestiatorion

Im Hinblick auf die Architektur des Heiligtums ist es für das 7. Jahrhundert zudem wichtig, dass im Ostteil des Temenos weitere Baumaßnahmen zu verzeichnen sind. Dort legte man Terrassen an, die durch polygonal gestaltete Mauern abgetrennt waren und in deren Verfüllung sich früharchaische Keramik und Votivschutt des frühen 7. Jahrhunderts fand. Auf der obersten dieser Terrassen entstand im späten 7. Jahrhundert ein Gebäude von ca. 9 x 6 Metern Grundfläche mit Eingängen im Westen und Norden und einem herdartigen Einbau in der Raummitte (Abb. 11 Nr. 2). In diesem Herd wurde der Steinblock mit der Drachmeninschrift sekundär verbaut gefunden – vermutlich hatte er vorher nicht weit entfernt gestanden. Der Herd weist darauf hin, dass es sich bei dem Gebäude nicht um einen Tempel, sondern um einen Versammlungsbau handelt, in dem sich eine Kultgemeinde zum Mal traf. In griechischen Heiligtümern dienten dazu sogenannte Hestiatoria – in dem Wort steckt ‹Hestia›, der Name der Göttin des Herdes. Dabei handelt es sich um Gelagehäuser für das Mahl von Gästen, Opferteilnehmern oder Gesandten. Auch antike Schriftzeugnisse erwähnen solche Gebäude (Pausanias 5, 15, 2; 8, 13, 1; Herodot 4, 35); und in Heiligtümern, wie demjenigen von Aliki auf Thasos, sind frühe Hestiatoria auch archäologisch bezeugt. Die Identifikation des Gebäudes wird unterstützt durch Funde von Gelagekeramik, vor allem von Trinkschalen und Kannen, die die Aufschrift ΗΡΑΣ («der Hera [gehörig]») tragen. Solche Keramik kennen wir auch aus dem Heraion von Samos, wo man sie für öffentliche Speisungen im Temenos verwendete. Deutlich wird damit, welche wichtige Bedeutung gemeinsame Gelage und Mahle spätestens seit dem 7. Jahrhundert auch in Perachora besaßen. Sie waren fester Bestandteil der Kultpraxis: Nach blutigen Opfern, bei denen Knochen und Fett für die Götter verbrannt wurden, verspeiste man das Fleisch gemeinsam – dazu dienten auch Obeloi – und trank Wein. Heiligtümer waren also nicht nur Orte der Kommunikation mit den Göttern, sondern auch der kollektiven Kommunikation unter Menschen. In Perachora errichtete man für die bereits vorher praktizierten Mahle im späten 7. Jahrhundert sogar ein festes Gebäude.

Gelage

Das spätarchaische Heiligtum (6. Jh. v. Chr.)

Tempel

Die nächste bedeutende Umgestaltungsphase erlebte das Heraion im späten 6. Jahrhundert v. Chr. (Abb. 12). Nun wurde das Areal im Westen neu organisiert. Westlich des geometrischen Tempels haben sich die Überreste eines wesentlich größeren, ebenfalls von West nach Ost orientierten Gebäudes gefunden (Abb. 12 Nr. 1). Es handelt sich um die Fundamente der Wände eines Bauwerks von ca. 9 Meter Breite und ca. 31 Meter Länge, dessen Ostteil weitgehend zerstört ist. Der größte Innenraum war langgestreckt. Der hintere Teil war durch eine Quermauer abgetrennt (Adyton); dort stand eine quadratische Basis. Die Grundrisstypologie führt zur Ansprache des Bauwerks als Cella (Naos) eines Tempels mit Kultbildbasis, auch wenn ihm die außen umlaufende Säulenstellung (Peristasis) fehlt, die für Tempel nicht zwingend notwendig ist. Der Tempel besaß allenfalls in der Front eine Säulenstellung, ähnlich dem älteren Tonmodell aus dem Heiligtum, die sich zu einer Vorhalle (Pronaos) öffnete. Die Architekturteile, die dem Gebäude aufgrund ihrer Dimensionen zugeschrieben werden können, lassen eine Datierung ins spätere 6. Jahrhundert v. Chr. zu. Dafür sprechen auch die Baubefunde: Die Fundamente liegen über Gruben, die mit geometrischem und früharchaischem Material gefüllt waren.

Altar

Etwa 15 Meter östlich vor der Ostfront des Tempels wurde etwa zur selben Zeit ein rechteckiges Steinbauwerk errichtet (Abb. 12 Nr. 2). Es ruht auf einem 4,3 × 2,7 Meter messenden Fundament und zeichnet sich dadurch aus, dass direkt über dem Erdboden Triglyphen (Steinplatten mit drei senkrechten Vorsprüngen) angebracht waren, die wir eigentlich als Baudekoration hoch oben am Gebälk kennen. Rechteckige Form, Größe und Lage sprechen dafür, in dem Bauwerk den Altar des Heiligtums zu erkennen, der wegen seiner ungewöhnlichen Dekoration, die seine architektonische Pracht unterstreichen sollte, heute Triglyphenaltar genannt wird. Als Ergänzung des Kultplatzes vor dem Tempel und am Altar wurden nördlich von diesem ebenfalls in spätarchaischer Zeit Treppenstufen angelegt – konstruiert wie Sitzstufen im Theater, dienten sie den Heiligtumsbesuchern zur Versammlung mit Blick auf das Opfergeschehen am Altar. Wir kennen solche Treppenanlagen auch aus anderen Heiligtümern. Die Treppenanlage in Perachora verdeutlicht, was schon

Sitzstufen

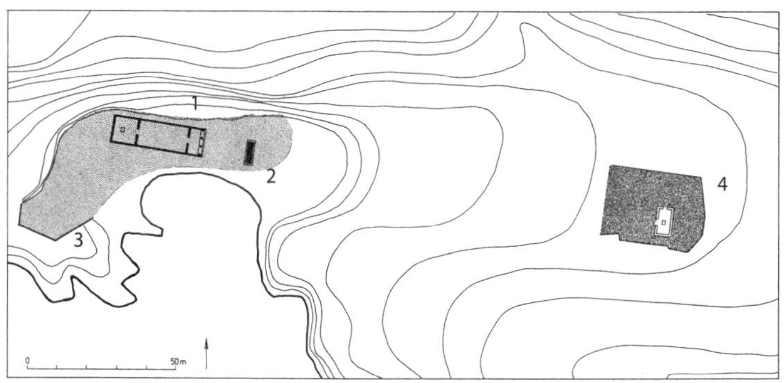

Abb. 12: Perachora, Heiligtum der Hera Akraia: spätarchaische Phase (Ende 6. Jh. v. Chr.)

das Hestiatorion hat erkennen lassen: Handlungen im Heiligtum waren kollektive Ereignisse, gemeinsame Feiern und Feste, bei denen man zusammen agierte und miteinander kommunizierte. Offenbar hat man also – nachdem schon im späten 7. Jahrhundert die Gelagebereiche des Heiligtums im Osten ausgebaut worden waren – im späten 6. Jahrhundert das eigentliche Kultzentrum repräsentativ mit Steinbauten verschönert. Daraus können wir folgern, dass das Heiligtum in dieser Zeit einen Besucherboom erlebte.

Pompeion

Ebenfalls in das späte 6. Jahrhundert datieren die Ausgräber Baumaßnahmen noch weiter im Westen: Dort wurde damals der Fels abgearbeitet, um einem unregelmäßig geformten Platz Raum zu geben (sog. Westbau; Abb. 12 Nr. 3). Ihn stattete man mit einer Sitzbank an der Felswand auf: Offenbar handelt es sich also auch dabei um einen Versammlungsort, einen Ort, wo sich Besucher des Heiligtums zusammenfanden, allerdings nicht um einen Gelageraum, denn beim Gelage saß man nicht, sondern lag auf Klinen. Sitzbänke in einem solchen Bauwerk sprechen dafür, dass man dort warten konnte. Später wurden die Bänke im ‹Westbau› durch Säulenhallen (Stoai) überdacht. Solche Versammlungsgebäude am Rande von Heiligtümern, die durch Stoai Schatten boten, dienten an anderen Orten der Vorbereitung von Prozessionen, die anlässlich bestimmter Kultfeierlichkeiten durchgeführt wurden. Wir nennen sie deshalb Pompeia (griech. *pompe* = Prozession). Für Perachora besitzen wir keine Textzeugnisse, die Hinweise auf solche Vorgänge geben. Das Pompeion zeigt aber, dass Heiligtumsbesucher sich auch hier zur Vorbereitung gemeinsamer Kultaktivitäten zusammenfinden konnten. Man kann sich gut vorstellen, dass ein Festzug vom Pompeion zum Tempel und zum Altar führte, wo man opferte, und von dort weiter zum Hestiatorion, wo man gemeinsam speiste. Der ‹Westbau› könnte aber auch der Versammlung von Besuchern gedient haben, die auf den Einlass ins Heiligtum warteten, denn er lag nahe der kleinen Anlandestelle an der Meeresbucht. Seine Errichtung weist jedenfalls nochmals darauf hin, dass sich die Besucherzahlen und Kultaktivitäten im späten 6. Jahrhundert steigerten.

Votivspektrum

Wie verhält sich dazu das zeitgleiche Votivspektrum? Aus dem späten 6. Jahrhundert v. Ch. stammt weiterhin Keramik, aber es haben sich auch bronzene Attaschen (aufgesetzte Henkelhalter) von großen Gefäßen gefunden – wohl die Nachfolger der früheren Greifenkessel –, zudem Spiegelgriffe als Überreste spezifisch weiblicher Votive. Auch kleine stehende weibliche Figurinen (Koren) aus gebranntem Ton (Terrakotten), die bekleidet sind und z. T. Tiere als Weihgaben in der Hand halten, wurden wohl von Frauen geweiht. Es gibt aber auch typisch männliche Votive, so kleine stehende männliche Terrakotten (Kuroi) und Reste von Bronzereliefs, die als Appliken (Schmuckaufsätze) von Waffen gedient haben könnten – soweit sie nicht von Möbeln oder Kleidungsstücken stammen. Bei den vielen im Heiligtum gefundenen Omphalosschalen – grifflose Schalen (Phialen) mit einem Buckel in der Mitte und typische Geräte zur Darbringung von Trankopfern – ist es unklar, ob sie zum Votivbestand oder zum Kultinventar des Heiligtums gehörten.

Handelskontakte und Kulturtransfer

‹Importe›

Perachora ist als ein Heiligtum bekannt, in dem sich in großer Zahl Objekte vor allem archaischer Zeit, also des 7. und 6. Jahrhunderts gefunden haben, die nicht vor Ort oder in Griechenland, sondern in entfernten Gegenden hergestellt wurden (sog. Importobjekte). In Perachora sind sie vor allem phönikischer Herkunft, d. h. sie stammen aus dem Gebiet des heutigen Libanon und Israels. Imma Kilian-Dirlmeier hat in einem beispielhaften Aufsatz zu fremden Funden aus frühen griechischen Heiligtümern herausgearbeitet, dass von den 438 Votivobjekten archaischer Zeit aus Metall in Perachora 74 % phönikischer Herkunft sind, 6 % aber ionisch-griechische Importe, also aus Kleinasien; 2,5 % hingegen kommen aus Italien, also aus dem Westen. Die Kontakte, die dadurch bezeugt sind, weisen demnach eher in den Osten als in den – durch die Lage und Meeresverbindung näher liegenden – Westen. Sämtliche Inschriften aber, die wir aus dem Heiligtum kennen, sind in korinthischer Schriftform verfasst. Daraus ist zu folgern, dass es zumeist korinthische, also regional ansässige Personen waren, die Votive im Heiligtum niederlegten. Die ‹Fremdobjekte› kamen also wohl nicht mit Fremden nach Perachora, sondern mit Menschen aus der Region, die sie von Reisen, vermutlich im Rahmen von Handelskontakten, aus Phönikien mitbrachten, um sie (als Dank für glückliche Heimkehr oder gute Handelserfolge) der Hera zu weihen. In Samos, einem anderen Heraion archaischer Zeit, scheinen die Votive aus dem direkt benachbarten kleinasiatischen Bereich, sonst aber aus Assyrien und Ägypten zu stammen. Wir erfahren also durch das Votivspektrum sowohl etwas über die weitreichenden Kontakte Korinths – wenn nicht manche Objekte sogar Handelsgut waren – als auch über die Weihepraktiken von Reisenden im 7. und 6. Jahrhundert, und wir erkennen hierin eine weitere männlich dominierte Weihepraxis, denn das Reisen beispielsweise als Händler lag in Männerhand.

Herkunft

Stifter

Das klassische und hellenistische Heiligtum (5.–2. Jh. v. Chr.)

Aus dem 5. Jahrhundert v. Chr. sind uns keine bedeutenden Baumaßnahmen im Heraion von Perachora bekannt. Kult- und Votivpraxis setzten sich aber fort; so finden wir weiter kleine weibliche Terrakottafiguren, die aus stilistischen Gründen ins 5. Jahrhundert datiert werden.

Die nächsten Veränderungen im Baubestand des Heiligtums stammen erst aus dem früheren 4. Jahrhundert v. Chr., aus der Zeit nach dem Ende des Peloponnesischen Krieges (431–404 v. Chr.; Abb. 13). Zunächst hat man spätestens in dieser Zeit ein großes Wasserreservoir im Ostteil des Heiligtums zugeschüttet (Abb. 13 Nr. 5), und zwar mit Abfall aus dem Heiligtum, d. h. mit alten Votiven, unter ihnen vor allem die oben schon genannten archaischen Omphalosschalen. Die jüngsten Objekte aus dieser Verfüllung gehören ins frühe 4. Jahrhundert. Dies gibt in etwa

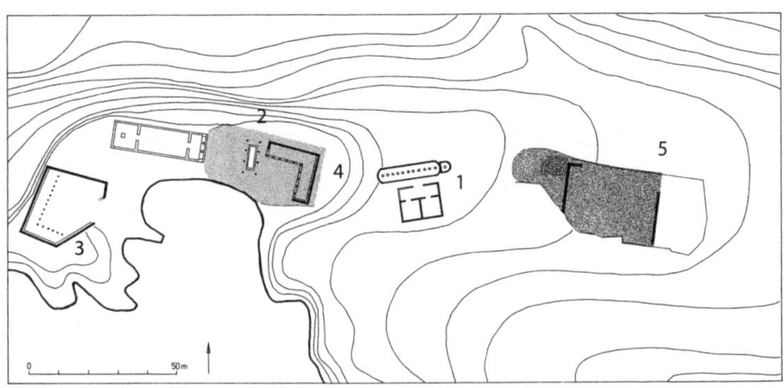

Abb. 13: Perachora, Heiligtum der Hera Akraia: spätklassische Phase (4. Jh. v. Chr.)

den Zeitpunkt der Verfüllung an. Die entstandene Fläche schuf Platz für Versammlungen.

Zisterne

Etwa zur selben Zeit – andere meinen, dies sei bereits im späten 6. Jahrhundert geschehen – errichtete man direkt unterhalb des Reservoirs eine neue Anlage (Abb. 13 Nr. 1): Sie bestand aus einer großen, am Ost- und Westende halbrund abschließenden Zisterne, d. h. einem unterirdischen Wasserreservoir von mehr als 20 Metern Länge. Zur systematischen Befüllung wurden wenig später Tonrohrleitungen verlegt, die Regen- und vielleicht auch Quellwasser einleiteten. Direkt südlich der Zisterne wurde ein neues Hestiatorion errichtet. Diesmal bestand es aus zwei Räumen mit einer Vorhalle. Erkennbar ist seine Funktion an der Lage der Eingangstüren: Sie befinden sich nicht in der Wandmitte des Raumes, sondern sind leicht zur Seite verschoben. In den Räumen weisen Randstreifen am Boden und weitere Reste darauf hin, dass dort Klinen (Liegen) standen, die dem Gelage dienten. Wenn man die Wandlängen ganz mit Klinen füllen möchte, ergibt sich daraus die Notwendigkeit, an der einen Seite neben der Tür die Schmalseite einer Kline zu postieren, an der anderen Seite aber eine Langseite. Räume, in denen Klinen standen, sogenannte Triklinia, erkennt man deshalb an einer solchen dezentralen Tür. Sie gehören zum festen Bestand sehr vieler griechischer Heiligtümer, auch von Hestiatoria. Das neue Hestiatorion in Perachora zeigt, dass Kultgelage nun, in spätklassischer Zeit, weiter an Bedeutung zunahmen. Wasser spielte bei diesen Kultmahlen für Hera offenbar eine besondere Rolle, wie uns die

Hestiatorion

Triklinia

große Zisterne zeigt, doch kennen wir die damit verbundenen Rituale nicht.

Stoa

Auch den Westteil des Heiligtums baute man im 4. Jahrhundert weiter aus: Das Pompeion erhielt seine inneren Säulenhallen zum Schutz vor Sonne und Regen (Abb. 13 Nr. 3); am Altarplatz entstand eine zusätzliche zweigeschossige, L-förmige Stoa – oben in ionischer, unten in dorischer Ordnung (Abb. 13 Nr. 4). Damit hatte der Altarplatz eine architektonische Rahmung erhalten. Solche systematischen Platzrahmungen folgten einer neuen Bauästhetik des 4. Jahrhunderts, die wir auch andernorts beobachten können. Zugleich schuf man so auch überdachten Raum für Besucher, die auf den Tempelplatz blicken konnten. Dass man diesen nun aufwändiger und prachtvoller gestalten wollte, zeigt sich auch daran, dass der Triglyphenalter im 4. Jahrhundert mit einem säulengestützten Baldachin versehen wurde (Abb. 13 Nr. 2), der Schatten spendete und Schutz bot, zugleich aber die Bedeutung des Altars im Heiligtum auch architektonisch anzeigte.

‹Festwiesen›

Wir sehen mithin am Ende des 4. Jahrhunderts ein Heiligtum vor uns, dessen kultisches Zentrum mit Altar und Tempel, Stoai und einem Bau für Prozessionen an der kleinen Bucht im Westen lag. Im Osten hingegen lag das Areal, in dem nach dem Opfer auf getrennten Terrassen Kultgelage durchgeführt wurden. Ulrich Sinn hat diese Gelageareale, die nicht zwingend fester baulicher Gestaltung bedurften – auch Zelte hat man dort verwendet –, als ‹Festwiesen› bezeichnet. Dort konnten Besucher auch übernachten. Beides – gemeinsame Opfer und gemeinsame Gelage – gehörte zu jedem griechischen Heiligtum, in dem blutige Opfer vollzogen und deshalb auch Fleisch zum Verzehr gewonnen wurde.

Die Asylsiedlung (4.–2. Jh. v. Chr.)

Siedlungsbefund

Doch wir haben einen flächenmäßig großen anderen Teil des Temenos noch nicht besprochen. Östlich der sogenannten Festwiese und in einer kleinen Hochebene liegt die kleinteilig bebaute ‹Siedlung›, in der größere bauliche Anlagen fehlen, aber viele Vorrichtungen der Wasserwirtschaft (Zisternen, Brunnen usw.) zu erkennen sind (Abb. 9 Nr. 2). Die Bebauung sieht eher ungeordnet-gewachsen aus; eine Befestigung fehlt, und es gibt auch keine Nekropole zu dieser Siedlung, wie sonst bei griechischen Orten, die dauerhaft bewohnt waren. Es handelt sich also nicht um eine wirkliche Stadt. Nur eine schmale Mauer grenzt das Areal nach Osten ab (Abb. 9 Nr. 3). Dies scheint die Temenosmauer zu sein, die den sakralen vom profanen Bereich, den Besitz der Gottheit von dem der Menschen trennte. Wie haben wir diese ‹Siedlung im Heiligtum› zu verstehen?

Zunächst weisen alle Indizien darauf hin, dass die siedlungsartige Anlage im 4. Jahrhundert und im Hellenismus errichtet und benutzt wurde – nicht früher. Doch wissen wir aus Schriftzeugnissen nichts von einem nun viel stärker als vorher ausgeprägten Pilgerbetrieb oder von einem Heilkult, der eine solche Fläche für den längeren Besuch von ‹Kurgästen› nötig gemacht haben könnte. Wir haben zwar viele Baumaßnahmen im Zentrum des Heiligtums im 4. Jahrhundert erkannt, doch würde der dortige Platz für alle Pilger, die in der ‹Siedlung› leben konnten, kaum ausgereicht haben.

Historischer Kontext

Zum Verständnis kann hier eine Beschreibung beitragen, die uns Xenophon, ein Historiker des frühen 4. Jahrhunderts v. Chr., in seinem Geschichtswerk *Hellenika* liefert. Er schildert die Epoche zwischen 411 und 362, die Zeit nach dem Peloponnesischen Krieg. Im vierten Buch (4, 5) beschreibt er Kriegsereignisse zwischen Korinth, zu dessen Territorium Perachora ja gehörte, und Sparta. Der spartanische Heerführer Agesilaos zog auf die Peraia-Halbinsel, an deren Spitze das Heraion lag. Xenophon erzählt, Agesilaos habe Gebäude und wohl auch Tempel in der Region Korinths in Brand gesetzt, um die Bewohner in Angst und Schrecken zu versetzen. «Als nun die Bewohner der Peraia sahen, dass die Hügel um sie herum besetzt waren, setzten sie keine Hoffnung mehr in ihre Verteidigung, sondern flohen ins Heraion: Männer und Frauen, Sklaven und Freie und der Großteil der Herden.» Als Agesilaos kurz danach das Heraion erreichte, ergaben sich die Bewohner nach kurzer Verhandlung und wurden versklavt. Offenbar hatten sie das Heiligtum ganz selbstverständlich als Zufluchtsort benutzt, und zwar nicht nur einzeln, sondern in großer Gruppe und mit ihren Tieren. Dies war nur möglich, wenn es dort genügend Platz und Wohnraum gab: Das kleine Areal unten am Meer konnte das nicht bieten, wohl aber die offenbar mit Wohnbauten und Wasseranlagen versehene, also für eine Siedlung geeignete Fläche oberhalb. Sie diente, so können wir aus der Verbindung von archäologischem Befund und Textzeugnis folgern, als Zufluchtsstätte für die Bewohner des Umlands, die dort zeitweise mit Hab und Gut unterkamen. Das Heiligtum war also nicht nur Kult- und Speisestätte, es konnte auch als Fluchtort in Notsituationen zum Wohnort werden.

Rein strukturell mag dies daran gelegen haben, dass kleine Gehöfte und Siedlungen nie ausreichend Schutz boten in großen und – wie seit dem Peloponnesischen Krieg zunehmend üblich – ganze Landstriche betreffenden Kriegen. Aber eine befestigte Burg war das Heiligtum gerade nicht. Sakralareale, die ja aus dem profanen Bereich herausgeschnitten und Besitz der Gottheit waren, genossen in der Antike besondere Rechte. Dort hatte man nicht nur Platz, man war auch *de iure* sicher, denn wer sich ins Heiligtum flüchtete, der durfte nach Sakralrecht nicht angerührt oder getötet werden. Ein Mensch konnte im Heiligtum die sog. *hikesia* vollziehen, d. h. Schutz bei der Gottheit suchen. Heiligtümer gewährten mithin Asyl; das Wort *a-sylia* bedeutet ‹das Nicht Raubbare, Nicht Wegnehmbare› (griech. *sylaein* = rauben). Die Asylie war es, die die Hikesie, das Um-Schutz-Flehen, rechtfertigte. Herodot spricht im 5. Jahrhundert davon, dass die vielen Vögel in einem Heiligtum ebenso Schutzbefohlene der Gottheiten waren wie die Menschen, die die Hikesie vollzogen (*Historien* 1, 169). Bildliche Darstellungen des Vorgangs sind gut belegt. Diese zeigen Personen auf einem Altar, was bedeutet, dass sie Schutz suchen bei der Gottheit; dort waren sie unantastbar. Ignorierte man dies, so beging man ein Sakrileg. Aischylos hat bekanntlich ein Drama geschrieben, in dem die Schutzflehenden als Chor auftreten und das entsprechend *Hiketidai* hieß. Es handelt sich dort um die flüchtigen Töchter des Danaos, denen ein Areal im Heiligtum zugewiesen wird, in dem sie lagern und leben konnten. Livius berichtet davon, dass es typisch für griechische Heiligtümer sei, einen solchen Hain für Schutzsuchende zu haben (*Ab urbe condita* 35, 51). Nach dem Sakralgesetz der Asylie müssen griechische Heiligtümer vor allem in Kriegszeiten deshalb immer wieder von Schutzflehenden aufgesucht worden sein. Natürlich zeigt gerade die Agesilaos-Episode, dass sich nicht immer jeder an die Unantastbarkeit der Hiketiden im Krieg hielt; doch waren die Flüchtlinge im Heraion wenigstens nicht der Plünderung und Tötung ausgesetzt, die ihnen in ihren Häusern außerhalb des sakralen Raumes gedroht hätte.

Asyl

Funktionen des Heiligtums

Für uns ergibt sich damit anhand der diachronen Analyse von Fundspektrum und Architektur des Heiligtums der Hera in Perachora ein dreifacher Befund: Das Heiligtum war Kultstätte der Hera Akraia, d. h. vor allem, dass dort Opfer vollzogen und Votive oder Weihgaben aufgestellt wurden. Zum anderen war es Ort der kollektiven Kommunikation der Besucher durch die Präsentation von Weihungen, die jeder andere Besucher sah, und durch gemeinsame Speisen und Gelage, die eigene Areale und Gebäude im Heiligtum benötigten (Hestiatoria, ‹Festwiesen›). Beides sind Standardfunktionen griechischer Heiligtümer. Als dritte grundlegende Funktion kommt hinzu, dass Heiligtümer als Besitz der Gottheit auch Asylstätten waren und dass dafür u. U. größere Temenosflächen ausgewiesen wurden, ja ganze Siedlungen im Heiligtum lagen, um vielen Personen Schutz zu gewähren.

Geschichte des Heiligtums

Wir haben zudem gesehen, dass uns die für jedes Bauwerk aufgearbeitete Baugeschichte in einer diachronen Analyse Änderungen zu erkennen erlaubt. So können wir Hochphasen des Ausbaus und des Besucherandrangs, neue Funktionen bestimmter Areale und Bauwerke, die verstärkte Zuwendung zu bestimmten Praktiken oder auch die architektonische Hervorhebung bestimmter Areale und Bauwerke beobachten. Die zweite Komponente der Geschichte des Heiligtums kommt durch die diachrone Analyse des Fundspektrums zum Tragen. So konnten wir vor allem veränderte Votivpraktiken, aber auch eine unterschiedlich starke Nutzung durch Männer und Frauen feststellen. Aber nicht nur dies: Wir haben auch gesehen, dass im Heiligtum Votivmaterial, das man der Gottheit übergab und zugleich den übrigen Besuchern zeigte und damit seinen Status demonstrierte, aus entlegenen Gebieten mitgebracht worden sein konnte und neben Kultobjekten sichtbar war, die man zur Kultausübung benötigte: Spieße, Trinkgeschirr usw. Opfern, Weihen, Speisen und Flüchten – so könnte man kurz die Hauptfunktionen griechischer Heiligtümer zusammenfassen. Ein Einblick in ihre jeweiligen Besonderheiten an bestimmten Orten und in diachroner Perspektive wird uns durch die Analyse des Fund- und Befundspektrums und der architektonisch-topographischen Entwicklung von Heiligtümern eröffnet. So können wir eine Vorstellung von Praktiken antiker Religion auch in Abhängigkeit von äußeren Bedingungen wie Handelskontakten und Kriegsereignissen an bestimmten Orten entwickeln.

Literatur: Der Beitrag folgt U. Sinn: Das Heraion von Perachora. Eine sakrale Schutzzone in der korinthischen Peraia, in: Mitteilungen des Deutschen Archäologischen Instituts, Athenische Abteilung 105 (1990) 53–116. – *Griechische Heiligtümer und Kultpraktiken*: Das Referenzwerk ist der *Thesaurus cultus et rituum antiquorum* (ThesCRA), 8 Bde. (Los Angeles 2004–2012); als Überblick können dienen: R. Hägg: Archäologie der Heiligtümer, in: A. H. Borbein u. a. (Hrsg.): Klassische Archäologie. Eine Einführung (Berlin 2000) 280–290; J. de la Genière: Archäologie und Religion, in: ebenda 291–312; M. Emerson: Greek Sanctuaries. An Introduction (London 2007). – *Griechische Architektur:* G. Gruben: Griechische Tempel und Heiligtümer, 5. Aufl. (München 2001); M. C. Hellmann: L'architecture grecque, 3 Bde. (Paris 2002–2010); M. M. Miles (Hrsg.): A Companion to Greek Architecture (Chichester 2016). – *Perachora, Plan- und Fundmaterial:* H. Payne/D. J. Dunbabin: Perachora. The Sanctuaries of Hera Akraia and Limenia. Excavations of the British School of Archaeology at Athens 1930–1933, 2 Bde. (Oxford 1940–1962). – *Heiligtumsentwicklung:* R. A. Tomlinson: Perachora, in: A. Schachter (Hrsg.): Le sanctuaire grec (Genf 1992) 321–351; C. Morgan: The Evolution of Sacral ‹Landscape›. Isthmia, Perachora, and Early Corinthian State, in: S. E. Alcock/R. Osborne (Hrsg.): Placing the Gods. Sanctuaries and Sacred Space in Ancient Greece (New York 1994) 105–142; C. F. Pfaff: Archaic Architecture, in: C. K. Williams II/N. Bookidis (Hrsg.): Corinth, the Centenary, 1896–1996, Corinth 20 (Princeton 2003) 119–132; V. Pliatsika: The Heraion of Perachora, in: K. Kissas (Hrsg.): Ancient Corinthia. From Prehistoric Times to the End of Antiquity (Athen 2013) 1–9. – *‹Drachme›*: G. Pfohl: Griechische Inschriften als Zeugnisse des privaten und öffentlichen Lebens (Tübingen 1980) 45 Nr. 42 (vgl. Herodot 2, 135). – *Tempel-/Hausmodelle*: T. G. Schattner: Griechische Hausmodelle. Untersuchungen zur frühgriechischen Architektur (Berlin 1990); M. Boss: Das Hausmodell von Perachora und das Fundament des Gebäudes H in Eretria. Zur Rekonstruktion früher griechischer Dächer, in: Nürnberger Blätter zur Archäologie 10 (1993–1994) 61–66; M. Weber: Ein Tempelabbild in Perachora für Hera Akraia, in: Archäologischer Anzeiger (1998) 365–371. – *Tempel*: B. Menadier: The Sixth Century BC Temple and the Sanctuary and Cult of Hera Akraia, Perachora (Cincinnati 1995). – *Hestiatoria und Gelagehäuser*: R. A. Tomlinson: The Chronology of the Perachora Hestiatorion, in: O. Murray (Hrsg.): Sympotica. A Symposion on the Symposion (Oxford 1990) 95–101; vgl. auch: ThesCrA 1 (Los Angeles 2004) 40 Nr. 9; 15. – *‹Triglyphenaltar›*: H. Plommer/F. Salviat: The Altar of Hera Akraia at Perachora, in: Annual of the British School at Athens 61 (1966) 207–215; D. Aktseli: Altäre in der archaischen und klassischen Kunst. Untersuchungen zu Typologie und Ikonographie (Espelkamp 1996). – *Stoai und Westhof*: G. Kuhn: Untersuchungen zur Funktion der Säulenhalle in archaischer und klassischer Zeit, in: Jahrbuch des Deutschen Archäologischen Instituts 100 (1985) 257–258; 292–293; vgl. J. J. Coulton: The Architectural Development of the Greek Stoa (Oxford 1966). – *‹Fremde› Objekte und Kulturtransfers*: I. Kilian-Dirlmeier: Fremde Weihungen in griechischen Heiligtümern vom 8. bis zum Beginn des 7. Jahrhunderts v. Chr., in: Jahrbuch des Römisch-germanischen Zentralmuseums

Mainz 32 (1985) 215–254; J. Mylonopoulos: «Fremde» Weihungen in Heiligtümern der Ostägäis im 7. und 6. Jh. v. Chr., in: Austausch von Gütern, Ideen und Technologien in der Ägäis und im östlichen Mittelmeer (Weilheim 2008) 363–383; S. Verger: Les objets métalliques du sanctuaire de Pérachora et la dynamique des échanges, in: G. De Sensi Sestito (Hrsg.): Sulla rotta per la Sicilia. L'Epiro, Corcira e l'Occidente (Pisa 2011) 19–59. – *‹Festwiesen›*: U. Sinn: Der Kult der Aphaia auf Aegina, in: R. Hägg (Hrsg.): Early Greek Cult Practice (Stockholm 1988) 154–159; U. Sinn: Sunion. Das befestigte Heiligtum der Athena und des Poseidon an der «heiligen Landspitze Attikas», in: Antike Welt 23 (1992) 175–190. – *Asyl*: U. Sinn: Greek Sanctuaries as Places of Refuge, in: N. Marinatos/R. Hägg (Hrsg.): Greek Sanctuaries. New Approaches (London 1993) 88–109; U. Sinn: Asylie, in: ThesCRA 3 (Los Angeles 2005) 217–236; vgl. jetzt K. Knäpper: HIEROS KAI ASYLOS. Territoriale Asylie im Hellenismus in ihrem historischen Kontext (Stuttgart 2018).

4. Ein prächtiges Weihgeschenk für Hera (640/610 v. Chr.)

Votive/Weihgeschenke

Weihgeschenke in Heiligtümer zu dedizieren stellte im antiken Griechenland eine Möglichkeit dar, sich bittend oder dankend an die Götter zu wenden, wie wir bei der Analyse des Heraions von Perachora bereits gesehen haben. Indem man diese Votive ins Heiligtum gab, gehörten sie den Göttern. Folglich war es ein Sakrileg, sie aus dem Heiligtum zu entfernen. Bei Umbauten oder wenn Platz geschaffen werden musste, deponierte man sie deshalb innerhalb des Temenos – des Heiligtumsbezirks –, und zwar oftmals in Brunnen oder Gruben; man nutzte sie zusammen mit Erde als Planierschichten und entzog sie so profaner Nutzung. Gleiches gilt für alle Gegenstände in einem Heiligtum, also auch für Kultobjekte, die das Kultpersonal im Rahmen bestimmter Rituale benutzte, oder für Architekturteile, die man wiederverwendete oder ebenfalls deponierte.

Infolgedessen hat man bei Ausgrabungen in griechischen Heiligtümern ganze Inventare von ‹entsorgten› Weihgeschenken, Kultobjekten und Architekturteilen gefunden. Sie geben wertvolle Hinweise auf Kult- und Votivpraktiken. Die Objekte selbst informieren uns über die mit ihnen verrichteten Tätigkeiten und mit ihnen verbundene Vorstellungen ebenso wie über ästhetische Vorlieben zu bestimmten Zeiten: Sie sind deshalb wichtige Informationsquellen zur Kulturgeschichte.

Neben dem Zeusheiligtum von Olympia, wo man besonders frühe Planierschichten mit Heiligtumsinventar freigelegt hat, gehört das Heiligtum der Göttin Hera (Heraion) auf der ionischen Insel Samos, vor der Westküste Kleinasiens gelegen, zu den Stätten, an denen solche Objekte in besonders großer Zahl gefunden wurden – nicht zuletzt deshalb, weil es auf Samos aufgrund von Überschwemmungen und dem sich ändernden Grundwasserspiegel immer wieder nötig war, Flächen zu planieren und Heiligtumsareale zu erneuern. Seit 1925 werden im samischen Heraion von der Athenischen Abteilung des Deutschen Archäologischen Instituts Ausgrabungen durchgeführt. 1983 trat dabei ein sichelförmiger Gegenstand zutage, der sich heute im Museum von Pythagorion auf Samos befindet (Inv.-Nr. B 2518; Abb. 14–15). Er besitzt eine Länge von 53 Zentimetern, ist in der Mitte etwa 15,5 Zentimeter hoch und besteht aus flachem Bronzeblech. Das Blech hat eine Dicke von etwa 0,5 Millimeter. Es ist gewölbt und weist an seiner Oberfläche ein figürliches Relief auf.

Heraion von Samos

Archäologischer und systemischer Kontext

Der Fundzusammenhang des Bleches stellt den archäologischen Kontext dar, der seine letzte Verwendung anzeigt. Das Bronzeblech kam im Südteil des Heiligtums in Aufschüttungsschichten zum Vorschein. Unterhalb dieser Schichten fand man ältere Brunnen, die die Besucher des Heiligtums benutzten, wenn sie sich von der Anlandestelle am Strand zum Kultzentrum begaben, zum Altar der Hera. Die Brunnen dienten der Wasserversorgung und der Reinigung, die beim Betreten von Heiligtümern notwendig war. Offenbar hatte man sie aufgegeben, als der Grundwasserspiegel anstieg. Damals planierte man das Areal neu und nutzte dazu auch Heiligtumsschutt mit Objekten, die den heiligen Bezirk nicht verlassen durften. Die Erde im Fundareal unseres Objektes war deshalb mit Gebrauchsobjekten und Weihgaben gefüllt. Der Fundkontext zeigt mithin, dass das Blech der Hera überantwortet worden war und bei Umbaumaßnahmen im Heiligtum vergraben (deponiert) wurde. Aber war es ein Kultobjekt oder diente es als Votiv?

Archäologischer Kontext

Bei seiner Auffindung war es in drei Teile zerrissen. Messerspuren zeigen uns, dass man es durchstochen hatte, um es zu zerstören. Man hat es also vor seiner Deponierung in der Erde

Objektbiographie

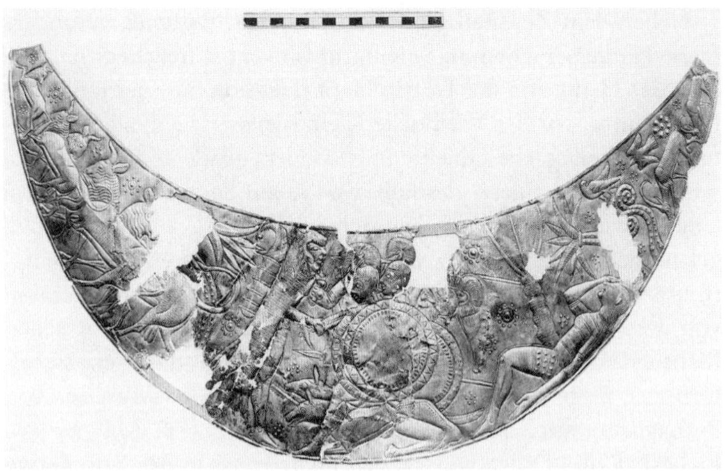

Abb. 14: Samos, Archäologisches Museum Inv.-Nr. B 2518: hocharchaisches Pferdepektoral aus dem Heraion

gezielt dem alltäglichen Gebrauch entzogen. Doch wurde es zu diesem Zweck sicher nicht hergestellt. Seine Funktion als der Anlass, zu dem es geschaffen wurde, und seine folgende Nutzung vor der Zerstörung gehören zu seinem systemischen Kontext. Dieser lässt sich aus dem archäologischen Befund allein nicht erkennen. Vielmehr kann uns, da Inschriften an dem Blech fehlen, darüber einzig das Objekt selbst – nämlich durch seine Gestaltung – Aufschluss geben. Wir müssen ihn in Analogie zu ähnlichen Objekten, über deren systemischen Kontext wir mehr wissen, ermitteln.

Form und Funktion

Schauen wir zunächst auf die Maße und die technischen Merkmale des Bronzeblechs. Auffällig sind seine Größe von etwa einem halben Meter, seine halbmondförmige äußere Form und sein Reliefdekor. Das Blech ist nicht flach, sondern zum Relief hin gewölbt. Es kann deshalb nicht ursprünglich an einem ebenen Gegenstand oder einer Wand angebracht gewesen sein. Es fehlt überhaupt jeder Hinweis auf seine Befestigung, wie ihn etwa Nagellöcher bieten könnten. An den beiden äußeren, abgeflachten Enden finden sich aber aufgeraute Flächen mit Spuren von Zinn, wie man es zum Löten verwendete. Am ehesten können wir deshalb annehmen, dass dort Haken oder Ösen angebracht waren, die dazu dienten, das Blech aufzuhängen.

Pektoral

Wo konnte ein solches Blech hängen? Um dies herauszufinden, helfen bildliche Darstellungen ähnlicher Objekte. Vergleichbare halbmondförmige Gegenstände finden sich in Bildern als Brustschmuck von Menschen, vor allem von Frauen, und zwar insbesondere in den Kulturen des Vorderen Orients: in Kleinasien und im assyrischen Raum. Als Pektoral (von lat. *pectus* = Brust) bezeichnen wir einen solchen Schmuck, der als Rang- und Würdezeichen diente. Reale Pektorale dieser Art hat man gefunden, auch in Griechenland. Sie sind aber durchweg kleiner als unser Objekt. Auf Reliefs des 8. Jahrhunderts v. Chr. aus Palästen des assyrischen Reiches finden sich zudem Darstellungen von Pferden mit einem ähnlich geformten Bugschmuck. Auch solche Pferdepektorale haben sich im Vorderen Orient tatsächlich gefunden. Bei unserem Blech entscheidet wohl die Größe über die Funktion: Mit einem halben Meter Breite ist es für einen menschlichen Brustschmuck zu groß. Es könnte natürlich einer überlebensgroßen menschlichen Statue umgehängt gewesen sein, doch war das Kultbild der Hera in Samos aus Holz und kleinformatig. Deshalb handelt es sich bei unserem Bronzeblech wohl um ein Pferdepektoral mit einer Form, die im antiken Assyrien gebräuchlich war, in der heutigen mittleren und südöstlichen Türkei.

Diese Annahme bereitet jedoch eine gewisse Schwierigkeit. Wurden solche Pektorale tatsächlich benutzt, dann besaßen sie kleine Löcher, die am Rand umliefen. Diese dienten dazu, eine innere Polsterung zu befestigen. Eine ungepolsterte Metallplatte mit ihren scharfen Kanten nämlich hätte durch Reibung das Fell der Pferde verletzen können. Unserem Pektoral fehlt eine Vorrichtung zur Anbringung eines solchen Schutzes aber. Hat man es also gar nicht zur angemessenen Verwendung hergestellt?

Systemischer Kontext

Aus griechischen Zusammenhängen – im Bild und in der Realität – kennen wir Pferdepektorale nicht. Der Dekor des samischen Bleches aber hat, wie wir sehen werden, nichts mit assyrischen Bildern zu tun, sondern folgt den Bildkonventionen Griechenlands und des westlichen Kleinasien, wo es gefunden wurde. Es sieht demnach so aus, als handele es sich um ein im griechischen Kulturraum hergestelltes Objekt, das äußerlich geformt war wie ein assyrisches Pferdepektoral. Da ein solcher Gegenstand in der Kultpraxis des Heraheiligtums nicht verwendbar war, weil dort Pferde keine Rolle spielten, muss es sich um ein wertvolles Weihgeschenk an Hera gehandelt haben.

Seine Form lässt mithin zwar eine bestimmte systemisch-funktionale Ansprache zu (Pferdepektoral), doch lassen Herstellungsort und Gestaltung darauf schließen, dass es nie in dieser Funktion benutzt werden sollte. Wir können daraus folgern, dass es bereits ursprünglich als Votiv für Hera hergestellt, später dann absichtsvoll zerstört und deponiert wurde. Sein systemischer Kontext ist mit seiner Form nur indirekt verbunden.

Herstellungskontext und Datierung

Herstellungstechnik

Das Blech hat sich in Aufschüttungsschichten gefunden, deren Inhalte und Stratigraphie (Abfolge der Fundschichten) auf eine Deponierung in archaischer Zeit (7.–6. Jh. v. Chr.) hinweisen. Das Datum seiner Herstellung lässt sich aber nur durch seine Form, Gestaltung und Ausarbeitung ermitteln, die zeitgemäßen Techniken und Vorlieben entsprochen haben müssen. Die äußere Form hilft in dieser Frage nicht weiter: Ähnliche Pferdepektorale hat man über Jahrhunderte hinweg hergestellt. Das Relief ist in Treibarbeit gefertigt, d. h. mit Hilfe eines Hammers über darunter liegenden Tonformen. Zudem verwendete man einen eher spitzen Stichel – so entstehen punktförmige Spuren – und Punzen – sie hinterlassen breitere Spuren. Diese Art der Oberflächenbearbeitung von Bronze mit feinen Geräten bezeichnet man als Ziselieren. Dies war ebenfalls weit verbreiteter Standard. Nur in der Reliefdarstellung hat uns der Handwerker also einen Hinweis auf die Region und die Zeit hinterlassen, in der er arbeitete. Wir müssen uns deshalb das Thema der Bilddarstellung ansehen, die vom Toreuten verwendeten Bildmotive und die Art, in der das Bildthema dargestellt wurden, d. h. den Stil des Reliefbildes.

Vor-ikonographische Beschreibung

Versuchen wir zunächst die Bestandteile des Bildes grundsätzlich vor-ikonographisch zu verstehen. Eine Umzeichnung macht das Dargestellte besser sichtbar (Abb. 15). Die Szene beginnt links mit einer Herde von fünf Rindern, zwischen deren Köpfe kleine Rosetten eingestreut sind. Ganz rechts fungieren zwei äsende Steinböcke als rahmendes Pendant dazu. Rechts und links sind zudem baumartige, bisweilen geschwungene Gebilde zu erkennen, die teilweise in Ästen enden; ein Vogel sitzt im Gezweig. Die Mittelszene zeigt eine liegende Figur rechts am Boden und einen Kampf: Ein Mann, der ein Tierfell über dem Körper trägt, kommt von links. Ihm gegenüber steht ein Wesen mit drei behelmten Köpfen und Schilden. Ein Hund mit zwei Köpfen begleitet diesen ‹Drilling›.

Regionalstil

Geben die Bildmotive und Darstellungskonventionen bereits Hinweise zum Herstellungsort oder -datum? Äsendes Wild ist ein typisches Bildmotiv in Tierfriesen griechischer Keramik des 7. und 6. Jahrhunderts v. Chr. Steinböcke zeichnen allerdings eine bestimmte Keramikgattung aus: die Keramik Ioniens und der vorgelagerten Inseln im 7. Jahrhundert v. Chr., zu denen Samos selbst gehörte. Ihr Dekor wird aufgrund der Vielzahl von Friesen mit Steinböcken von Archäologen als *Wild Goat Style* bezeichnet. Offenbar kannte der Toreut unseres Bleches solche Bilder und imitierte ihr Design. Auch finden sich Rinder mit nach hinten gewandtem Kopf in der ionischen Keramik- und Metalldekoration; sogar auf Samos gibt es Gefäßfragmente mit ähnlichen Darstellungen. Dort sind auch Bäume zu erkennen, die identisch geformt sind wie auf dem Blech. Zudem kommt die Palme eher in Bildern aus Ionien vor als auf dem griechischen Festland. Betrachten wir weitere Bildmotive, so weisen sie in dieselbe Richtung. Die Gegner des Fellmannes tragen sogenannte ionische Helme, die sich durch einen umgebogenen Nackenschutz und angesetzte Wangenklappen auszeichnen. Diese Helme sind typisch für Bilddarstellungen aus Ionien, aber auch aus Samos selbst. Schließlich zeigt die liegende Figur eine grazile, spitze Nase und eine lange Stirn-Nasen-Linie, die nur in leichtem Schwung bewegt ist. Diese Darstellungskonvention kommt ebenfalls auf ionischer Keramik vor. Die Darstellungsweisen, die regional spezifisch sind (Regionalstil), aber auch regional typische Bildmotive liefern Hinweise darauf, dass das Blech in Ionien hergestellt wurde – etwa auf Samos oder dem benachbarten kleinasiatischen Festland.

‹Wild Goat Style›

Zeitstil

Versuchen wir nun zu bestimmen, ob die Darstellung auch zeittypische Elemente aufweist (Zeitstil). Dies erlaubt uns dann eine chronologische Einordnung des Objekts. Mit den geometrischen Figuren des Kraters in New York (vor 700 v. Chr.; Abb. 5–8) hat der Stil nichts mehr zu tun; die Figuren sind wesentlich differenzierter, die Körper und Köpfe stärker untergegliedert dargestellt; es gibt echte Profilansichten ganzer Figuren. Das Relief folgt, wie wir gesehen haben, dem sogenannten Wild Goat Style der Keramikdekoration. Absolutchronologisch sind Wild-Goat-Style-Gefäße in der zweiten Hälfte des 7. und im frühen 6. Jahrhundert v. Chr. entstanden. Der Vergleich mit ihren Steinbockfriesen zeigt, dass die Böcke unseres Bleches noch nicht die überlängte Form der spätesten Darstellungen dieses Stils aufweisen. Deshalb wird unser Blech eher noch ins 7. Jahrhundert v. Chr. gehören. Ein Paradestück der Gefäßdekoration dieser Zeit stammt aus Athen, die große sogenannte Nessos-Amphora. Auf ihr können wir weitere zeitstilistisch typische Elemente ausmachen, die auch in Ionien und auf den griechischen Inseln vorkommen: die großen, frontal gesehenen Augen in Mandelform, die eng wie am Körper klebenden Gewänder, aber auch das großflächige, langwellig gestaltete Haar. Die Nessos-Amphora gehört aufgrund der internen attischen Chronologie in die zweite Hälfte des 7. Jahrhunderts v. Chr., eher an dessen Ende gegen 620/10 v. Chr. Damals sind auch Punktrosetten, wie sie unser Blech zeigt, beliebt. So können wir unser Blech etwa in die Zeit zwischen 640 und 610 v. Chr. datieren. Wir haben ferner gesehen, dass es in einer samischen oder ionischen Werkstatt hergestellt wurde.

Ikonographie: Bilder und Texte

Treten wir nun in die ikonographische Analyse ein. Die im Mittelbereich kämpfende Figur mit Löwenfell trägt einen Köcher. Mit der rechten Hand führt sie ein Schwert zum Stoß gegen den Halsbereich ihres Gegenübers, das schwer bewaffnet ist. Mit der anderen Hand packt sie einen seiner Helmbüsche. Der Gegner besitzt nur ein Beinpaar, aber drei Köpfe und drei linke Arme, denn jeder der drei Schilde muss von einem linken Arm gehalten werden. Er führt zudem zwei Lanzen, eine in der rechten Hand über den Köpfen und einen unbenutzt in Hüfthöhe in der linken. Mit einer weiteren rechten Hand greift er den Arm des ‹Fellmannes›. Von den Köpfen sinkt der hintere bereits leblos mit geschlossenen Augen hinab. Vermutlich hat ihn ein Pfeil getroffen, denn der kleine Rest eines Armes zeigt, dass er die rechte Hand zum Kopf führte. Auch die riesige liegende Figur rechts greift sich mit der rechten Hand an den Kopf: Ein Pfeil hat Stirn oder Auge durchbohrt. Sogar den doppelköpfigen Hund neben dem Dreikämpfer hat ein Pfeil am Kopf getroffen. Wir werden also annehmen, dass der Fellträger zunächst mit Pfeilen sein Unwesen

Abb. 15: Samos, Archäologisches Museum Inv.-Nr. B 2518: hocharchaisches Pferdepektoral aus dem Heraion. Umzeichnung

getrieben, Hund und Riesen sowie den hintersten Kopf des Dreileibigen verletzt hat und sich jetzt dem Gegner mit Schwert und Hand zuwendet.

Um zur ikonographischen Bestimmung zu kommen, müssen wir die inhaltlichen Darstellungskonventionen verstehen und Parallelen in der griechischen literarischen Überlieferung suchen. Wo geht es um einen mit dem Löwenfell bekleideten Mann, der gegen Gegner kämpft, die den Dargestellten gleichen? Eine aus Athen stammende, schwarzfigurig bemalte Bauchamphora im Louvre bietet uns den Schlüssel. Dort nämlich sind alle beteiligten Figuren durch aufgemalte Inschriften kenntlich gemacht: Wir sehen den Löwenfellträger und lesen, dass dies Herakles ist; am Boden liegt der bereits getroffene Mann, er heißt *Eurytion*; die drei Kämpfer, nun allerdings auch mit drei Fußpaaren, haben einen einzigen Namen: *Geryones*. Es findet sich eine ganze Reihe weiterer bildlicher Darstellungen eines solchen Kampfes im 6. und 5. Jahrhundert v. Chr.: offenbar eine bekannte mythologische Erzählung. Um die Darstellung zu verstehen, reichen die Bilder aber nicht aus; wir müssen zusätzlich Schriftzeugnisse heranziehen.

Herakles und Geryoneus

Der Dichter Hesiod (um 700 v. Chr.) ist der Erste, der vom dreiköpfigen Geryoneus berichtet (*Theogonie* 287–294). Herakles kommt zu dessen Insel jenseits des Okeanos, um die Rinderherde zu stehlen, die Geryoneus bewacht. Er tötet den Hirten der

Schriftzeugnisse und Mythos

Herde, Eurytion, und entführt die Tiere. Derselbe Mythos wird auch in einer wichtigen Sammlung antiker Mythen, der *Bibliotheke* des Apollodor aus dem 1. Jahrhundert n. Chr., geschildert (2, 42; 106–108). Demnach handelt es sich um die zehnte Tat des Herakles. Dort wird von einem Wachhund erzählt, der Eurytion unterstützt; er heißt Orthos (Orthros). Herakles tötet Hund und Hirten mit der Keule, Geryoneus aber mit Pfeil und Bogen. Der archaische Dichter Stesichoros schrieb ein Epos über diese Tat, die *Geryoneis*, von der nur Fragmente überliefert sind. Stesichoros lebte in Unteritalien und schrieb im frühen 6. Jahrhundert, also zeitlich nach der Entstehung unseres Bleches. Er beschreibt Herakles als einen Mann, der mit Löwenfell und Keule ausgestattet ist, Geryoneus als sechsbeinig und -armig. Das Unwesen sei wie ein Hoplit, ein griechischer Fußsoldat, ausgerüstet mit Schild, Helm und Brustpanzer, und es sei geflügelt; von Herakles' Pfeilschuss ist wieder die Rede. Dieser traf, so Stesichoros, zunächst nur einen Kopf des Geryoneus, der zur Seite fiel. Wir sehen: Grundsätzlich stimmt das Bild auf dem Blech mit den literarischen Überlieferungen überein, die sich nur in Details unterscheiden. Dies führt zusammen mit den Bildparallelen in der ikonographischen Analyse zur Benennung der Szene: Herakles kämpft gegen Geryoneus. Nun können wir auch die Rinder links erklären: Sie stellen offenbar die Rinderherde des Dreileibigen dar. Ein phantastisch erscheinendes Mehrkopf-Wesen war uns schon auf dem geometrischen Krater begegnet; dort handelte es sich eher um eine Darstellungskonvention für den gemeinsamen Kampf. Auf dem samischen Blech hingegen ergibt sich durch den Namen, der demselben Wesen auf der attischen Amphora beigeschrieben ist, und den Mythos, dass es sich um Geryoneus handelt.

Text versus Bild

Gehen wir weiter im Vergleich der Texte mit dem Bild, so ergeben sich indes auch Fragen: Was sollen die beiden Steinböcke, die wir als Pendant der Rinder rechts auf unserem Pektoral sehen und die im Mythos nicht vorkommen? Manche Texte berichten vom Keuleneinsatz des Herakles, andere davon, dass er mit Pfeil und Bogen zum Erfolg kam. Was sagen uns die Unterschiede zu unserem Bild und der Texte untereinander?

Diachrone Analyse

Die ikonographische Analyse muss zur Klärung solcher Fragen alle Bilder des Mythos einbeziehen, um die gesamte bildliche Überlieferung zu berücksichtigen. Nur so lassen sich zwei Grundfragen beantworten: Was wollten Maler oder Toreuten zu bestimmten Zeiten erzählen, und was ist in diesem Gesamtbild das Besondere des samischen Bleches? Das früheste Bild des Geryoneus stammt von einer Tondose (Pyxis) aus Korinth, gefertigt in protokorinthischer Zeit, also vor dem mittleren 7. Jahrhundert v. Chr. In schlichter, schwarzfiguriger Darstellungsweise erkennt man in dem nur zwei Zentimeter hohen Fries den Dreileibigen und seine Rinder rechts. Er ist wieder mit Schilden bewaffnet – wie ein Hoplit. Da es einen anderen Kampf gegen eine solchen rinderbesitzenden Dreileibigen nicht gibt, muss sein Gegner Herakles sein, dem diesmal zwar Fell und Keule fehlen können, der aber mit dem Bogen schießt. In Athen erscheint das früheste Bild gegen 560 v. Chr. auf einer Hydria, heute in Rom; es wird dem Vasenmaler Lydos zugeschrieben. Als bekanntes Personal erkennen wir Eurytion und Herakles mit dem Löwenfell. Der Heros schießt mit dem Bogen auf Geryoneus, was man – auch wenn einige Fragmente des Gefäßes fehlen – noch erschließen kann. Sein Gegner hat drei Köpfe, drei Schilde und drei Fußpaare; und auch in dieser Darstellung fällt ein Kopf, der rechte, bereits nach hinten. Ein Pfeil hat sein Auge durchbohrt. Allerdings trägt Geryoneus korinthische Helme, wie sie damals in Attika getragen wurden.

Dasselbe Bildschema taucht gegen 540 v. Chr. auf einer Halsamphora auf, die möglicherweise in Unteritalien hergestellt wurde. Auch dort schießt Herakles mit dem Bogen, hat nun aber noch niemanden getroffen; Geryoneus ist zwar bewaffnet, aber zusätzlich geflügelt, wie es Stesichoros berichtet; Hund und Hirte liegen tot am Boden, links aber steht nun Athena dem Herakles bei. Aus Samos selbst kommt ein kleines Elfenbeinrelief, entstanden etwa um 550 v. Chr., auf dem der Dreileibige mit nur einem Fußpaar zu sehen ist; kein Körper ist bereits erschlagen. Herakles war vielleicht auf einem anschließenden Stück des Reliefs dargestellt.

Gehen wir zeitlich noch weiter, ins 5. Jahrhundert v. Chr., so kommen wir zur Schale des attischen Vasenmalers Euphronios, die heute in Paris steht: Herakles mit Löwenfell, mit der Keule zum Schlag ausholend, mit dem Bogen aber nicht mehr schießend, steht Geryoneus gegenüber. Dieser gleicht wieder einem Hopliten, wieder fällt ein Getroffener nach rechts. Den Hund Orthros hat ein Pfeil getötet, er liegt auf dem Boden. Auf der Rückseite der

Schale sieht man die Rinderherde – und manche aufgeregt gestikulierende Figur im Bild, auch Athena, hinter Herakles.

Darstellungstypus

Zweierlei ist in dieser Vergleichsserie auffällig: Zunächst fällt eine überraschende, immerhin von Samos über Athen bis nach Unteritalien reichende Gemeinsamkeit der Darstellungen auf, die sich zudem auf ganz unterschiedlichen Materialien – einem Bronzeblech, Tongefäßen und Elfenbeinplättchen – und darüber hinaus über einen großen Zeitraum hinweg von 620 bis ins 5. Jahrhundert v. Chr. finden. Der Darstellungsypus ist stets der Kampf des von links auftretenden Herakles gegen den mehrkörprigen Geryoneus, der von rechts kommt und grundsätzlich Hoplitenwaffen trägt. Kein anderer Moment des Mythos, keine andere Konstellation wird gezeigt. Das ist alles andere als selbstverständlich. Herakles in der Deckung vor dem Angriff, Herakles mit dem bereits erlegten Gegner, Herakles und die Rinderherde, Herakles rechts – alles dies hätte man ja ebenso gut darstellen können, wenn jeder Künstler individuell ausgewählt hätte. Zudem stimmen sogar Details über lange Zeiten und weit entfernte Räume hinweg überein, so der nach hinten kippende Körper des Geryoneus, vom Pfeil getroffen. Es gibt also sehr enge ikonographische und in der Kombination mehrerer gleicher ikonographischer Motive sogar typologische Zusammenhänge, die große zeitliche und räumliche Distanzen überwinden. Dies kann mit engen Verbindungen der Werkstätten zusammenhängen, mit dem Handel der Objekte über weite Distanzen, mit mündlichen Erzählungen, die den schriftlichen Fassungen vorangingen. Für uns ist es wichtig festzuhalten: Können wir von solchen Regeln ausgehen, dann helfen sie uns, bestimmte Bilder zu identifizieren, zu rekonstruieren und zu erklären. Es gilt Eduard Gerhards Prinzip: Wer ein Bild gesehen hat, hat keines gesehen, wer aber tausende gesehen hat, sieht eines. Ikonographie und Typologie großer Gruppen von Bildzeugnissen werden so zu einem Gerüst der Erklärung der Bildinhalte, so wie Zeit- und Lokalstil das Gerüst der Lokalisierung und Datierung der Objekte darstellen. Dies sind methodologische Grundlagen der Hermeneutik, der Auslegung der Bilder. Offenbar ist nicht alles Denkbare in Bildern zu jeder Zeit möglich. Wir müssen die Gemeinsamkeiten bewerten.

Darstellungsvariationen

Zugleich ist aber auch vieles zur gleichen Zeit variierbar, und dies ist die andere Seite der Medaille. Zum einen weichen die

Bilder wie die Texte untereinander voneinander ab; dies gilt vor allem für die Waffen (Helme, Bogeneinsatz) und den Stand des Kampfes. Begleitpersonal kann zugefügt oder weggelassen werden. Offenbar hatten Maler, Toreuten und Dichter in dieser Hinsicht eine relative Freiheit. Das heißt aber auch, dass es Gründe gab, weshalb einzelne Varianten gewählt wurden. Für bestimmte Anlässe und Funktionen erschienen je unterschiedliche Variationen des Mythos angemessen. Das samische Pferdepektoral zeichnet sich dabei durch Besonderheiten aus: Erstmals ist Herakles nicht beim Einsatz des Bogens, sondern beim Schwertstich und im handgreiflichen Kampf gezeigt. Erstmals sieht man einen bereits erschlaffenden ersten Körper des Geryoneus, wie er wenig später im Epos *Geryoneis* des Stesichoros vorkommt. Wir sehen zwar die Rinderherde, die zum Mythos gehört, wir sehen rechts aber auch zwei Steinböcke, die im Mythos, wie ihn die Texte überliefern, nichts zu suchen haben. Und Geryoneus trägt ionische Helme, anders als in Attika, wo er korinthische Helme trägt. Im Anschluss an die ikonographische Analyse führen uns auch diese Besonderheiten hermeneutisch weiter und müssen erklärt werden.

Ikonologie und Semantik

Wir begeben uns damit ins Feld der ikonologischen Interpretation, der Einordnung des Objekts in die Gedanken- und Vorstellungswelt ihrer Benutzer und Betrachter, und der Semantik, d. h. der Bedeutung des Bildes für diese Personen. Die visuellen Besonderheiten müssen wir dabei als Anpassungen einer mündlichen bzw. durch andere Bilder gegebenen Tradition und der zeitgemäßen Regeln der Darstellung an die Bedürfnisse bestimmter Hersteller und Nutzer verstehen. Hingegen erlauben es die Gemeinsamkeiten aller bekannten Bilder des Themas, allgemeinverbindliche, offenbar langfristig gültige Interessen aller Hersteller und Nutzer zu erkennen.

Agon

Thematisiert wird durchweg Herakles im Kampf gegen Geryoneus als ein Mehrkörper-Wesen, das allein schon durch diese Dreifach-Physis dem Heros überlegen ist – nicht thematisiert werden hingegen Herakles' Triumph, nicht die Vorgeschichte, nicht der Erwerb der Rinder. Es geht um den Kampf selbst (griech. *agon*). Wie man diesen im Bild erzählte, ist auffällig: Man sah ja eine Geschichte, die vor Urzeiten spielte. Aber man sah Figuren mit zeitgenössischen Waffen – wie dem ionischen Helm des Geryoneus auf Samos, dem korinthischen in Attika. Offenbar passte man die Figuren des Mythos der Gegenwart an. Geryoneus sieht zudem aus wie ein Hoplit, war mithin so ausgestattet, wie man damals tatsächlich in den Krieg zog. Und die Dreizahl seiner Körper macht zusätzlich im Bild oft den Eindruck, als kämpften drei Hopliten in einer Phalanx, der Schlachtreihe, die damals gängige Kampftaktik war. Auch dies ist nicht selbstverständlich; man hätte das Ganze ja auch als phantastische Geschichte darstellen können. Dass man Geryoneus in Unteritalien einmal Flügel verleihen konnte, deutet an, dass auch dies möglich war.

Phalanx

Einzelkämpfer

Auffälligerweise führt trotz des Charakters der Szene als kriegerischer Agon Herakles nie die Waffen der zeitgenössischen Hopliten: Er ist so als deren außerordentliche Gegenfigur gekennzeichnet. Und so – anders als sie und allein – setzt er sich gegen eine Phalanx durch. Das Bild stellt mithin visuell den Erfolg der Phalanxtaktik und des Kollektivs der Hopliten gegen herausragende Einzelkämpfer wie Herakles infrage.

Rinderbesitz

Im Bild sah man überdies eine Rinderherde, genauso wie sie im Geryoneus-Mythos vorkommt. Doch ist dies ihr einziger Sinn? Neben ihrer narrativen Funktion besaßen auch die Rinder einen Gegenwartbezug: Rinderbesitz galt im 7. und 6. Jahrhundert v. Chr. als sozial auszeichnend, bedeutete Reichtum. Das wusste jeder Betrachter.

Mythos und Gegenwart

Das Pektoral zeigt uns auf diese Weise, dass es nicht um die bildliche Illustration von Mythen ging, die durch Texte festgelegt waren. Mythen werden auch nicht als etwas *per se* weit Entferntes, Phantastisch-Erfundenes dargeboten. Vielmehr geht es um die zeitgemäße Neugestaltung der Geschichten, die man wie einen Kommentar zur Gegenwart gestaltete. Dies betraf vor allem die Ausrüstung der Dargestellten, ihre Handlungsweisen und die Bildmotive.

Bild und Erzählweise

Narrative Bilder

Weitere Besonderheiten zeichnen das Reliefbild auf dem Pektoral aus, wenn man die kaum 80 Jahre früher entstandenen geometrischen Figuren des großen New Yorker Grabkraters vergleicht.

Von der Wechselansichtigkeit geometrischer Figuren (Abb. 5–8) sind wir nun entfernt. Die Lebewesen sind in kompletter Profilansicht gezeigt; sie scheinen sich zu drehen, sind beweglicher. Wir finden keine homerischen Einzelformeln mehr wie die breite Brust; und auch die Isolierung der Einzelfiguren im Bild ist verschwunden. Vielmehr geht es nun um das Ganze der Erzählung, die Zusammenhänge, Überschneidungen, Wechselwirkungen von Gesten und Aktionen. Wir haben es zugleich mit einer narrativen Darstellung zu tun, die einen bestimmten Mythos zeigt. Damit ist gemeint, dass jede Figur benennbar ist, auch wenn Namensbeischriften fehlen, weil die Szene nur durch einen bestimmten Mythos inhaltlich verständlich wird. Es dominiert also nicht mehr eine deskriptive, die Welt als solche beschreibende Bildszene wie die Prothesis (Aufbahrung), sondern die Narration, die Evokation einer bestimmten Geschichte. Aber es bleibt trotz dieser narrativen Fokussierung auf einen Mythos doch bei einem Bezug zur Deskription der Lebenswelt, wie wir es anhand der aktualisierenden Attribute erläutert haben – das Bild weist also über die Mythen-Nacherzählung hinaus.

Erzählweise

Was die Erzählweise der Bilder angeht, so erkennt man noch etwas anderes: Erstmals wird ein bereits erschlaffender Körper des Geryoneus im Bild dargestellt, den auch später Stesichoros erwähnt. Dieses Element verweist einerseits auf die Stärke des Herakles, seine Überlegenheit: Es deutet seinen Sieg an. Wichtig erscheint aber auch der figürliche Zusammenhang, in den der erschlaffende, im Übergang zum Tod begriffene Körper gestellt ist. Indem der Körper fällt, weil er verwundet wurde – sein Griff ins Gesicht macht dies explizit – verweist er auf eine Situation unmittelbar zuvor, als Herakles den tödlichen Pfeil schoss. Dies verbindet ihn mit den bereits toten Figuren des Hundes und des Hirten. Damit erhält die Szene eine gewisse Zeitlichkeit, eine Art Vorher und Nachher, obwohl sie als Bild immer ein scheinbar eingefrorener Moment ist. Das Bild erhält Erzählpotenzial: Zuerst hat Herakles mit Pfeilen geschossen, jetzt geht er zum Nahkampf über. Den Hund und den Hirten hat er schon getötet, nun ist Geryoneus an der Reihe – danach wird er die Rinder wegführen, die man schon sieht. Anders als in den sehr bewegten, zeitlich aber neutralen geometrischen Prothesis- und Wagenfahrtbildern werden hier zeitliche Elemente eingefügt, so dass man aufgefordert wird, zu dem Bild eine fortlaufende Geschichte zu erzählen. Das visuelle Erzählen mythischer Geschichten scheint jenen, die das Blech herstellten und das Heraion von Samos im 7. Jahrhundert v. Chr. besuchten, ein besonders wichtiges Anliegen gewesen zu sein.

Ornament und Ästhetik

Bild und Dekoration

Haben wir bisher vor allem auf die Figuren und die Erzählweise der dargestellten Geschichte geschaut, so fallen auch Bildmotive und Figuren auf, die damit gar nichts zu tun zu haben scheinen. Der Rinderherde links sind rechts Widder gegenübergestellt. Im Mythos von Geryoneus kommen sie nicht vor. Wie kann man sie erklären? Widder waren, wie wir gesehen haben für den ionischen Wild Goat Style typisch. Dass sie im Bild erscheinen, hat offenbar mit dem Zeitgeschmack zu tun; diese Komponente ‹färbt› das Bild ionisch, auch wenn die Widder durch die Gegenüberstellung mit den Rindern zunächst wie narrative Elemente des Mythos erscheinen. Das Blech zeichnet in diesem Zug eine seltsame Verschränkung aus: Der Bezug auf die Erzählung des Mythos wird nicht nur inhaltlich mit einer ikonographisch aktualisierten Darstellungsweise kombiniert, sondern auch mit ästhetisch begründeten Zusätzen versehen. Wir erkennen daran, dass das Pferdepektoral als Bildträger diente, zugleich aber auch als prachtvoll ornamentiertes Schmuckstück.

Pflanzliche Motive

In den Formeln und Motiven, die im Bild verwendet werden, erkennen wir eine weitere Besonderheit: Statt strenger, eher eckig gestalteter Formen wie in der geometrischen Epoche sieht man nun bewegte, gerundete, eher florale, d. h. pflanzliche Motive. So sind die langen Linien auffällig, die in eingedrehten Ornamenten enden, in sogenannten Voluten. Doch scheinen einige dieser ‹Ornamente› zugleich Pflanzen darzustellen – so können Vögel auf ihnen sitzen und Blüten daraus sprießen. Wir beobachten darin eine weitere Verschränkung unterschiedlicher Ebenen des Bildes: Das ungegenständlich erscheinende Ornament wird zu floraler Realität. Hat man dies einmal bemerkt, dann fallen auch die Füllornamente zwischen den Figuren auf. Es handelt sich ja nicht um dort real vorhandene Wolken oder Regentropfen, sondern um Punkt- und Blattrosetten, die etwas floral Wachsendes meinen. Was dies betrifft, so fällt eine gegenständliche Erklärung schwer. Könnte es sein, dass diese Komponente – wie die narrativ

Ornamente

unerklärliche Widderherde – in erster Linie zu einer zeitgemäß-schönen Erscheinung des Bleches beitragen sollte?

Indem man in der äußeren Form des Bleches zudem ein Objekt imitierte, das man aus dem assyrischen Raum kannte, nicht aus Griechenland, wurde noch eine weitere Ebene aufgerufen: Das Blech erschien dem antiken Betrachter fremd, und durch den Bezug zum Orient, den man mit Luxus und Wohlstand verband, weiter in seinem Wert gesteigert. Äußere Form, Dekoration und Bildinhalt greifen so ineinander. Die enge Verschränkung dieser Faktoren in einem Artefakt stellt uns als moderne Interpretatoren vor gewisse Schwierigkeiten, die sich aber dem antiken Betrachter so sicher nicht gestellt haben.

Kulturtransfers

Diese Überlegung führt uns zu einer weiteren Ebene kulturwissenschaftlicher Analyse, auf der wir das Weihgeschenk aus dem Heraion untersuchen können. Wichtig ist dabei, dass die äußere Form des Pektorals und die Formen vieler der Füllornamente – anders als die geometrischen Mäander – nicht aus Griechenland kommen, sondern Vorläufer im Orient haben, im mittleren Kleinasien, im assyrischen und nordsyrischen Raum.

Orientalisierende Darstellungen

Zum einen stellen Füllrosetten, Palmetten, Blüten und Knospen ebenso wie die floralen Volutenmotive enge Verbindungen in diese Regionen her. Mit der Erzählung, die das Bild uns zeigt, haben sie aber wenig zu tun. Dass sie auf dem Blech so häufig verwendet werden, wird man eher mit dem Versuch des Herstellers verbinden können, den ästhetischen Wert des Pektorals zu steigern. Offenbar erhöhte man die Pracht und Schönheit von Gegenständen im späteren 7. Jahrhundert v. Chr. durch die Aufnahme orientalischer Motive auf ihren Oberflächen – wir nennen deshalb die Epoche des 7. Jahrhunderts, in der diese Darstellungsweise gepflegt wurde, orientalisierende Zeit.

Dies betrifft, wie wir gesehen haben, aber auch die äußere Form unseres Objekts: Formal handelt es sich um ein Pferdepektoral, wie es im assyrischen Raum bekannt war, nicht in Griechenland. Die Form war mithin gleichfalls orientalisierend, wie auch Details der Oberflächengestaltung – während die mythische Erzählung mit Herakles ganz griechischen Charakter hat. Die Verknüpfung solcher heterogener Züge macht einen weiteren spezifischen Charakter dieses Weihgeschenks aus; sie zeigt uns verschiedenartige kulturelle Besonderheiten und Interessen seiner Hersteller und Nutzer und macht das Objekt zu einem informationsreichen kulturgeschichtlichen Zeugnis.

Kulturkontakte

Doch während wir uns bei dieser kulturhistorischen Bewertung auf die Bild- und Dekorationskonventionen und -spezifika bezogen haben, auf das Artefakt mit seiner figürlich und ornamental gestalteten Oberfläche, besitzen auch der archäologische und der erschlossene systemische Kontext einen kulturhistorischen Zeugniswert. Das Heraheiligtum in Samos ist nämlich einer der bedeutendsten Fundorte nicht nur griechischer Weihgeschenke, sondern gerade auch tatsächlich aus dem Osten stammender Objekte. Zahllose ägyptische und assyrische Bronzen und andere Gegenstände aus anderen Materialien wurden im Heraion gefunden. Offenbar kamen dorthin sowohl Griechen, die Reisen in den Orient – beispielsweise Handelsfahrten – unternommen hatten, als auch Nichtgriechen aus dem Osten, die vielleicht ebenfalls, um Handel zu treiben, nach Griechenland fuhren, dabei Samos anliefen und dort im Heiligtum eine Gabe niederlegten. Solche Votive sind Anzeiger bestimmter personaler und materieller Kulturkontakte, die auf die materielle Kultur in unterschiedlicher Weis zurückwirkten. Unser Blech ist selbst Bestandteil – und damit für uns ein Zeugnis – dieser Wechselwirkungen gewesen, und das Heraion von Samos war offenbar ein Ort, an dem solche kulturellen Transfers stattfanden. Das Pektoral imitiert ein (im Heraion vielleicht wirklich vorhandenes Import-)Objekt, das im Osten beheimatet ist, doch hat man es mit griechisch geprägten Bildern versehen, die selbst wieder orientalische Ornamente integrieren; das Votiv ist zudem seiner eigentlichen Funktion als Nutzgegenstand entzogen und zum ‹künstlichen› Weiheobjekt geworden – zu einem durch seine Form ausgezeichneten Objekt, dessen Dekoration man narrativ und ornamental bereicherte, um es zu einem noch prächtigeren Geschenk an die Herrin des Heiligtums zu machen.

Das Heraion von Samos ist bekannt für die ungewöhnliche Vielzahl von Bronzegegenständen nicht nur aus dem Osten. Pferdeschmuck gehörte relativ häufig dazu, den man hier der Hera weihte, darunter Stirnplatten und Scheuklappen aus Metall, von denen jedoch tatsächlich nur ein Teil aus dem Orient stammte. Solche Ensembles von Objekten aus fremder und einheimischer

Produktion gaben offenbar Anlass zur Entstehung von neuen Objektformen und -dekorationen, zu Imitationen, zu Ent- und Neufunktionalisierungen in die eine und andere Richtung. Wir greifen also mit unserem Bronzeblech aus dem Heraion ein Objekt, das wir als Indiz für bestimmte Kultur- und Handelskontakte und vor allem für deren Folgen heranziehen können.

Ideen und Objekte

Und wir können noch weiter gehen: Das Blech ist der erste uns bekannte Gegenstand im antiken Griechenland überhaupt, der die Bilderzählung von Herakles und Geryoneus in visueller Form zeigt. Offenbar kam das Bildthema gegen 640/10 v. Chr. erst auf. Seine Darstellungsformen werden später in Texten bei Stesichoros und in Bildern beispielsweise in Athen aufgegriffen. Sicher gingen nicht alle diese Impulse von Samos aus, aber es wird deutlich, dass die Errungenschaften der Kontaktzonen zwischen Griechenland und dem Orient weiter ausstrahlten, verhandelt, transferiert wurden: Eine Kette kultureller Einflüsse und Wechselwirkungen lässt sich anschließen, in denen Ideen, Geschichten, Bilder, Herstellungstechniken und Objektformen transferiert wurden, ‹wanderten›. Im Zusammenhang solcher Wechselwirkungen lokaler Interessen, griechischer Formen und Mythen und orientalischer Einflüsse und ihrer Weiterführung in Griechenland ist das Blech ein Artefakt, das die kulturellen Besonderheiten der orientalisierenden Zeit anschaulicher als viele Texte dokumentiert.

Literatur: *Griechische Heiligtümer*: s. o. Fallbeispiel 3 – *Zum Befund und zur Untersuchung des Bronzeblechs*: Ph. Brize: Samos und Stesichoros. Zu einem früharchaischen Bronzeblech, in: Mitteilungen des Deutschen Archäologischen Instituts. Athenische Abteilung 100 (1985) 53–90. – *Heraion von Samos*: H. Kyrieleis: Führer durch das Heraion von Samos (Athen 1981). – *Pektorale und Pektoraldarstellungen aus Assyrien und Griechenland*: The Anatolian Civilisations 2, Ausstellungskatalog Istanbul (Istanbul 1983) 25 Nr. B.53 [Statuette]; I. J. Winter: A Decorated Breastplate from Hasanlu, Iran (Philadelphia 1980) [mit Ösen für Polsterung]; B. Musche: Vorderasiatischer Schmuck von den Anfängen bis zur Zeit der Achaemeniden (Leiden 1992); R.-B. Wartke: Urartu. Das Reich am Ararat (Mainz 1993) Taf. 66–67; H.-G. Buchholz u. a.: Erkennungs-, Rang- und Würdezeichen, Archaeologia Homerica 1 D (Göttingen 2012) 159–183; C. M. Pruvot u. a. (Hrsg.): Ausgegraben! Schweizer Archäologen erforschen die griechische Stadt Eretria, Ausstellungskatalog Basel (Basel 2010) 90 Nr. 19 [aus Lefkandi]. – *‹Wild Goat Style›*: J. Boardman: Early Greek Vase Painting (London 1998) 141–144; M. Kerschner: East Greek Pottery Workshops of the Seventh Century B. C. Tracing Regional Styles, in: X. Charalambidou/

C. Morgan (Hrsg.): Interpreting the Seventh Century B. C. Tradition and Innovation (Oxford 2017) 100–113. – *Ionische Bronzebleche*: Ph. Brize: Funde aus Milet: 10. Treibverzierte Bronzebleche, in: Archäologischer Anzeiger (2001) 559–573. – *‹Nessos-Amphora›, Athen, Archäologisches Nationalmuseum Inv.-Nr. 1002*: Beazley Archive (http://www.beazley.ox.ac.uk) Vase No. 300025; E. Simon: Die griechischen Vasen, 2. Aufl. (München 1981) 66–67 Taf. 44–46. – *Zur Ikonographie und Ikonologie des Herakles mit Geryoneus und zur literarischen Überlieferung*: Ph. Brize: Die Geryoneis des Stesichoros und die frühe griechische Kunst (Würzburg 1980); *Lexicon Iconographicum Mythologiae Classicae* 4 (Zürich 1988) 186–190 s. v. Geryoneus (Ph. Brize); V. Brinkmann: Der Raub der Rinder des Geryoneus, in: R. Wünsche (Hrsg.): Herakles – Herkules, Ausstellungskatalog München (München 2003) 143–149; S. Muth: Gewalt im Bild. Das Phänomen der medialen Gewalt im Athen des 6. und 5. Jhs. v. Chr. (Berlin 2008) 65–92. – *‹Orientalisierende Epoche›/Kulturtransfers*: W. Burkert: Die Griechen und der Orient (München 2004); A. C. Gunter: Greek Art and the Orient (Cambridge 2009); J. Aruz u. a. (Hrsg.): Assyria to Iberia. At the Dawn of the Classical Age (New York 2014). – *Heraion von Samos als kulturelle Schnittstelle*: U. Jantzen: Ägyptische und orientalische Bronzen aus dem Heraion von Samos, Samos 8 (Bonn 1972); H. Kyrieleis: Ein altorientalischer Pferdeschmuck aus dem Heraion von Samos, in: Mitteilungen des Deutschen Archäologischen Instituts. Athenische Abteilung 103 (1988) 37–75; H. Bumke: Fremde Weihungen für griechische Götter, in: C. Frevel u. a. (Hrsg.): Kult und Kommunikation. Medien in Heiligtümern der Antike (Wiesbaden 2007) 349–380; S. Ebbinghaus: Begegnungen mit Ägypten und Vorderasien im archaischen Heraheiligtum von Samos, in: A. Naso (Hrsg.): Stranieri e non cittadini nei santuari greci. Atti del convegno internazionale (Florenz 2006) 187–229; B. Morstadt: Begegnung. Orientalische und griechische Ikonographie auf einem Krateriskos im Heraion von Samos, in: G. Kalaitzoglou u. a. (Hrsg.): Petasos. Festschrift für Hans Lohmann (Paderborn 2013) 163–172.

5. Kuros und Kore: zwei archaische Grabstatuen (540/530 v. Chr.)

Grabreliefs und Grabstatuen

Oberirdische Grabmarkierungen gehörten schon in der späten Bronzezeit (2. Jahrtausend v. Chr.) in Griechenland – wie in vielen anderen antiken Kulturen – zu den aufwändigen Formen der Erinnerung an Verstorbene. Dies konnten einfache Steinmale oder auch reliefierte Stelen sein. In geometrischer Zeit erfüllten große, tönerne Grabgefäße vor allem in Athen diese Aufgabe (Abb. 5). In der archaischen Epoche (7.–6. Jh. v. Chr.) und besonders seit dem 6. Jahrhundert v. Chr. wurden Gräber vom Mitgliedern der sozialen Eliten im griechischen Kulturraum dann auch durch lebensgroße Reliefs oder sogar statuarische Darstellungen der Bestatteten gekennzeichnet. Inschriften auf ihren Basen nannten ihre Namen und riefen die Besucher häufig dazu auf, um die vielfach sehr jung Verstorbenen zu trauern und sich damit am Grabkult zu beteiligen, der jeder Familie (griech. *oikos*) für ihre Vorfahren oblag. Zugleich dienten Grabmäler aber immer auch der Selbstdarstellung ihrer Stifter, die sich an Besucher richteten und dabei den sozialen Status der *Oikoi* zum Ausdruck brachten (Repräsentation).

Der Fund zweier Grabstatuen nahe Athen hat im Jahre 1972 wichtige Erkenntnisse zu diesem Themenkreis erbracht, denn die Statuen wurden in einer Nekropole in einem weitgehend geschlossenen Befund aufgedeckt. Es handelt sich zudem um zwei der besten Beispiele für Grabstatuen der archaischen Epoche, an denen das Zusammenwirken von Aufstellungskontext, Inschriften sowie plastischer und farblicher Gestaltung frühgriechischer Repräsentationsbilder herausgearbeitet werden kann.

Archäologischer und systemischer Kontext, Objektbiographie

Archäologischer Kontext

Die beiden Marmorstatuen befinden sich heute im Archäologischen Nationalmuseum in Athen: eine männliche, nackte Statue (Inv.-Nr. 4890; Abb. 16 a–b) und die Figur einer bekleideten Frau (Inv.-Nr. 4889; Abb. 17 a–b). Sie kamen 1972 bei Markopoulo, etwa 30 Kilometer südöstlich von Athen, an dem Merenda genannten Hügel zutage, im Gebiet des antiken Demos Myrrhinous. Bei der Auffindung lagen sie nebeneinander in einer rechteckigen Grube von 1,95 × 0,9 Meter. Dort waren sie in der Antike sorgsam niedergelegt worden. Die Arme der männlichen Statue waren bereits abgebrochen, bevor man sie vergrub; der rechte lag oberhalb ihres Kopfes, der linke unter ihrem Körper. Gänzlich fehlen ihr jedoch die Füße, die ebenfalls schon abgebrochen waren, bevor sie in den Boden gelangte; auch die rechte Hand fand sich nicht mehr. Die Frauenstatue ist zwar vollständig erhalten, doch auch ihr linker Arm mit der Hand war abgebrochen. Neben den Füßen der Figuren lagen zwei Bleiringe. Solche Bleiringe dienten in der Antike dazu, die Fußplatten von Marmorstatuen (Plinthen) in einer Vertiefung ihrer steinernen Basis zu vergießen und damit zu befestigen. Der Befund ist eindeutig: Die Bleiringe lassen uns erkennen, dass man die Statuen einst bereits einmal

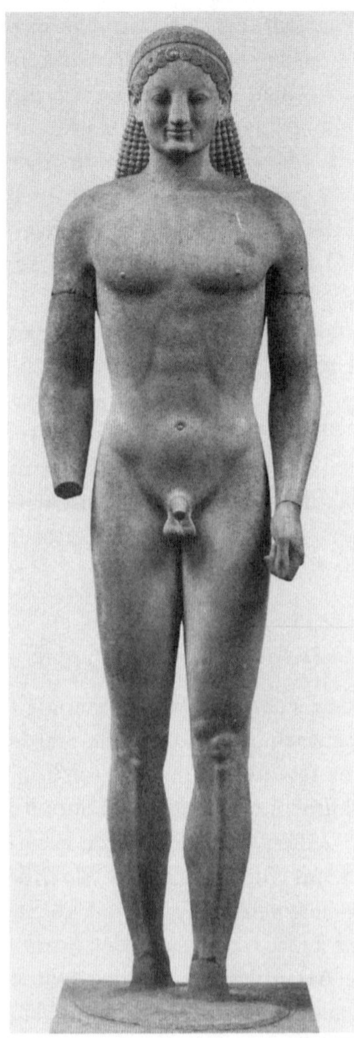
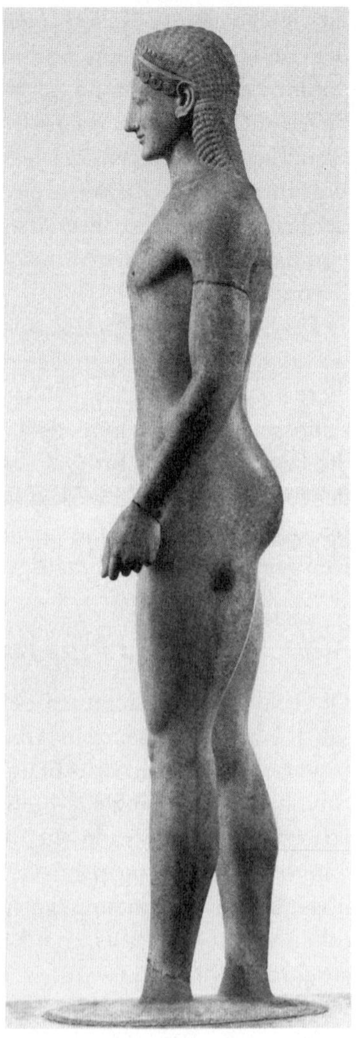

Abb. 16 a–b: Athen, Archäologisches Nationalmuseum Inv.-Nr. 4890: spätarchaischer Grabkuros aus Merenda

aufgestellt hatte. Zu einem späteren Zeitpunkt hat man sie abgebaut und sorgfältig vergraben. Die weibliche war damals noch vollständig und kaum beschädigt, die männliche hatte vorher bereits stärker gelitten.

Systemischer Kontext

Der ursprüngliche systemische Kontext der beiden Statuen lässt sich ermitteln: Der Fundort liegt in einer Nekropole des an-

Abb. 17 a–b: Athen, Archäologisches Nationalmuseum Inv.-Nr. 4889: spätarchaische Grabkore aus Merenda (Phrasikleia)

tiken Myrrhinous; andere Überreste von Gräbern und Bruchsteinfundamente für die Aufstellung von Grabmälern haben sich um die Grube herum gefunden. Offenbar handelt es sich also um Grabstatuen, die man in der Grube in der Nähe ihres Aufstellungsorts deponiert hatte. Bereits 1729 fand man in den Mauern der Panagia-Kirche, die vom Fundort etwa 200 Meter ent-

Zugehörige Statuenbasis

fernt liegt, eine marmorne Blockbasis (27 × 57 × 59 Zentimeter; Abb. 18). Beim Bau der Kirche im Mittelalter oder in der frühen Neuzeit hatte man sie als Baustein verwendet. An ihrer Oberseite befindet sich eine runde Plintheneinlassung. Einer der antiken Bleivergussringe und die Plinthe der weiblichen Statue passen genau in diese Einlassung. Die ursprüngliche Basis der weiblichen Statue war damit wiedergefunden. Setzt man die Statue mit dem Bleiverguss wieder in die Einlassung ein (Abb. 17 a–b), dann fällt auf, dass die Plinthe annähernd 5 Zentimeter aus der erhaltenen Basisoberfläche heraussteht, was unüblich ist. Offenbar hatte man den Rand der Basis an ihrer Oberfläche abgearbeitet. Dies muss geschehen sein, um die Statue aus ihrer vergossenen Einlassung zu entfernen. Für uns heißt dies: Die weibliche Statue wurde sorgfältig aus ihrer Verankerung in der Basis herausgearbeitet, um sie zu vergraben, und nicht brutal umgestoßen. Doch lag die Basis nicht in der Grube, in der man die Statue deponiert hat; sie ist auch nicht erst später aus der Grube entfernt worden, denn diese zeigte sich bei der Ausgrabung ungestört – folglich ist die Basis in der Antike nicht mit vergraben worden. Entweder verblieb sie an ihrem Aufstellungsort in der Nekropole oder sie wurde zu anderen Zwecken verwendet.

Zerstörte Inschrift

Die Basis trägt an ihrer Vorderseite eine griechische Inschrift (Abb. 18), deren Zustand auffällig ist: Man kann sie nur sehr schwer lesen, weil jemand mit Meißelhieben versucht hat, die Buchstaben zu zerstören. Immerhin lässt sich noch erkennen, dass die dort genannte Verstorbene Phrasikleia hieß – doch zu der Inschrift später noch ausführlich.

Eine Basis, die zu der männlichen Figur gehörte, lässt sich bisher nicht sicher identifizieren. Doch fehlten der Figur die Füße mit der Plinthe, die in der Basis verankert waren, während der zugehörige Bleiverguss mit vergraben wurde. Brüche oberhalb der Füße entstehen bei Marmorstatuen gerade dann, wenn man sie mit Gewalt umstößt: Dann brechen sie an der dünnsten und fragilsten Stelle, oberhalb der Knöchel. Sollte dies auch hier geschehen sein, hätte man die männliche Statue gewaltsam zerstört, bevor sie vergraben wurde. Wir wissen nicht mehr, warum man ihre Plinthe und Füße nicht in der Grube deponierte, den Bleiverguss aber dazulegte.

Datierung

Wann die Statuen hergestellt und vergraben wurden, ist nur durch den archäologischen Kontext und den Stil der Skulptu-

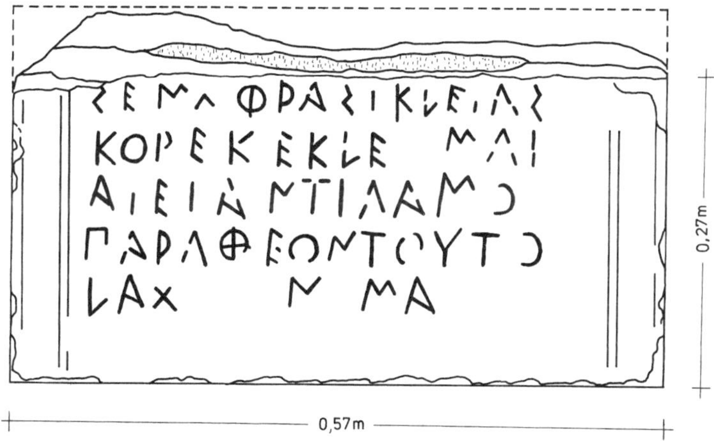

Abb. 18: Athen, Archäologisches Nationalmuseum Inv.-Nr. 4889: Basis der Grabkore der Phraskleia (IG I^3 1261). Umzeichnung

ren erschließbar. Indizien für den Zeitpunkt der Deponierung könnten Beifunde aus der Grube liefern, doch kennen wir nur Keramik aus einer benachbarten Grube, von der wir allerdings nicht wissen, ob und in welchem Zusammenhang sie eventuell mit der Niederlegung der Statuen steht. Sie gehört in die Zeit um 480/60 v. Chr. Die Basis der Frauenstatue trägt auf ihrer linken Nebenseite eine antike Bildhauersignatur: Aristion von Paros hat sie, so steht dort zu lesen, hergestellt. Er fertigte in Attika weitere Statuen an, die in die Jahrzehnte um die Mitte des 6. Jahrhunderts v. Chr. gehören. Genauere Angaben zur Datierung kann man nur aus Zeit- und Werkstattstil in relativchronologischen Reihen von typologisch ähnlichen weiblichen und männlichen Statuen aus Athen und Attika gewinnen. Für die männliche Statue führt dies zu einem Datum um 540 – zeitlich nicht weit von der bekannten attischen Grabstatue des Kroisos aus Anavyssos entfernt. Die Frauenfigur ist zeitstilistisch nach der sogenannten Berliner Göttin entstanden, die als attische Grabstatue in die Zeit um 560 gehört. Andererseits erreicht die Phrasikleia noch nicht die Stilstufe der Korenstatuen von der Athener Akropolis, wie man sie etwa seit 540 aufgestellt hat und die differenzierter, bewegter, körperbetonter dargestellt sind. Ein Datum um 550/40 ist damit angezeigt. Derzeit herrscht aus diesen Gründen die Meinung vor, dass die Frauenfigur etwas früher entstanden ist als die

Bildhauersignatur

Zeitstil

männliche Statue, beide also vermutlich eher nicht gleichzeitig und zusammen aufgestellt wurden.

Objektbiographie

Halten wir fest, was uns Fundkontext, Erhaltungszustand und Datierung zu erschließen erlauben: Die beiden marmornen Statuen wurden gegen 550/40 bzw. 540 an zwei Gräbern in einer der Nekropolen des antiken Myrrhinous aufgestellt. Später hat man die Statue des jungen Mannes mit Gewalt von ihrer Basis gestoßen; dabei brach sie an den Fußknöcheln. Die der Frau wurde nur leicht zerstört, aber man meißelte die Inschrift ihrer Basis aus, wohl um ihren Namen und damit die Erinnerung an sie zu tilgen. Die Zerstörungen können nicht stattgefunden haben, weil man das Material gebraucht hat, da man weder das wertvolle Metall des Bleivergusses noch die Statuen selbst entwendete. Anschließend wurde die Statue der Frau sorgfältig aus ihrer Basis entfernt und zusammen mit der Männerstatue und ihren abgebrochenen Teilen, soweit sie noch verfügbar waren, vergraben. Dies war sicherlich das Werk von Familienangehörigen der Bestatteten, die für den Grabkult zuständig waren. Die Bestattung der Grabfiguren erfolgte in der Nekropole, in der sie einmal standen. Solche sorgfältigen Deponierungen fanden statt, wenn man Statuen bei Gefahr schützen wollte, um sie später wieder auszugraben und neu aufzustellen. Zu einer Bergung der vergrabenen Bildwerke ist es dann aber nicht mehr gekommen.

Ikonographie und Farbfassung: die Semantik des Kuros

Beschreibung

Welche Informationen liefert uns die Ikonographie der Statuen? Die Statue des Mannes (Abb. 16 a–b) aus weißem Marmor von der Insel Paros zeigt eine erhaltene Höhe von 1,89 Meter. Rechnet man fehlende Knöchel und Füße hinzu, kommt man auf eine Größe von etwa 2 Meter. Die Statue war also leicht überlebensgroß. Der nackte Mann steht frontal vor uns; auch der Kopf ist frontal gehalten. Sein linkes Bein stellt er leicht nach vorne, das rechte ist leicht zurückgesetzt. Die Arme liegen kaum angewinkelt am Körper, die Hände (nur eine ist erhalten) sind locker zu Fäusten geballt. Wir kennen diese Darstellungsform von Männern in großer Zahl aus Athen und von anderen Orten und nennen sie Kuros:

Kuros

Immer sind die Statuen mit vorgestelltem linken Bein gezeigt, immer frontal, immer liegen die Arme mehr oder minder am Körper an. Der Kuros ist die normative Leitform der Darstellung von Männern im Griechenland über mehr als 100 Jahre bis an die Wende zum 5. Jahrhundert. Der Kopf des Kuros zeichnet sich durch lange, auf den Rücken fallende Haare aus, das Gesicht durch den Schein eines Lächelns auf den Lippen. Dies nennen wir ‹archaisches Lächeln›, weil es typisch für die archaische Epoche ist. Im frühesten 5. Jahrhundert verschwindet diese Kennzeichnung – ebenso wie der Kuros – aus der antiken Bilderwelt.

‹Archaisches Lächeln›

An verschiedenen Stellen der Statue sind farbige Spuren auf der gelblich weißen Marmoroberfläche feststellbar. Die Farben wurden aus mineralischen Pigmenten gemischt und mit Ei oder Öl verdünnt, um sie aufzutragen (Temperamalerei). Die Farbgebung konnte durch einen heiß aufgetragenen Wachsüberzug verstärkt und so die Oberfläche zum Glänzen gebracht und zugleich geschützt werden. Dieses Verfahren nannte man in der Antike Ganosis (Plinius, *Naturalis historia* 33, 122; Vitruv, *De architectura* 7, 9, 3; [Plutarch], *Moralia* 287D). Trug man die Farben indes gleich erhitzt mit dem Wachs vermischt auf, so sprechen wir von Enkaustik (griech. *enkauein* = einbrennen). Beim Kuros aus Myrrhinous lassen Farbpigmente an Armen und Körper erkennen, dass die nackten Körperteile bräunlich gelb gefasst waren. Farblich abgesetzt waren auch das Schamhaar (lat. *pubes*) und die Brustwarzen des Kuros, die zudem von feinen Punktlinien umzogen sind. Meißelarbeit und Malerei greifen also ineinander. Das gilt auch für den Halsbereich, wo eine feine Ritzlinie anzeigt, dass der Mann einen Halsschmuck trug – dessen übrige Teile vermutlich gemalt waren und heute nicht mehr erhalten sind. Nikolaos Kaltsas, der den Fund wissenschaftlich bearbeitet hat, beschreibt schließlich, dass auf der Oberfläche des Kuros Spuren von farbig abgesetzten Bändern erkennbar seien: hinten von der rechten Schulter bis zur linken Hand, von der linken Schulter zum Brustbein und auf den Glutäen (Gesäßmuskeln). In der fotografischen Dokumentation der Statue ist dies nicht erkennbar. Das Kopfhaar weist rote Farbspuren auf. Es ist plastisch durch Bänder gegliedert, besitzt aber in seiner Meißelarbeit ganz unterschiedliche Oberflächen: Im Nacken besteht es aus konkaven, in Registern angeordneten Segmenten. Das Haarband scheint in der Mitte ornamental gestaltet, dort wo ein Verschluss gesessen haben könnte, der es zusammenhält. Oberhalb des Haarbandes ist dasselbe Haar anders, und zwar in

Bemalungstechniken

Haardarstellung

parallelen Wellenlinien dargestellt. Außerdem ist das Haar dort, wo es die Stirn berührt, zu Voluten eingerollt. Dies alles ist für Haar, das in der Realität in Strähnen herabfällt, seltsam. Der Bildhauer hat offenbar nicht das Aussehen realen Haares ins Bild setzen wollen, sondern Haarsegmente gezielt unterschiedlich gekennzeichnet. Vom Haupthaar setzt sich zudem noch eine Art breites Band ab, das ins Stirnhaar gelegt ist und auf dem ein schmales Band mit angesetzten, nach oben weisenden Flammen zu sitzen scheint. Dass das Ohr bis auf das flache Ohrläppchen gegenüber diesen Schmuckformen recht naturalistisch wirkt, befremdet uns geradezu: Der Bildhauer *konnte* also Oberflächen auch naturalistisch zeigen, *tat* dies aber an bestimmten Stellen nicht. Ornamentierung und physisch-realistische Formen lassen sich nicht deutlich voneinander trennen und werden kombiniert. In der Gestaltung des Kuros wirkten zudem Meißelarbeit und Farbfassung eng zusammen.

Semantik

Versuchen wir auf dieser Grundlage eine Interpretation: Der Kuros-Typus war eine relativ konventionelle Darstellungsform für die Statuen junger Männer an einem Grab. Doch so konventionell sie auch war, glich doch der Kuros auch Götterstatuen aus dieser Epoche, die ähnlich aussahen, und darüber hinaus auch Figuren, die als Weihgeschenke in Heiligtümern standen: Der Darstellungstypus war mithin multifunktional; er erlaubt es äußerlich nicht, zwischen Götter-, Heroen- und Menschendarstellungen zu differenzieren. Am Grab aber ist seine Benennung unzweifelhaft. Was seine ikonographischen Kennzeichnungen betrifft, so fällt auf, dass Kuroi bis zum Ende des 6. Jahrhunderts fast durchgängig mit langem, auf den Rücken fallenden Haar dargestellt wurden. «Langhaarige Achaier», so nennt Homer typischerweise seine griechischen Protagonisten, die herausragenden Kämpfer vor Troja. Durch das lange Haar wurde also auch im Falle der Kuroi – wie früher bei den geometrischen Bildern mit anderen Bildformeln – ein Bezug zu den homerischen Heroen hergestellt. Langes Haar war im 6. Jahrhundert ein Kennzeichen von Aristokraten, also Männern der führenden Familien in den griechischen Poleis, die es sich leisten konnte, aufwändige Marmorstatuen aufzustellen. Die Kuroi waren mithin Repräsentationsmittel der Aristokratie, die sowohl einen Bezug zu den homerischen Heroen als auch zu den Göttern visuell unterstrichen. Sie nobilitierten die Dargestellten und zeigten

Multifunktionalität

«Langhaarige Achaier»

ihren sozial herausgehobenen Status – im Falle einer Grabstatue natürlich in aller Öffentlichkeit.

Nacktheit

Ein weiteres Distinktionsmerkmal der Kuroi war die Nacktheit. Sie betonte die körperliche Leistungsfähigkeit und die durchtrainierte Verfassung des einsatzbereiten Körpers; darauf verweisen auch die zur Faust geballten Hände. Nacktheit war hier aber weder abstrakt heroisch gemeint – eine sogenannte ideale oder heroische Nacktheit existierte im 6. Jahrhundert noch nicht –, noch beschwor sie konkret das Bild eines Athleten. Tatsächlich betrieb man Sport im archaischen Griechenland nackt. Dass unser Kuros aber ein Halsband trägt, steht einer ausschließlichen Deutung des Mannes als eines Athleten entgegen, denn kein Athlet betrieb Sport nur mit einem Halsband bekleidet. Der Halsschmuck ist vielmehr ein Zeichen von Reichtum und prachtvoller Erscheinung. Auch das lang herabfallende und nicht hochgebundene Haar wäre beim Sport hinderlich gewesen. Andererseits zeigen uns die oben genannten Farbreste, dass unser Kuros von Stoffbinden umwickelt war. Diese Praxis kennen wir aus der Athletik: *tainiosis* (griech. *tainia* = Stoffbinde) nennt man die Schmückung des siegreichen Sportlers mit solchen Binden. In Bildern wurde häufig gezeigt, dass Siegern athletischer Wettkämpfe Tänien von der Siegesgöttin Nike selbst überreicht wurden, bisweilen auch von bürgerlichen älteren Männern – vielleicht Schiedsrichtern. Der Verstorbene ist durch die Tänien also als immerwährender Sieger dargestellt.

Athletenbinden: *tainiosis*

‹Archaisches Lächeln›

Schließlich ist auch mit dem ‹archaischen Lächeln› eine Semantik verbunden, so konventionell es im 6. Jahrhundert auch war. Da sich diese Mundhaltung auch bei verwundeten Figuren findet, liegt es nahe, darin keine situationsbezogene Mimik wirklichen Lachens zu erkennen. Vielmehr bringt sie Bewegung in das ansonsten starre Gesicht, zeigt – wie auch das vorgestellte Bein – Bewegungspotenz und hier mimische Lebendigkeit an. Dass sich – wie wir wissen – manche Aristokraten als *geleontes*, als die ‹Lachenden› und damit wohl ‹Glänzend-Schönen› bezeichneten (Herodot 5, 66), erlaubt den Schluss, dass der Bildformel auch eine sozial auszeichnende Semantik innewohnte: Sie verstärkte den ‹Glanz› des Gesichtes.

Die ikonographischen Formeln fügen sich also in der Statue als ein System symbolischer Verweise zusammen. Sie dokumentieren nicht die physische oder biologische Realität; das Bildwerk zeigt den Verstorbenen nicht in seiner lebensweltlich-realen äußeren Erscheinung. Die Statue vereint vielmehr rühmende, lobende Aussagen über den Dargestellten, als dessen Erinnerungsmal sie diente: Ein junger Mann gleich einem homerischen Helden, körperlich trainiert, handlungsbereit und handlungsmächtig, sieghaft wie ein erfolgreicher Athlet, ausgezeichnet aber auch als reicher, glänzend-schöner Aristokrat. So sollte man des jungen Verstorbenen an seinem Grab gedenken.

Ikonographie und Farbfassung: die Semantik der Kore

Beschreibung

Auch die Statue der Phrasikleia (Abb. 17 a–b) besteht aus parischem Marmor; ohne Plinthe ist sie 1,71 Meter hoch, also lebensgroß und etwas kleiner als der Kuros – auch dies spricht gegen eine gemeinsame Aufstellung beider Figuren. Das Mädchen steht frontal und mit eng nebeneinander gestellten Füßen vor uns und trägt einen fußlangen Chiton, der gegürtet ist. Solche frontal stehenden, bekleideten weiblichen Figuren, nennen wir Koren; sie stellen die weibliche Leitform der Skulptur des 6. Jahrhunderts dar. Die Kore ordnet sich wie der Kuros einem allgemeinen Darstellungsideal unter, obwohl sie hier eine konkrete, individuelle Verstorbene wiedergibt.

Kore

Schmuck und Haardarstellung

Die Grundform der Kore ist mit Attributen angereichert. An den Füßen trägt sie Sandalen, die an den Zehen sichtbar werden. Mit der rechten Hand, die herabhängt, greift sie in den Chiton, in der linken Hand hält sie eine Knospe vor ihrer Brust. An beiden Handgelenken trägt sie Armreifen, am Hals eine Kette und an den Ohren Ohrringe – sie ist also reich geschmückt. Auf dem Kopf liegt ein Kranz aus offenen Blüten und Knospen, die derjenigen in der Hand entsprechen. Der Kranz gleicht Lotus-Knospen-Blüten-Bändern, wie sie aus der zeitgleichen Malerei auf Tongefäßen bekannt sind. Phrasikleias Haar fällt lang auf den Rücken, in je drei Strähnen rechts und links aber auch auf die Brust nach vorne. Wie beim Kuros hält ein Band das Nackenhaar zusammen. Oberhalb des Bandes ist das Haar wellig, unterhalb perlig gestaltet. Das Stirnhaar hingegen verläuft von einem Mittelscheitel in Wellen zu den Seiten. Das Gesicht zeichnet sich durch das ‹archaische Lächeln› und mandelförmige Augen aus. Die Pupillen sind mit einem Zirkel um einen im Zentrum der Iris liegenden Punkt geritzt.

Bemalungsspuren

Die beschriebenen plastischen Formen sind durch vielfältige Dekorelemente ergänzt, vor allem auf dem Gewand: Am Arm sind die Stoffnaht und die Gewandborten mit großer Sorgfalt voneinander abgesetzt. Auf dem Gewand finden sich weitere Dekorstreifen, aber auch verstreute Einzelmotive, vor allem Sterne, Rosetten und Swastika-Motive. Es entsteht der Eindruck großer Dekorationsfreude. Die Dekoration wurde durch eine polychrome Bemalung ergänzt, von der Spuren erhalten sind. Schon mit bloßem Auge ist erkennbar, dass das Gewand rötlich war; der Gürtel, ein in der Mitte zwischen den Beinen verlaufender Streifen und der untere Saum des Chitons scheinen von diesem Rot ausgenommen, ebenso die über das Gewand verstreuten kleinen Dekorationsmotive.

Analysemethoden

Will man mehr über die zerstörte Bemalung erfahren, so kann man zunächst die Verwitterung der Oberfläche genau ansehen, indem man den Stein in flach von der Seite einfallendem Licht betrachtet (Streiflicht). Dann zeichnet sich jede noch so kleine Erhebung ab. Wo früher einmal Farbe dicker aufgetragen war, ist die Steinoberfläche weniger verwittert, weil sie durch die Farbe geschützt war: Sie erscheint erhaben. So kann man im Streiflicht ehemals bemalte von unbemalten oder weniger stark von Farbe überzogenen Partien unterscheiden. Ein zweiter Effekt ist, dass eine frisch bearbeitete Marmoroberfläche im ultravioletten Licht heller strahlt als eine, die schon länger offen lag; länger und stärker geschützte Flächen, die unter dichterer Farbe gelegen haben, erscheinen folglich heller als weniger geschützte (UV-VIS-Analyse). Verfeinert werden kann die Analyse, indem man die Rückstrahlung, d. h. die Fluoreszenz, von Oberflächenpartien ermittelt (XRF-Analyse). Sie hängt vom Charakter, d. h. der mineralischen Substanz und damit der Farbe ab, die selbst die winzigsten noch erhaltenen Farbpigmente erkennen lassen, wenn man sie Röntgenstrahlen aussetzt. Schließlich können Farbwerte auch durch (raster-)mikroskopische Untersuchungen der Oberfläche ermittelt werden, um die Farbpigmente selbst zu erkennen, die sich dort erhalten haben.

Antike Farbigkeit

Erst im Zusammenwirken aller dieser Analysemethoden lässt sich die antike Farbigkeit der Statue rekonstruieren. Dies ist im Falle der Phrasikleia erst nach und nach geschehen, und vor allem hat es noch nicht zu unwidersprochenen Ergebnissen geführt. So wird weiter diskutiert, wie stark und dick jeweils der

Farbauftrag war und welche Farbwerte genau erreicht wurden. Klar aber scheint nun, dass die Haut der Kore aufgemalt war und nicht marmorfarben belassen wurde; doch umstritten ist, ob die Haut eher hell oder dunkel-glänzend wirkte. Die Lippen waren sicher rot, die Pupillen dunkelbraun gefasst. Das Haar war dunkel gehalten. Der Mäander der Gewandborte ist hell zu ergänzen, das Gewand rötlich mit farblich abgesetzten Füllornamenten. An der Korenstatue glaubte man auch Reste von Zinn- und Goldfolien entdeckt zu haben, so in den Rosetten an der Gewandoberfläche und als Rand des Mäanderstreifens. Doch wurde dieser Befund nun aufgrund anderer naturwissenschaftlicher Untersuchungen infrage gestellt. Insgesamt zeigen die aktuellen Debatten, dass die naturwissenschaftliche Methodik in diesem Punkt (noch) nicht zu abschließenden Ergebnissen führt, die die jeweils erreichten Farbwerte zuverlässig zu rekonstruieren erlauben.

Für die Wirkung im Ganzen ist aber, wie andere Farbbefunde zeigen, eine eher klare Farbigkeit ohne Pastelltöne charakteristisch. Es fehlt jeder Illusionismus, den man beispielsweise hätte erreichen können, indem man Verschattungen aufgemalt hätte. Dies kontrastiert aber durchaus mit Partien, die farblich relativ naturalistisch erscheinen, wie der Haut. Zudem wird durch abgesetzte Ornamente die Pracht des Gewandes anschaulich gemacht. Die Wirkung der Statue beruht also auf einer Mischung aus naturalistisch-verlebendigenden mit künstlich erscheinenden sowie aus kleinteiligen mit großflächig-starken Farbpartien. Wir müssen uns Skulpturen des 6. Jahrhunderts in der Regel ähnlich bemalt vorstellen. Erst im 4. Jahrhundert v. Chr. werden die Farben stärker gemischt, dezenter und pastoser aufgetragen – doch ist dies noch weit weniger erforscht als die archaische Polychromie.

Semantik

Wir gewinnen aber durch die Rekonstruktion der Polychromie nicht nur die farbliche Wirkung der Statue zurück, wir können auch erkennen, dass bei der Kore wiederum die Farbigkeit ebenso wie die plastische Gestaltung die Aussage, die Zeichenhaftigkeit (Semantik) der Statue ergänzt. Die Fülle der Dekormotive auf dem Gewand evoziert den Reichtum des Stoffes. Die Verteilung der Ornamente scheint aber nicht zufällig zu sein. Nur auf der Rückseite erscheinen Sterne als Ornamente; sie sind von vorne nicht sichtbar. Was dies zu bedeuten hat, ist nicht zu sagen. Die

Enden der Haarsträhnen am Rücken sind birnenförmig gestaltet – dies ist dieselbe Form, die die Ohrringe als konkreter Schmuck aufweisen; es ist aber auch die umgekehrte Form der schönen Knospe in der Hand und am Haarschmuck auf dem Kopf. Offenbar ist so angedeutet, dass auch das Haar zum prächtigen Schmuck der Phrasikleia gehört – denn naturalistisch ist die Haargestaltung an dieser Stelle nicht zu verstehen.

Helle Haut

Die Ikonographie der Kore lässt sich am besten bewerten, wenn wir die Bildmotive vergleichen mit anderen Bildern und mit den Aussagen über Frauen und ihr Erscheinungsbild, die in literarischen Zeugnissen erwähnt werden. Die helle Haut ist ein Kennzeichen von Frauen in der zeitgleichen Vasenmalerei und entspricht schon dem homerischen weiblichen Ideal (*Ilias* 1, 55; 195; *Odyssee* 23, 240). Dies ist gemeint, sollte es bei Phrasikleia richtig rekonstruiert sein. «Glänzende Gewänder» machen Aphrodite begehrenswert (*Homerischer Hymnus an Aphrodite* 85). Der Archäologe Lambert Schneider konnte zeigen, dass das Halten einer Blüte vor der Brust ein Zeichen von Schönheit ist und vielleicht auch Wohlgeruch symbolisiert. Die ‹Blüte der Jugend› ist zudem eine stehende Metapher in der archaischen Dichtung (*Homerischer Hymnus an Demeter* 108); Blumen und ihr Duft sind aber auch Sinnbilder der Lebensfreude (ebenda 417–428) – und stehen im Gegensatz zum Tod, den der Gott Hades verkörpert, was bei der früh verstorbenen Phrasikleia eine weitere Deutungsmöglichkeit eröffnet. Die Grazien, die Göttinnen der Anmut, schauen, so schrieb die archaische Dichterin Sappho, auf alles Blumengeschmückte (Athenaios 674C): Blumen sind also ebenfalls mit weiblicher Anmut verbunden. Als Geste fällt der Griff Phrasikleias in ihr Gewand auf, der bei vielen Korenstatuen vorkommt. Schneider verband dies mit einer realen Praxis: mit dem grazilen Schreiten in der Öffentlichkeit, also mit dem standesgemäßen Auftreten junger Aristokratinnen. Die Geste gehört auch zum Tanz, der eine der wichtigen Tätigkeiten junger Frauen vor allem im kultischen Kontext war – doch fehlt der Phrasikleia jede Fußbewegung, was gegen eine situative und für eine attributive Deutung spricht. Der reiche Schmuck der Kore hingegen weist auf die mit ihrer Anmut verbundene Pracht. Doch ist der aufwändige Kopfschmuck bei Korenstatuen etwas Ungewöhnliches; ein Polos, eine zylinderartige Kopfbedeckung, ist auch der sogenannten Berliner Göttin eigen, bei der es sich gleichfalls um

Schönheit

Jugend und Anmut

Griff ins Gewand

Polos

eine Grabstatue handelt. Solche Kopfbedeckungen sind aber eher für Gottheiten üblich – etwa für Demeter, die Göttin der Fruchtbarkeit, aber auch für Aphrodite. Vielleicht wurden die jung verstorbenen Frauen so bildlich an Göttinnen angeglichen, um ihren erhabenen Status anzuzeigen, den auch die Inschrift der Phrasikleia andeutet. Jedenfalls betonte auch der Kopfputz den festlichen Charakter der Erscheinung. Somit ergibt sich ein klar konturiertes Bild der Phrasikleia, das dem weit verbreiteten Frauenbild des 6. Jahrhunderts folgte: Aristokratische Pracht – die sich besonders in Schmuck und Gewand ausdrückte –, Anmut und Grazie der Gesten und Mimik waren die Ideale, die in der Statue zum Ausdruck kamen; Wirkungsvielfalt und Wahrnehmungsfülle trug die Figur demonstrativ zur Schau.

Statue, Inschrift, Medialität

Inschrift

Um die Statuen zu erklären, liefert neben der Ikonographie die Inschrift auf der Vorderseite der Basis der Frauenfigur wichtige Informationen (IG I³ 1261; Abb. 18): «Grabmal (*sema*) der Phrasikleia. Mädchen (*kore*) soll ich immer gerufen werden, anstatt der Heirat habe ich von den Göttern diesen Namen erlost bekommen.» Das dargestellte Mädchen hieß also Phrasikleia, die Statue war ihr Grabmal. Sie verstarb, so erfahren wir, unverheiratet und hat deshalb den Namen *Kore* erhalten. Dies lässt sich als ‹Mädchen› übersetzen. Aus diesem Zusammenhang hat sich für statuarische Darstellungen junger Mädchen des 7. und 6. Jahrhunderts v. Chr., die wie Phrasikleia frontal und bekleidet vor uns stehen, in der Klassischen Archäologie die Bezeichnung ‹Kore› entwickelt; noch in Bauabrechnungen des 5. Jahrhunderts v. Chr. werden Statuen junger Mädchen so bezeichnet. Der Begriff ‹Kuros› (‹junger Mann›) hat sich als Pendant dazu heute für männliche, nackte, stehende Figuren der archaischen Epoche etabliert, auch wenn es keinen Hinweis gibt, dass männliche Statuen schon in der Antike so bezeichnet wurden.

Kore

Bezug zum Göttlichen

Kore ist aber nicht nur ein neutraler Begriff, es ist in der antiken Mythologie auch ein Rufname der Persephone. Kore/Persephone war die Tochter der Demeter, der Göttin des Getreides und der Fruchtbarkeit. Kore/Persephone verstarb jung und musste einen Teil des Jahres in der Unterwelt verbringen. Die tiefe Trauer ihrer Mutter war sprichwörtlich und wurde im Kult des Heiligtums von Eleusis bei Athen bleibend erinnert. Der Namen Kore erinnert mithin auch an die Trauer um die allzu jung und offenbar vor den Eltern verstorbene Phrasikleia. Sie erhielt diesen Namen zudem, so sagt der Text, gleichsam als Ersatz für die noch nicht vollzogene Heirat. Und diesen Ersatz gewährten dem Mädchen die Götter selbst, und zwar «für immer» (*aei*), auch über den Tod hinaus. Sie erhielt ihn ähnlich der Göttin, deren Namen sie damit trug, ohne mit ihr identisch zu sein. Die Inschrift zeigt uns demnach, dass die zu jung Verstorbene besonders betrauert wurde. Sie hatte die Heirat als wichtiges Lebensziel eines Mädchens in der damaligen Gesellschaft nicht erreicht; dafür aber hatten sich ihr die Götter umso mehr zugewandt, und zwar über ihren Tod hinaus. Dennoch wurde sie nicht mit Göttern gleichgestellt oder in die Welt der Götter entrückt. Der Text zeigt uns vielmehr ein vielschichtiges Verhältnis zum Göttlichen und zum Tod, das sich von heutigen Vorstellungen unterscheidet.

Sprechende Statue

Die Inschrift erlaubt noch weitere Schlüsse: Der Text ist so formuliert, dass die Statue selbst zu sprechen scheint. Auch die Signatur des Bildhauers Aristion ist in dieser Weise verfasst. Damit erhält die marmorne Figur Lebendigkeit, wird zum sprechenden Stein, zu Phrasikleia selbst. Zugleich wird die Statue aber als *sema*, als Zeichen betitelt, ein Begriff, der für Grabmäler, die der Erinnerung an die Verstorbenen dienten, schon seit Homer verwendet wurde. Die Inschrift zeigt uns also, dass das Verhältnis archaischer Statuen zur Wirklichkeit vielschichtig war: Die Statue war als Sema das Bild einer Person, sie verkörperte diese aber auch, indem sie sprach – so wie die Verstorbene nicht einfach erinnert, sondern zugleich von den Göttern «für immer» mit einem Ehrennamen gerufen wurde. Durch Inschrift und Bild blieb Phrasikleia für die Überlebenden lebendig und wurde zugleich eine Vertraute der Götter.

sema und *kleos*

Neben dem Textinhalt sind ferner Form und Sprache der Inschrift bezeichnend. *Sema*, der Begriff für das Grabmal, steht betont am Beginn, *onoma*, das griechische Wort für ‹Name›, ganz am Ende des Epigramms. Um Namen geht es ja auch inhaltlich, denn als Kore soll das Mädchen nun benannt sein, Phrasikleia aber ist ihr ursprünglicher Name, was übersetzt so viel bedeutet wie ‹Die die Aufmerksamkeit auf den Ruhm (*kleos*) lenkt›. Dieser Name verweist also etymologisch auf ihren guten Ruf, ihren Ruhm. *Kleos* ist das prestigeträchtige Wort dafür schon bei

Homer, wo Achilleus durch seinen *kleos* weiterlebt (*Ilias* 9, 413). Mit *kleos* verbunden ist das griechische Verb *kelomai* (‹rufen›). Ruhm, das liegt dieser Etymologie zugrunde, entsteht, indem über eine Person berichtet und etwas ausgerufen wird. In der Inschrift wird durch den Namen Phrasikleia auf diesen Zusammenhang verwiesen, aber auch durch das folgende *keklesomai* («ich werde gerufen werden»). Gerufen wird das Mädchen hier auch konkret: durch die Götter «für immer» (*aei*). Das Grabepigramm arbeitet also sprachlich den Zusammenhang zwischen Erinnerung und Ruhm, zwischen Namen und Ruf der Phrasikleia heraus.

Für immer, als bleibend-rühmender und beständiger bildlicher ‹Ruf› des Mädchens wurde aber auch die marmore Statue an ihrem Grab (*sema*) errichtet, die ja lange stehen bleiben sollte; sie konnte, so können wir folgern, dem Ruhm der Phrasikleia Dauerhaftigkeit geben – was freilich im konkreten Falle an der Zerstörung scheiterte. Inschrift und Statue betonen also gemeinsam auf poetische Weise den Ruhm der Dargestellten: Phrasikleia wurde an ihrem Grabmal über ihren Tod hinaus angerufen, indem man die Inschrift las, und bildlich gezeigt, indem man die Statue sah – und wurde insofern «für immer» erinnert. Die Grabstatue war Garant und Medium der rühmenden Erinnerung an die zu jung Verstorbene.

Bild und Text

Versucht man die Inschrift und die Statue indes direkt aufeinander zu beziehen, so gelingt dies nur ansatzweise. Die hohe Belebtheit und Pracht, die die Statue als polychrome Skulptur besaß, betonen die Lebendigkeit, die durch die Ich-Sprache der Inschrift hervorgehoben wird. Das Epigramm sagt, dass sich Phrasikleia nun Kore nennen darf. Insofern wird sie der Göttin Persephone/Kore angenähert, ohne ihr gleich zu werden. In eine ähnliche Richtung weist der Kranz im Haar, der einem göttlichen Polos ähnelt: Keine Gleichsetzung mit einer Göttin, wohl aber eine Verbindung zu ihr. Konkretere Bezüge zwischen textlichen und bildlichen Inhalten lassen sich kaum ausmachen. Will man die geschlossene Knospe in Phrasikleias Hand mit der nichtvollzogenen Heirat, die Blüten in ihrem Kranz aber mit der erfolgten Ehrung durch die Götter verbinden, so kann man sich dafür nicht auf ikonographische oder text-bildliche Parallelen berufen. Auch hat man das Gewand der Phrasikleia als Hochzeitsgewand bezeichnet, doch kennt man ein solches spezielles

Hochzeitgewand – so vertraut uns dies heute ist – aus dem 6. Jahrhundert v. Chr. nicht.

Grabinschrift und Grabstatue lassen sich mithin zwar als Zeichen des bleibenden Nachruhms der Verstorbenen verstehen, identische Aussagen sind ihnen aber nicht eigen. Wollte man versuchen, allzu rasch die Semantiken von Epigramm und Statuen in eins zu setzen, brächte uns das nicht weiter. Nicht ohne Grund besitzt das Grabmal ja zwei mediale Komponenten: Bild und Text. Beide sind vor allem unabhängig voneinander zu lesen und komplementär zu verstehen – nicht als wechselseitige Illustrationen derselben Inhalte. Zunächst hat die separate Analyse, anschließend dann der vorsichtige Versuch zu erfolgen, sie zueinander in Beziehung zu setzen; so ergänzen sich Klassische Philologie der Texte und Klassische Archäologie der Bilder in produktiver Weise.

Ikonologie

Repräsentation

Nehmen wir abschließend erneut Kuros und Kore zusammen in ihrer Entstehungszeit in den Blick, dann eröffnen sich ikonologische Interpretationen. Die beiden Statuen sind als Repräsentationsbilder aristokratischer Familien (Oikoi) Attikas zu verstehen, können uns also Auskunft geben über deren Vorstellungswelt im mittleren 6. Jahrhundert v. Chr. Sie vermitteln uns einerseits rühmende Aussagen über konkrete Individuen; andererseits folgen sie offenbar grundsätzlichen Vorstellungen und Idealen. Es handelt sich ja ikonographisch und typologisch nicht um individualisierte Ausnahmewerke, sondern – in Form von Kuros und Kore – um Leitbilder des aristokratischen Männer- und Frauenbildes des 7. und 6. Jahrhunderts, obwohl mit ihnen Individuen gemeint waren. Die beiden Statuen bestätigen damit zunächst eine Orientierung der Auftraggeber solcher Werke an Idealen, die der Aristokratie Athens in dieser Epoche gemeinsam waren. Im Rahmen dieser gemeinsamen Ideale zeigen sie uns beispielsweise, dass damals eine deutliche Geschlechterdifferenz die Grabrepräsentation prägte. Auf der einen Seite stehen körperbetonte, nackte Männer in der Schrittstellung, die Bewegungspotenz andeutet, und mit leicht angespannten Armen, die ebenfalls auf Kraft als Qualität weisen. Nacktheit verbindet sie mit Athletik und hebt den trainierten Körper hervor. Demgegenüber finden

Aristokratische Ideale

Gender

sich ruhig stehende Frauen, die sich vor allem durch Gewandpracht und Schmuck, Anmut und Reichtum auszeichnen; weibliche Aktivität ist nicht in Szene gesetzt, auch nicht der weibliche Körper. Frauen verkörpern in diesen Bildern Ruhe und Pracht, Männer Körperlichkeit und Bewegungspotenz – und gegen 540/30 konnte man dies in derselben Nekropole nicht weit voneinander entfernt auch wahrnehmen.

Konkurrenz

Zugleich lässt sich feststellen, dass beide Statuen in bestimmten Zügen über die Erfüllung der normativen Ideale hinausgingen: durch die gestalterische Pracht beispielsweise am Gewand oder im Schmuck der Frau oder durch die Tänien als Siegerschmuck beim Kuros. Auch die Signatur des berühmten Pariers Aristion war sicherlich ein auszeichnendes Signum. Offenbar sollten die Statuen bei aller Erfüllung gemeinsamer aristokratischer Normen auch die Bildwerke anderer Auftraggeber übertreffen. Die Gesellschaft, die sie hervorgebracht hat, war geprägt vom Konkurrenzgedanken, und dieses agonale Denken endete nicht vor den Nekropolen, sondern fand dort seinen Ausdruck selbst noch im Wettstreit der Grabstatuen.

Nachruhm

Die Ikonographie beider Figuren und die Inschrift der Grabstatue der Phrasikleia zeigen uns zudem das große Interesse der finanzkräftigen Elite des 6. Jahrhunderts v. Chr., in dieser Konkurrenz für sich und ihre Familien dauerhaften Nachruhm zu erlangen, lebendig zu bleiben in der Erinnerung. Das, was wir gerne ‹Repräsentation› nennen, war damals als das sprachliche und visuelle Wachhalten der Erinnerung in Form von *semata* gedacht. Es handelt sich dabei zwar um Selbstdarstellungen der Oikoi – in unserem Falle der engsten Angehörigen der jung Verstorbenen –, doch erschöpften sich die archaischen Grabstatuen weder darin noch in ihrem bildlichen Aufruf, der Verstorbenen zu gedenken und damit am Grabkult teilzuhaben. Die Bildwerke waren eingebunden in eine konkurrenzgetriebene Ruhm- und Erinnerungskultur, die typisch für das archaische Griechenland war und deren historische Zeugnisse sie sind. Sie führen in vieler Hinsicht die Vorstellungen weiter, die bereits in den homerischen Epen des späten 8. und 7. Jahrhunderts v. Chr. entwickelt worden waren.

Historisch-soziale Kontextualisierung: Ereignis und Repräsentation

Grabschändungen

Dies führt uns zurück zur konkreten Objektbiographie unserer beiden Statuen. Grabstatuen waren zahlreich, doch selten nur wurden sie partiell zerstört und anschließend deponiert. Die Aufstellung der beiden Grabmäler lässt sich zwar datieren, nicht aber konkreter einordnen: Welche Familie aus Myrrhinous dies tat und wann genau, zu welcher Familie der junge Mann und Phrasikleia gehörten – all das ist nicht mehr zu ermitteln. Wann aber waren in Attika Konflikte so massiv, dass man sogar Gräber schändete und Statuen vergrub, um sie zu schützen? Stößt man auf so ungewöhnliche Fälle, sucht man gern nach konkreten historischen Ereignissen, die den Befund erklären können. Drei uns bekannte historische Situationen in Attika erscheinen passend: Gegen 546 v. Chr. übernahm der Tyrann Peisistratos zum zweiten Mal die Herrschaft – und diesmal mit seiner Familie endgültig bis zur Beseitigung der Tyrannis 509/8 v. Chr. Bedeutende Aristokratenfamilien mussten damals das Land verlassen und ins Exil gehen. Im Laufe der Tyrannis kam es zu Grabschändungen, wie Isokrates überliefert (16, 26). Es wäre denkbar, dass tyrannenfeindliche Familien ihre Gräber nach der Schändung durch die Deponierung der offenbar wertgeschätzten Grabstatuen zu bewahren suchten; vielleicht hoffte man, die Figuren später wieder aufstellen zu können, falls die Geflohenen aus dem Exil zurückkehren sollten. Phrasikleia könnte aber auch – dies wäre eine zweite Möglichkeit – zu einer Familie von Tyrannenanhängern gehört haben, zu den Freunden der Peisistratiden also. Deren Gräber könnten nach dem Sturz der Tyrannis zerstört worden sein, also gegen 509/8. Die Anhänger des Peisistratos hätten dann die Statuen ihrer Verstorbenen vergraben, weil sie Attika verlassen mussten; manche kamen nie wieder. Dies würde erklären, warum die Statuen nicht wieder ausgegraben wurden. Doch

Alkmaioniden

auch die Alkmaioniden, das Geschlecht (griech. *genos*) des Reformers Kleisthenes, erlebte möglicherweise Grabschändungen. Dass die Deponierung nicht vor 530 v. Chr. stattgefunden hat, dafür spricht die Datierung der Skulpturen, doch diese Erkenntnis erlaubt uns nicht, eine Entscheidung für eine der genannten Möglichkeiten zu treffen. Schließlich wäre es – drittens – auch denkbar, dass die große Katastrophe Athens, die Persereinfälle

Perserzerstörung

480/79 v. Chr., mit der Zerstörung der Grabstatuen in Zusammenhang stand. In diesem Fall hätten die Perser die Grabstatuen bei ihrer Invasion Attikas im Jahre 480 teilweise zerstört, so wie sie ja auch gezielt die Akropolis in Brand setzten und Grabmäler in Athen und Attika schändeten. Viele Bürger waren damals evakuiert worden. Nachdem sie kurzzeitig zurückgekehrt waren, drohte 479 ein erneuter Angriff der Perser; vielleicht hat man in dieser Situation die Statuen vergraben, um sie vor einer erneuten Schändung zu schützen, und gehofft, sie später wieder aufstellen zu können. Dazu, dass sie zu dieser Zeit vergraben wurden, könnten die Funde aus der mutmaßlich zugehörigen Grube passen. Warum man dann aber nach dem griechischen Sieg bei Plataiai im Sommer desselben Jahres die Statuen doch nicht wieder aufstellte, bliebe ungeklärt. Möglicherweise hat die Familie, deren Mitglieder die Statuen darstellten, im Krieg den Tod gefunden. Und auch die Zerstörung der Inschrift der Phrasikleia – für die Perser eher ungewöhnlich, die sich mehr an die Schändung von Bildern hielten – ließe sich in diesem Zusammenhang kaum erklären. Die Tilgung der Inschrift spricht vielmehr für ein gezieltes Vorgehen gegen die Grabinhaber und deren Erinnerungsstrategien und damit für die erste oder zweite der genannten Möglichkeiten der historischen Kontextualisierung.

Befund und Ereignis

Grundsätzlich aber ist es auch nicht auszuschließen, dass das Vergraben einen Anlass hatte, der gar nicht auf der uns bekannten politischen Ebene spielte: eine private Fehde zwischen Familien beispielsweise. Zu entscheiden ist dies nicht, aber es macht uns eines klar: Archäologische Zeugnisse dokumentieren selbst bestimmte Ereignisse, sie lassen sich aber selten schlüssig mit nichtarchäologisch überlieferten historischen Ereignissen verbinden. Die Kombination von Daten und Ereignissen kann nur auf Indizien beruhen, kann eine gewisse Wahrscheinlichkeit für sich haben, beweisbar ist sie kaum, kritisch zu hinterfragen immer. Doch ist dies kein Mangel: Bleiben wir nämlich beim archäologischen Befund, so beweist uns jener der Grabstatuen aus Myrrhinous – ihre Zerstörung und der Versuch, sie durch Deponierung zu bewahren – gleichwohl, welche immense Bedeutung man Bildwerken im Hinblick auf die Erinnerung und die Ehrung von Verstorbenen bzw. die Zerstörung dieser Erinnerung beimaß. Sie waren nicht nur aussagekräftige Repräsentationsbilder, sie waren auch wertvolle und bewahrungswürdige, ggf. auch zur Zerstörung reizende Teile der Konkurrenz- und Erinnerungskultur im archaischen Griechenland.

Literatur: *Fundkontext, Befund, Datierung und Interpretation*: E. Mastrokostas: Η κόρη Φρασίκλεια, Αριστίωνος του Παρίου και κούρος μαρμάρινος ανεκαλύφθησαν εν Μυρρινούντι, in: Αρχαιολογικά ανάλεκτα εξ Αθηνών 5 (1972) 298–324; M. Stieber: Phrasikleia's Lotuses, in: Boreas 19 (1996) 69–99; N. Kaltsas: Die Kore und der Kuros aus Myrrhinous, in: Antike Plastik 28 (2002) 7–40; M. Stieber: The Poetics of Appearance in the Attic Korai (Austin 2004) 141–178. – *Zur Deponierung der Statuen und angeblichen Beifunden*: A. Rosenberg-Dimitracopoulou: Funerals for Statues? The Case of Phrasikleia and her ›Brother‹, in: M. M. Miles (Hrsg.): Autopsy in Athens. Recent Archaeological Research on Athens and Attica (Oxford 2015) 85–99. – *Basisinschrift der Phrasikleia*: Inscripitiones Graecae (IG) I³ Nr. 1261 (http://epigraphy.packhum.org/text/1430); W. Peek, Griechische Grabgedichte (Berlin 1960) Nr. 30; M. Stieber: Phrasikleia's Lotuses, in: Boreas 19 (1996) 69–99; K. Kissas: Die attischen Statuen- und Stelenbasen archaischer Zeit (Bonn 2000) 47 Nr. 14 (ebenda 70 Nr. 40 das angebliche Basisfragment des Kuros); J. Svenbro: Phrasikleia. Anthropologie des Lesens im Alten Griechenland (München 2005) 15–30; M. Stieber: The Poetics of Appearance in the Attic Korai (Austin 2004) 141–178; S. Kansteiner u. a. (Hrsg.): Der Neue Overbeck 1 (Berlin 2014) 253–254 Nr. 348. – *Aristion von Paros*: Kansteiner a. O. 252–256. – *Farbfassung der Phrasikleia*: E. Karakasi: Die prachtvolle Erscheinung der Phrasikleia, in: Antike Welt 28 (1997) 509–517; V. Brinkmann u. a.: The Funerary Monument to Phrasikleia, in: V. Brinkmann u. a. (Hrsg.): *Circumlitio*. The Polychromy of Antique and Mediaeval Sculpture (München 2010) 188–217; V. Brinkmann u. a.: Das Grabmal der Phrasikleia, in: V. Brinkmann/A. Scholl (Hrsg.): Bunte Götter. Die Farbigkeit antiker Skulptur. Eine Ausstellung der Antikensammlung, Staatliche Museen zu Berlin (München 2010) 77–83; B. Schmaltz u. a.: Neue Untersuchungen an der Statue der Phrasikeia, in: Jahrbuch des Deutschen Archäologischen Instituts 131 (2016) 31–91. – *Allgemein zur Farbigkeit antiker Skulptur*: V. Brinkmann u. a. (Hrsg.): Bunte Götter. Die Farbigkeit antiker Skulptur (München 2004) [danach mehrfach Neuauflagen zur Ausstellung an anderen Orten mit z. T. verändertem Inhalt]; B. Schmaltz: Form und Farbe. Eine spätarchaische Mädchenstatue von der Athener Akropolis. Versuch einer Rekonstruktion (Neumünster 2009); J. S. Østergaard/A. M. Nielsen (Hrsg.): Transformations. Classical Sculpture in Colour (Kopenhagen 2014); C. Blume: Polychromie hellenistischer Skulptur. Ausführung, Instandhaltung und Botschaften (Petersberg 2015); I. Scheibler: Die Malerei der Antike und ihre Farben. Aspekte und Materialien zur Koloritgeschichte (Weimar 2017). – ‹*Berliner Göttin*› (die angeblich von Blei umwickelt, also ebenfalls absichtsvoll deponiert aufgefunden wurde): W.-D. Heilmeyer: Archaische weibliche Marmorstatue, sogenannte Berliner Göttin oder Berliner Kore, in: Antikensammlung Berlin (Hrsg.): Gesamtkatalog der Skulpturen (Köln 2013) (http://arachne.uni-koeln.de/item/objekt/2204). – *Grab-*

statue des Kroisos: R. Neer: The Emergence of the Classical Style in Greek Sculpture (Chicago 2010) 24–48; http://arachne.uni-koeln.de/item/objekt/147218. – *Archaische Grabstatuen und Grabepigramme*: U. Ecker: Grabmal und Epigramm. Studien zur frühgriechischen Sepulkraldichtung (Stuttgart 1990); E. Walter-Karydi: Die Athener und ihre Gräber (1000–300 v. Chr.) (Berlin 2015). – *Zur Ikonographie und Ikonologie von Koren und Kuroi, ‹archaischem Lächeln› usw.*: L. Schneider: Zur sozialen Bedeutung der archaischen Korenstatuen (Hamburg 1975); W. Martini: Die archaische Plastik der Griechen (Darmstadt 1990) 69–88; H. Kyrieleis: Der große Kuros von Samos, Samos 10 (Bonn 1996); K. Karakasi: Archaische Koren (München 2001); M. Stieber: The Poetics of Appearance in the Attic Korai (Austin 2004); M. Meyer/N. Brüggemann: Kore und Kouros. Weihegaben für die Götter (Wien 2007); E. Walde, Schöne Männer. Die Körperkunst der Kouroi, in: C. Franek u. a. (Hrsg.): Thiasos. Festschrift für Erwin Pochmarski zum 65. Geburtstag (Wien 2008) 1115–1125; R. M. Schneider: Korai und Kouroi, in: E. Stein-Hölkeskamp/K.-J. Hölkeskamp (Hrsg.): Die griechische Welt. Erinnerungsorte der Antike (München 2010) 221–243; Neer a. O. 20–69; A. Hermary: Kouroi et korai de Grèce de l'Est. Questions d'interpretation, in: S. Montel (Hrsg.): La sculpture gréco-romaine en Asie Mineure. Synthèse et recherches récentes (Besançon 2015) 15–26. – *Nacktheit*: N. Himmelmann: Ideale Nacktheit in der griechischen Kunst (Berlin 1990) [mit Rezension: T. Hölscher, in: Gnomon 65 (1993) 519–528]; N. Himmelmann: Heroische Nacktheit, in: derselbe: Minima Archaeologica (Mainz 1996) 92–102; A. Stähli: Begehrenswerte Körper. Die ersten Männerstatuen der griechischen Antike, in: Körper-Konzepte (Tübingen 1999) 83–110; J. Daehner: Grenzen der Nacktheit. Studien zum nackten männlichen Körper in der griechischen Plastik des 5. und 4. Jahrhunderts v. Chr., in: Jahrbuch des Deutschen Archäologischen Instituts 120 (2005) 155–299; C. Hallett: The Roman Nude. Heroic Portrait Statuary 200 BC–AD 300 (Oxford 2005) 5–60; A. Stähli: Nackheit und Körperinszenierung in Bildern der griechischen Antike, in: S. Schroer (Hrsg.): Images and Gender. Contributions to the Hermeneutics of Reading Ancient Art (Fribourg 2006) 209–227. – *Griff ins Gewand/Tanz*: H. Kyrieleis, Der Tänzer vom Kap Phoneas, in: Istanbuler Mitteilungen 46 (1996) 111–121. – *‹Tainiosis›*: E. Kefalidou: Ceremonies of Athletic Victory in Ancient Greece. An Interpretation, in: Nikephoros 12 (1999) 95–117; M. Bentz: Siegerehrungen, in: R. Wünsche/F. Knauß (Hrsg.): Lockender Lorbeer. Sport und Spiel in der Antike (München 2004) 316–319; E. Walde, Schöne Männer. Die Körperkunst der Kouroi, in: C. Franek u. a. (Hrsg.): Thiasos. Festschrift für Erwin Pochmarski zum 65. Geburtstag (Wien 2008) 1123–1124; vgl. S. Vlizos: Eine kaiserzeitliche Statuengruppe aus dem Piräus, in: Antike Plastik 31 (2016) 41–54. – *Schändung von Gräbern der Alkmaioniden*: U. Knigge: Ein Grabmonument der Alkmeoniden im Kerameikos, in: Mitteilungen des Deutschen Archäologischen Instituts. Athenische Abteilung 121 (2006) 127–163.

6. Bilder im Diskurs auf attischem Symposiongeschirr (480–450 v. Chr.)

Die Keramik, d. h. Tongefäße und ihre Überreste, stellt die Gruppe antiker Artefakte dar, die uns in der wohl größten Zahl erhalten ist – und dies nicht nur deshalb, weil man im antiken Griechenland und im Imperium Romanum viel Keramik benutzte, sondern auch, weil Keramikscherben nicht wiederverwendet werden konnten, als ‹Müll› entsorgt wurden und deshalb in vielen Ausgrabungen zutage treten. Man gab aber auch ganze Gefäße in unterirdische Gräber, wo sie unzerstört überleben konnten. Seltener hat sich Keramik erhalten, die als Weihgeschenk oder als Grabmal fungierte, wie im Falle des oben besprochenen geometrischen Kraters (Abb. 5). Keramik

In der Klassischen Archäologie gehören neben der einfachen Gebrauchskeramik aufwändig dekorierte, oftmals figürlich bemalte Tongefäße zu den besonders häufigen und aussagekräftigen Funden. In der Forschung werden sie als Vasen bezeichnet (von ital. *vaso* = Gefäß, Topf), auch wenn dies nichts über ihre ehemalige Benennung und Benutzung sagt. Aus der archaischen und klassischen Epoche Griechenlands, dem 7. bis 4. Jahrhundert v. Chr., kennen wir besonders viele solcher figürlich bemalten Vasen.

Zu ihnen zählen die beiden hier zu besprechenden Tongefäße. Gefäßform Das größere befindet sich heute im Archäologischen Museum von Ferrara (Inv.-Nr. 2652; Abb. 19–20), ist 44 Zentimeter hoch und besitzt eine weit offene Mündung und einen tiefen Gefäßkörper mit zwei Henkeln. Solche Gefäße hießen in der Antike Krater. Aufgrund der typischen Henkelform mit eingerollten Enden an der Mündung, die wir Voluten (lat. *volutus* = gerollt) nennen, bezeichnen wir diese spezifische Kraterform als Volutenkrater (im Gegensatz zum Glocken-, zum Kelch- und zum Kolonettenkrater). Bei dem anderen Gefäß handelt es sich um eine Schale (griech. *kylix*). Sie befindet sich heute im Walters Art Museum in Baltimore (Inv.-Nr. 48.2115; Abb. 21–22). Der Durchmesser ihrer Mündung beträgt 24 Zentimeter, und sie ist 9 Zentimeter hoch.

Fundort versus Herstellungsort, Datierung

Archäologischer Kontext

Die Schale kam 1959 ohne Provenienzangabe aus dem Kunsthandel ins Museum. Der Krater indes besitzt einen archäologischen Kontext: Er wurde in Grab 740 der ‹Valle Trebba› genannten Nekropole der antiken Stadt Spina ausgegraben. Spina liegt unweit von Ferrara an der Mündung des Po. Es war seit archaischer Zeit eine der wichtigsten etruskischen Handelsstädte in Norditalien. Doch handelt es sich bei dem archäologischen Kontext, zu dem der Krater gehörte, um eine Zweitverwendung. Der

Herstellungskontext

Krater wurde nämlich ebenso wie die Schale nicht in Italien hergestellt. Beide sind in der sogenannten rotfigurigen Technik bemalt, die seit etwa 520 v. Chr. die gängige Technik der Dekoration solcher Tongefäße zunächst in Athen, dann in Griechenland und anderen Regionen der Mittelmeerwelt war. Mit den in Athen selbst hergestellten Tongefäßen, den ‹attisch-rotfigurigen› Vasen, verbindet sie die identische rötlich orangene Tonfarbe und Tonqualität: Aus attischem Ton und damit in Athen wurden die Gefäße produziert und bemalt.

Vasen in Etrurien

Die meisten attisch-rotfigurigen, aber auch die attisch-schwarzfigurigen Vasen, die ihnen seit dem späten 7. Jahrhundert v. Chr. zeitlich vorausgingen, hat man – wie unseren Krater – im 19. Jahrhundert in Italien, zumeist in etruskischen Gräbern, gefunden. Wie aber kamen sie aus Athen dorthin? Was bedeutet dies, wenn wir die Keramik und ihre Bemalung als historische Zeugnisse verstehen wollen?

Vasen in Athen

Es stellt sich zunächst die Frage, ob die Vasen vor dem Export nach Italien in Athen benutzt oder ob sie gezielt für den Export hergestellt wurden. Zweierlei hilft uns, dies zu entscheiden: 1. Auf den Vasen, vor allem auf den attisch-rotfigurigen in Italien, finden sich häufig Mythenbilder, die sehr lokal geprägte attische Mythen wiedergeben, die in Italien – obwohl man manche griechischen Heroen und Götter dort auch verehrte und u. U. sogar Griechisch lesen konnte – kein spezifisches Interesse hervorgerufen haben können. Nur ganz selten finden wir Bemalungen oder Gefäßformen, die gezielt auf den etruskischen Markt Rücksicht nehmen, und dies vor allem im 6., kaum noch im 5. Jahrhundert v. Chr. Beides weist auf ein Übergewicht an attischen Interessen bei der Dekoration hin. Nur ausnahmsweise hat man den Geschmack der Importeure berücksichtigt. 2. Fast alle

Gefäßformen und Bildthemen, die wir aus italischen Gräbern kennen, sind auch aus Athen selbst bekannt, dort aber zumeist schlechter erhalten und nur in Fragmenten. Dies hat einen einfachen Grund: In Athen hat man im 6. und 5. Jahrhundert größere Tongefäße nicht als Grabbeigaben verwendet – und deshalb haben sie sich dort viel seltener vollständig erhalten, sondern meist sehr fragmentiert in Heiligtümern oder Häusern. Die Statistik der Fundorte erlaubt es also in diesem Fall nicht, den primären Verwendungsort der Artefakte zu ermitteln. Sie ist durch die unterschiedliche Nutzung und die damit verbundenen unterschiedlichen Erhaltungsbedingungen verfälscht.

Es zeigt sich: Man benutzte in Athen im 6. und 5. Jahrhundert weitgehend die gleichen Gefäße und Bemalungen, die man auch nach Italien exportierte. Wir haben mithin Gefäße und Bilder vor uns, die die Italiker schätzten, die aber Athener in Athen auch für andere Athener produzierten und die dort ebenfalls beliebt waren. Unter beiden Perspektiven – unter der italischen der Importeure und unter der athenischen der Produzenten und ersten Adressaten – kann man attische Keramik des 6. und 5. Jahrhunderts untersuchen. Wir wollen uns hier den primären Adressaten zuwenden und fragen, in welchem systemischen Kontext die Vasen und ihre Bilder in Athen zu erklären sind – und was sie uns über ihre Produzenten und Nutzer in der ersten Hälfte und Mitte des 5. Jahrhunderts sagen. Ihr Fundkontext spielt für diese Frage keine weitere Rolle, so interessant auch dessen Interpretation wäre.

John D. Beazley

Insgesamt sind mehr als 90 000 Gefäße und Gefäßfragmente der attisch-rotfigurigen und der früher hergestellten attisch-schwarzfigurigen Vasen erhalten. Im mittleren 20. Jahrhundert hat der englische Archäologe Sir John Beazley diese Keramik nach Malerwerkstätten klassifiziert. Dies ist bis heute die Basis der Chronologie und Malerzuschreibung der Vasen geblieben, und zwar auf der Grundlage der sogenannten Morelli'schen Methode. Sie erlaubt es, die malerische ‹Handschrift› der Dekoration eines Gefäßes derjenigen anderer Gefäße zuzuordnen und so Werkstattgruppen zu bilden. Wie der Maler des Kraters in Ferrara in der Antike hieß, wissen wir nicht, doch hat Beazley auch dafür ein Arbeitsprinzip entwickelt: Weil ein prächtiges Gefäß von der Hand desselben Malers, heute im Louvre, die Tötung der Töchter und Söhne der Niobe, der Niobiden, zeigt, gab er

Malerwerkstätten

ihm den Kunstnamen ‹Niobidenmaler›. Der ‹Niobidenmaler› arbeitete, wie wir aus Funden und stilistisch verwandten Bildwerken wissen, in Athen zwischen etwa 470 und 450 v. Chr. Uns sind mehr als 100 Gefäße von seiner Hand und aus seiner Werkstatt bekannt. In dieser Zeit wird unser Krater in Athen bemalt worden sein. Die Schale in Baltimore wies Beazley dem sogenannten Antiphon-Maler zu. Auch dies ist ein moderner Kunstname. In diesem Falle beruht er darauf, dass der Maler mehrere Gefäße dekorierte, auf denen der Name eines gewissen Antiphon als eines ‹schönen Mannes› (*kalos*) aufgemalt ist, wie man es in Athen häufig auf solchen Tongefäßen praktizierte. Vom Antiphon-Maler kennen wir um die 100 Vasen. Er arbeitete in einer sehr großen Keramikwerkstatt Athens im ersten Viertel des 5. Jahrhunderts, zwischen etwa 500 und 480/70 v. Chr.

Datierung

Nutzungskontext: das Symposion

Krater und Symposion

Bestimmen wir zunächst den systemischen Kontext der Gefäße, ihre Nutzfunktion innerhalb der Kultur, die sie hervorgebracht hat, d.h. im Athen des 5. Jahrhunderts v. Chr. Der Krater (Abb. 19–20), das wissen wir durch seinen Namen (griech. *kerannymi* = mischen) und aus Textzeugnissen, diente dazu, Wein und Wasser zu mischen. In Bildern auf attischen Vasen sehen wir häufig den Krater im Einsatz, wenn sich Männer zum Weinkonsum treffen, beim sogenannten Symposion. Die bildlichen Darstellungen zeigen, dass er am Rand des Geschehens stand. Zum Trinken benutzen die Symposiasten in diesen Bildern oft eine Schale, wie sie unser zweites Gefäß repräsentiert (Abb. 21–22). Sie war besonders schwierig zu handhaben. Man hielt sie nämlich nicht bequem an den Henkeln, sondern einhändig am Fuß. Es ist eher schwierig, so aus einem derartig flachen Gefäß zu trinken, ohne etwas zu vergießen – zumal nach reichlichem Weingenuss. Um Bequemlichkeit ging es augenscheinlich nicht beim Symposion, vielmehr um stilvolles Benehmen.

Schale und Symposion

Soziale Praxis

Lässt sich die Nutzung unserer beiden Gefäße beim Symposion bereits aus Form und Darstellung der Handhabung erschließen, so wissen wir aus antiken Texten zudem, dass es sich beim Symposion oder Gelage um eine der wichtigsten sozialen Praktiken im antiken Griechenland handelte: Gemeint war damit keinesfalls eine abendliche Trinkorgie, sondern eine hoch-

Platons ‹Gastmahl› — Dionysos — Unterhaltung

ritualisierte Praxis, in der männliche Mitglieder der Bürgerschaft sich in kleineren Gruppen trafen, kommunizierten und politische wie gesellschaftliche, religiöse u.a. Fragen diskutierten. Die literarische Schilderung eines solchen Symposions liefert uns Platons gleichnamiger Text, im Deutschen zumeist als ‹Das Gastmahl› übersetzt. Sokrates, Alkibiades und einige andere Athener treffen sich, so schildert es Platon im 4. Jahrhundert v. Chr., um das Jahr 410 v. Chr. im Haus des Atheners Agathon. Nur männliche Bürger sind anwesend. Zunächst speisen sie gemeinsam, dann folgt das Symposion, bei dem getrunken wird. Jeder Symposiast muss sodann eine Aufgabe erfüllen, die sich die Versammelten gestellt haben: über die Kraft des Eros zu sprechen, des Liebesgotts. Darüber ist anschließend zu diskutieren. Man unterhält sich dann aber auch, wie Platon berichtet, über Schauspielvorführungen in Athen und manches mehr. Das Symposion vollzog man im Liegen auf einer Kline, wie es in Griechenland seit dem 7. Jahrhundert v. Chr. die Norm war und wie es auch Vasenbilder zeigen. Auf eine Flötenspielerin verzichtete man, wie ausdrücklich gesagt wird – offenbar gehörte sie oft zum Standard. Bis fast zum Morgengrauen blieb man zusammen, trank und redete. Platons Schilderung vermittelt einen guten Eindruck: Es ging beim Symposion nach dem Mahl vor allem um das Trinken, d.h. den Weinkonsum. Dionysos als Gott des Weines steht im Zentrum, insofern handelt es sich nicht um eine profane, sondern um eine sakral aufgeladene Praxis. Das Gelage ist Teil des Dionysoskults. Trankspenden für den Gott gehörten deshalb dazu. Zugleich ging es um Unterhaltung im dreifachen Sinne: durch Vorführungen einerseits, durch Gespräche und Vorträge zu gesellschaftsrelevanten Themen andererseits und schließlich durch Frauen, sogenannte Hetären, die als Sängerinnen, Gesprächs- und sicher vielfach auch als Sexualpartnerinnen an Symposien teilnahmen, wie wir aus vielen anderen Texten und Bildern wissen. Ehefrauen und Bürgerinnen waren jedoch ausgeschlossen. Das Symposion war also ein dionysisches Fest des luxuriösen Genusses und der Diskussion, vor allem eine Praxis exklusiv männlich-bürgerlicher Kollektivität, bei dem debattiert und gelacht wurde, in dem es aber zumindest zeitweise auch darauf ankam, sich zivilisiert und *comme il faut* zu verhalten.

Verwendungskontext

Unsere Tongefäße müssen wir uns in diesem praktischen Kontext vorstellen: den Krater neben den Klinen der Männer stehend, die Schale in ihren Händen, gefüllt mit Wein zur Spende, zum Trinken oder zum Spiel des Kottabos, bei dem man die Neige des Weines auf ein Ziel schleuderte. Natürlich wurden weitere Gefäße gebraucht: tiefere Trinkgefäße, wie der Skyphos oder der Kantharos, die Weinkanne (Oinochoe), Wassergefäße (Hydrien) und Amphoren, in denen der Wein gebracht wurde, aber auch Kühlgefäße. Nicht alle bemalten Tongefäße, die wir kennen – so nicht die vielen erhaltenen Ölfläschchen (Lekythen), aber auch nicht jede Amphore oder Hydria –, gehören in diesen Zusammenhang, aber Schale und Krater auf jeden Fall, da sie nur dem ritualisierten Weinkonsum dienten, der die Praxis des Symposions war. Für uns bedeutet das: Die Bilder auf Schalen und Krateren waren es, die Gespräche und Unterhaltung beim Symposion ebenso begleiteten wie Diskussionen um Politik, Religion usw. Die Bilder auf diesen Symposiongefäßen müssen wir in diesem pragmatischen Kontext verstehen, und vor allem sind sie selbst und ihre Dekoration Zeugnisse für das, was beim Symposion vorging und den Teilnehmern vor Augen stand.

Bilddiskurse auf Symposiongefäßen: der Auszug des sieghaften Epheben

Vor-ikonographische Beschreibung

Schauen wir also auf die Bilddekoration der Gefäße, und hier zunächst auf den Krater (Abb. 19–20). Efeuranken, das Laub des Dionysos, schmücken die Henkel, Lotus-Palmetten-Friese (sog. Anthemien) den Hals des Kraters. In der Wahrnehmung des Gefäßes dominiert der figürliche Dekor auf dem hohen Gefäßbauch. Auf der einen Seite (Abb. 20) sehen wir drei Figuren, die an ihren langen Untergewändern und an den aufgebundenen langen Haaren als Frauen erkennbar sind. Die linke hält eine Schale in der aktiven rechten, einen Blattzweig in der inaktiven linken Hand. Die rechte hält in der rechten eine Kanne, die linke Hand steckt im Gewand. Die mittlere Frau stützt ihre linke Hand auf ein Szepter und wendet sich mit der rechten gestikulierend an die Frau links. Die andere Gefäßseite (Abb. 19) schmückt gleichfalls eine Dreifigurengruppe: Diesmal steht ein bartloser Mann im Zentrum. Er trägt ein kurzes Untergewand und einen Mantel, der auf seiner rechten Schulter zusammengesteckt ist. Auf dem Rücken hängt ein Hut mit breiter Krempe. Wie die mittlere Frau der Gegenseite stützt er seine inaktive linke Hand auf, hier auf

Abb. 19: Ferrara, Archäologisches Museum Inv.-Nr. 2652: hochklassischer Volutenkrater. Ansicht Seite A

Abb. 20: Ferrara, Archäologisches Museum Inv.-Nr. 2652: hochklassischer Volutenkrater. Ansicht Seite B

ein Paar von Speeren. In seiner Rechten hält er eine Schale, mit der er sich an die Figur links, eine Frau mit Flügeln, wendet. Sie hält – wie auf der Gegenseite die rechte Frau – eine Kanne in der rechten Hand zur Schale des Mannes hin. Auch sie gestikuliert. Zwischen beiden Figuren steht eine Säule mit ionischem Kapitell. Rechts des Mannes hingegen stehen ähnlich vertikal wie diese Säule die beiden Speere. Sie trennen ihn von der Frau rechts im Bild, von der er sich ja auch abwendet. Sie ist gekleidet wie die Geflügelte, hält aber keine Kanne, sondern Waffen bereit: einen Helm vorgestreckt in der rechten Hand, einen Rundschild neben sich.

Ikonographische Bestimmung

Um die Bilder zu verstehen, müssen ikonographische Besonderheiten und ähnlich komponierte Darstellungen, also Bilder gleicher Typologie, herangezogen werden, die uns durch Beischriften oder durch ihren erzählerischen Zusammenhang erklären, was jeweils gemeint ist. Dies führt uns zuerst zu der geflügelten Frau: Solche Wesen existieren in der Realität nicht, erfordern also eine Erklärung. Geflügelte Frauen hießen in der griechischen Welt in der Regel Nike, also Sieg, denn so sind solche Figuren inschriftlich auf attischer Keramik oft benannt.

Nike

In antiken Texten erscheint Nike schon bei Hesiod im 7. Jahrhundert v. Chr. (*Theogonie* 383–386) als Schwester der Bia (Gewalt) und des Kratos (Macht). Sie ist eher eine Wirkungsmacht denn eine Göttin oder mythologische Figur, sie personifiziert den Sieg. Entsprechend werden auch keine Mythen erzählt, in denen sie handelt. Nike brachte vielmehr den Sieg, ohne selbst Siege zu vollbringen. Gleichwohl sieht man Nike in vielen antiken Bildern handelnd, vor allem bringt sie Siegespreise herbei, so die Tänie, das Stoffband, das dem athletischen Sieger zusteht, oder auch Palmzweige. Man sieht sie indes auch am Altar, was ihre sakrale Rolle unterstreicht – man verehrte Nike durchaus in kultischen Ritualen. Schon dies zeigt uns einen eher komplizierten Zusammenhang von religiöser Praxis, Figur, Handlung und Semantik der Nikebilder.

Libation

Auf unserem Krater assistiert Nike beim Opfer. Das gemeinsame Vorkommen von Kanne und Schale in den Händen menschlicher Figuren verweist nämlich auf eine rituelle Handlung im antiken Kult: das Trankopfer (Libation). Dabei wird eine Flüssigkeit, zumeist Wein, für die Götter ausgegossen. In Bildern des 6. und 5. Jahrhunderts v. Chr. zeigt man dies in festgelegten Bildtypen: entweder als ‹Weiheguss› oder in dem Moment, in dem der opfernden Person der Wein aus der Kanne in die Opferschale gegossen wird. Kurz vor diesem Moment scheint Nike in unserem Bild zu stehen. Doch wem gilt das Opfer, das der junge Speerhalter mit der Schale vollziehen soll, ein Mann, mit dem Nike zudem noch kommuniziert, wie ihre Geste zeigt?

‹Kriegerabschied›

Die rechte Bildhälfte hilft uns wenig, dies zu erklären, denn dort geht es nicht um ein Opfer, sondern um Waffen, also um etwas Militärisches. Es ist eine Frau, die Helm und Schild herbeibringt, obgleich Waffen im Athen des 5. Jahrhunderts fest zur Sphäre der Männer gehören. Allein die Göttin Athena wird als bewaffnete Frau dargestellt, doch hält die hier gezeigte Figur die Waffen nur bereit, trägt sie nicht am eigenen Leib wie Athena. Um dies zu verstehen, müssen wir auf die Typologie der Szene schauen. Eine Dreifigurengruppe in einem militärischen Kontext mit Frauen und einem Mann in der Mitte ist ein konventionelles Bild, ein Bildtypus. Euthymides malte ein solches Bild kurz vor 500 v. Chr. auf eine Amphora, die sich heute in München befindet. Dort sieht man einen jungen Mann, der sich einen Brustpanzer anlegt; von rechts reicht ihm eine Frau den Helm. Links steht ein glatzköpfiger, also alter Mann in nachdenklicher Pose. Namensbeischriften nennen links Priamos, den alten König von Troja, und rechts Hekabe, seine Frau, mithin die Eltern des Hektor, dessen Name dem jungen Mann in der Mitte beigeschrieben ist. Hektor rüstet sich zum Auszug in den Kampf; seine Eltern helfen und bedenken, was ihm in Zukunft geschehen könnte, denn ihr Sohn, so erzählt es Homer, wird fallen. Andere Vasenmaler lassen eine Frau bei der Libation mit dem Krieger erscheinen oder benennen die Figuren anders. Ob mit den Darstellungen überhaupt immer eine mythologische Szene gemeint ist, bleibt offen, da viele Maler auf Namensbeischriften verzichten. ‹Kriegerauszug› oder ‹Kriegerabschied› nennen wir diesen seit dem 6. Jahrhundert v. Chr. häufigen Bildtypus auf attischen Vasen, zu dem auch unser Kraterbild gehört.

Ikonographische Analyse

Wir müssen die Semantik, die Bildbedeutungen, im Kontext der übrigen Vasenbilder und der Realität Athens im 5. Jahrhundert zu erklären versuchen, die den Produzenten und Symposiasten, die das Gefäß benutzten, vertraut waren. Um dies zu erreichen, gilt es zunächst, sämtliche Szenen gleicher Ikonographie und Typologie in ihrer zeitlichen Abfolge zu betrachten.

Unsere Szene ist um 450 v. Chr. gegenüber den konventionellen Bildern des Kriegerabschieds früherer und ihrer eigenen Zeit bezeichnend verändert: Der Ausziehende trägt den kurzen Chiton und einen gefibelten Mantel, die sogenannte Chlamys, und zwei Speere. Die Frau bei der Libation ist nicht ein Familienmitglied, sondern Nike, und der Vater ist ganz beiseite gelassen. Gleichwohl: Die Bilder mit dem Personal früherer Zeit existierten in der Zeit unseres Kraters weiter.

Nike erscheint erst etwa gegen 470 v. Chr. erstmals und danach häufiger in Kriegerabschieden, in denen sie vorher fehlte, und zwar in der Regel bei der Trankspende zusammen mit dem ausziehenden Mann. Dieser wird zunächst weiterhin schon gerüstet oder zumindest mit Waffen, aber mit einem nackten Körper gezeigt, um seine physische Leistungskraft anzudeuten. Dann aber kommen auch Szenen auf, in denen der Ausziehende Chiton und Chlamys trägt und die Waffen erst gebracht werden, wie in unserer Darstellung.

Alltag oder Mythos?

Nike und der Chlamysträger sind also seit etwa 470/60 v. Chr. neue Bildvokabeln. Was bedeutet dies? Bisweilen haben auch die Figuren der Kriegerabschiede im 5. Jahrhundert Namensbeischriften: Auf einer Pelike – einem Vorrats- und Transportgefäß ähnlich der Bauchamphora – des Polygnot heißt der Vater Antandros, der Krieger Lykaon – attische Alltagsnamen, die wir aus der Mythologie nur am Rande kennen. Auf einer anderen Pelike desselben Malers heißen Vater und Sohn Oineus und Skeparnos, von denen nur der Zweite nicht in der Mythologie vorkommt. Es geht offenbar um Familien, die man sich auch in der damaligen Gegenwart vorstellen konnte. Derselbe Szenentypus erscheint jedoch auch ohne Namensbeischrift, wie auf dem Krater aus Spina. Zu allem Überfluss können die Kriegerabschiede zudem weiterhin mit mythologischen Namen versehen sein. Auf einem Kelchkrater in Syrakus heißt ein Hoplit, der auszieht, Pandion, an der Stelle des Vaters steht Akamas; der junge Mann in dem anderen Auszug auf demselben Gefäß heißt inschriftlich Oineus. Die ersten beiden Namen kommen sicher aus dem griechischen Mythos. Indes: Akamas ist dort nicht der Vater des Pandion, sondern der Urenkel. Von einer Begegnung beim Trankopfer erzählen uns die antiken Texte nichts. Oineus kommt als Name mythologischer Figuren zwar vor, doch nicht in Mythen mit Akamas und Pandion. Diese beiden tragen hingegen Namen von bekannten attischen Heroen, nach denen in Athen Phylen benannt waren – jene Bevölkerungseinheiten, nach denen sich das Heer gliederte. Wir sehen hier, dass manche Maler mythologische Figuren beim Kriegerauszug darstellten, deren Namen sie mit Heereseinheiten Athens verbanden. Dies konnte in Szenen geschehen, die keiner Erzählung des Mythos in ihrer Handlung oder Figurenkonstellation entsprachen, in der aber durch die Heroennamen auch eine Distanz zu alltäglichen Auszügen angedeutet wurde. Und dies wiederum geschah, obwohl zugleich Bilder gleichen Typus existieren, in denen mythische Helden agieren oder aber Figuren mit Alltagsnamen – oder ohne Beischrift. Wir erkennen hier als wichtige Merkmale von figürlichen Szenen auf attischen Vasen eine (für unsere Begriffe) mangelnde Logik in der Erzählung von Mythen: Die Bilder können sich auf Mythen beziehen, tun dies aber nicht immer und wenn, dann bisweilen unsystematisch. Und sie changieren zwischen Hinweisen auf Mythos und Gegenwart. Der Darstellungstypus der Szene und die Figuren konnten offenbar für konstruierte Sinnzusammenhänge eintreten, die weit mehr zeigten als Nacherzählungen von Geschichten. Das hat eine wichtige Konsequenz: Zu fragen, welche Szene oder welcher Mythos hier dargestellt ist, ja ob es sich überhaupt um ein Mythen- oder um ein ‹Alltagsbild› handelt und wie ‹schlüssig› eine Szene des Mythos oder eine Handlung als Momentaufnahme gezeigt ist, geht an vielen Bildinhalten vorbei. Wir müssen vielmehr versuchen, die verwobenen mythischen und Alltagsbezüge, Zeit- und Raumebenen, die Besonderheiten des einzelnen und die Konventionen vieler ähnlicher Bilder zu bestimmen, sich wiederholende Muster zu erkennen. Dies ist nur im Kontext sämtlicher Bilder der Zeit (der ‹Bilderwelt›) möglich, nie durch die Untersuchung nur eines Gefäßes, Bildtypus oder Bildes.

Epheben und Hopliten

Die Besonderheit und konventionelle Gebundenheit der Nikefigur und des Bildtypus haben wir bereits dargelegt. Die Tracht des jungen Mannes stellt eine weitere ikonographische Auffälligkeit dar. Was ihn gegenüber älteren Kriegerabschieden auszeichnet, ist das Fehlen seiner Hoplitenwaffen, die rechts von einer Frau gehalten werden; stattdessen trägt er Speere und eine Chlamys, den Reisemantel, und den breitkrempigen Reisehut, den man Petasos nannte. Dies ist eine Tracht, die in Athen den sogenannten Epheben zugeschrieben wurde, den jungen Bürgern, die im Alter von 18 Jahren für zwei Jahre Wehrdienst taten, um sich auf ihre Soldatenrolle vorzubereiten. Sie waren am Rand des Polisgebiets, außerhalb der Stadt stationiert, deshalb wohl der Reisehut. Zum Abschluss des Ephebendienstes gingen die Männer in den Status der Hopliten über, erhielten die Kriegerrüstung, d. h. den runden Hoplitenschild, Helm, Beinschienen usw., die die Familie selbst zu finanzieren hatte. Offenbar steht die Szene damit in Zusammenhang, denn rechts erscheint ja eine Frau, die für den Epheben genau diese Waffen herbeiträgt – doch wurden in Athen die Hoplitenwaffen nicht etwa von Frauen den neuen Hopliten übergeben. Dies ist eine Fiktion des Bildes. Wieder erweist sich das Bild als gelöst von realen Situationen, aber dennoch verbunden mit Vorstellungen und realen Zusammenhängen.

Theseus als Exempel

Aber es gibt noch weitere Probleme: In derselben Tracht wie den Epheben sehen wir in Bildern nicht nur Personen des Alltags, sondern auch bekannte Figuren aus dem Mythos. So wie ein Ephebe gekleidet erscheint vor allem Theseus, der wichtigste Held Athens im 5. Jahrhundert. Und so tritt er auch in Kriegerabschiedsszenen auf, etwa auf einer Schale in Bologna: Dort steht er – zur Hervorhebung der physischen Kraft des Heros nackt unter der Chlamys – vor seinem Vater Aigeus. Auch der Jäger der Schale (Abb. 22), die wir gleich besprechen werden, ist so gekleidet. Beim Kriegerabschied sehen wir Theseus aber bisweilen auch gepanzert, also in Hoplitentracht. Theseus zog als junger Mann waffenlos aus Troizen nach Athen zu seinem Vater. Welche Szene soll hier gemeint sein, denn von Auszügen des Theseus berichten die Mythen nicht explizit? Dies erklärt sich im Verbund mit den anderen Kriegerabschieden des 5. Jahrhunderts v. Chr., die Produzenten und Benutzer der Vasen ja kannten. Theseus verkörpert offenbar eine Rolle, die derjenigen der attischen Epheben entspricht, aber zugleich das Modell des Hopliten, als sei er für alle Athener, ob jung oder alt, ein Vorbild, als sei er in der Gegenwart anwesend und mit realen Erfahrungen eng verbunden. Ob unser Ephebe auf dem Krater Theseus ist, können wir nicht klären; wie Theseus erscheint er jedenfalls, Theseus aber auch wie ein Ephebe.

Sprechende Namen

Und es wird noch komplizierter: Auf einer Amphora, die sich heute in Chantilly befindet, sind die Figuren eines Kriegerabschieds inschriftlich benannt: Sie heißen Phylonoe, Polites und

Deinomache. Diese Namen kommen zwar in Mythen vor, aber es gibt keine Geschichte, in der sie miteinander agieren. Diesmal handelt es sich zudem um sprechende Namen: ‹Polites› heißt der Chlamysträger, was einfach der Begriff für ‹Bürger› oder ‹Polismitglied› ist; ‹Deinomache› heißt übersetzt die ‹fürchterlich Kämpfende› (griech. *mache* = Kampf); ‹Phylonoe› ist die, die mit der Phyle, der attischen Polis- und Heereseinheit verbunden ist. Solche Namen können nicht zufällig gewählt sein, denn sie passen zum oben beschriebenen System der Bilder. Wer Griechisch sprach, wird Anklänge an Rollen und sozial-militärische Zusammenhänge in Athen nicht ignoriert haben können, auf die der Vasenmaler offenbar allegorisch anspielte. Auf der Gegenseite der Amphora sieht man übrigens Theseus, der gegen Amazonen kämpft, und Deinomache ist dort eine seiner Gegnerinnen.

Vernetzung der Bildmotive

In welchen Zusammenhang nun stellen Nike und die Libation sowie die Frau rechts unsere Kraterszene (Abb. 19)? Nike ist als außeralltägliche Figur definitiv im Fiktionalen anzusiedeln. Die Säule ist ein Hinweis auf eine reale Architektur, auf ein Bauwerk der Lebenswelt, an oder in dem die Szene spielt – aber sie trennt kompositorisch zugleich den Epheben von Nike, wie ihn seine Speere auf der anderen Seite von der Frau dort trennen. Wir haben gesehen, dass Nike auch sonst mit Kriegern opfert, die attische Alltagsnamen tragen; sie kann also in die Lebenswelt ‹vordringen›, die Trennung ist keine grundsätzliche. Sieg und Sieghaftigkeit wirken, so soll das Bild anzeigen, in die Gegenwart hinein, in der der Ephebe aber eine zentrale Stellung einnimmt. Nike verbindet den Epheben zudem mit Figuren, die weit häufiger mit ihr erscheinen, weil das Siegen für sie entscheidend ist: Athleten. Ihnen verleiht sie Siegeszeichen. Implizit wird so der Krieg mit dem athletischen Wettkampf verglichen. Die Krieger und Epheben Athens stehen, so sagen die Bilder, als Wettkämpfer in Kontakt mit Nike, die den Sieg verheißt, obwohl sie ihre Waffen ja gerade erst erhalten, um in den Krieg zu ziehen. Der Sieg ist ihnen im Bild vor der Zeit schon gewiss – eine optimistische, prospektive Konstruktion. Nike verweist auf die Hoffnung, dass der Ausziehende lebend (also sieghaft) wiederkehrt, und auf seine erfolgreiche Leistung als Soldat, d. h. im Dienste der Polis. Schließlich übernimmt Nike im Bild eine Rolle, die in früheren Vasenbildern Vater oder Mutter gespielt haben, als würde sie zum Mitglied der Familie, als hätte der Sieg ein Familienmitglied ersetzt. Von den Familienmitgliedern sind nur Frauen geblieben, vor allem die Waffentragende rechts. Sie zeigt uns sinnfällig die Idee, dass es Frauen sind, die den Epheben/ Krieger aus der Familie ziehen lassen, ja in den Krieg senden.

Sakralisierung

Das Trankopfer des Epheben kann nicht einfach auf derselben Ebene verstanden werden wie die Sieghaftigkeit und der Familienbezug; es verheißt dem Epheben zunächst nichts. Im Bild wird aber deutlich, dass der Ephebe durch den Akt des Trankopfers in die räumliche Sphäre der Nike hinübergreift. Durch ein Opfer also stellt er den siegbringenden Bezug zur Göttin Nike her – die übrigens auch gestisch Kontakt mit ihm aufnimmt. Durch Opfer erweisen sich die Opfernden zudem immer als *eusebes*, als ihren Pflichten gegenüber den Göttern nachkommend. Der Ephebe erhält seine Sieg- und Leistungskraft in diesen Bildern durch sein die Götter ehrendes Verhalten. Der Übergang des Epheben in den Kriegerstatus wird durch die Libationsszene mit Nike zu einem sakralen Akt, erscheint religiös legitimiert. Das Bild stellt damit den Auszug des Kriegers als ‹heiligen› Akt dar, der wiederum die Sieghaftigkeit des Polissoldaten begründet – und stellt dem Verlust, den der Kampf für die Familie und die Polis bedeuten kann, die Vision der Götternähe und Sieghaftigkeit gegenüber.

Geschlechterrollen

Auf der Gegenseite des Volutenkraters (Abb. 20) erscheinen drei Frauen ebenfalls bei einem sakralen Akt, den des Trankopfers, aber ganz ohne Waffen; die mittlere ist durch das Szepter als Priesterin oder Göttin gekennzeichnet. Hier geht es offenbar um weibliche Rollenbilder. Man wird die Darstellung im Verbund ähnlicher Bilder auf attischer Keramik, zugleich im Kontrast zum männlichen Ephebenauszug der anderen Gefäßseite, aber auch – durch die dort gleichfalls erscheinenden Frauen – mit ihm verbunden interpretieren, doch kann dies hier nicht vertieft werden.

Wir halten fest: Es geht in Bildern des Szenentypus ‹Kriegerabschied›, den wir auf dem Krater aus Spina identifiziert haben, in Athen seit dem 6. Jahrhundert bilderzählerisch um den Auszug bzw. Abschied eines jungen Soldaten von seiner Familie. In den Bildern wechselt das Personal zwischen mythologischen, alltäglich erscheinenden und namenlosen Figuren; Frauen, Vaterfiguren, Nike usw. können integriert, Waffenübergaben, Opfer und Gesten unterschiedlich kombiniert werden. Diese Vielfalt erschließt sich nicht hinreichend, wenn wir jedes einzelne Bild als situative, illustrierende Wiedergabe einer bestimmten Szene verstehen oder seine Erklärung einzig in dem Hinweis auf eine mythische Erzählung sehen, so häufig solche auch vorkommen. Vielmehr stellen die Figuren in den dargestellten Szenen erst in ihrer Gesamtheit dar, welche Vorstellungen und Wünsche man in Athen überhaupt mit dem Kriegerabschied verband. Die Welt ihrer Betrachter ist im Falle unseres Kraters die Welt der athenischen Männer beim Symposion. Dass das Bild des Kraters dort kein Einzelfall war, wie die vielen Bilder ähnlicher Szenerie beweisen, zeigt uns mithin, dass es die Männer Athens in der Mitte des 5. Jahrhunderts umtrieb, wie ihre jungen Bürger Epheben und dann Hopliten wurden, ob und wie ihnen Sieg verheißen war und dass sie als Soldaten zwar von der Familie ausgerüstet, aber im Falle des Todes auch von ihr verabschiedet wurden, dass ihr Auszug mit unklarem Ausgang, mit Hoffnung auf den Sieg, mit Angst vor dem Tod, mit Anteilnahme vor allem der Frauen stattfand. Die Bilder zeigen beispielhafte Situationen und Erfahrungen, ihre Figuren verkörpern Rollen von Polismitgliedern. In den Bildern ähnelten zudem Krieger und Familienmitglieder – als sei es ganz natürlich – den Heroen und Heroinen des Mythos; über den Epheben, so könnte man sagen, konnte man sich visuell so äußern wie über Theseus, über seine Mutter so wie über Hekabe – und umgekehrt. Auch dies scheint beim Symposion üblich gewesen zu sein, so deuten es die Bilder auf Gelagegeschirr an. Insofern greifen wir in den Bildern des Kriegerabschieds keine Illustrationen des Realen oder eines Mythos, sondern imaginierte Bildkonstrukte und Visualisierungen von Vorstellungen, die selbst historische Zeugnisse sind, um die Welt ihrer Produzenten und Nutzer zu verstehen.

Bilder im Diskurs

In diesem Sinne stellen die Vasenbilder etwas dar, was der französische Philosoph Michel Foucault ‹Diskurs› genannt hat. Damit meinte er nicht ein anderes Wort für ‹Diskussion› – wie Diskurs heute vielfach fälschlich benutzt wird. Als Diskurs bezeichnete er die Gesamtheit von Äußerungen, Ansichten, Vorstellungen, Bildern und Begriffen zu einem Thema, die in einer Gesellschaft oder Gruppe existiert und durch die sich bestimmte Machtverhältnisse konstituieren. Nicht die einzelnen Aussagen, erst die Diskurse als netzhafte Gefüge von Äußerungen zu bestimmten Diskursfeldern erschließen uns die Vorstellungswelt einer Gesellschaft und die ihr selbst wie selbstverständlich erscheinenden Strukturen. Die attischen Vasenbilder repräsentieren als Diskursfeld das, worüber ihre Nutzer in welcher Weise nachdachten, indem sie sich gegenseitig Bilder zeigten und damit ihre Vorstellungen bestätigten oder zur Debatte stellten. Dies geschah offenbar – zumindest auch durch Bilder – beim Symposion. Insofern eignen sich attische Vasenbilder auf Symposiongeschirr dazu, die Methode der Diskursanalyse anzuwenden.

Historische Kontextualisierung

Nicht nur die Ermittlung der Diskursthemen und -sprachen aber erlaubt uns eine Analyse der attischen Vasenbilder als historische Zeugnisse. Wir müssen auch dahin kommen, die in ihnen sichtbar werdende Vorstellungswelt und ihre Problemlagen historisch zu bewerten. Dazu ist es nötig, die Besonderheiten des Bilddiskurses über Epheben, Hopliten und Nike im Verhältnis zur Polis in ihr historisches Umfeld einzuordnen. Wie gesagt, tauchen die entsprechenden Bilder erst seit etwa 470 in Athen auf, vorher fehlen sowohl Nike als auch die ephebenhaften Figuren in den Kriegerabschieden. Was können wir daraus folgern – immer unter der Prämisse, dass das, was die Athener hier in Bilder umsetzten, das repräsentiert, was sie besprachen, debattierten, was sie interessierte?

Bilder und Geschichte

Wir wissen, dass Athen erst wenige Jahre vor 470 zusammen mit den übrigen Griechen als grandioser Sieger aus den Perserkriegen hervorgegangen war: siegreich zu Land bei Marathon, siegreich zur See bei Salamis und später bei Plataiai gegen das übermächtige persische Reich. Athen war seither die führende Polis Griechenlands und hatte mit dem Attisch-Delischen Seebund seit 477/6 ein Instrument zur Hand, die eigene Macht in Hegemonie umzumünzen. Wir wissen auch aus vielen Texten, in welcher Weise sich die Athener damals überlegen fühlten, besser und stärker als alle übrigen Griechen. Es liegt nahe, dieses Überlegenheitsgefühl und die damals herrschende Siegesgewissheit mit der neuen Bedeutung der Figur der Nike in den Bildern zu verbinden. Die Athener zeigten sich sozusagen immer wieder gegenseitig auf ihren Vasen, und vor allem auf denjenigen des Symposions, dass Nike ihren Epheben und Kriegern nahe war, dass sie überlegen sein *mussten*, schon wenn sie auszogen in den Krieg. Zugleich scheinen sie dies aber auch als durch Frömmigkeit und richtiges Verhalten gegenüber den Göttern begründet angesehen zu haben, wie die Sakralisierung dieser Szenen anzeigt. Schließlich ist es auffällig, dass zu den Hopliten nun die Epheben treten, die erst zu Hopliten werden. Offenbar waren den Athenern die jungen Bürger, der Nachwuchs ihres Bürgerheers, äußerst wichtig geworden – offenbar setzte man gerade auch auf diese soziale Gruppe für den Erfolg im Krieg.

Nimmt man dies zusammen, dann zeigt sich, wie man aus Vasenbildern – und zwar nur im Kontext möglichst vieler Bilder und als visuelles System – im Sinne einer Diskursanalyse ermitteln kann, welche Ansichten, Vorstellungen und Ideale in Athen zu bestimmten Zeiten vorherrschten und debattiert wurden. Die Bilder sind – gerade weil sie gut datierbar, uns in so großer Zahl erhalten sind und Idealvorstellungen wiedergeben – außerordentlich wertvolle Gradmesser für Diskurse und insofern historische Zeugnisse. Mit und durch die Bilder verstehen wir besser, was die Athener dachten und glaubten, indem wir ihre konstruierten Idealvorstellungen betrachten.

Im Netz der Bilder: ein Ephebe bei der Jagd

Ikonographie

Kommen wir zu unserem zweiten Gefäß mit Bild, wenig früher entstanden, gegen 480 v. Chr.: der Schale des Antiphon-Malers in Baltimore. Hier beschränkt sich der Bilddekor auf das Innere der Schale, wo ein kreisrundes Bildfeld, der sogenannte Bildtondo, entsteht (Abb. 22). Schon eine vor-ikonographische Beschreibung liefert uns eine scheinbar komplette Interpretation. Wir sehen einen jungen Mann mit der Chlamys; nur ein Schwert am Schwertband hängt an seiner Seite; die linke Hand ist unter dem Gewandstoff mit dem Arm verhüllt. Er trägt den Petasos und zwei Speere, wie unser Ephebe oben. Allerdings hat er die Speere bereits eingesetzt, denn vor ihm – vom Bildrahmen überschnitten – ist ein Eber zu Boden gegangen: Die Augen des Tieres sind geschlossen, Blut strömt aus einer Wunde an seiner Seite. Der junge Mann, offenbar ein Jäger, hat den Eber erlegt.

Kalos-Inschrift

Im Bildfeld findet sich eine Beischrift: Um den jungen Mann herum steht «Aristarchos ist schön (*kalos*)». Das würde man sogleich auf den Mann beziehen; er also wäre Aristarchos. Aber wir haben gelernt, dass unmittelbare Interpretationen des Einzelobjekts leicht Regeln übersehen, die wir erst kennenlernen, wenn

Abb. 21: Baltimore, The Walters Art Museum Inv.-Nr. 48.2115: spätarchaisch-frühklassische Trinkschale

Abb. 22: Baltimore, The Walters Art Museum Inv.-Nr. 48.2115: spätarchaisch-frühklassische Trinkschale. Innenbild (Tondo)

wir uns alle entsprechenden Objekte ansehen. Und dabei stellen wir fest: Inschriften der Aussage «X ist schön» – wir nennen sie Kalos-Inschriften – finden sich zuhauf auf attischen Vasen seit etwa 520 v. Chr. Sie sprechen von einigen, oftmals zu bestimmten Zeiten von immer denselben Männern. Nun finden wir Vasenbilder, deren Protagonisten ikonographisch schon sicher benannt sind: beispielsweise Theseus im Kampf gegen Prokrustes, immer am Bett und an der Doppelaxt erkennbar. Nichts anderes wird so dargestellt. Aber im Bildfeld steht: «Alkimachos ist schön». Und dieser Kalos-Name taucht auf vielen Gefäßen auf, auch bei ganz anderen Szenen. Es kann also nicht so sein, dass die Beischrift den Dargestellten eindeutig benennt und als schön bezeichnet. Vielmehr handelt es sich um Namen realer Personen in Athen, die damals als schön galten und gepriesen wurden – auch wenn die Bildthemen damit narrativ nichts zu tun haben. Die Kalos-Inschriften gaben also Anlass, beim Symposion über die schönsten Männer der Stadt zu reden. Wir können auf dieses Phänomen hier im Einzelnen nicht eingehen, aber festhalten, dass im Innenbild unserer Schale die Kalos-Inschrift bereits einen Bezug zur aktuellen Gegenwart herstellen konnte, offenbar unabhängig vom Dargestellten, auch wenn man sogleich fragen konnte, ob der dargestellte Jäger vielleicht schöner war als der gerade in Athen so gerühmte Aristarchos.

Jagd und Jäger

Aber wer ist der Jäger? Seine Tracht entspricht derjenigen der Epheben. Nur ist hier das Untergewand weggelassen, wie wir es häufig finden, um körperliche Leistungsfähigkeit anzuzeigen. Mit der Ephebentracht gleicht das Bild erneut Darstellungen des Theseus, und dies umso mehr, weil es eine seiner Taten war, die gefährliche Wildsau zu töten, die bei Krommyon westlich von Athen ihr Unwesen trieb. Wir kennen Bilder, in denen er sich dabei des Speeres bedient und ebenfalls die Chlamys um den Arm gewickelt hat. Kann unser Jäger also Theseus sein, auch wenn das Geschlecht des Tieres in unserem Bild nicht klar definiert ist?

Theseusbilder zeigen durchweg erkennbar ein weibliches Wildschwein, und seine Tat erscheint bisher nie allein auf einem Gefäß. Es gibt weitere mythische Jäger. Zu den bekanntesten gehört Meleager, der mit einem Aufgebot an griechischen Heroen den Eber tötete, der bei Kalydon wütete. Dies wird zumeist als Bild gezeigt, in dem mehrere Jäger gegen einen Eber kämpfen. Unser

Jäger könnte Meleager sein, dagegen spricht jedoch, dass er allein kämpft.

Ein weiterer Heros, der einen Eber überwand, war Herakles – im Auftrag des Königs Eurystheus, dem er das Tier zu bringen hatte. Auch er jagt also einen Eber, doch wird dieser Mythos der Konvention zufolge immer anders dargestellt: Herakles geht nicht mit Waffen vor, er schultert den Eber und wirft ihn Eurystheus entgegen, als sei das wilde Tier ein Spielzeug. Im Gesamtkontext aller Eberjagdszenen ragt Herakles durch Körperkraft hervor; er ist gar kein Jäger, er packt den Eber und schwingt ihn über dem Kopf: übermenschlich. Unser Jäger erscheint aber gar nicht heraklesgleich.

Bilddiskurs

Man könnte natürlich auch an einen alltäglich-athenischen Jäger denken, denn die Jagd auf Eber war im Athen des 5. Jahrhunderts durchaus üblich. Natürlich ist seine Nacktheit kein realer Zug, aber auch Figuren, die nicht aus dem Mythos stammen, werden nackt dargestellt, wie wir schon gesehen haben. Nacktheit ist eine Bildformel für ‹schön und stark›, kein Hinweis auf den Inhalt der Darstellung. Sie zeigt aber, dass Wirklichkeit und Fiktion auch hier nicht die richtigen Kategorien sind, um das Bild einzuordnen. Wieder changiert das Bild zwischen Fiktion und Realitätsbezug, zwischen Mythos und alltäglichem Handeln, zwischen realer Tat und konstruiertem Bildinhalt. Man weiß nicht, was hier zu erkennen ist, vermutlich nicht Herakles, eher nicht Theseus und Meleager – aber doch eine ihnen irgendwie verwandte Figur. Offenbar ging es um einen jungen, ephebenhaften Mann, der mit seinen Speeren erfolgreich und vor allem allein ein gefährliches Wildschwein erlegt hat. Wenn man so möchte, hält das Bild dazu an, Geschichten zu erzählen, die Theseus, Meleager und Herakles ebenso einbeziehen wie reale Jagden des 5. Jahrhunderts v. Chr., die von Gefahren und Leistungen bei der Eberjagd berichten. Man konnte sich fragen, ob man einen Eber allein überwinden konnte, welche Vorteile es hatte, wenn man in der Gruppe jagte wie Meleager, ja wie sich die Epheben bei der Jagd wohl machten. Man konnte – in Anbetracht der Beischrift – auch fragen, wie sich der ‹schöne› Jüngling Aristarchos in einer solchen Situation schlagen oder wie er sich zu Theseus oder Melager verhalten würde. Mythos und Lebenswelt, eigene Erfahrungen und deren Ähnlichkeiten zum Mythos, all dies ist in diesem Bild gekoppelt, so dass unsere Frage «Wer ist das» eher ins Leere geht, jedenfalls nicht trifft, wie die Bilder uns etwas zeigen und wie man vermutlich mit den Bildern erzählte. Hier ist das Thema des Diskurses nicht der Krieg, sondern die Jagd und die Schönheit der jungen Epheben – auch wenn die Ausrüstung unseres Jägers es ja durchaus nahelegte, ihn erzählend mit dem gleich gekleideten kriegerischen Epheben auf dem Krater zu vergleichen, den man theoretisch beim Symposion ja zugleich sehen konnte.

Bild und Geschichte

Eine historische Einordnung im engeren Sinne fällt hier schwer. Allenfalls ist festzuhalten, dass sich in den Jagdbildern auf attischen Vasen im 5. Jahrhundert v. Chr. gegenüber älteren Bildern eines grundsätzlich ändert: Waren im 6. Jahrhundert vor allem die großen gemeinsamen Jagden Thema gewesen, so ist es im 5. Jahrhundert die individuelle Jagd, der Einzelne, der dem Wildschwein gegenübertritt. Man könnte daraus schließen, dass für die Athener nun, in der Zeit der Perserkriege und der Entstehung der Demokratie gegen 480, nicht so sehr die Gemeinschaft, sondern die Frage wichtiger wurde, wie sich der Einzelne bewähren konnte. Zudem war die Jagd eine aristokratische Tätigkeit; junge Epheben so zu zeigen bedeutete auch eine Art Demokratisierung der Jagd.

Bilder in Diskursen

Würde man noch mehr oder alle Vasenbilder so auswerten – und für Athen kennen wir aus dem 5. Jahrhundert allein an die 40 000 Exemplare –, dann ergäbe sich ein ganzes Kompendium von Bildthemen und Diskursfeldern, die die Athener damals im wahrsten Sinne des Wortes in den Blick nahmen. Mythenbilder stellten nur einen Teil dieser Bilddiskurse dar. Mythen wurden zudem in Athen auch in Tragödien und Komödien inszeniert, man erzählte sie sich zu Hause, trug sie bei Kulthandlungen vor – sie waren, wie es uns die Bilddiskurse der Symposiongefäße zeigen, immer in die gegenwärtige Erfahrungswelt integriert als Formen der narrativen Bewältigung von Fragen und Problemen sowie der Präsentation idealer oder problematischer Verhaltensformen. Zur Diskursanalyse gehört immer die kontextbezogene Bewertung ihrer Bestandteile. Die hier besprochenen Bildthemen kommen auf Symposiongeschirr vor, aber nicht nur dort.

Es wäre beispielsweise zu fragen, ob sich die Bilder auf Gefäßen, die vor allem von Frauen benutzt wurden, in der Themenwahl und der Themenformulierung davon unterschieden, oder die Bilder auf Gefäßen, die man am Grab verwendete. Es wäre zudem zu fragen, ob und warum unsere Bildthemen auch dort vorkommen. So kann man unterschiedliche Diskurse innerhalb Athens identifizieren auf der Grundlage der geradezu als Massenware anzusprechenden Vasenbilder, die ein schier unerschöpfliches Kompendium dessen bereitstellen, was die Athener im 6. und 5. Jahrhundert v. Chr. bewegte – diesseits der Ereignisgeschichte und Geschichtsschreibung.

Literatur: *Attisch-rotfiguriger Volutenkrater, Ferrara, Museo Nazionale di Spina Inv.-Nr. 2652*: Beazley Archive (http://www.beazley.ox.ac.uk) Vase No. 206934; J. D. Beazley, Attic Red-figure Vase-painters, 2. Aufl. (Oxford 1963) 599 Nr. 6 (= ARV² 599, 6); Corpus Vasorum Antiquorum: Italia 37. Ferrara, Museo Nazionale 1 (Mailand 1963) 4–5 Taf. 7 (Italia 1651); S. Aurigemma: La necropoli di Spina in Valle Trebba 2 (Rom 1965) 9–11 Taf. 5–8. – *Attisch-rotfigurige Schale, Baltimore, Walters Art Museum Inv.-Nr. 48.2115:* Beazley Archive (http://www.beazley.ox.ac.uk) Vase No. 203453; J. D. Beazley, Attic Red-figure Vase-painters, 2. Aufl. (Oxford 1963) 1566 (= ARV² 1566); Corpus Vasorum Antiquorum: United States of America 28. Baltimore, The Walters Art Gallery 1 (Cambridge 1992) 45–46 Taf. 45, 5 (USA 1457); 47, 1 (USA 1459); S. Albersmeier (Hrsg.): The Art of Ancient Greece. The Walters Art Museum (Baltimore 2008) 78 Nr. 22. – *Attisch-rotfigurige Vasenmalerei (Werkstätten, Datierung, Ikonographie)*: J. Boardman: Rotfigurige Vasen aus Athen. Die archaische Zeit (Mainz 1986); ders.: Rotfigurige Vasen aus Athen. Die klassische Zeit, 2. Aufl. (Mainz 1996); vgl. T. Mannack: Griechische Vasenmalerei. Eine Einführung, 2. Aufl. (Darmstadt 2012); Materialkorpus: http://www.beazley.ox.ac.uk. – *‹Niobidenmaler›*: M. Prange: Der Niobidenmaler und seine Werkstatt (Frankfurt a. M. 1989) (ebenda 181 Kat. Nr. N7 Taf. 6 = Krater Ferrara). – *Darstellungen von Gefäßen*: H. Gericke: Gefäßdarstellungen auf griechischen Vasen (Berlin 1970). – *Symposion, ›Vasen‹ und Bilder:* F. Lissarrague: Un flot d'images. Une estétique du banquet grec (Paris 1987); K. Vierneisel/B. Kaeser (Hrsg.): Kunst der Schale – Kultur des Trinkens (München 1990); K. Topper: The Imagery of the Athenian Symposium (Cambridge 2012); J.-A. Dickmann/A. Heinemann (Hrsg.): Vom Trinken und Bechern. Das antike Gelage im Umbruch (Freiburg i. Br. 2015); A. Heinemann: Der Gott des Gelages. Dionysos, Satyrn und Mänaden auf attischem Trinkgeschirr des 5. Jahrhunderts v. Chr. (Berlin 2016). – *‹Kalos-Namen›*: F. Lissarrague: Publicity and Performance. Kalos Inscriptions in Attic Vase-painting, in: S. Goldhill/R. Osborne (Hrsg.): Performance Culture and Athenian Democracy (Cambridge 1999) 359–373; C. Russenberger: Der Schmied und seine Maus. Zum Text-Bild-Verhältnis einer attisch schwarzfigurigen Oinochoe, in: Antike Kunst 60 (2017) 19–35; vgl. D. Yatromanolakis (Hrsg.): Epigraphy of Art. Ancient Greek Vase-inscriptions and Vase-paintings (Oxford 2016). – *Krieger- und Ephebenbilder*: S. B. Matheson: Beardless, Armed, and Barefoot. Ephebes, Warriors, and Ritual on Athenian Vases, in: D. Yatromanolakis (Hrsg.): An Archaeology of Representations (Athen 2009) 373–413 (ebenda 399 Abb. 7 = Krater Ferrara). – *Kriegerabschied*: A. B. Spieß: Der Kriegerabschied auf attischen Vasen der archaischen Zeit (Frankfurt a.M. 1992); S.B.Matheson: A Farewell with Arms. Departing Warriors on Athenian Vases, in: J.Barringer/J.M.Hurwit (Hrsg.): Periklean Athens and its Legacy. Problems and Perspectives (Austin 2005) 23–35. – *Nike:* C.Thöne: Ikonographische Studien zu Nike im 5.Jahrhundert v.Chr. Untersuchungen zur Wirkungsweise und Wesensart (Heidelberg 1999) (140 Nr. Bb56 Taf.4, 2 = Krater Ferrara). – *Vasen des Polygnot:* S.B.Matheson: Polygnotos and Vase Painting in Classical Athens (Madison 1995). – *Attisch-rotfigurige Halsamphora, Chantilly, Musée Condée*: Beazley Archive (http://www.beazley.ox.ac.uk) Vase No. 215581; J.D.Beazley, Attic Red-figure Vase-painters, 2.Aufl. (Oxford 1963) 1176 Nr.25 (= ARV^2 1176, 25). – *Attisch-rotfiguriger Kelchkrater, Syrakus, Museo Archeologico Regionale Paolo Orsi Inv.-Nr. 30747*: Beazley Archive (http://www.beazley.ox.ac.uk) Vase No. 215270; J.D.Beazley, Attic Red-figure Vase-painters, 2.Aufl. (Oxford 1963) 1153 Nr.17 (= ARV^2 1153, 17); Matheson a.O. (2005) 30–35 Abb.3.4. – *‹Mythenbilder› versus ‹Alltagsbilder*: L.Giuliani: Mythen- versus Lebensbilder? Vom begrenzten Gebrauchswert einer beliebten Opposition, in: O.Dally u.a. (Hrsg.): Medien der Geschichte. Antikes Griechenland und Rom (Berlin 2014) 204–226. – *Bilderwelt und Ideologie Athens*: B.Knittlmayer: Die attische Aristokratie und ihre Helden. Untersuchungen zu Darstellungen des trojanischen Sagenkreises im 6. und frühen 5.Jahrhundert v.Chr. (Heidelberg 1997); J.M.Barringer/J.J.Pollitt (Hrsg.): Periklean Athens and its Legacy. Problems and Perspectives (Austin 2005). – *Strukturalistische Bildinterpretation/«Im Netz der Bilder»*: C.Bérard u.a.: Die Bilderwelt der Griechen. Schlüssel zu einer «fremden» Kultur (Mainz 1985) (ebenda 64 Abb.66 = Krater Ferrara; ebenda 95 Abb.96 = Schale Baltimore). – *Diskursanalyse*: s.o. Kapitel I.2. – *Jagd und Jäger*: A.Schnapp: Le chasseur et la cité. Chasse et érotique en Grèce ancienne (Paris 1997); J.Barringer: The Hunt in Ancient Greece (Baltimore 2001). – *Theseus*: J.Neils: The Youthful Deeds of Theseus (Rom 1987) (163 Nr.71 = Schale Baltimore); Lexicon Iconographicum Mythologiae Classicae 7 (Zürich 1994) 922–951 (J.Neils) (Nr.92 = Schale Baltimore); R. von den Hoff: Theseus – Stadtgründer und Kulturheros, in: E.Stein-Hölkeskamp/K.-J.Hölkeskamp (Hrsg.): Die griechische Welt. Erinnerungsorte der Antike (München 2010) 300–315; 635. – *Ikonographie des Herakles und Meleager*: s. die jeweiligen Einträge im Lexicon Iconographicum Mythologiae Classicae, sowie R.Wünsche (Hrsg.): Herakles – Herkules (München 2003).

7. Der hässliche Dornauszieher (2.Jh. v.Chr.)

Terrakotten

Als Terrakotten (ital. ‹gebrannte Erde›) bezeichnen wir antike Statuetten aus gebranntem Ton. Solche zumeist kleinformatigen Skulpturen gehören ebenfalls zu den aus der griechischen und römischen Antike in großer Zahl überlieferten Gegenständen. In den Staatlichen Museen zu Berlin befindet sich unter der Inv.-Nr. TC 8626 eine solche 16,8 Zentimeter hohe Figur (Abb. 23). Dargestellt ist ein sitzender Mann. Er führt uns in die Epoche des Hellenismus und zugleich erneut – wie beim attischen Symposiongeschirr – in die Lebenswelt des griechischen Hauses, darüber hinaus aber von der Malerei zur Skulptur.

Archäologischer und systemischer Kontext

Priene

Der archäologische Kontext der Terrakotte ist bekannt. Sie wurde am 24. März 1898 in Priene gefunden. Die antike Stadt Priene liegt nicht weit von der Mündung des Flusses Mäander in Kleinasien, d. h. in der heutigen Westtürkei, in der antiken Region Ionien. Dort fanden seit 1895, initiiert durch Carl Humann, den Entdecker des Pergamon-Altars, deutsche Ausgrabungen statt. Im Rahmen der vertraglich vereinbarten Fundteilung kamen damals manche Fundstücke in die Berliner Museen, die der Träger der Ausgrabung waren. Priene ist eine seit etwa 350 v. Chr. an diesem Ort nachweisbare Stadt, die fast in ihrer gesamten Fläche erforschbar ist, da sie nicht modern überbaut wurde: ein Paradebeispiel für das Aussehen einer spätklassisch-hellenistischen Stadt der griechischen Antike. Die Terrakotte wurde in einem der Wohnhäuser gefunden, die in rechteckigen Parzellen (sog. *insulae*) weite Teile der Stadtfläche einnahmen. Nördlich der sogenannten Theaterstraße lag hier ein kleines Peristylhaus – ein Haus mit einem von Säulengängen umgebenen Innenhof –, das ‹Haus 33 Ost›. In dessen Südostraum wurde die Terrakotte gefunden, und zwar zusammen mit etwa neun Marmorstatuetten und mindestens 30 figürlichen Terrakotten. Die Funktion des Raumes lässt sich ermitteln: Es fällt auf, dass seine Tür dezentral in der Westwand liegt (nach Norden sind 84 cm Platz, nach

Andron

Süden 1,94 m). Solche dezentralen Türanordnungen sind – wie schon bei den Hestiatoria in Perachora gesehen – typisch für Gelageräume im Haus (griech. *andrones* = Räume der Männer). Um einen solchen Raum muss es sich handeln. Man hat deshalb angenommen, dass die Terrakotte zur Dekoration dieses Raumes gehörte. Doch müsste man dies dann auch für die ca. 40 weiteren Figuren annehmen, die dort gefunden wurden. Nischen in den Wänden, in denen man sie aufstellen konnte, würden in einem Raum von einer Fläche von ca. 4,3 × 4,3 Metern für eine solche

Masse an Figuren kaum ausreichen; stellt man sich zudem Klinen an den Wänden vor, wäre auch am Boden nicht genügend Platz. Zudem fanden sich die Objekte in einer Planierschicht unter einem späteren Fußboden, wurden also zusammen mit Erde zur Auffüllung bei Umbaumaßnahmen verwendet. Wir wissen von weiteren Zerstörungsspuren in ‹Haus 33 Ost›, und wir wissen, dass Priene zwischen 140 und 130 v. Chr. von einem Erdbeben heimgesucht wurde, dem verheerende Brände folgten. Manche Häuser wurden danach gar nicht mehr benutzt, ganze Stadtareale aufgegeben, vieles wurde umgebaut. Die Planierschicht gehört wohl zu den Wiederherstellungsarbeiten nach dieser Zerstörung. Man trug Schutt und offenbar nun nutzloses Material aus dem Haus zusammen und planierte damit den Boden. Die gefundenen Objekte müssen also nicht zur Aufstellung im Andron gedacht gewesen sein, doch ist es unwahrscheinlich, dass der Hausbesitzer solches Füllmaterial aus anderen Häusern heranschaffte. Wir können aufgrund des archäologischen Befunds davon ausgehen, dass die Terrakotte in ‹Haus 33 Ost› aufgestellt war. Damit gehört sie in den profanen Kontext eines Privathauses und wurde beim Erdbeben von 140/30 bereits wertlos, was einen *terminus ante quem* für ihre Herstellung liefert. Dies widerspricht auch nicht unserer sonstigen Kenntnis der Verwendung von kleinformatigen Terrakotten: Sie dienten nach den bekannten archäologischen Befunden entweder als Votive in Heiligtümern oder als Grabbeigaben oder sie fanden Aufstellung im Haus, wo sich Terrakotten auch in Andrones fanden.

Datierung

Objektbefund und Herstellungstechnik

Farbigkeit

Die Figur ist gut erhalten, nur ihr rechter Fuß und Finger der rechten Hand sowie der linke große Zeh fehlen. An manchen Stellen hat sich der antike Farbüberzug an der Oberfläche erhalten, so weiße Spuren am Sitz der Figur und am rechten Unterschenkel, gelbbraune auf der Haut. Wie alle antiken Terrakotten – und wie die Steinplastik – war die Figur mithin farbig gefasst. Schaut man die Figur allseitig an, fällt auf, dass Fels und Figurenkörper nach hinten offene Löcher besitzen. Es handelt sich dabei um die typischen Brennlöcher, die verhindern sollen, dass die Tonfigur beim Brennen durch Luftausdehnung im Inneren platzt. Die Rückseite

Brennloch

Abb. 23: Berlin, Staatliche Museen/SPK – Antikensammlung Inv.-Nr. TC 8626: hellenistische Terrakotte eines Dornausziehers aus Priene

ist zudem nur nachlässig ausgestaltet, sie sollte offenbar bei der Aufstellung nicht sichtbar sein; die Figur stand also so, dass man sie von vorne betrachtete. Sie wurde bei der Herstellung aus zwei Teilen zusammengesetzt, dem Sitz und dem Körper mit Beinen, die an einer Fuge aneinanderstoßen. Die großen Teile sind aus einer Gussform genommen oder aus Einzelteilen zusammengefügt, die man in Modeln herstellte. Der Schmuckreif am Arm und das Gewand wurden vor dem Brand über den Kern der Figur gelegt und festgedrückt. So erkennt man noch den Tonwulst, den der Koroplast – so nennen wir die Verfertiger solcher Terrakotten – verknotete und auf der linken Schulter der Figur positionierte. Im Gesicht ist erkennbar, dass die Tonoberfläche mit einem Stichel bearbeitet wurde.

Technik

Ikonographie

Körper und Haltung

Auf einem an seinen unregelmäßigen Wölbungen erkennbaren Fels sitzt ein leicht untersetzter Mann mit relativ großem Kopf und dünnen, gebogenen Beinen. Er trägt eine Stoffkappe auf dem kurzhaarigen Kopf. Auf seiner linken Schulter ist ein unregelmäßiges Stoff- oder Lederstück – oder ein Fell, das lässt sich nicht mehr sagen – geknotet, das als notdürftiges Gewand dient, aber den Körper nur diagonal überzieht und die rechte Hüfte umschließt, das große männliche Geschlecht aber unbedeckt lässt. Der überdimensionierte Penis ist unterhalb des linken Fußes deutlich erkennbar. Der Oberkörper erscheint eher schmächtig, die Brust nicht muskulös, sondern schlaff gestaltet. Am linken Oberarm trägt der Mann einen wulstigen Armreif. Der rechte Fuß war fest auf den Boden gesetzt. Der linke Fuß ist hochgenommen und auf das rechte Knie gelegt. Ihn hält die linke Hand, und auf ihn zu sind auch die rechte Hand bewegt und der Blick gelenkt. Zudem bläst der Mann mit vollen Wangen in Richtung des Fußes. Gesten und Fingerbewegung zeigen, dass er sich offenbar einen Dorn aus der Fußsohle ziehen möchte und den Schmerz durch sein Pusten zu lindern sucht. Beschreibungen der Figur besagen, dass ein Tonfortsatz an der linken Sohle anzeigt, dass die Finger sie wirklich einmal berührten. Schauen wir dem Mann ins Gesicht, so erkennen wir seine stark gerunzelte Stirn und tiefe Falten an der Nasenwurzel; die wie flachgedrückt erscheinende Nase ist deutlich gesattelt.

Soziale Kennzeichnung

Wir können also die lebensnah dargestellte Handlung direkt verstehen: das Dornausziehen. Die Szene spielt sich im Freien ab, wie der Fels andeutet, auf dem der Mann sitzt. Und wir kennen andere Figuren, die ähnlich gekleidet und ausgerüstet sind. Bürgerliche und Angehörige der Mittel- und Oberschichten tragen niemals vergleichbare Gewänder, oftmals aber Hirten. Kappen und schräg gelegte Fell- oder Stoffstücke über dem Körper sind ebenfalls Hirtenbildern eigen. Ein Hirte oder zumindest eine sich in freier Natur bewegende Person einfachen sozialen Ranges wird gemeint sein. Dafür spricht auch die Physiognomie, die sich vom griechischen Schönheitsideal deutlich unterscheidet: Aufgeblasene Wangen sind bei bürgerlichen Figuren nie Darstellungsthema, ebenso wenig zeigen sich griechische Bürger jemals mit solchen Sattelnasen – eine Ausnahme bildet lediglich das Porträt des Sokrates, das ihn wie einen Silen zeigen soll. Auch die Proportionen des Körpers weichen vom bürgerlichen Ideal ab: Der Kopf ist zu groß, der Körper untrainiert und schmächtig, vor allem aber ist das Geschlecht übergroß. Schon seit geometrischer Zeit werden Handwerker und Figuren der Unterschicht mit solchen Zügen ausgestattet, die wie Deformierungen aussehen, aber wohl in erster Linie Versuche sind, die Bilder hässlich, unschön, also außenseiterhaft zu gestalten. Nur Sklaven, Diener oder Handwerker präsentieren überdies in Bildern so unkontrolliert ihr Geschlecht im frontalen Sitzen wie unser Hirte. Wir haben also eine Figur vor uns, die demonstrativ durch ikonographische Züge als sozial minderwertig, hässlich, einfach und unkontrolliert in ihrem Auftreten gezeigt wird.

Außenseiter

Genreplastik des Hellenismus: Ikonologie I

Sitzen

Das führt uns zu einer zweiten Ebene der ikonographischen Bestimmung: Das Sitzen gehört zwar durchaus zu den Posen antiker Darstellung, die positiv belegt waren. Es kann als Thronen den Herrscher auszeichnen, wie Zeus, den Herrn des Olymp in seinem Kultbild in Olympia, oder die Philosophen- und Dichterstatuen des Hellenismus. Allerdings hat das Sitzen dort immer eine hieratische Konnotation. Es ist nicht allein situativ, sondern repräsentativ gemeint, zeigt den ehrenhaften Stand des Dargestellten an; auch findet man in solchen Bildern immer ein Sitzmöbel. Keiner der Herrscher sitzt auf einem Fels – allenfalls der Boten- und Wegegott Hermes –, kein Philosoph greift sich zufällig an die Fußsohle. Die in unserer Terrakotte gezeigte Szene erscheint vielmehr ganz aus dem Leben gegriffen, belauscht gleichsam mit den Augen eine menschliche Figur, die sich auf einem Stein niedergelassen hat. Wir nennen solche Szenen ganz alltäglichen Geschehens ‹Genreszenen›. Solche Genreszenen nun erscheinen überraschenderweise seit dem Beginn des Hellenismus auch in der Großplastik aus Marmor und Bronze. Damals entstanden die bedeutendsten Skulpturen der antiken Genreplastik. Ins späte 3. Jahrhundert v. Chr. gehören Bildwerke dieser Art, die wir in römischen Kopien kennen: die Statue einer am Boden sitzenden Alten, die offenbar bei einem Fest für den Gott Dionysos zu tief in den Weinkrug geschaut hat (sog. Trunkene Alte) oder diejenige eines Fischers, der seine Beute zum Markt trägt (sog. Fischer Louvre-Neapel). Unser Dornauszieher gehört in dieselbe Gruppe von Bildwerken. Solche Bildwerke erweisen den naturalistischen Zeitgeschmack des Hellenismus.

Genreszenen

Bukolik

Hinzu kommt der gewählte konkretere Themenbereich unseres Figürchens. Wir befinden uns in freier Natur, es könnte ein Hirte gemeint sein. Beides gehört in den Bereich der Bukolik.

Bukolos bedeutet eigentlich ‹Rinderhirte›. Als Fachterminus vor allem der Literaturwissenschaft bezeichnet man so alle Darstellungen von Hirten, Landleuten und natürlichen Landschaften. Bekannt ist vor allem die sogenannte bukolische Dichtung, ein Zweig der literarischen Produktion, der sich der Darstellung von Landleuten, Hirten usw. in ihrer als natürlich vorgestellten Umwelt widmet. Der Dichter, der mit dem Aufleben dieser Dichtung im Hellenismus, im 3. Jahrhundert engstens verbunden ist, ist Theokrit. «Idyllen» heißt seine Gedichtsammlung, die sich dem Thema, vor allem dem Hirtenwesen, weitab von den großen Städten, widmet. In seiner 4. Idylle beschreibt Theokrit die beiden Hirten Korydon und Battos als einfache Männer, Angehörige der Unterschicht, aber glücklich trotz ihres beschwerlichen Lebens auf dem Land – ein konstruiertes Gegenbild zur städtischen Kultur der Zeit. Battos tritt sich bei der Verfolgung eines Kalbes einen Dorn in den Fuß. Das Motiv des Dorneintretens ist also im 3. Jahrhundert v. Chr. in der bukolischen Dichtung bekannt. Unsere Statuette fügt sich so in das Feld der bukolischen Darstellungen und in die Vorstellungswelt der Zeit ein.

Theokrit

Bildentwurf und Bildtraditionen

In Falle der Berliner Terrakotte kommt ein zweites, formales Element hinzu, das uns wichtige Aufschlüsse in zweierlei Hinsicht gibt: über die Art und Weise, wie antike Bildwerke bis in die Neuzeit bekannt blieben, und darüber, wie man in der Antike seit dem Hellenismus Bilder bukolischer, aber auch anderer Themen entworfen hat.

Nicht nur war die gezeigte Handlung in der Antike wohlbekannt; das Bildmotiv, in dem sie der Koroplast darstellte, gehört auch zu denjenigen Bildmotiven, die man seit dem Mittelalter mit der Antike verband. Es gab noch im 11. Jahrhundert in Rom eine antike Statue, die in den Reiseführern der Zeit genannt wird. Sie befindet sich heute in den Kapitolinischen Museen, im Konservatorenpalast der Stadt Rom. Es handelt sich um die etwa lebensgroße Bronzestatue eine Jünglings, der sich einen Dorn aus der Fußsohle zieht (Abb. 24). Offenbar war sie niemals zerstört oder verschüttet worden, sondern hat in Rom das Ende der Antike überlebt. So konnte sie – neben der Bronzestatue des römischen Kaisers Marc Aurel, die man als Kons-

Abb. 24: Rom, Musei Capitolini Inv.-Nr. 1186: frühkaiserzeitliche Bronzestatue eines Dornausziehers (‹Spinario›)

tantinsbild ansah – zur bekanntesten antiken Statue Roms werden. In ihr sah man die heidnische Antike verkörpert. So brachte man schon im hohen Mittelalter ihre Reproduktionen als übelabwehrende ‹Dämonen› an Stadttoren an. Auch dies ist eine Form, in der antike Bildwerke auf uns gekommen sind. Spätestens seit der Renaissance benutzen Bildhauer sie als Modell.

‹Spinario› Die antike Dornauszieherstatue in Rom, die italienisch *Spinario* hieß, stimmt in der gezeigten Handlung und Haltung weitgehend mit unserer Terrakotte aus Priene überein. Dies zeigt uns, dass das Bildthema des einfachen Figürchens nicht etwa, wie man meinen könnte, von einem Koroplasten in Priene spontan entworfen wurde und gleichsam zufällig Realität so darstellte, wie sie war. Vielmehr stand die Terrakotte selbst in einer Bildtradition, war konventionell und typologisch gebunden, also künstlich. Der Koroplast kannte diese Tradition; ihre Geschichte ist komplex.

Repliken Wir kennen den ‹Spinario› in Rom, der in der römischen Kaiserzeit hergestellt wurde, in mehreren Repliken. Diese stimmen typologisch in so vielen Details überein, dass sie als Kopien nach

Abb. 25: London, British Museum Inv.-Nr. 1880,0807.1: frühkaiserzeitliche Marmorstatue eines Dornausziehers (‹Dornauszieher Castellani›)

ein und demselben Vorbild angesehen werden müssen (Typus). Durch die sogenannte Kopienkritik lässt sich ermitteln, welche Überlieferung dabei die zuverlässigste darstellt. Das Original, das den Kopisten als Vorbild diente, sah demzufolge eher so aus wie eine andere Replik, die ebenfalls mit ihrem Kopf erhalten ist: der sogenannte Dornauszieher Castellani (Abb. 25). Auch er wurde – allerdings erst im 19. Jahrhundert – in Rom gefunden. Anders als der ‹Spinario› weist der Kopf des ‹Dornausziehers Castellani› eine Kurzhaarfrisur auf, die der bukolischen Szene eines Hirten auch besser entspricht. Die stilisierte, schönlockige Frisur des ‹Spinario›, deren Haar sogar gegen jede Schwerkraft gelegt ist, erweist sich als künstliche Abänderung, die dem späthellenistischen oder kaiserzeitlichen Geschmack folgte. Der Kopf des Originals wurde durch einen damals angemessener erscheinenden oder als geschmackvoller geltenden Kopf ersetzt, der eher Formen der griechischen Klassik folgte (Eklektizismus). Doch auch der ‹Spinario› wurde mehrfach kopiert. Der Kurzhaarkopf der anderen Überlieferung gehört hingegen aus stilistischen Gründen eher in den frühen Hellenismus; damals ist das Handlungsmotiv auch erstmals bezeugt.

‹Dornauszieher Castellani›

Narrative Verwendung

Vermutlich im 3. Jahrhundert v. Chr. also schuf man die rundplastische, vielleicht aus Bronze gefertigte Figur eines kurzhaarigen Knaben, der sich einen Dorn aus dem Fuß zieht und wie eine seiner aus Marmor gefertigten Kopien, der sogenannte Dornauszieher Castellani (Abb. 25), nackt auf einem Felsen saß. Diese Statue war offenbar bekannt und beliebt; vermutlich stand sie als Weihgeschenk in einem öffentlich zugänglichen Heiligtum. Sie gehört als Hirtenbild zu den Genreskulpturen, die wir als typisch hellenistische Produkte bereits kennengelernt haben. Das bestätigt sich, wenn man sich anschaut, in welchen Zusammenhängen die Figur reproduziert wurde: Auf einem Relief, das sich heute in Liverpool befindet und auf ein hellenistisches Vorbild zurückgeht, sitzt sie in freier Landschaft neben Orpheus, dem Sänger, der mit den Tieren sprechen kann, und mit Satyrn, den Begleitern des Dionysos. Die Beifiguren weisen auf ein ländlich-natürliches Umfeld. Auf einer Gemme, also einem antiken Ringstein, sehen wir den Dornauszieher ebenfalls in freier Natur mit einer Syrinx, der Panflöte, wie sie Hirten benutzen, die an einem Baum hängt. Man hat die lebensgroße Einzelfigur also auch in erzählerische Zusammenhänge eingebettet, die in unterschiedlichen Medien Verbreitung fanden.

Umbildungen

Vermutlich im früheren 2. Jahrhundert v. Chr. griff dann ein Koroplast im ionischen Priene den Bildtypus auf – ob er ihn durch Reliefs oder Ringsteine, durch Skulpturen oder durch Zeichnungen kannte, lässt sich nicht mehr ermitteln. Doch wir wissen, dass auch Modeln und Gussformen solcher Figuren in den Werkstätten weitergegeben und wechselseitig benutzt wurden. Auch er verwendete den Bildtypus zur Darstellung eines Hirten in freier Natur, wandelte ihn aber ab: Der nackte Jüngling wird zu einem sehr einfach gekleideten Mann; der schöne Kopf zu dem eines Hässlichen; das Geschlechtsorgan wird über Gebühr vergrößert; das einfache Dornausziehen zu einem konzentrierten Akt, bei dem das Gesicht pustend entstellt wird. Solche Umbildungen sind kein Einzelfall. Zwei Bronzestatuetten zeigen einen vergleichbaren Umgang mit dem Bildtypus: In Hartford (USA) befindet sich die Bronzestatuette eines nackt auf einem Fels sitzenden Mannes mit spitzem Pilos, der typischen Kopfbedeckung von Handwerkern und Landleuten. Er ist bärtig, also ein älterer Mann, sitzt in der typischen Haltung vor uns und zieht sich – noch konzentrierter als der Priener Hirte, die Augen ganz nah am verletzten Fuß – einen Dorn aus der Sohle. Die Statuette gehört ins 2. Jahrhundert v. Chr. Sie versetzt das Motiv ebenfalls in das Ambiente der Landleute und verstärkt den Eindruck, diese würden sich ganz auf Alltäglichkeiten konzentrieren. Noch drastischer wird im Falle einer Bronzestatuette, die sich heute im Louvre befindet, mit dem Thema umgegangen. Dort ist es zwar wieder ein unbekleideter, bartloser Mann, der sich den Dorn aus der linken Fußsohle zieht, nun aber ein offenbar physisch extrem deformierter Mensch. Dieser Deformierte weist stark abgemagerte, rachitische Beine, dafür einen überdimensionierten, verformten Brustkorb auf. Auch der ganz kahle Schädel ist unförmig gestaltet. Der Bronzegießer hat hier das Thema aus seinem bukolischen Kontext in den physisch Hinfälliger bzw. Behinderter versetzt.

Bildtradition

So natürlich und lebensnah, ja geradezu zufällig erfunden unser Dornauszieher aus Priene auch aussieht, er folgt doch einer relativ streng beachteten Bildtradition. Allein die Tatsache, dass ausnahmslos der linke Fuß aller Dornauszieher hochgenommen ist und dass sie leicht erhoben sitzen, zeigt schon, dass sie sämtlich auf denselben, visuell tradierten Bildtypus zurückgehen – andernfalls hätte ein Plastiker ja auch einmal den rechten Fuß hochgelegt oder den Dornauszieher am Boden sitzend zeigen können. Zufall kann solch eine langfristige Übereinstimmung nicht sein. Die Bildtradition ging von einer bukolischen Genrestatue eines jungen Hirten aus, die im 3. Jahrhundert v. Chr. vielleicht als ein Votiv – Dionysos oder Hermes wären dafür thematisch passende Götter – geschaffen wurde. Sie wurde bekannt, in Bildern weitergegeben, umgestaltet und dann auch kopiert. Die enge Bindung an eine solche Vorprägung ist bezeichnend und zeigt uns, wie antike Bildproduzenten vorgingen. Der Motivvorrat war beschränkt; bestimmte Entwürfe kamen an und wurden weitergegeben; sich an ihnen zu orientieren und sie umzugestalten gehört seit dem Hellenismus zum Standard.

Das Lachen der Reichen: Ikonologie II

In welchem Zusammenhang aber geschah dies bei unserer Terrakotte, und in welchem Zusammenhang steht es mit ihrem kulturellen und historischen Kontext? Schauen wir erneut auf die oben besprochenen sogenannten Genrefiguren als typische Produkte der hellenistischen Kunst: Es ist wichtig, sich klarzumachen, dass solche großformatigen Statuen nicht von den Dargestellten gestiftet wurden, von Fischern, alten Frauen oder Hirten – sie waren viel zu arm, um eine lebensgroße Marmor- oder Bronzestatue in Auftrag zu geben, und nutzten die öffentlichen und sakralen Räume auch sonst nicht zu ihrer statuarischen Selbstdarstellung. Es waren vielmehr reiche Bürger, die solche Statuen stifteten. Heiligtümer waren dafür ein bevorzugter Ort, bevor man seit dem späteren 2. Jahrhundert v. Chr. auch Häuser mit statuarischem Schmuck ausstattete. Doch weshalb stifteten die Reichen Figuren, die nicht ihresgleichen, sondern Außenseiter zeigten? Da hilft uns die Bronzestatuette im Louvre weiter. Solche irritierenderweise früher von der Forschung als Grotesken bezeichneten Statuetten waren im Hellenismus ebenfalls beliebt und sind Sonderformen der Genrefiguren. Wir kennen viele solcher Bilder von physisch deformierten, krankhaft-verwachsenen Figuren. Sie tauchen kleinformatig in Bronze gegossen und in Ton auf; sie stellen am Boden sitzende Bettler, Hirten oder Landleute dar. Als Tänzer kann man sie mit eingelegten, stierend erscheinenden Augen und einem Weinkrug auf dem Kopf zeigen, und oft fällt das übergroße und damit fast komisch erscheinende Geschlecht auf. Mit realen physischen Deformationen stehen solche Darstellungen natürlich nicht in Zusammenhang, viel zu überzogen und künstlich erscheinen sie. Bereits seit dem 3. Jahrhundert v. Chr. waren solche Bildthemen sehr beliebt, wir kennen sie aus dem ganzen Mittelmeerraum, vor allem aus den Städten Kleinasiens und aus der neuen Metropole der hellenistischen Welt, aus Alexandria in Ägypten. Wozu brauchte man solche Statuetten? Früher dachte man daran, in ihnen Studienstücke pathologischer Forschung zu sehen, doch ist dies ganz ausgeschlossen, da kein einziger Hinweis auf eine solche Nutzung existiert. Auch als Karikaturen sind die Figuren nicht ausreichend erklärt. Wir müssen vielmehr nach konkreten, bezeugten Kontexten suchen, in denen diese Figuren verwendet wurden. Dazu weist uns zunächst Priene selbst, der Fundort unserer Terrakotte, einen Weg: Auch aus den Häusern der Stadt nämlich kennen wir solche Figuren. Am Rücken besitzen vor allem groteske Tänzer bisweilen eine Öse. Sie ließen sich also aufhängen. Im häuslichen Kontext benutzte man sie mithin als Raumschmuck, der von der Decke hing – und damit aller Wahrscheinlichkeit nach zur Unterhaltung der Betrachter diente. Eine Schlüsselquelle für

Reiche Stifter

Grotesken

das Verständnis solcher Befunde ist ein Bericht hellenistischer Zeit, der bei dem kaiserzeitlichen Autor Athenaios überliefert ist. In seinen *Deipnosophistai*, den «Gelehrtengastmählern» hat er alles nur Erdenkliche zum hellenistischen Symposion und zu seinen Praktiken gesammelt. Alle haben, so wird dort berichtet (128C ff.), reichlich gespeist und getrunken, sie liegen nun mit goldenen Kränzen auf ihren Klinen. Dann treten leicht bekleidete Tänzer und Tänzerinnen auf, Clowns mit erigiertem Geschlecht sowie nackte, feuerspeiende Akrobatinnen. Den Höhepunkt bildet aber der Auftritt eines uralten Mannes, der mit einer achtzigjährigen Frau tanzt. *Gelotopoioi* nennt der Text die beiden: ‹die, die alle zum Lachen bringen›. Andernorts werden solche *gelotopoioi* als affenartig (Athenaios 613 D) und missgestaltet (Lukian, *Symposion* 18) bezeichnet. Offenbar traten also körperliche deformierte alte Menschen auf, über deren Tanz sich die ganze Symposiongemeinschaft amüsierte. Die Terrakotten dieses Bildthemas, die sich ebenfalls in Häusern fanden, in denen auch Symposia abgehalten wurden, werden wir folglich als Spaßfiguren, als *gelotopoioi*, ansehen können. Sie hatten einen einzigen Zweck: Deformierung, physische Leiden, Armut und Alter sollten lächerlich gemacht werden – ein anderer Befund als die Diskurse, die die Bilder auf attischem Gelagegeschirr für das Athen des 5. Jahrhunderts v. Chr. bezeugen.

Athenaios

Unterhaltung beim Symposion

Dies erscheint uns unmenschlich und abstoßend. Kein Zweifel, so kann man es bewerten. Aber unsere Bewertungskategorien greifen hier offenbar nicht. Das Lachen über Außenseiter müssen wir historisch einordnen. Es bedeutete immer auch, sich der eigenen Sicherheit zu vergewissern: Wenn man reich und gesund war, war es ein Leichtes, sich über Kranke und Arme lustig zu machen – und damit zuallererst zu spüren, dass es einem selbst besser ging, dass man am anderen Ende des sozialen Spektrums stand. Das Lachen der Reichen ist der Versuch, sich vor Armut und Krankheit zu schützen, sie zu bannen und sich so Selbstgewissheit zu verschaffen. Dem dienten wohl auch die ‹Grotesken› des Hellenismus. Und in diesen sozialen und kulturellen Kontext passt auch der kommunikative Kontext unserer Terrakotte aus dem Privathaus in Priene: Auch sie sah man dort, vielleicht beim Symposion, vielleicht aber auch in anderem Zusammenhang. Sie holte einerseits ein bukolisches Motiv in das Haus, ein Motiv, das man spätestens seit dem

Distanz und Kunstkenntnis

Dichter Theokrit mit Glück und Zufriedenheit des einfachen Lebens verband, das die Städter des Hellenismus mehr und mehr vermissten. Andererseits sah man einen untrainierten, nicht dem bürgerlichen Schönheitsideal entsprechenden Mann vor sich, hässlich, mit zu großem Geschlecht und in tumber Beschäftigung nur mit sich selbst. Man konnte sich leicht davon absetzen als guter Bürger, als Hausbesitzer und sich für zivilisiert haltender Mensch. Auch dies wird eine Rolle gespielt haben. Und schließlich sah man diese schlichte Hirtenfigur in einer Pose, die bekannt war als Pose einer berühmten Hirtenstatue, die man überall imitierte und dann auch kopierte. Man konnte also nicht nur Distanz zum Ausdruck bringen, indem man den ländlichen Hirten belächelte, man konnte ihn auch als glücklich bewundern und zugleich Kunstkenntnis zeigen, indem man das Vorbild der Figur erkannte – und den schlichten Hirten in der Pose eines großen Kunstwerks sah, was umso mehr zu Spekulationen im Gespräch Anlass bot.

Literatur: *Terrakotte Berlin*: F. Rumscheid: Die figürlichen Terrakotten von Priene (Wiesbaden 2006) 497–498 Nr. 278 Taf. 119, 2–3; 120; M. Maischberger: Der Dornauszieher von Priene – Parodie eines Meisterwerkes, in: A. Schwarzmaier u. a. (Hrsg.): Die Antikensammlung. Altes Museum, Neues Museum, Pergamonmuseum, 4. Aufl. (Darmstadt 2012) 176–177 Nr. 98; J. Masséglia: Body Language in Hellenistic Art and Society (Oxford 2015) 232–236. – *Terrakotten, Übersicht/Einführungen*: F. W. Hamdorf, Hauch des Prometheus. Meisterwerke in Ton (München 1996); J. Violaine (Hrsg.): Tanagra. Mythe et archéologie (Paris 2003). – *Terrakotten, Material*: F. Winter: Die antiken Terrakotten 1–4 (Berlin 1880–1911); R. Higgins u. a. (Hrsg.): Catalogue of Greek Terracottas in the British Museum 1–4 (London 1954–2008); S. Huysecom-Haxhi u. a. (Hrsg.): Figurines grecques en contexte. Présence muette dans le sanctuaire, la tombe et la maison (Villeneuve 2015). – *Terrakotten im Haus*: Rumscheid a. O. – *Terrakotten im Grab*: D. Graepler: Tonfiguren im Grab. Fundkontexte hellenistischer Terrakotten aus der Nekropole von Tarent (München 1997). – *Sokrates-Porträt*: M. L. Catoni/L. Giuliani: Socrate-Satiro. Genesi di un ritratto, in: Annuario della Scuola archeologica di Atene 93 (2015) 39–60. – *Hellenistische Genrefiguren*: N. Himmelmann: Über Hirten-Genre in der antiken Kunst (Opladen 1980); H. P. Laubscher: Fischer und Landleute. Studien zur hellenistischen Genreplastik (Mainz 1982); C. Kunze: Verkannte Götterfreunde. Zur Deutung und Funktion hellenistischer Genreskulpturen, in: Mitteilungen des Deutschen Archäologischen Instituts, Römische Abteilung 106 (1999) 43–82. – *Bukolik*: H. von Hesberg: Bukolik. Formkonstanz und Bedeutungswandel, in: D. Boschung/L. Jäger (Hrsg.): Formkonstanz und Bedeutungswandel (Paderborn 2014) 229–251. – *Theokrit*: B. Effe (Hrsg.):

Theokrit: Gedichte, griechisch – deutsch (Berlin 2013); D. Meyer: Theokrit, in: B. Zimmermann/A. Rengakos (Hrsg.): Handbuch der griechischen Literatur der Antike 2. Die Literatur der klassischen und hellenistischen Zeit (München 2014) 215–225. – *Berühmte Statuen als Terrakotten*: F. Rumscheid, Klein, aber Kunst?, in: K. Junker/A. Stähli (Hrsg.): Original und Kopie. Formen und Konzepte der Nachahmung in der antiken Kunst (Wiesbaden 2008) 135–157. – *Dornauszieher (‹Spinario› und ‹Dornauszieher Castellani›)*: P. Zanker: Klassizistische Statuen (Mainz 1974) 71–83; N. Himmelmann, Drei hellenistische Bronzen in Bonn (Mainz 1975) 26–33; E. Berger: Kopf des Dornausziehers, in: ders. u. a. (Hrsg.): Antike Kunstwerke aus der Sammlung Ludwig III (1990) 85–93; C. Landwehr: Die römischen Skulpturen von Caesarea Mauretaniae 3. Idealplastik (Mainz 2006) 19–24; U. Mandel, Räumlichkeit und Bewegungserleben, in: P. C. Bol (Hrsg.): Geschichte der antiken Bildhauerkunst 3. Hellenistische Plastik (Mainz 2007) 182–185; C. Parisi Presicce: The Spinario (Bologna 2005); J. M. Daehner/K. Lapatin (Hrsg.): Power and Pathos. Bronze Sculpture of the Hellenistic World (Florenz 2015) 304–307; vgl. K. Meinecke: Antike Dornauszieheргruppen, in: Babesch 91 (2016) 129–160. – *Hellenistische Körperbilder*: J. Masséglia a. O. *passim* – *Behinderte beim Symposion*: L. Giuliani: Die seligen Krüppel. Zur Deutung von Missgestalteten in der hellenistischen Kleinkunst, in: Archäologischer Anzeiger (1987) 701–721. – *Nachantike Rezeptionsgeschichte des ‹Spinario›*: F. Haskell/N. Penny: Taste and the Antique. The Lure of Classical Sculpture 1500–1900 (New Haven 1981) 308–310; R. Amedick: Dornauszieher. Bukolische und dionysische Gestalten zwischen Antike und Mittelalter, in: Marburger Jahrbuch für Kunstwissenschaft 32 (2005) 17–51.

8. Das Grabmal des L. Munatius Plancus in Gaeta (20/10 v. Chr.)

Italien und Großgriechenland

Die griechische Kolonisation Unteritaliens und Siziliens (*Magna Graecia* = Großgriechenland) hatte seit dem 8. Jahrhundert v. Chr. die lokalen Kulturen der Appeninhalbinsel in Kontakt mit der materiellen Kultur Griechenlands gebracht. Vor allem durch Handel, aber vermutlich auch als Geschenke zwischen Adeligen war attische Keramik zu einem Standard in Gräbern Etruriens geworden – und von Etrurien aus ebenso wie etruskisches Material auch über die Alpen nach Norden gelangt; die Römer kannten Etruskisches und Griechisches. Mit der Expansion des Imperium Romanum im Mittelmeerraum intensivierten sich die Transfers. Seit Griechenland durch die römischen Eroberungen 146 v. Chr. römische Provinz geworden und Klein-

Rom und Griechenland

asien 133/2 v. Chr. an das Römische Reich gegangen war, kamen noch mehr griechische Beuteobjekte, darunter auch viele alte Kunstwerke nach Rom, aber auch Bildhauer und Architekten aus Griechenland. Rom avancierte architektonisch zu einer hellenistischen Stadt, und in den Städten Italiens, vor allem in der Rom umgebenden Landschaft Latium geschah Ähnliches. Man eignete sich systematisch die Bild- und Architektursprache des hellenistischen Griechenland an, verband sie mit eigenen Traditionen und machte sie für eigene Bedürfnisse nutzbar. Das Grabmal des Lucius Munatius Plancus in Gaeta ist ein Beispiel für den Fortgang dieses Prozesses im 1. Jahrhundert v. Chr.

Topographie und nachantike Nutzungsgeschichte

Gaeta

Die antike Stadt Gaeta liegt 130 Kilometer südöstlich von Rom und kaum 90 Kilometer vom Golf von Neapel entfernt an der Westküste Italiens auf einer Landzunge, die ins Meer vorragt. Oberhalb der Stadt erhebt sich ein Hügel, der Monte Orlando (Abb. 26). Er ist mit 170 Metern Höhe die auffälligste und größte Erhebung an der Küste südlich Roms und war schon in der Antike bekannt (Dionysios von Halikarnass 1, 53). Die Landschaft um Gaeta wie auch das südlich anschließende Kampanien um den Vesuv dienten reichen Römern seit dem 2. Jahrhundert v. Chr. als

Villeggiatur

bevorzugter Platz für ihre villenartigen Landsitze. Auf der Spitze des Monte Orlando steht bis heute ein Bauwerk, das man seit dem Mittelalter ‹Torre d'Orlando› nannte (Abb. 27). Es wurde damals als Befestigung benutzt und erfuhr seit dem 16. Jahrhundert Um- und Anbauten. Zuletzt diente es im 19. Jahrhundert als Signalturm der Armee. Doch besteht sein Kern aus einem römischen Monument. In den fünfziger Jahren des 20. Jahrhunderts entfernte man, im Sinne moderner Denkmalpflege, die nachantiken Teile, dokumentierte die Architektur und restaurierte das Bauwerk zugleich. In dieser Form stehen seine antiken Überreste heute vor uns.

Architekturtypologie, Rekonstruktion und systemischer Kontext

Baubefund

Die Beschreibung des Baubefunds ist methodisch der erste Schritt, um ein antikes Bauwerk zu verstehen. Sie erfolgt anhand der *in situ* erhaltenen Bauteile, die in Grundrissen

Abb. 26: Gaeta: Ansicht mit Monte Orlando von Osten

Abb. 27: Gaeta: frühkaiserzeitlicher Grabbau des L. Munatius Plancus. Ansicht

(Abb. 28), Schnitten und Ansichten (Abb. 27, 29) dokumentiert werden. Der vor uns stehende antike Bestand gehört zu einem Rundbau von annähernd 30 Metern Durchmesser. Über dem unter der Oberfläche verborgenen und nicht ausgegrabenen Fundament liegt eine dreilagige Basiszone aus kissenartig vorgewölbten Kalksteinquadern. Darüber folgt ein Fußprofil, über dem sich der Aufbau aus glatten Quadern erhebt, die etwa 60 Zentimeter dick sind. Zwölf Quaderschichten liegen übereinander. Ihre Schichthöhen und Blockgrößen differieren. Die oberhalb folgende dreizehnte Lage ist als Triglyphon gestaltet (Abb. 30). So bezeichnen wir ein Element der Architekturdekoration, in dem sich mit drei senkrechten Vorsprüngen versehene

Triglyphon

Triglyphen (griech. *triglyphon* = Dreistein) mit Metopen (Fläche zwischen zwei Triglyphen) abwechseln, die mit Reliefs verziert oder glatt belassen sein konnten. Hier sind sie reliefiert. Über dem Triglyphon folgt das vorkragende Kopfprofil oder Abschlussgesims des Aufbaus. Insgesamt misst der Tambour – so bezeichnet man den zylinderförmigen Kernbau eines solchen Rundmonuments – in der Höhe 8,88 Meter. Zusammen mit Basis, Fuß- und Kopfprofilen erreicht das Bauwerk bereits eine Höhe von mehr als 10 Metern.

Tambour

Das Gesims bildet jedoch nicht den Abschluss des Baus nach oben. Es folgt ein Aufbau, der aus hochkant stehenden Steinquadern mit einem vertieften Feld (‹Spiegel›) besteht. Zwischen ihnen liegen horizontal je drei langrechteckige, undekorierte Quader. Hinter diesem zinnenhaften Aufbau befindet sich ein Kanal, der mit wasserdichtem Mörtel ausgekleidet ist, also der Ableitung von Wasser diente. An seiner Innenseite läuft eine weitere Steinlage kranzförmig um.

opus caementicium

Schauen wir in das Innere des Bauwerks, so finden wir hinter den Quadern des Tambours Gussmauerwerk, also Mörtel mit Bruch- und Kieselsteinen, das sogenannte *opus caementicium*. Die Quader dienen der Verkleidung dieses betonartigen Kernes: eine übliche römische Mauertechnik seit dem späten Hellenismus. Im Inneren des Caementitium-Kernes befinden sich vier Kammern (Abb. 28 Nr. 1), die einzeln von einem ringförmigen Korridor (Nr. 2) aus zugänglich sind. Dessen Zugang von außen liegt im Norden (Nr. 3). Gang und Kammern besitzen Gewölbedecken mit Höhen von 9 bis 10 Metern. Ihre Wände sind teilweise mit Ziegelmauern (sog. *opus latericium* oder *testaceum*), teilweise mit *opus reticulatum* verkleidet. Als *opus reticulatum* bezeichnen wir eine weitere Verkleidung von Gussmauerwerk, doch besteht sie aus kleinen, quadratischen Kalksteinen, die in Form eines diagonal orientierten regelmäßigen Netzes gesetzt sind (lat. *rete* = Netz). Nach innen hin besaßen die Steine eine spitze, pyramidale Form. Sie bohrte sich mehr als 10 Zentimeter tief in das Gussmauerwerk. Das *opus reticulatum* wurde also in die noch feuchte äußere Schicht des Gussmauerwerks gedrückt, um sie schalenartig zu stabilisieren.

opus reticulatum

Grabbau

Kammern im Inneren eines aufgemauerten Rundbaus sind in der Regel *Grabkammern*, denn nur bei Grabbauten kommt in der griechischen Antike diese Kombination von Architekturfor-

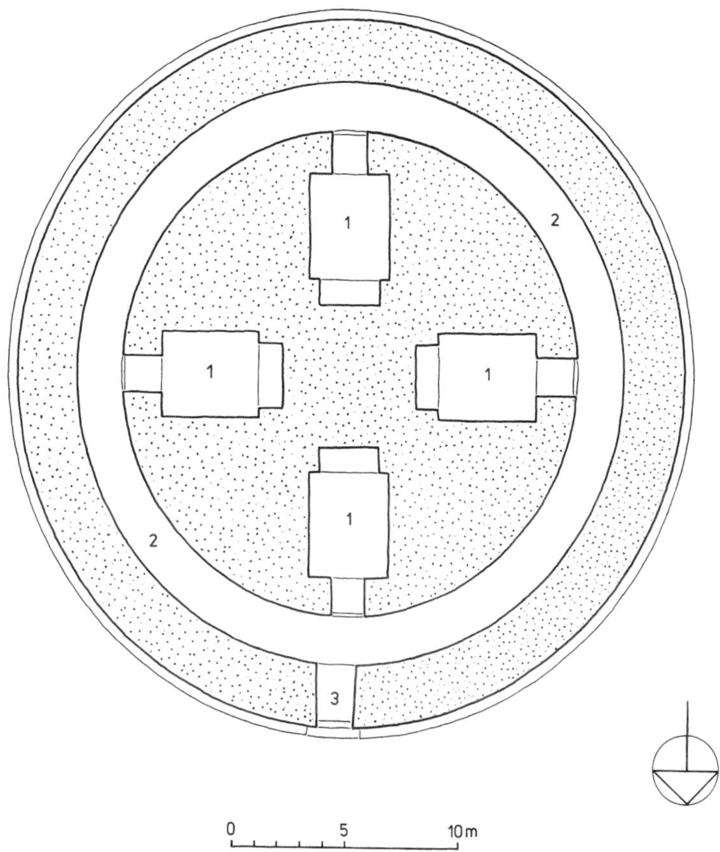

Abb. 28: Gaeta: frühkaiserzeitlicher Grabbau des L. Munatius Plancus. Grundriss

men vor. Damit ist die systemische Funktion des Bauwerks allein schon bautypologisch bestimmt.

Grabhügel

Noch haben wir jedoch nicht geklärt, wie der Grabbau oberhalb des zinnenartigen Gesimses aussah. Heute ist dort eine moderne Decke aufgelegt. Antikes Gussmauerwerk findet sich dort nicht. Gleichwohl zeigt uns die oben genannte Rundmauer hinter den ‹Zinnen›, dass ein Aufbau folgte, den wir rekonstruieren müssen. Befund und Bautypologie führen auch dabei weiter. Wenn ein antiker Rundbau mit Tambour als Grabbau diente, konnte er einen darüber aufgeschütteten Erdhügel (*tumulus*) tragen. Einem solchen Tumulus würde die Ringmauer hinter den

‹Zinnen› als Stabilisierung dienen; er erklärt aber auch die dortige Wasserrinne: Sie leitete das von der Hügelschräge fließende Regenwasser ab. Wir besitzen heute also mit dem Stein-Gussmauer-Bauwerk lediglich den Unterbau eines darüber aufgeschütteten Erdhügels und können nun den Bau als Ganzen rekonstruieren (Abb. 29).

Planung und Baukonzept

Maße und Proportionen

Der Baubefund liefert Indizien, um die Planungs- und Bauvorgänge zu rekonstruieren. Dazu lassen sich zunächst die Dimensionen und Proportionen des Grabbaus heranziehen (Abb. 29). Sie helfen uns, die üblicherweise regelmäßigen antiken Maße zu ermitteln, anhand derer das Bauwerk entworfen und errichtet wurde und die in der antiken Bauplanung von großer Wichtigkeit waren. Der Durchmesser des Tambours entspricht mit 29,5 Metern 100 römischen Fuß. Hingegen erreicht der Tambour einschließlich der liegenden Blockreihe zwischen den Zinnen eine Höhe von einem Drittel des Durchmessers, d.h. 33,3 römische Fuß. Diese Beobachtungen machen es wahrscheinlich, dass auch die Höhe des Tumulus, der das Grab bekrönte, regelhaft entworfen war und sich in die Gesamtproportionen einfügte. Zu steil wird man ihn schon aus statischen Gründen nicht gestaltet haben, denn er besaß ja keine innere Stabilisierung. Rekonstruiert man ihn so, dass seine Höhe so groß ist wie die des Tambours ohne Unter- und Aufbau, also nur der glatten Wandfläche entspricht – deren Höhe ist durch die Steinlage mit der Inschrift ebenfalls in zwei gleich hohe Teile untergliedert –, dann ergibt sich ein schlüssiges Bild. Es bedeutet nämlich, dass der Grabbau in seiner Gesamthöhe horizontal in zwei gleich große Partien untergliedert war: den glatten Tambour und den Aufbau mit dem aufragenden Erdtumulus. Die Höhe des Steinbaus ohne Tumulus zum Durchmesser hingegen folgte dem Proportionsverhältnis 1:3, wobei das runde Maß der 100 römischen Fuß des Durchmessers als Ausgangspunkt diente. So hypothetisch diese Rekonstruktion auch erscheinen mag: Stellt man regelhafte und sich wiederholende Proportionsverhältnisse zwischen Teilen einer Architektur fest, so kann dies kaum Zufall sein. Vielmehr ist es ein Indiz, dass diese Regeln auch den Entwurf leiteten. Solche Proportionen erleichterten die zeichnerische Planung, die jeder Architektur zugrunde liegt.

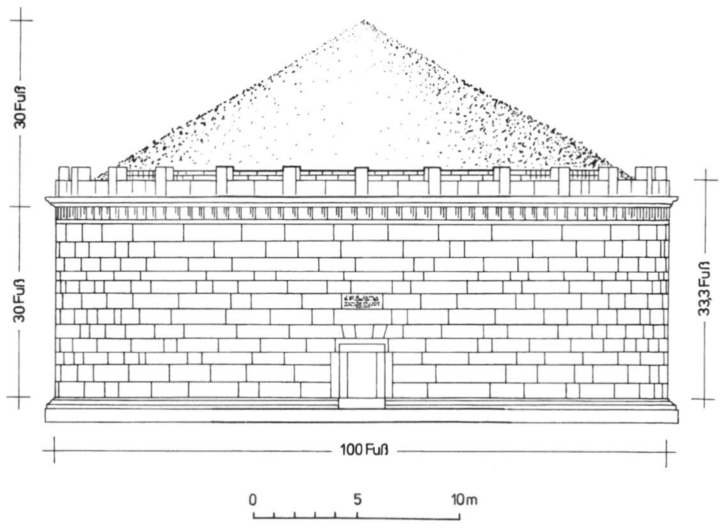

Abb. 29: Gaeta: frühkaiserzeitlicher Grabbau des L. Munatius Plancus. Rekonstruierte Ansicht

Bauherr und Grabinhaber

Eine weitere historische Bewertung macht eine Datierung des Bauwerks erforderlich. Diese kann über den Besitzer erfolgen, wenn wir ihn kennen, oder durch den Stil des Bauwerks, der zeitgemäßen Geschmacks- und Bauprinzipien gefolgt sein muss. Im Falle des Grabbaus in Gaeta ist sein Besitzer leicht zu ermitteln. Außen am Tambour genau in der Mitte seiner Höhe über dem Eingang ins Innere (Abb. 29), also gut sichtbar, ist nämlich eine lateinische Inschrift angebracht. Es handelt sich um eine *tabula* (Tafel) aus Marmor, die mit einem Rahmen versehen ist und eine Breite von 2,03 Meter aufweist. Der lateinische Text, der im *Corpus Inscriptionum Latinarum* in Band 19 die Nummer 6087 (CIL 19, 6087) trägt, lautet folgendermaßen:

Grabinschrift

L(ucius) MVNATIVS L(uci) F(ilius) L(uci) N(epos) L(uci) PRON(epos)
PLANCVS CO(n)S(ul) CENS(or) IMP(erator) ITER(um) VII VIR
EPVLON(um) TRIVMP(havit) EX RAETIS AEDEM SATVRN(i)
FECIT DE MANIBI(i)S AGROS DIVISIT IN ITALIA
BENEVENTI IN GALLIA COLONIAS DEDVXIT
LUGDUNUM ET RAVRICAM (faciendum curavit?/hic situs est?)

cursus honorum

Solche öffentlichen lateinischen Inschriften folgen in den Abkürzungen von Namensangaben mit den Hinweisen auf die männlichen Vorfahren (Filiation) und von Ämtern (*cursus honorum*) festen Standards, so dass die Kürzel leicht aufzulösen sind. Die in den Abkürzungen fehlenden Buchstaben des vollständigen Wortes werden in der Epigraphik (Inschriftenkunde) in der Regel in runde Klammern gesetzt; eckige Klammern sind ergänzten Buchstaben vorbehalten, die durch Zerstörung der Inschrift fehlen, ursprünglich aber vorhanden waren. Die Übersetzung lautet mithin:

«Lucius Munatius Plancus, Sohn des Lucius, Enkel des Lucius, Urenkel des Lucius, Consul und Praetor, der zweimal zum Imperator ausgerufen wurde, zum Siebenmännerkollegium der Epulones gehörte, der über die Raeter triumphierte, den Saturntempel aus Beute errichten ließ und in Italien die Landverteilung für die Stadt Benevent vornahm, in Gallien die Kolonien Lugdunum und Raurica gründete (hat dies errichten lassen?/ liegt hier begraben?)»

Neben der prominenten Anbringung der Inschrift am Bau bedeutet auch ihre Rahmung und ihr heller Marmor eine Hervorhebung gegenüber den einfachen Kalksteinen der Tambourverkleidung. Selbst das Schriftbild ist gezielt gestaltet, denn der Personenname der ersten Zeile ist zusammen mit der Filiation in den größten, also auffälligsten Buchstaben geschrieben.

tria nomina

Man las über dem Eingang des Grabes zunächst, dass Lucius Munatius Plancus der Bauherr war, weil dieser im Nominativ erscheint. Um sein Grab handelt es sich mithin. Die Errichtung eines Grabbaus bereits zu Lebzeiten gehört zum Standard im römischen Italien. Die Vielzahl der Kammern im Inneren des Grabbaus weist darauf hin, dass weitere Familienmitglieder hier bestattet werden sollten. Der Name des Lucius folgt den für römische Bürger üblichen *tria nomina*. Lucius (Praenomen) entstammt der Familie (*gens*) der Munatii (Gentilnomen) und dabei dem Familienzweig, dessen Mitglieder den Beinamen (Cognomen) Plancus führten. Die *Munatii Planci* gehörten, wie wir aus anderen Zeugnissen wissen, ursprünglich nicht zur Nobilität Roms, sondern zu den Plebejern; es handelt sich also um soziale Aufsteiger. Munatius führte deshalb seine Abstammung bis in die Generation seines Urgroßvaters an, um zu demonstrieren, auf welch lange Genealogie seine Familie zurückblicken konnte. Der folgende *cursus honorum* präsentiert uns sodann soziale und politische Rollen des Grabinhabers. Er nennt das Consulat, das Praetorat – hochrangige politische Ämter in Rom – und die mindestens zweifache Ausrufung zum Imperator, die ihn als führenden Militär ausweist. Zudem gehörte er dem Priesterkollegium der *septemviri Epulonum* an, die wichtige Kultaufgaben in Rom besaßen – insgesamt also ein höchst erfolgreicher römischer Magistrat und Feldherr. Die Inschrift sagt indes noch mehr: Er durfte nach dem Sieg über die Raeter, einen in den Westalpen bis zur Donau hin lebenden Volksstamm, einen Triumph in Rom feiern, den auch Velleius Paterculus in seinem Geschichtswerk erwähnt (2, 67, 4). Aus der Beute dieses Sieges ließ er den Saturntempel am Forum Romanum in Rom, mitten im Zentrum des Imperiums, errichten, was in der Hauptstadt selbst die Inschrift des Tempels öffentlich zeigte (CIL 6, 1316). Offenbar war auch eine solche Baustiftung als Wohltat für die Res Publica eine erwähnenswerte Großleistung. Zudem teilte er vermutlich den Veteranen aus seinen Feldzügen Landbesitz in Italien zu, und zwar bei Benevent, und gründete die Kolonien Lugdunum, das heutige Lyon, und Raurica, das heutige Augst bei Basel, zur Ansiedlung römischer Bürger.

Triumph

Kolonien

Die Grabinschrift erweist sich als eine Auflistung von Leistungen des Geehrten, seiner *res gestae*. Dies erscheint im Hinblick auf ihre Anbringung an einem Grab zunächst befremdlich. Versuchen wir nämlich, einen Zusammenhang zwischen dem Grabbau, dem Tod des dort Bestatteten und der Inschrift herzustellen, d. h. die systemische Funktion des Bauwerks mit seiner Inschrift zu verbinden, so scheitern wir. Es ist bezeichnend, dass es in dem Text um vieles, nur nicht um seinen Tod geht – ganz anders als bei der Kore Phrasikleia aus dem Griechenland des 6. Jahrhunderts v. Chr. –, weder um sein Sterben noch um seine Bestattung noch um Trauer. Wie in einer ihm zugedachten Ehrung erinnert der Stifter vielmehr an sich selbst; er fordert nicht zur Trauer auf, sondern preist seine Lebensleistung, ohne aber an rein Individuell-Persönliches zu erinnern. Vielmehr geht es um all das, was er für Rom getan hat, und um seine familiäre Tradition im traditionellen Gefüge hochrangiger römischer Familien. Die Grabinschrift demonstriert, dass die Selbstdarstellung als öffentliche Repräsentation ein wesentliches Anliegen war, wenn man einen Grabbau errichtete. Solche Gräber sagen uns also weniger über

Selbstdarstellung

den Umgang mit dem Tod, als vielmehr, dass nach dem Tod der Nachruhm Vorrang hatte.

Datierung und historisch-soziale Kontextualisierung

L. Munatius Plancus

Von Lucius Munatius Plancus wissen wir aus antiken Textzeugnissen, dass er spätestens 54 v. Chr. als erster Spross seiner Familie (lat. *gens*) Senatsmitglied wurde. Lucius Munatius diente dann als Legat Caesars bei der Eroberung Galliens (Caesar, *De bello Gallico* 5, 24–25). Er gehörte damit zur Partei des mächtigsten Mannes in Rom. Auf dessen Seite kämpfte er im Bürgerkrieg gegen Pompeius, wurde 46 Stadtpräfekt Roms, 45 Praetor. Noch vor Caesars Ermordung im März 44 war er als Consul für das Jahr 42 und für die Zeit danach als Proconsul der neuen Provinz Gallia Comata im heutigen Frankreich bestimmt worden, zu der damals die von Caesar neu eroberten Gebiete zählten – Ämter, die er auch antrat. In Gallien gründete er danach die in seiner Grabinschrift genannten Kolonien zur Ansiedlung von Veteranen, nämlich Lugdunum und Raurica. Weil seine Tätigkeit in Grenznähe mit militärischen Erfolgen verbunden war, gewährte man ihm im Dezember 43 in Rom einen Triumph. In den Auseinandersetzungen der Rächer Caesars stand er sodann als Legat auf Seiten des Marc Anton im Osten, wo er auch zum Imperator erhoben wurde, und damit gegen den Caesarerben Octavian (den späteren Augustus). Als sich das Blatt zu dessen Gunsten zu wenden drohte, verriet Munatius im Jahre 32 den Inhalt des Testaments des Marc Anton an Octavian. Damit wechselte er erfolgreich auf die Seite des neuen mächtigen Mannes, der Marc Anton im Jahre 31 endgültig besiegte. Munatius hatte die Zeichen der Zeit erkannt und geschickt für seine politische Karriere genutzt. Er war es, der im Jahre 27 v. Chr. im Senat vorschlug, dem neuen Princeps den Ehrennamen Augustus (der Erhabene) zu verleihen. 22 v. Chr. wurde er Censor, und erst in diesen Jahren ließ er offenbar aus seinen alten Beutegeldern den Saturntempel in Rom erneuern.

Augustus

homo novus

Das soziale, politische und historische Umfeld des erfolgreichen Aufsteigers, eines *homo novus*, ist damit abgesteckt. L. Munatius spielte im Rom von Caesar und Augustus eine herausragende Rolle und er demonstrierte dies durch seine Grabinschrift. Geburts- und Sterbedatum des L. Munatius Plancus sind nicht überliefert. Da man frühestens im Alter von 43 Jahren Consul werden konnte und ihm dies im Jahre 42 gelang, kann sein Geburtsdatum nicht nach 85 v. Chr. liegen. Zu Beginn des Prinzipats 27 v. Chr. muss er dann etwa 60 Jahre alt gewesen sein, bei seinem Censorat im Jahre 22 fast 65. Sehr viel später als zwischen 20 und 10 v. Chr. wird er aufgrund damaliger durchschnittlicher Lebenserwartungen kaum gestorben sein, also mit etwa 75 Jahren. Das bedeutet, dass die Errichtung seines Grabmals sicher in die Zeit des Princeps (Kaiser) Augustus fällt, und in das Jahrzehnt zwischen 20 und 10 v. Chr. anzusetzen ist.

Datierung

Standort und Ortsmythologie

Die Zeugnisse zum Leben des L. Munatius Plancus erwähnen Gaeta oder die dortige Region mit keinem Wort. Die Munatii Planci kamen aus Tivoli bei Rom; in Rom waren sie erfolgreich. Dass das Grab im etwas abgelegenen Gaeta errichtet wurde, könnte zwei Gründe haben: Entweder starb Munatius in der Nähe oder er hatte dort Landbesitz. Da der Nominativ der Grabinschrift anzeigt, dass er das Grabmal zu Lebzeiten errichten ließ, kann ein zufälliger Tod in Gaeta nicht der Grund für die Wahl des Bestattungsorts gewesen sein. Es ist vielmehr plausibel, dass der reiche Munatius – wie viele Villenbesitzer – im südlichen Latium, vielleicht auf der Landzunge von Gaeta, eine Villa besaß und auf seinem eigenen Grund sein Grabmal errichten ließ, wie es üblich war.

Aeneis

Die Stelle, an der dies geschah, ist aber keinesfalls zufällig gewählt. Es ist nämlich bezeichnend, dass die Berühmtheit Gaetas in der Antike dadurch unterstrichen wurde, dass der gut sichtbare Berg über der Stadt (Abb. 26) einen Platz in der antiken Mythologie hatte. In seinem Epos *Aeneis* erzählt der Dichter Vergil gegen 20 v. Chr. die Vorgeschichte der Gründung Roms. Äneas, der trojanische Königssohn, floh mit Vater und Sohn nach Italien und gründete in Latium die Stadt Lavinium. Die weitere Geschichte führte dann zur Gründung Roms. Caieta, die Amme des Äneas, begleitete ihn. Vergil berichtet, dass sie Italien ewigen Ruhm (*aeterna fama*) gebracht habe, denn ihre Gebeine seien an einem Ort bestattet, der noch heute ihren Namen trage, und zwar unter einem Grabhügel (*tumulus*; Vergil, *Aeneis* 7, 1–6). Darin erkannte man den Namen der Region, Caieta, aus dem sich auch der Name der Stadt herleitet. Zweifellos diente hier der Mythos als Erklärung für die Existenz eines so markanten Berges an diesem Ort, und diesen Mythos wird jeder gebildete Römer erinnert haben, der ihn passierte – auch wenn er sicherlich eine nachträgliche Konstruktion war. Der Berg über Gaeta erhielt so einen mythologischen Sinn und wurde in seiner Bedeutung aufgewertet. Das war damals keine Seltenheit.

Mythos

Im Mittelalter übrigens erhielt derselbe Ort in ähnlicher Weise eine neue, passende mythische Geschichte: Das Bauwerk auf der Spitze des Berges nannte man ‹Torre d'Orlando›, Turm des Orlando – nach ihm wurde dann der ganze Berg benannt –, um es mit Orlando (Roland), dem mythischen Vorkämpfer gegen den Islam, zu verbinden, dem so ebenfalls eine Anwesenheit an diesem Ort zugeschrieben wurde. Mythen waren, das zeigt sich hier deutlich, in vielen Epochen als «traditionelle Geschichten» Mittel, um Örtlichkeiten mit Geschichte zu versehen, durch den Besuch von Helden aufzuwerten und so Vergangenheit zu erklären.

Aeneas und die Iulier

Aeneas, der angebliche ‹Bauherr› des Berges bei Gaeta, war aber nicht nur Urahn Roms. Auch die römische Gens der Iulier, zu denen C. Iulius Caesar und Augustus, seit 27 v. Chr. Kaiser Roms, gehörten, führte sich auf ihn zurück. Indem man in dem Berg, der das Kap bekrönte, auf dem Gaeta lag, spätestens seit der Zeit Vergils den Grabhügel der Amme des Äneas sah, erhielt die Landschaft eine doppelte Aufladung: Sie wurde in den Mythos Roms und in die neue Prinzipatsideologie integriert, die Augustus verkörperte.

Mit der Ortswahl für seinen Grabbau stellte Munatius mithin eine Verbindung zwischen der Gründungslegende Roms, der Geschichte seiner mächtigsten Familie, die den Princeps stellte, und sich selbst her. Jeder, der den neuen Tumulus des Munatius auf dem mythischen Grabhügel sah, musste Äneas mit dem neuen Gefolgsmann des Äneasnachkommen Augustus verbinden. Mythos, Politik und Geschichte wurden so verknüpft, Munatius schrieb sich in die Mythologie Roms ein und machte sich selbst zum Bestandteil der Ideologie des neuen Princeps Augustus. Der Grabbau diente insofern nicht nur der Repräsentation seiner Leistungen, er machte ihn auch zum Bestandteil der Geschichte und Ideologie Roms.

Architektur und Landschaft

Der Grabbau war durch seine Lokalisierung aber nicht nur ideologisch aufgeladen, er lag auch topographisch prominent und nutzte die landschaftlichen Gegebenheiten geschickt aus. An der Küste Italiens südlich von Rom war das Kap von Gaeta eine außerordentlich gut erkennbare Landmarke (Abb. 26). Munatius hatte auch einen Ort gewählt, an dem niemand sein Grab übersehen konnte, das so die Wahrnehmung der Landschaft dominierte. Eine solche Einbeziehung der Landschaft in die Ortswahl von Bauwerken und vor allem von Grabbauten war damals nicht neu. Sie ging im Wesentlichen auf griechische Traditionen des Hellenismus zurück. Seit dem späten 4. Jahrhundert v. Chr. wurden vielfach Monumente errichtet, die gezielt in die Landschaftsgestaltung eingriffen, prominente Landmarken weithin besetzten und so eine Landschaft und Architektur verbindende Wirkung erreichten. Auf der griechischen Insel Rhodos, einem der Zentren der hellenistischen Epoche, lag südlich des Hafens der Stadt Lindos das Athenaheiligtum, das im Hellenismus in Form einer spektakulären Terrassenanlage errichtet wurde. Dabei orientierte man die gesamte Anlage auf ein Bauwerk hin, das weit entfernt auf einer einsamen Felsspitze nördlich des Hafens von Rhodos lag. Es handelt sich um einen Grabtumulus mit steinerner Umfassung. Der Grabbau wächst geradezu aus dem Fels des Kaps heraus, bekrönt es wie ein schmuckvoller Aufsatz. Leider ist uns der Grabinhaber unbekannt, vermutlich hielt man das Monument für das Grab eines bedeutenden Rhodiers. In Knidos, einer Stadt im südlichen Kleinasien, hat man das sogenannte Löwengrab des späten 4. oder frühen 3. Jahrhunderts ebenfalls gut sichtbar und die Landschaft beherrschend auf einer ins Meer ragenden Landspitze errichtet. Ähnliches geschah im 2. Jahrhundert v. Chr. in der Königsresidenz Pergamon. Dort legte man allerdings riesige Grabhügel in der Ebene unterhalb des Stadtbergs an, auf dem die Herrscher residierten. So sah man von oben dauerhaft die großen Tumuli, in denen manche Forscher fiktive Gräber vielleicht mythischer Vorfahren Pergamons und seines Herrschergeschlechts vermuten.

Die spektakulärste landschaftsbeherrschende Grabanlage des Hellenismus ist das Grab des Königs Antiochos I. Theos von Kommagene (69–36 v. Chr.), einem Lokalkönigtum in der heutigen Südosttürkei. Auf dem höchsten dortigen Berg, dem Nemrud Dağ (2150 m), errichtete der Herrscher ein riesiges Heiligtum, das seinen gewaltigen Grabhügel rahmte. Der König wurde so nicht nur den Göttern nahe gerückt, er wurde auch ästhetisch sinnfällig zum Herrscher über das Land.

Nemrud Dağ

Landschaftsästhetik

Die Beispiele verdeutlichen, dass Landschaft und Monument im hellenistischen Griechenland effektvoll und im symbolischen Zusammenhang gestaltet werden konnten. Die dominante, sichtbare Lage des Munatiusgrabs greift diese hellenistische Tradition auf, ist darin aber auch kein Einzelfall. Die hellenistische Landschaftsästhetik wurde im 2. und 1. Jahrhundert v. Chr. an vielen Orten Italiens übernommen. Der Grabtumulus beherrschte die ihn umgebende Landschaft, um symbolisch die Macht des dort Bestatteten anzuzeigen. Er ließ den Grabherrn aber zugleich von überall her sichtbar sein und holte ihn ins Bewusstsein aller, die die Landmarke passierten: Er gewährte ihm ewige Erinnerung. Diese Erinnerung war in das oben geschilderte Symbolgefüge aus Mythos, Geschichte und aktueller Politik eingewoben. Das Grabmal erweist sich damit als ein in seinem ideellen und räumlichen Kontext vielfach semantisch aufgeladenes und ästhetisch inszeniertes Monument.

Architektursemantik

Grabtumuli

Die architektonische Form des Grabbaus leistet in diesem Sinne ebenfalls viel. Welche Semantik kommt dem Tumulusgrab auf einem Steinsockel zu (Abb. 29)? Dazu sind die Genese dieses Bautypus anhand archäologischer Befunde und literarischer Erwähnungen sowie seine Verwendung in Italien zu prüfen. Tumuli gehören zu den ältesten, aber auch aufwändigsten Formen von oberirdischen Grabmälern in den antiken Kulturen des Mittelmeerraums und des prähistorischen Europa. Im griechischen Bereich werden sie im 8. Jahrhundert v. Chr. als typische Grabmäler der Heroen genannt, die in der *Ilias* auftreten. In großen Nekropolen der archaischen Zeit (7.–6. Jh. v. Chr.) wie in Larisa am Hermos und in Hierapolis in Phrygien, aber auch in Athen und Attika sind Tumulusgräber folglich die typische Grabform der Eliten. Platon nennt im 4. Jahrhundert v. Chr. in seinen «Gesetzen» (947d) das Tumulusgrab die angemessene Bestattungsform für seine Richter als höchste Beamte im idealen Staat. Im Hellenismus setzt sich die heraushebende Semantik der Tumulusgräber fort. Das Grab eines uns unbekannten Herrschers in Belevi bei Ephesos ist ein Beispiel aus der Frühzeit dieser Epoche, die großen Tumulusgräber der numidischen Könige in Nordafrika erweisen diese Grabform ebenso wie das bereits erwähnte Grab des Antiochos von Kommagene als eine herrscherliche.

Tumuli in Italien

In Italien haben Tumulusgräber ebenfalls eine lange Tradition. Wie in Griechenland sind Hügelgräber in der etruskischen Kultur gut bekannt. Das zeigen uns die Nekropolen von Cerveteri und Populonia. In den Nekropolen Roms kennen wir kaum frühe Hügelgräber. Der älteste uns bekannte Tumulus stammt aus dem frühen 1. Jahrhundert v. Chr. Sulla soll auf dem Marsfeld, also nordwestlich vor der Stadt, in einem Tumulusgrab bestattet worden sein (Strabo, *Geographica* 5, 3, 8). Es ist aber nicht erhalten. In dieselbe Zeit gehören aber auch die ältesten erhaltenen Grabtumuli Roms. Typisch für diese Grabanlagen sind eher breite, auf einer niedrigen Steinfassung stehende Tumuli. Bautypologisch folgt dies der griechischen und etruskischen Tradition. Seit der Mitte des 1. Jahrhunderts v. Chr. werden in Rom Tumulusgräber errichtet, die entweder einen wesentlich höheren Tambour besitzen oder sogar auf einem zusätzlichen Podium stehen. Ein bekanntes Beispiel ist der Grabbau der Caecilia Metella an der Via Appia bei Rom (um 30 v. Chr.). Hier geht es offenbar stärker um die Höhe und architektonische Fassung des Grabbaus, der monumentaler und damit in der Konkurrenz zu anderen Gräbern besser sichtbar werden soll. Einen wichtigen Schritt stellt der Grabbau dar, den Augustus für sich selbst und seine Gens der *Iulii* schon seit etwa 31 v. Chr. auf dem Marsfeld, vor den Toren der Stadt, errichten ließ, das *Mausoleum Augusti*. Sein Erdhügel war bepflanzt und besaß eine untere Steinfassung mit einem Durchmesser von 87 Metern. Die Gesamthöhe des Monuments betrug fast 50 Meter, und es wurde von einer Statue des Augustus bekrönt: eine gewaltige Markierung direkt vor den Toren der Stadt, für jeden Besucher unübersehbar. Typologisch kombiniert das *Mausoleum Augusti* die beiden eben beschriebenen Typen des Tumulusgrabs: den älteren breiten, flachen Tumulus großen Durchmessers, den es schon seit dem 6. Jahrhundert und im Hellenismus gab, und den hohen, zylinderförmigen Tambour spätrepublikanischer Gräber, der hier turmartig in die Mitte des Bauwerks gesetzt wurde. Augustus verband so lokal-altitalische, römisch-republikanische und hellenistisch-herrscherliche Traditionen. Für den neuen Princeps wurde eine traditionelle, aber auch innovative und heraushebende Grabform gefunden, die ihresgleichen suchte.

Mausoleum Augusti

Dies blieb nicht ohne Wirkung. Mit dem Augustusmausoleum setzte in Italien ein neuer Bauboom für Tumulusgräber ein, wobei man die Bauformen der späten Republik weiterentwickelte und zugleich den Anschluss an den neuen Princeps suchte. Allerdings wird auf breit gelagerte niedrige Tumuli nun zumeist verzichtet; es dominieren vielmehr hohe Rundbauten und Podeste, die die Sichtbarkeit der Tumulusgräber vor allem innerhalb von Nekropolen erhöhten. Zu diesen zählt auch das Grabmal des L. Munatius Plancus gegen 20/10 v. Chr., kaum mehr als 15 Jahre nach dem Augustusgrab in Rom. Munatius beruft sich einerseits auf die alte italische Tradition der Grabhügel mit Tambour bereits vor Augustus, aber auch auf die Grabhügel spätrepublikanischer Mitglieder der römischen Elite und zugleich auf das Tumulusgrab, das der neue Princeps für sich errichten ließ – und als dessen Gefolgsmann Munatius ja gelten wollte –, ohne aber die Größe des kaiserlichen Riesentumulus zu erreichen. Mit Augustus konkurrierte man nicht direkt, man orientierte sich nur an ihm. Der Grabbau in Gaeta glich die mangelnde Größe durch die prominente Lage und weite Sichtbarkeit an einem mythenträchtigen Ort aus, der auf den Rom-Helden Äneas und Augustus verwies.

Baudekor und Dekorsemantik

Das Bauwerk stellt indes auch in der Nahansicht einen Bedeutungsträger dar, und zwar durch seinen Architekturdekor. Als Dekorelemente finden sich am Grab des Munatius der umlaufende ‹Zinnen›-Kranz am oberen Rand des Steintambours und die reliefierten Metopen (Abb. 30) gleich unterhalb.

Altäre

Der zinnenartige Kranz gehört zu den häufigen Gestaltungselementen römischer Rundgräber der späten Republik. Bisweilen sind die zinnenartigen Aufsätze sogar dekoriert. Dann finden sich oft sakrale Motive auf ihnen abgebildet. Die hochrechteckige Form der Aufsätze erinnert an Altäre. Altäre wiederum waren damals typische Grabmarkierungen, sei es als Einzelgrabmäler oder als Bekrönungen von Grabbauten. Aus diesem Grund wird man den ‹Zinnenkranz› als eine Aneinanderreihung von Altären angesehen haben können. Wir wissen aber auch, dass aufrecht stehende Steinmale (*cippi*) der Umfassung heiliger Bezirke dienten. In jedem Fall geben die ‹Zinnen›,

Abb. 30: Gaeta: frühkaiserzeitlicher Grabbau des L. Munatius Plancus. Metopen-Triglyphen-Block über dem Eingang. Umzeichnung

die am Grabbau keine Funktion besitzen, dem Monument eine sakrale Semantik.

Das unterhalb des ‹Altarkranzes› umlaufende Triglyphon stellt ein weiteres Dekorelement dar. Es bestand ursprünglich aus 120 Metopen. Die Bildmotive sind vielfältig. Wir finden unterschiedliche Waffen (Helme, Beinschienen, Rund- und Langschild mit Lanzen), zudem *tropaea*, Pfähle, an denen Beutewaffen aufgehängt sind, ein altes antikes Siegeszeichen, dann aber vor allem eine Art Ring, auf den ein Stadttor mit Türmen gesetzt ist (Abb. 30). Dies stellt die *corona muralis* dar, einen Orden, den in der römischen Armee derjenige erhielt, der bei der Belagerung als Erster die feindliche Stadtmauer erklommen hatte. In der späten Republik hatte sich die *corona muralis* aber bereits von dieser konkreten Leistung gelöst; man erhielt sie auch für wichtige Stadteroberungen oder städtebauliche Aktivitäten. Die Bildmotive der Metopen beziehen sich also schlagwortartig auf die militärischen und städtegründerischen Leistungen des Munatius. Sie stellen selbst in der Architekturdekoration einen Bezug zu denjenigen Taten her, die in der Grabinschrift genannt werden.

tropaeum

corona muralis

Die Anordnung der Metopenbilder am Bauwerk ist nicht zufällig. In der Mitte über der Inschrift und dem Eingang befindet sich eine Metope mit einem Tropaeum, ein deutlicher Bezug auf den Triumph und die Imperatorentitel des Munatius. Rechts und links des Tropaeums war je eine *corona muralis* angeordnet (Abb. 30). Dies könnte auf die in der Inschrift darunter genannten Städtegründungen für entlassene Soldaten des römischen Heeres verweisen. Das Metopenband in seiner Gesamtheit vervielfachte die Verweise auf die Leistungen des Grabinhabers. Der Besucher sollte sogleich sehen, dass hier ein erfolgreicher römischer Offizier bestattet war.

Triglyphon

Ein Triglyphon mit Metopen und Triglyphen passt indes als Architekturdekoration gar nicht an diese Stelle eines zylinderförmigen Bauwerks aus *opus caementicium*. Triglyphen gehörten ursprünglich zur öffentlichen Großarchitektur. Am griechischen Tempel dorischer Bauordnung waren sie Bestandteil des Gebälks, das das Dach trug. Am Grabbau in Gaeta hingegen sind sie weder Gebälkteile, denn ein Dach trägt der Tumulus ja nicht, noch Bestandteile eines Sakralbaus. Auch sie dienten, wie die Altäre des Zinnenkranzes und die Metopenbilder, damit einer eher abstrakten Symbolik. Sie schrieben dem Grabbau Qualitäten der ältesten griechischen Bauordnung zu und gaben ihm damit einen sakralen, öffentlichen Charakter. Selbst die Quaderschalung des Tambours kann man auf diese Weise verstehen: Sie erinnert eher an öffentliche als an private Bauwerke und verleiht dem Grabmal Monumentalität.

Tempelarchitektur

Monumentalität

Wir sehen hier, dass sich im Laufe des Hellenismus Triglyphen als Motive der Architekturdekoration semantisch verselbständigt haben und mit anderen Dekorelementen wie Vokabeln im Architekturzusammenhang eingesetzt werden konnten – ähnlich schlagwortartig wie die Metopenreliefs. Selbst Sarkophage und Altäre konnten durch ein Triglyphon visuell sakralisiert werden und einen griechisch-altertümlichen und monumentalen Charakter zugeschrieben bekommen.

Sakralisierung und Person

Die Architektur- und Dekorsemantik des Grabbaus in Gaeta ist also komplex und beruht auf unterschiedlichen Traditionen und Bezügen. Die Inschrift nennt Genealogie, Ämter und Taten des Grabherrn für die Res Publica Rom, bestimmt seine soziale und politische Rolle. Die Reliefs in den Metopen des Triglyphons greifen dies visuell auf, ohne aber Bezüge zur sakralen oder sepulkralen Sphäre herzustellen, die einem Grabmal eigen sind. Das Sakrale wird vielmehr durch die ‹Altäre› des ‹Zinnenkranzes› aufgegriffen wie auch durch das Triglyphon als Dekorform. Die Bautypologie hingegen stellt Sinnbezüge zu italischen und griechischen Traditionen ebenso her wie zu Augustus, während die Lage des Grabmals auf die Gründungsmythen Roms und die Prinzipatsideologie verweist und zugleich den Anspruch des Grabinhabers auf deutliche Heraushebung anzeigt. Insge-

Mythos und Politik

samt haben wir ein Monument vor uns, das der Repräsentation des Verstorbenen auf vielen unterschiedlichen Ebenen diente. Inwieweit diese Ebenen auch direkte Botschaften an Besucher des Grabmals waren, erschließt sich uns nicht. Sie waren aber im visuellen und architektonischen Haushalt ihrer Zeit angelegt und wurden konzeptionell durch die Ortswahl und die Baugestaltung umgesetzt. So interessant es ist, diese Ebenen zu entschlüsseln: Entscheidend ist, dass in frühaugusteischer Zeit Architektur überhaupt in solch einer komplexen, außerordentlichen Weise aufgeladen war mit Sinnbezügen oft schlagwortartigen Charakters, die zwischen Mythologie und Politik changieren. Das Prinzip der Konkurrenz und des Übertreffens, der Herausstellung der eigenen Qualitäten, und das Prinzip des Anschlusses an den Princeps und seine Ideologie leitete die meisten der Entscheidungen, die Munatius bei der Gestaltung seines Grabbaus traf. Insofern handelt es sich um ein für die späte römische Republik und die früheste Kaiserzeit äußerst beispielhaftes, aber auch einen Endpunkt markierendes Monument – mit dem Princeps Augustus war eine Konkurrenz anders als mit den Potentaten der späten Republik nicht mehr möglich und nötig. Nunmehr konkurrierte man um die Nähe zu dessen Ideologie.

Literatur: *Vorlage des Befundes und seiner Geschichte*: R. Fellmann: Das Grab des Lucius Munatius Plancus bei Gaeta (Basel 1957). – *Römische Architektur, Geschichte und Bautypen*: P. Gros (Hrsg.): L'architecture romaine du début du IIIe siècle av. J.-C. à la fin du Haut-Empire, 2 Bde. (Paris 1996–2001); H. von Hesberg: Römische Baukunst (München 2005); R. B. Ulrich (Hrsg.): A Companion to Roman Architecture (Chichester 2014). – *Bautechnik, opus caementicium u. a.*: J. P. Adam: La construction romaine. Matériaux et techniques (Paris 1984); H.-O. Lamprecht: Opus caementitium. Bautechnik der Römer, 5. Aufl. (Düsseldorf 2001). – *Römische Grabbauten*: H. Gabelmann: Römische Grabbauten der frühen Kaiserzeit (Stuttgart 1979); H. von Hesberg: Römische Grabbauten (Darmstadt 1992). – *Grabinschriften*: W. Eck: Römische Grabinschriften. Aussageabsicht und Aussagefähigkeit im funerären Kontext, in: H. von Hesberg/P. Zanker (Hrsg.): Römische Gräberstraßen. Selbstdarstellung – Status – Standard (München 1987) 61–83. – *Tumulusgräber*: O. Henry/U. Kelp (Hrsg.): Tumulus as Sema. Space, Politics, Culture and Religion in the First Millennium BC (Berlin 2016). – *Tumulusgräber in Rom*: M. Eisner: Zur Typologie der Grabbauten im Suburbium Roms (Mainz 1986) – *Numidische Königsgräber*: F. Rakob: Grabtumuli, in: H. Horn/C. Rüger (Hrsg.), Die Numidier (Mainz 1979) 132–145. – *Nemrud Dağ*: S. Şahin/J. Wagner: Das Grabmal von König Antiochos I. von Kommagene auf dem Nemrud Dağ, in: Antike Welt 20 (1989) 55–58; T. B. Goell u. a.: Nemrud Dağı. The

Hierothesion of Antiochus I of Commagene (Winona Lake1996). – *Mausoleum Augusti*: H. von Hesberg/S. Panciera: Das Mausoleum des Augustus. Der Bau und seine Inschriften (München 1994); H. von Hesberg: Das Mausoleum des Augustus, in: E. Stein-Hölkeskamp/K.-J. Hölkeskamp (Hrsg.): Erinnerungsorte der Antike. Die römische Welt (München 2006) 340–361; vgl. E. Künzl: Monumente für die Ewigkeit. Herrschergräber der Antike (Regensburg 2011). – *Historischer und kultureller Kontext*: P. Zanker: Augustus und die Macht der Bilder (München 1987); T. H. Watkins: L. Munatius Plancus. Serving and Surviving in the Roman Revolution (Atlanta 1997); R. von den Hoff/W. Stroh/M. Zimmermann: Divus Augustus. Der erste römische Kaiser und seine Welt (München 2014); W. Eck: Augustus und seine Zeit, 6. Aufl. (München 2016); M. Flecker u. a. (Hrsg.): Augustus ist tot – Lang lebe der Kaiser! (Rhaden 2017). – *Tropaion/tropaeum*: B. Rabe: Tropaia. *Tropē* und *Skyla*. Entstehung, Funktion und Bedeutung des griechischen Tropaions (Rahden 2008). – *Altäre und Altäre am Grab*: D. Boschung: Antike Grabaltäre aus den Nekropolen Roms (Bern 1987); O. Dräger: *Religionem significare*. Studien zu reich verzierten römischen Altären und Basen aus Marmor (Mainz 1994); vgl. den Grabbau aus Falerii, Staatliche Museen zu Berlin, Pergamonmusem Inv. Sk 992: B. Götze: Das Rundgrab in Falerii (Stuttgart 1939). – *Corona muralis und Militärauszeichnungen*: V. A. Maxfield: The Military Decorations of the Roman Army (Berkeley 1981). – *Triglyphon in römischer Architektur*: M. Torelli: Monumenti funerari romani con fregio dorico, in: Dialoghi di archaeologia 2 (1968) 32–54; T. Kraus: Überlegungen zum Bauornament, in: P. Zanker (Hrsg.): Hellenismus in Mittelitalien (Göttingen 1976) 455–464; vgl. R. Grüßinger: Dekorative Architekturfriese in Rom und Latium. Ikonologische Studien zur römischen Baudekoration der späten Republik und Kaiserzeit, Dissertation Heidelberg 2001 (http://archiv.ub.uni-heidelberg.de/volltextserver/10946).

9. Ein höfisches Edelsteingefäß: Bildsymbolik und politische Realität (ca. 30/10 v. Chr.)

Glyptik

Glyptik (von griech. *glyphein* = ausschneiden) wird die Handwerkskunst genannt, in der geschnittene und reliefierte Edel- oder Halbedelsteine hergestellt werden. Solche geschnittenen Steine bezeichnete man in der römischen Antike als *gemmae*. Sie kommen in zwei Formen vor: mit vertieftem Relief, dann nennen wir sie auch heute Gemme (oder ital. *intaglio*), oder mit erhabenem Relief, dann nennen wir sie mit einem modernen Wort Kameo. Gemmen hatten Durchmesser von meist nur wenigen Zentimetern und wurden überwiegend als Siegelsteine benutzt, oft in Ringe eingefasst. Vergleichbare Siegel hat man in der römi-

Gemmen und Kameen

schen Kaiserzeit auch aus Glas hergestellt; diese nennen wir Glaspasten. Kameen konnten ein ähnliches Format besitzen, kommen aber auch in aufwändig gestalteter Form vor: als Reliefs aus Halbedelsteinen wie dem Achat oder seiner Sonderform, dem Onyx, deren mehrfarbige Schichtung bei der Ausarbeitung genutzt wurde, um Farbeffekte zu erreichen. In größerem Format waren solche Kameen besonders wertvoll. Wenn sie Porträts oder vielfigurige Szenen von Herrschern, Mitgliedern von Herrscherfamilien, Mythen oder Bildzeichen mit Bezug zum Herrscherhaus darstellten, dann sprechen wir von ‹Staatskameen›, da ähnliche Bildthemen auf den sogenannten Staatsreliefs an öffentlichen Bauwerken und zur Ehrung römischer Kaiser vorkommen.

‹Staatskameen› wurden seit dem Hellenismus hergestellt, vor allem aber in der frühen römischen Kaiserzeit. Ihr hoher Wert hat dazu geführt, dass man sie vielfach wiederverwendete, die kleinen Relieffiguren umarbeitete und manche der Kameen sogar bis in die Neuzeit durchgängig benutzte – doch dazu später. Aus geschichteten Halbedelsteinen stellte man im Späthellenismus und in der römischen Kaiserzeit auch kunstvoll reliefierte Gefäße her. Bei dem im Folgenden zu besprechenden Gegenstand handelt es sich um ein solches ‹Staatskameo›-Gefäß. ‹Staatskameen›

Gefäßform und Ergänzung

Das Gefäß befindet sich heute in der Antikensammlung der Staatlichen Museen zu Berlin (Inv.-Nr. FG 11362; Abb. 31). Es besteht aus Sardonyx, einer besonderen Form des Onyx, der in der Antike beispielsweise in Indien und Arabien, seltener auch auf dem Balkan verfügbar war. Langoval geformt ist es 9 Zentimeter hoch. Ein Loch von 8 Millimeter Durchmesser führt von oben ins ausgehöhlte Innere, das Platz für 19 Milliliter Flüssigkeit bot. Die Gefäßmündung ist abgebrochen. Unten muss ein Fuß existiert haben, da dort ebenfalls ein Bruch erkennbar ist. Die längliche Form solcher wenig Inhalt aufnehmenden Gefäße kennen wir und ebenso ihre antike Bezeichnung: Es handelt sich um ein Alabastron, ein Salbölgefäß, d. h. um ein Gefäß für wertvolle duftende Öle, wir würden sagen: für Parfum. Die frühesten Alabastra der Antike waren aus Stein, eben aus Alabaster hergestellt, daher rührt ihr Name. Sie stammen aus Ägypten. Korinthische Töpfer übernahmen im 7. Jahrhundert die Form Sardonyx Alabastron

Abb. 31: Berlin, Staatliche Museen/SPK – Antikensammlung Inv.-Nr. FG 11362: frühkaiserzeitliches Onxy-Alabastron

für ihre Parfumgefäße. Davon ausgehend wurde das Alabastron zu einem gängigen Tongefäß im Mittelmeerraum. Typischerweise besaßen Alabastra runde, breite Mündungsplatten, um das Öl mit dem Finger abzustreifen. Sie waren zunächst fußlos und hatten kleine, gelochte Henkel, um sie an einem Band bei sich zu tragen. Solche Gefäße gehörten zum Besitz vor allem von Frauen und Athleten. Später wurden auch Alabastra mit Fuß hergestellt, seit dem Späthellenismus auch aus wertvollen Halbedelsteinen. Ihre äußere Schmuckform wurde dabei wichtiger als ihr Inhalt.

Die Formparallelen erlauben es, das fragmentierte Berliner Alabastron zu ergänzen: Oben haben wir uns den typischen ausladenden Mündungsrand vorzustellen, unten ist wegen des im Durchmesser sehr kleinen Bruches wohl ein zierlicher Fuß zu ergänzen. Horaz (67–8 v. Chr.) nennt im 4. Buch seiner «Oden» (12, 17) einen *Nardi parvus onyx*, also ein kleines Onyx(gefäß) für Nardenöl, ein im östlichen Mittelmeerraum aus der Nardenpflanze gewonnenes Öl. Es gab also in der frühen Kaiserzeit tatsächlich Ölgefäße aus Onyx.

Bearbeitungstechnik, Oberfläche, Wirkung

Farbigkeit

Doch weist das Berliner Onyx-Alabastron eine besondere Gestaltung auf: Die gläsern erscheinende, glänzende Oberfläche ist mit Hochreliefs versehen, die eine auffällige Farbgebung besitzen. Der Reliefgrund ist dunkel, manche Figuren und Figurenteile aber sind weiß, manche ebenfalls dunkel oder hellbraun changierend gestaltet. Dies hängt mit der Bearbeitung durch den Steinschneider und dem Material des Gefäßes zusammen. Der Handwerker hat dafür einen Sardonyx ausgesucht, dessen Farbschichtung sich bei der Ausarbeitung zum Relief so ausnutzen ließ, dass Figuren und Objekte sich farblich absetzten. Die Farben sind also die natürlichen Farben der dünnen Schichten des Steines, wie bei Kameen üblich. Der Steinschneider arbeitete nun immer genau so viel ab, bis er für die gerade gestaltete Figur auf die passende Farbe stieß. Experimente und die Herstellung von Kopien antiker Kameen im einzigen deutschen Zentrum der heutigen Kameenproduktion, in Idar-Oberstein, haben ergeben, dass man die Farbgebung durch Erhitzen beispielsweise mit Honig zum Braunton hin verändern konnte. Manche Unregelmäßigkeit der Schichtung ließ sich durch vorsichtiges Nachfärben also ausgleichen. Gleichwohl müssen nicht nur die Größe des Objekts und die entsprechend virtuose Bearbeitung, nicht nur das wertvolle Material, sondern auch die erforderliche gezielte Auswahl des Steines, dessen Farbschichtung für das gewünschte Relief genau passend zu sein hatte, zum ungeheuren Wert beigetragen haben, den ein solches Kameogefäß besaß. Nur hoch spezialisierte Steinschneider konnten solche Kameen herstellen.

Überlieferungsgeschichte und systemischer Kontext

Kameen als Geschenke

Obwohl wir so den hohen Wert des Kameos ermessen können, wissen wir aus antiken Texten wenig darüber, zu welchem Zweck man Kameen und Kameogefäße überhaupt herstellte. Dass *gemmae* als Geschenke am Hof verwendet wurden, ist zwar bezeugt. Und wir hören auch, dass vor allem Herrscher bereits im 2. und 1. Jahrhundert v. Chr. Daktyliotheken besaßen, d. h. Sammlungen von Gemmen und Kameen. Zu Hilfe kommt uns in diesem Fall die nachantike Überlieferungsgeschichte der antiken Kameen.

Reliquiar

Das Berliner Kameo-Alabastron kam 1834 in die Antikensammlung, als man es nach der Säkularisierung aus dem ehemaligen Besitz des Klosters Nottuln, ca. 20 Kilometer südwestlich von Münster, ankaufte. Vor dem Erwerb lag, so wird berichtet, im Inneren des Alabastrons noch ein Pergamentstreifen mit der Aufschrift *sanguis sanctae Canaanillae*, und zwar in einer hochmittelalterlichen Schrift. Es ist tatsächlich wahrscheinlich, dass das Kloster ein solches wertvolles Objekt nicht gekauft, sondern als sakralen Gegenstand im Mittelalter erhalten hatte. Sollte die Beischrift zutreffen, dann diente es damals als Fläschchen für das Blut der im Volksmund sogenannten heiligen Canaanilla. Sie war eine Frau aus Kanaan, die Jesus angeblich von ihren Blutungen heilte, wie das Markusevangelium überliefert (*Evangelium Marci* 5, 24–34). Das Alabastron erweist sich damit als christliches Reliquiar.

Wie aber kam man im Mittelalter in den Besitz solcher Objekte? Eine ganze Welle ähnlicher Reliquiare und antiker Artefakte aus dem Osten des Mittelmeerraums überschwemmte während der Kreuzzüge Mitteleuropa, vor allem nach der Eroberung Konstantinopels 1204, als man auch Staats- und Kirchenbesitz plünderte und beispielsweise die Schatzkammern Venedigs mit reichsten Funden aus der Antike gefüllt wurden. Als höfische Geschenke gelangten wertvolle Antiken auch schon im 8. Jahrhundert aus dem Osten nach Deutschland. In einem dieser Zusammenhänge wird auch unser Gefäß nach Nottuln gekommen sein, in ein Kloster, das im 9. Jahrhundert gegründet wurde.

Eine solche Objektbiographie legt es aber nahe, dass das Alabastron niemals unter die Erde gekommen ist, sondern aus antikem Besitz vielleicht von Hand zu Hand ging, jedenfalls schließlich in Kirchenbesitz kam, womöglich bereits in der Spätantike oder im frühen Mittelalter. Es teilt damit das Schicksal sehr vieler Kameen, vor allem der aufwändigen ‹Staatskameen›: Sie gehören nämlich zu den wenigen Gattungen antiker Artefakte, die nie ausgegraben werden mussten, und, wie auch viele antike Gemmen, als Schmuck wertvoller christlicher Sakralgerätschaften genutzt wurden, etwa am Lotharkreuz in Aachen, das u. a. einen Augustus-Kameo trägt. Dass dies besonders für die prächtigen ‹Staatskameen› gilt, die kaiserliche Szenen zeigten, lässt eine weitere Schlussfolgerung zu: Eine direkte Quelle kirchlichen Besitzes war in der Spätantike und im frühen Mittelalter in Rom und im Osten der kaiserliche Besitz. Manche großen Staatskameen wurden noch in der Antike, aber lange Zeit nach ihrer Herstellung umgearbeitet und so neuen Kaisern gewidmet. Auch dies spricht dafür, dass sie langfristig thesauriert, d.h. in Schatzkammern aufbewahrt wurden. Dies und ihre kaisernahe Bildthematik, die dem Ruhm des römischen Princeps und seiner Nachfolger diente, machen es wahrscheinlich, dass viele Staatskameen tatsächlich bis zum Ende der Antike in kaiserlichem Besitz waren. Ihr systemischer Kontext war es, als Gaben zu dienen, mit denen sich reiche Bürger und kaiserliche Höflinge die Gunst der Herrscher sicherten. Gleiches geschah ja auch in panegyrischen Reden oder Dichtungen und durch Widmungen von Literatur an den Kaiser. Diese Funktionsbestimmung ist wichtig: Kameen waren dann nämlich keine Propagandaobjekte, die die Kaiser selbst herstellen ließen, keine herrscherliche Selbstdarstellung. Vielmehr richteten sich mit ihnen potente Römer kommunikativ an den Kaiser. Sie waren aber auch keine öffentlich kursierenden Gegenstände, keine ‹Lobreden› vor aller Augen, sondern allein schon durch ihre Größe und ihren Wert eher in der direkten Kommunikation übergebene Gaben, höfische Geschenke im engen Kreis des Kaiserhauses. Dies gilt dann auch für das Berliner Alabastron. Wir haben also mit ihm möglicherweise einen Teil des antiken römisch-kaiserlichen Hofschatzes vor uns. Unser Alabastron war dann ein wertvolles Parfumgefäß, das einem Mitglied des Kaiserhauses als Geschenk dargebracht worden ist. So ist sein systemischer Kontext zu rekonstruieren. Umso mehr muss uns interessieren, was auf dem Alabastron dargestellt ist, wann man es schmückte und am Hof verschenkte – und ob die Ergebnisse zur These der Geschenkfunktion solcher Kameen passen.

Kaiserlicher Besitz

Ikonographie und Semantik

Abrollung

Das geringe Format und die spiegelnde Oberfläche des Alabastrons machen es nicht leicht, seinen Reliefdekor zu erkennen. Für die wissenschaftliche Untersuchung ist es deshalb einfacher, das Relief in Form einer Abrollung zu betrachten. Sie gibt den Fries, der um das dünne Gefäß herumläuft, in einem flachen Bild wie ‹ausgerollt› wieder (Abb. 32). Zudem lässt der Blick auf einen Gipsabguss des Alabastrons die geschnittenen Details der Ober-

Abb. 32: Berlin, Staatliche Museen/SPK – Antikensammlung Inv.-Nr. FG 11362: frühkaiserzeitliches Onyx-Alabastron. Abrollung des Gipsabgusses Bern, Antikensammlung der Universität

fläche und alle Bearbeitungsspuren besser erkennen als die Untersuchung des Originals. Beides zeigt aber auch, dass man schon in der Antike das Gefäß entweder mündlich erklären oder in der Hand drehen musste, um die Bilder zu verstehen, dass aber Glanz und Pracht des Artefakts vor allem aus der Distanz ihre dominante Wirkung entfalteten, weniger die Details der Darstellung, die nicht leicht zu erkennen waren.

sacellum

Das Reliefbild zeigt uns eine Vielzahl solcher Details. Wir sehen zwei Figurengruppen, die sich in einer einheitlichen Landschaft bewegen: Fels ist durch horizontale Linien angedeutet, auf einem Berg sieht man ein leeres kleines Tempelchen, ein *sacellum* – es deutet eine sakrale Landschaft an. Die Gruppe links unterhalb des Naiskos besteht aus drei Frauen. Ihr Geschlecht ist an den Mittelscheitelfrisuren mit Haarknoten und an den langen Gewändern erkennbar. Im Vordergrund steht eine leicht bräunlich gefärbte Frauenfigur. Sie trägt ein Untergewand mit kurzen Ärmeln sowie einen Mantel, der auf die Oberschenkel herabgerutscht ist. Einen Fuß hat sie dynamisch hochgestellt, die linke Hand stützt sich auf einen kleinen Pfeiler, die rechte aber bewegt sich nach vorn – hin zu einem nackten Kleinkind im Arm einer zweiten Frau. Diese trägt das Kind frontal vor dem Bauch, als wolle sie es präsentieren. Sie und die dritte Frau, die frontal im Hintergrund steht, ähneln sich durch ihr Gewand und die Frisuren mit Haarknoten. Sie gehören offenbar zusammen und haben gegenüber der ersten Frau dienende Funktion: Die eine hält dieser das Baby entgegen, die andere trägt auf der Schulter eine Amphora, und zwar so waagerecht, dass sie nur leer sein kann. Das kleine Kind wird durch seine Frontalität zur Hauptfigur des Geschehens. Um wen es sich handelt, darauf gibt der Rest der Szene links Hinweise. Dort lagert nach rechts auf einem Fels, mit der rechten Hand aufgestützt eine halbnackte Frau in Rückenansicht. Sie ist um einiges größer als die anderen drei Frauen, wendet ihren Blick aber der Szene mit dem Kind zu. So stellt sie eine Verbindung zu dieser her. Doch hat ihr Habitus einen anderen Charakter: Sie hält am linken Arm einen Rundschild, der wie so oft mit einem geflügelten Gorgoneion auf einem Schuppenuntergrund dekoriert ist. Mit diesem Dekor ist die Ägis gemeint, das Fell, das Zeus seinen schutzbefohlenen Kindern wie Minerva/Athena übergibt und das mit dem Haupt der mythischen Gorgo Medusa geschmückt ist, deren Blick jeden versteinern lässt. Unter den Beinen der Frau sehen wir einen Helm. Neben ihr steht ein Baumstamm, auf den sie sich auch stützt. An ihm sind ein Gewand, zwei Langschilde und ein Helm angebracht, Waffen also, wie sie für das antike Siegesmal, das Tropaeum, üblich sind. Unter dem Tropaeum sitzt eine Figur mit langem Haar. Anders als alle anderen trägt sie Hosen, was sie als Barbar kennzeichnet, denn weder Griechen noch Römer trugen im Bild Hosen- oder Ärmelgewänder; dies sind konventionelle Kennzeichen der typischen Feinde Roms. Unter ihr scheinen ihre Waffen zu liegen, denn rechts von einem Rundschild ist der Teil eines Bogens sichtbar, ebenfalls eine typische Barbarenwaffe. Und so verwundert es nicht, dass die Arme der Barbarenfigur hinter den Rücken geführt sind. Im Bildkontext von Siegeszeichen und Waffen meint dies sicher eine Fesselung: Der Barbar ist erfolgreich besiegt, das Tropaeum errichtet.

Gorgoneion und Ägis

tropaeum

Barbaren

Die Szene besitzt zwar viele konventionelle Bildmotive wie den gefesselten Barbaren, das Tropaeum und den Schild mit

Ägis, doch die Syntax der dargestellten Handlung ist einzigartig. Sie verlangt nach einer erklärenden Geschichte und nach Namen für die Akteure – doch waren Namen auf dem Alabastron nicht beigeschrieben. Wir können nur aus der Ikonographie, der dargestellten Handlung und der Kenntnis antiker Historiographie und Mythologie versuchen, die Zusammenhänge zu rekonstruieren. Die größte Figur ist die halbnackte liegende Frau. Größer dargestellt zu sein als die übrigen Figuren einer Szene weist in griechisch-römischen Bildern auf den herausgehobenen Charakter einer Figur hin, wir nennen es Bedeutungsgröße. Die Frau ist zudem halbnackt, sie trägt keine römische Modefrisur, und sie ist aus der konkreten Handlung ausgespart. In solcher Weise halbnackt liegend werden gern Nymphen, also Naturwesen, oder Nereiden, also Meereswesen, dargestellt. Eine Nereide könnte eine Waffe tragen, wie es die Liegende auf dem Alabastron tut, da der Mythos berichtet, dass die Schwestern der Thetis – der Mutter Achills – dem Achill neue Waffen brachten, doch fehlt hier jeder Hinweis auf das Meer. Mit Waffen oder halbnackt liegend wird sonst nur Venus gezeigt; trägt sie Waffen, so nennen wir sie *Venus armata*. Ihre Liebesbeziehung zu Mars verlieh ihr die Möglichkeit, Waffen zu besitzen oder weiterzugeben. Die Figur auf dem Alabastron ist ja im Besitz eines Schildes, und dieser wird durch die Ägis als göttlich geschützt gekennzeichnet; der unterhalb liegende Helm ist für den Barbaren zu groß und muss deshalb zu ihr gehören. Bewaffnet erscheint Venus auf frühkaiserzeitlichen Münzen als *Venus victrix*, also als die siegreiche Venus. Doch war Venus als *genetrix* (lat. *gens* = Familie) auch die Urmutter der iulischen Familie, zu der Caesar und Augustus gehörten. Die Rückenansicht der Venus und ihre Teilentblößung verbindet die Figur mit Venusbildern, die auf Münzen Caesars erscheinen, dort aber stehend. Mit einer *Venus armata* siegelte Caesar, wie uns Texte überliefern (Cassius Dio 43, 43, 3), und diesen Siegelring trug anschließend sein Adoptivsohn, der Princeps Augustus (Cassius Dio 47, 41, 2). Augustus selbst zeigte Venus stehend, teilentblößt und von hinten auf einer seiner eigenen Münzserien, die in den Jahren um die Schlacht von Actium (31 v. Chr.) herausgegeben wurde – sie gehörte also zum festen Bestand der Bildpropaganda der iulischen Familie. Unter ihrem Stern stand das göttergegebene Glück der Iulier.

Venus victrix, Venus genetrix

victoria

Doch liefert das Bild noch weitere Hinweise: Zwischen der liegenden Venus und dem Kind rechts sehen wir das Tropaeum und den gefesselten Barbaren, die auf Sieghaftigkeit (*victoria*) hinweisen. Doch als narrativer Handlungszusammenhang ist dies kaum lesbar: Venus kommuniziert nicht mit dem Barbaren, sondern hat ihre Hand auf den Baumstumpf des Tropaeums gestützt. Offenbar werden hier Bildmotive eher additiv kombiniert, ohne eine wirkliche Geschichte zu erzählen. Die Waffen und Venus verheißen Siege, wie diejenigen, auf die der Barbar unter dem Tropaeum hinweist, die geläufige Siegeszeichen darstellen. So könnten wir die abstrakte Semantik lesen. Schon republikanische Feldherren prägten Münzen mit Barbaren, die unter einem Tropaeum sitzen, und noch unter Traian (117–135 n. Chr.) sieht man dasselbe Motiv mit der Beischrift ‹besiegtes Parthien› (*Parthia capta*).

Versucht man dies nun zunächst grundsätzlich mit der Kinderszene rechts zu verbinden, so kann man eines folgern: Solche massiven Andeutungen des Kriegerischen und des Sieges sind bei einem Mädchen wohl undenkbar. Das kleine Kind, dessen Präsentation hier mit der sieghaften Venus verbunden ist, soll offenbar ein Knabe sein, zweifellos ein neugeborener.

lustratio

Doch ist der Knabe zu identifizieren? Um ihn kümmern sich Frauen. Dass die hintere von ihnen eine leere Amphora hält, kann man darauf beziehen, dass der Knabe bereits gewaschen, d. h. die übliche rituelle Reinigung, die *lustratio*, vollzogen, das Wasser also ausgegossen ist. Im römischen Geburtsritual wurde einem Neugeborenen am neunten Tag nach der Geburt im Rahmen dieser *lustratio* sein Name gegeben – übrigens ein antikpaganes Vorbild für die christliche Taufe. Wir sehen also einen bereits mit seinem Namen versehenen Neugeborenen, den eine herausgehobene Frau vorn besonders herzlich empfängt. Aber auch diese Frau trägt wie alle anderen weder eine Modefrisur noch die Tracht einer römischen Matrone; vielmehr sind alle drei eher mit griechischer Kleidung angetan. Personen der damaligen Gegenwart werden kaum gemeint sein, jedenfalls fehlt jedes Indiz dafür. Auffällig ist indes noch, dass sich die vorn dargestellte, hervorgehobene Frau typologisch – durch Kleidung und aufgestellten Fuß – an sehr bekannte Statuen anschließen lässt, nämlich an die Venus- und Victoria-Statuen, die als Umbildungen der ‹Aphrodite von Capua› vermutlich des Bildhauers Praxiteles aus dem 4. Jahrhundert v. Chr. in der Kaiserzeit hergestellt wurden.

Carmentes

Da uns die Ikonographie und Typologie zur Erklärung der Szene nur diese Indizien liefert, aber allein nicht weiterhilft, und da wir keine vergleichbare Szene mit sicher benannten Figuren kennen, ist bereits klar, dass das Bild etwas Außerordentliches in Szene setzte. Wir müssen in Ermangelung erklärender Bilder nach passenden literarischen Überlieferungen suchen. Dort wird nur eine Gruppe römischer Göttinnen genannt, die in einem Dreiverein auftritt und mit der Geburt zu tun hat: die *Carmentes*. Es handelt es sich um die römischen Geburtsgöttinnen, unter denen Carmenta selbst die Hauptfigur, die beiden anderen, Porima bzw. Anteverta und Postverta mit Namen, ihre Helferinnen darstellen. In Vergils *Aeneis* (8, 333–341) verkündet Carmenta den Ruhm der Nachfahren des Aeneas, also auch des Caesar und des Augustus und seiner Nachfolger, die alle zum iulischen, zum Äneasgeschlecht gehörten. Ovid (*Fasti* 1, 585) bezeichnet Carmenta als *felix vates*, als Glücksprophetin. Die Carmentes hatten am 11. und am 15. Januar des Jahres ihre Festtage in Rom, die Carmentalia; ihr Heiligtum lag auf dem Kapitol.

Sakralisierung

Das leere Sacellum im Bildfeld oberhalb der Präsentation des Kindes könnte deshalb den Tempel der Carmentes auf dem Kapitol darstellen. Indem er leer ist, man dort kein Kultbild als Zeichen der Präsenz der Göttinnen sieht, würde dann deutlich gemacht, dass die helfenden Glücksbringer wirklich aus ihrem Tempel vom Kapitol herabgekommen sind, um dem Kind beizustehen. Das leere Sacellum hätte dann auch eine narrative Funktion im Bild – doch ist dies eine weitgehende Konkretisierung. Solche Tempelchen dienen in Bildern vor allem der Sakralisierung der Szenerie.

In diesem Falle liefert uns also eine Verbindung zur textlichen Überlieferung den Schlüssel zur Ikonographie des Bildes, das durch Bildparallelen zwar grundsätzlich, nicht aber im Detail erklärbar wäre: Wir sehen einen neugeborenen Knaben, dessen Geburt von Göttinnen als glücklich gefeiert wird, und zwar nicht nur von Venus, sondern auch von den drei altrömischen Geburtsgöttinnen, die das Reinigungsbad und damit die Namensgebung bereits vollzogen haben. Ihnen geht Carmenta voran, die man aus der *Aeneis* kannte, wo sie den Ruhm der Iulier, der Familie des Caesar und des Augustus, verkündet hatte. Venus verweist als Stammmutter dieses Geschlechts ebenfalls auf die Iulier, doch ist sie hier vor allem mit triumphaler Sieghaftigkeit verbunden. Ihr Beistand verheißt dem Neugeborenen Siege über barbarische Feinde. Sieg der Iulier

Der systemische Kontext des Kameo-Alabastrons hat auf eine Geschenkfunktion im höfischen Kontext verwiesen. Tatsächlich ist ein Lobpreis einer verheißungsvollen Geburt, den das Relief darstellt, in einem solchen Umfeld sehr gut erklärbar. Offenbar preist das Alabastron die bevorstehende oder bereits geschehene Geburt eines Knaben in der Herrscherfamilie. Gehen wir davon aus, dass solche wertvollen Kameen Geschenke am Kaiserhof waren, dann wäre dies ein Geschenk, um die Geburt eines Stammhalters oder Nachfolgers zu feiern, dem Beistand der Götter und Sieghaftigkeit verheißen werden.

Datierung und historische Kontextualisierung

Zwar haben manche ikonographischen Bezüge zur iulischen Kaiserfamilie bereits auf ein bestimmtes zeitliches Umfeld der Konzeption des Reliefbilds zwischen dem späten 1. Jahrhundert v. Chr. und dem Ende der iulisch-claudischen Herrschaft 69 n. Chr. verwiesen. Für eine Datierung reicht dies aber nicht aus. Vielmehr hat man zwei Wege beschritten, um ein Entstehungsdatum zu ermitteln: den historischen und den stilistischen. Da das Alabastron wie alle ‹Staatskameen› in den höfischen Kontext gehört, muss der dargestellte Knabe ein wichtiges Kind aus dem Kaiserhaus sein. Man versuchte ihn also zu benennen, um mit dem dann gewonnenen Geburtsdatum ein Datum für den Kameo zu erhalten. Vorgeschlagen wurde Augustus selbst, der 63 v. Chr. geboren wurde – das würde bedeuten, dass das Onyxgefäß erst im Rückblick auf seine viel verheißende Geburt entstanden sein kann, denn bevor Octavian/Augustus als Caesarerbe gegen 44 v. Chr. politisches Gewicht erlangte, ist dies kaum denkbar. Vergil beruft sich in seiner vierten Ekloge gegen 40 v. Chr. auf die Geburt eines glückverheißenden Kindes, was auf Augustus bezogen wurde. Möglich wäre es aber auch, dass auf die Geburt des Caligula (12 n. Chr.) als Urenkel des Augustus und möglicher Nachfolger oder eines anderen Sohnes des Germanicus angespielt wurde, denn dessen Söhne galten als höchste Hoffnungsträger des Prinzipats – oder auf einen anderen iulisch- Historische Datierung claudischen Prinzen, der für die jeweils vielfach diskutierte Nachfolge des Augustus, Tiberius oder Claudius in Betracht hätte kommen können. Wie man entscheiden soll, wer in dem Relief gemeint ist, ist unklar. Es bleibt deshalb unverzichtbar, die Entstehungszeit des Alabastrons unabhängig vom historischen Bezug zu ermitteln, und dies ist nur stilistisch möglich.

Stilistische Datierung

Erika Zwierlein-Diehl ging zunächst von der Farbwirkung des Kameos aus. Sie beruht auf relativ strikter Zweifarbigkeit. Beim ‹Grand Camée de France› in tiberischer Zeit hingegen dominiert eine changierende Farbgebung. Das Alabastron folgt der eher strikten Farbtrennung, wie sie noch der ‹Gemma Augustea›, einem Kameo der Zeit um 10 n. Chr., eigen war. Sie findet sich auch schon bei einem Kameo des Späthellenismus wie der ‹Tazza Farnese› (um 100 v. Chr.?). Zwierlein-Diehl nahm deshalb an, dass eine Datierung vor dem Ende der augusteischen Zeit wahrscheinlich sei.

‹Tazza Farnese›

Um die von ihr vorgeschlagene Datierung zu präzisieren, nutzte sie den Stil der Figurendarstellung. Die liegende Venus in Rückenansicht ähnelt motivisch einer liegenden Figur auf der ‹Tazza Farnese›, so dass man leicht bestimmen kann, ob beide Figuren auch stilistisch übereinstimmen. Die Proportionierung und die fleischigen Körperangaben sind durchaus verwandt, aber die Falten des Gewands sind auf unserem Alabastron linearer eingegraben. Die Stoff- und Faltenwiedergabe des Alabastrons ist zudem weniger gegensätzlich, sondern eher ruhig. Das Alabastron zeigt also in den Körperformen der Venus noch hellenistische Züge, im Gewand aber bereits Beruhigung. Es sollte daher jünger sein als die ‹Tazza Farnese›, deren genaue Datierung in den Jahrzehnten um 100 v. Chr. aber umstritten ist.

Späthellenistischer Gewandstil

Liegende Rückenansichten weiblicher Figuren, die der Venus ähneln, kommen tatsächlich häufiger im Späthellenismus vor als in augusteischer Zeit. Verbindungen zum Skulpturstil des Hellenismus weist auch die ganz rechts stehende Frau auf, die das Kind hält. Ihre Darstellung zeichnet sich durch einen schweren Unterkörper aus, der sich zu den Beinen glockenartig verbreitert. Die Gewandpartien erscheinen wie geometrische Flächen, die übereinandergelegt sind; das Knie des Spielbeins drückt sich isoliert aus der Gewandmasse heraus. Dies entspricht dem Stil weiblicher Gewandfiguren des späten Hellenismus, etwa den bekannten Statuen aus Magnesia. Auch hier also erkennen wir hellenistisches Formengut, aber noch keine klassizistischen Formen. Das spricht tatsächlich für ein Datum im 1. Jahrhundert v. Chr. und nicht erst in hochaugusteischer Zeit nach der Zeitenwende.

‹Grand Camée de France›

‹Gemma Augustea›

Vergleichen wir den Gewandstil mit Kameen des früheren 1. Jahrhunderts n. Chr., so zeigen sich entsprechende Unterschiede. Gegenüber der sitzenden Livia des ‹Grand Camée de France› (tiberisch, um 23 n. Chr.) sind die Falten auf unserem Gefäß fülliger, schwerer und voluminöser. Auch im Vergleich zur ‹Gemma Augustea› (10 n. Chr.) sind solche Unterschiede greifbar: Auch dort findet sich ein stärker klassizistischer Faltenstil mit klarer gezeichneten Linien, also keine hellenistischen Formen mehr. Dies bestätigt den zeitlichen Ansatz eher in frühaugusteische Zeit.

Apollo-Sosianus-Tempel

Für die schwere, eher massige, nicht fein-lineare Gestaltung des Gewands in hellenistischer Tradition finden sich Parallelen an gut datierten Reliefs anderer Gattungen. Sie zeichnen beispielsweise den Gewandstil des Relieffrieses aus, der die Cella des Apollo-Sosianus-Tempels in Rom schmückte. Er ist gegen 30 v. Chr. entstanden. Die Wirkung setzt auch dort eher auf Plastizität als auf Linearität, wie es vor der Etablierung klassizistischen Geschmacks in hochaugusteischer Zeit üblich ist. Genauer als vor etwa 30/20 v. Chr. und nach dem Beginn des 1. Jahrhunderts v. Chr. vermögen wir auf diesem Weg das Berliner Alabastron aber nicht zu datieren. Ein Bezug auf Caligula oder die Germanicus-Söhne verbietet sich damit.

domus augusta

Schauen wir nun zurück auf die ikonographische Analyse, so ergeben sich in der Kombination mit dem stilistischen Befund neue Indizienketten. Venus erlangte erst als Urahnin der iulischen Familie hohe Bedeutung in den politischen Debatten Roms, kaum vor der Zeit Caesars, also um 50 v. Chr. Die Verbindungen zu Vergils *Aeneis* durch die selten erwähnten Carmentes lassen eher an ein frühaugusteisches Datum denken als an ein spätrepublikanisches. Die Barbaren-Tropaeum-Thematik, die das Relief ja ebenfalls auszeichnet, kommt in der Zeit des Augustus häufiger vor und liegt seit dem Triumph über Ägypten und Dalmatien im Jahre 29 v. Chr. nahe. Dies würde eine Entstehung des Alabastrons in frühaugusteischer Zeit ebenfalls wahrscheinlicher machen als davor. So könnten Geburten von Mitgliedern der *domus augusta* vor der Zeitenwende gemeint sein. Eine frühe wäre diejenige des Marcellus

(42 v. Chr.), des Sohnes der Schwester des Augustus, die Zwierlein-Diehl bevorzugt. Weshalb sollte man aber bereits damals diese Geburt feiern? Die Familie befand sich noch im Kampf um die Durchsetzung ihrer Interessen, Augustus war noch kein Princeps. Eher kommen Geburten wie die des Caius (20 v. Chr.) und Lucius (17 v. Chr.) Caesar infrage, Kinder der Augustustochter Iulia und des Agrippa, der als Nachfolger des Augustus vorgesehen war. Als Enkel des Augustus wurden sie später selbst als Nachfolger ausersehen. Oder es handelt sich doch um einen retrospektiven Bezug auf die Geburt des Augustus, die als Zeichen der Vorsehung einem panegyrischen Lob des Princeps gelten sollte – aber dies muss hypothetisch bleiben.

Festhalten können wir: Als Geschenk an das Kaiserhaus feierte das wertvolle Alabastron in frühaugusteischer Zeit, wohl nach 30 v. Chr. und vor der Zeitenwende, die Geburt eines Mitglieds der iulischen Familie. Der Reliefschmuck stilisierte diese Geburt zu einem sakralen Ereignis, das militärische Erfolge gegen Barbaren versprach und göttlicher Vorsehung und göttlichem Schutz unterstand. Die halbbekleidete Venus stellte dabei einen Bezug zur caesarischen und augusteischen Venus als Stammmutter der *gens Iulia* dar. Das Alabastron aus Nottuln gehört damit zu den frühesten Staatskameen der römischen Kaiserzeit, die uns erhalten sind. Es markiert den Anfang der Nutzung solcher Objekte als Geschenke ans römische Kaiserhaus, die nicht die Kaiser selbst herstellen ließen, sondern mit denen sich hochrangige Römer direkt an den Kaiser wandten. Dies wurde dann schnell zu einer Mode der früheren iulisch-claudischen Zeit bis etwa zur Mitte des 1. Jahrhunderts n. Chr., bevor Kameen wieder deutlich seltener wurden.

Ikonologie, Kommunikation, Bildsprache

Die Erklärung des Kameo-Alabastrons in seiner Ikonograhie und in seinem historischen Kontext führt allein noch nicht dazu, es im Denk- und Vorstellungsumfeld seiner Zeit auch verständlich zu machen und zugleich als Zeugnis für diese Denk- und Vorstellungswelt zu begreifen. Dazu müssen in einer ikonologischen Analyse die Ikonographie, die Bildsprache, die Semantik der Darstellungen und ihre Botschaften in das weitere Umfeld der augusteischen Kultur und politischen Geschichte in Rom eingeordnet werden, die sich in vielen anderen Bild- und Bauwerken, aber auch in der Literatur der Zeit äußern.

Dabei lässt sich als Teil einer historischen Kontextualisierung zunächst festhalten, dass das Gefäß darauf hinweist, dass die Frage nach einem Nachfolger am Hof in Rom sehr intensiv diskutiert wurde – und zwar tatsächlich bereits kurz nach dem Beginn des Prinzipats 27 v. Chr.

Handlungslosigkeit

Das Relief des Alabastrons lässt eine – für das Bildmedium der Kameen nicht ungewöhnliche – bestimmte Bildsprache und Erzähltechnik ebenso erkennen wie eine bestimmte Art der visuellen Aufladung des Dargestellten. Das Relief erzählt nur sehr zurückhaltend eine Geschichte, denn Handlung ist nur in der Hauptszene dargestellt: Die drei Carmentes haben den neugeborenen Knaben gewaschen, er hat also seinen Namen erhalten, und sie umsorgen ihn nun. Wer das Neugeborene ist, dazu gibt das Bild aber keine dezidierte Auskunft. Es bleibt offen, vieldeutig und in seinem Personal ja auch mythisch-poetisch und nicht historisch-konkret. Eine bestimmte Geschichte wird also gar nicht erzählt, eher ein mythosartiges Gleichnis, das auf viele Geburtsereignisse übertragbar wäre. Die knappe Handlungsszene selbst ist zudem ebenso wie ihr Umfeld visuell angereichert mit einer Vielzahl von Bildmotiven. Dazu gehören die halbbekleidete *Venus armata*, das Tropaeum, der gefesselt sitzende Barbar, das Sakralgebäude im Hintergrund, in der Szene mit dem Neugeborenen auch die Göttin im klassischen Bildtypus der ‹Aphrodite von Capua›. Alle diese Floskeln präzisieren gleichsam wie Attribute die Qualität der Szene mit dem Neugeborenen, ordnen diese in ein Netz von Bezügen ein, das eher abstrakt-semantisch als narrativ ist. Es geht um die Genealogie der *gens Iulia*, die Venus verkörpert, um deren kriegerischen Charakter und um gottgewollte Siege über Barbaren. Es handelt sich um sakrale Ereignisse, deren Prestige zudem durch die Verwendung klassischer Figurentypen gesteigert wird.

Vokabelhafte Bildmotive

Additive Bildsyntax

Man kann das Relief als ein Netz sich wechselseitig bestimmender Vokabeln verstehen, die in einer eher additiven Syntax zusammengefügt sind. Ihre relativ abstrakten Semantiken lassen sich nur verstehen, wenn man die Verwendung ähnlicher Bilder, Figuren und Geschichten in der Kultur der Zeit kennt, sei es die ähnlichen Bilder der Venus auf Münzen, sei es die Tropaea als Dekorelemente vieler anderer Monumente, sei es die Carmentes bei Vergil oder seinen Verweis auf die glückliche Geburt eines Kindes in seiner vierten Ekloge. Bildung scheint Grundlage des Verstehens zu sein.

Augusteische ‹Schlagbilder›

Dieser exklusive Bilder- und Erzählvorrat wurde in augusteischer Zeit immer wieder in wechselnden Kombinationen aufgerufen – in Texten und Bildern. Dabei wurden die Grenzen zwischen Mythos und Geschichte, zwischen Tradition und Aktualität, zwischen göttlicher und menschlicher Sphäre aufgelöst. Die Mythisierung und Sakralisierung von Ereignissen, die beständige Wiederholung der weitgehend identischen «Schlagbilder» (Aby Warburg) und ihre Verknüpfung mit der Figur des neuen Princeps Augustus und seiner Gens: Dies war die visuelle Grundierung der römischen Prinzipatsideologie; sie gab Augustus' Prinzipat – der ja keine Monarchie sein sollte – eine Aura sakraler und mythengleicher Sicherheit und Tradition.

Bildpanegyrik

Das Kameo-Alabastron macht zugleich deutlich – und wie die Bildsprache und die Mythisierung haben wir auch dies bereits am Grabmal des Munatius Plancus erkannt –, dass die beschriebene visuelle und narrative Grundierung des Prinzipats nicht einfach als Bildpropaganda vom Kaiserhaus ausgehend in das Imperium getragen wurde. Das Alabastron war vielmehr ein Geschenk, mit dem ein hochrangiger Römer dem Kaiser sein Lob darbrachte. In der Rhetorik und Literatur nennen wir ein solches Lob Panegyrik. Der Kameo ist so ein Zeugnis dafür, dass der römische Prinzipat als ein System der Demonstration der Akzeptanz und panegyrischen Anerkennung des Princeps angelegt war. Er zeugt zudem davon, in welcher Weise die Bildvokabeln des augusteischen Prinzipats von den Bürgern des Imperiums aufgegriffen, angeeignet und selbst vervielfacht und verbreitet wurden, so wie Munatius Plancus die Bildvokabeln der Prinzipatsideologie für seine Selbstdarstellung verinnerlicht hatte – ein Kommunikationssystem in der Zeit des Augustus, das Paul Zanker treffend als Ausdruck einer «Macht der Bilder» beschrieben hat.

Literatur: Die Darstellung folgt weitgehend der Vorlage des Onyx-Alabastrons durch E. Zwierlein-Diehl: Das Onyx-Alabastron aus Stift Nottuln in Berlin (Berlin 1999). – *Antike Glyptik:* P. Zazoff: Die antiken Gemmen, Handbuch der Archäologie (München 1983); E. Zwierlein-Diehl: Antike Gemmen und ihr Nachleben (Berlin 2007). – *Überlieferungsgeschichte von Kameen:* Zwierlein-Diehl a. O.; M. Belozerskaya: Medusa's Gaze. The

Extraordinary Journey of the Tazza Farnese (Oxford 2012). – *Techniken und Materialien:* G. Schmidt: Erfahrungen und Fragen beim Nachschneiden des größten Sardonyx-Kameo der Antike, des Grand Camée de France, in: L. Giuliani: Ein Geschenk für den Kaiser. Das Geheimnis des Großen Kameo (München 2010). 62–96; s. auch http://www.gemmarius-sculptor.de. – *‹Staatskameen› als Geschenke am Hof:* Giuliani a. O. – *Chronologie und Stil:* R. Megow: Kameen von Augustus bis Alexander Severus (Berlin 1987). – *Bildsprache:* M. Bergmann: Zur Bildsprache römischer Kaiserkameen, in: G. Platz-Horster (Hrsg.): Mythos und Macht. Erhabene Bilder in Edelstein (Berlin 2008) 13–21. – *Römische ‹Staatsreliefs›:* G. Koeppel: Die historischen Reliefs der römischen Kaiserzeit I–IX, in: Bonner Jahrbücher 183–192 (1983–1992); T. Hölscher: Staatsdenkmal und Publikum vom Untergang der Republik bis zur Festigung des Kaisertums in Rom (Konstanz 1984); T. Hölscher: Römische Bildsprache als semantisches System (Heidelberg 1987); T. Hölscher: ‹Präsentativer Stil› im System der römischen Kunst, in: F. de Angelis u. a. (Hrsg.): Kunst von unten? Stil und Gesellschaft in der antiken Welt von der ‹arte plebea› bis heute (Wiesbaden 2012) 27–58; T. Hölscher: Roman Historical Representations, in: B. E. Borg (Hrsg.): A Companion to Roman Art (Oxford 2015) 34–51. – *Verbindung von Mythos, Geschichte und normierten Werten:* K. Fittschen: Das Bildprogramm des Trajansbogens von Benevent, in: Archäologischer Anzeiger (1972) 742–788; T. Hölscher: Die Geschichtsauffassung in der römischen Repräsentationskunst, in: Jahrbuch des Deutschen Archäologischen Instituts 95 (1980) 265–321; K.-J. Hölkeskamp: Im Gewebe der Geschichte(n). *Memoria*, Monumente und ihre myth-historische Vernetzung, in: Klio 94 (2012) 380–414. – *C. und L. Caesar als potenzielle Nachfolger des Augustus:* A. Heinemann: Eine Archäologie des Störfalls. Die toten Söhne des Kaisers in der Öffentlichkeit des frühen Prinzipats, in: T. Hölscher/F. Hölscher (Hrsg.): Römische Bilderwelten. Von der Wirklichkeit zum Bild und zurück (Heidelberg 2007) 41–10; vgl. A. Gibson: The Julio-Claudian Succession. Reality and Perception of the «Augustan Model» (Leiden 2013). – *‹Macht der Bilder› und augusteische Kultur:* P. Zanker: Augustus und die Macht der Bilder (München 1987); vgl. R. von den Hoff/W. Stroh/ M. Zimmermann: Divus Augustus. Der erste römische Kaiser und seine Welt (München 2014).

10. Das Porträt eines Römers mit Ahnenbildnissen (frühes 1. Jh. n. Chr.)

Porträtbegriff

Mit dem Begriff ‹Porträt› oder ‹Bildnis› bezeichnen wir – im Unterschied zum allgemeineren Begriff ‹Bild› – die Darstellung eines Menschen, von dessen historischer Existenz man ausging. Porträts dienten in griechischer wie in römischer Zeit dazu, ein positives Image der Dargestellten zu vermitteln und dauerhaft sichtbar zu machen – zumeist gegenüber einer größeren oder kleineren Öffentlichkeit. Da sie prinzipiell durch beigefügte Inschriften benannt waren, spielte ihre äußere Ähnlichkeit mit dem Dargestellten eine verzichtbare Rolle, so selbstverständlich sie uns heute durch die Erfahrung der Fotografie auch ist. Ja, wir können beobachten, dass solche Ähnlichkeit, wenn man sie überhaupt nachweisen kann, ebenso wie ein individualisiertes, d.h. von den gängigen Normen abweichendes Erscheinungsbild eines Porträts oder auch naturalistische Darstellungsformen im Bildnis nur in bestimmten Epochen üblich waren und keinesfalls zwingend von antiken Porträts zu erwarten sind. Vielmehr waren auch diese Merkmale mit bestimmten positiven Semantiken verbunden, die es zu ermitteln gilt, und kein Selbstzweck.

Porträtformen und -funktionen

Bildnisstatuen gehörten zu den wichtigsten Bildmedien der Antike. Als Weihestatuen, mit denen man sich an die Götter wandte, als Grabstatuen, die an die Verstorbenen nach ihrem Tod erinnern sollten, und als Ehrenstatuen, die Städte oder soziale Gruppen aufstellten, um die Leistungen der geehrten Person visuell bleibend zu bewahren, bevölkerten sie öffentliche Räume antiker Städte, später auch Häuser und das Innere öffentlicher Gebäude. Von Beginn an waren Porträts bis auf wenige Ausnahmen zunächst ganzfigurige, statuarische oder statuettenförmige Bildwerke. Erst seit dem Hellenismus entstanden äußerlich reduzierte Porträtformen wie die frei stehende Porträtbüste, die den Brustausschnitt einbezog, und die Porträtherme, die den Bildniskopf auf einen langrechteckigen Quader als Schaft aufsetzte, aber auch das Bildnis als Münzzeichen oder auf Ringsteinen.

Nachantike Bedeutung

Bildnisse gehören zu denjenigen Überresten der Antike, die schon seit dem Mittelalter, dann aber vor allem seit der Renaissance höchstes Interesse gefunden haben. Ein wichtiger Grund dafür war, dass sie manche ‹Größen› der griechischen und römischen Geschichte darstellten, die man als vorbildliche Exempla für eigenes Handeln vor Augen haben wollte. Bildwerke, die man für Porträts bedeutender Griechen und Römer hielt, wurden deshalb früh gesammelt und abgebildet; vielfach sind sie so ohne die Kenntnis ihres antiken Aufstellungskontexts auf uns gekommen oder befinden sich schon seit Jahrhunderten in Antikensammlungen und Museen. Zudem haben die Formen, die man antiken Bildnissen gab, wie die Bildnisbüste oder das Münzbildnis, auch die moderne Porträtgeschichte zumindest bis weit ins 19. Jahrhundert geprägt. In beiderlei Sinne gehören antike Porträts damit auch zu den neuzeitlich einflussreichsten antiken Bildwerken.

Objektbefund, Objektgeschichte und antiker Bestand

‹Togatus Barberini›

Das Bildnis, das hier als Fallbeispiel eines römisch-kaiserzeitlichen Porträts behandelt wird, fehlt in kaum einem illustrierten Werk zur römischen Geschichte. Die Marmorstatue steht heute in der Centrale Montemartini, dem spektakulär in einem alten Heizkraftwerk eingerichteten Ausstellungsareal der Kapitolinischen Museen in Rom (Inv.-Nr. 2392; Abb. 33). Sie misst einschließlich ihres Kopfes 1,69 Meter in der Höhe und erreicht damit etwa Lebensgröße. Ihr Fundort ist unbekannt. Schon im Dezember 1627 befand sie sich in Rom. Damals ging sie als Schenkung des Filippo Colonna an den Kardinal Francesco Barberini über, der gerade seine später berühmte Antikensammlung aufbaute, und galt als Bildnis des Brutus, des ersten Consuls und Begründers der römischen Republik. Bis zum Verkauf der Statue an die Stadt Rom im Jahre 1937 verblieb sie bei den Barberini – daher rührt auch ihr moderner Spitzname: ‹Togatus Barberini›. Als Togatus ist die Statue durchaus korrekt benannt, weil sie einen Mann in der römischen Toga darstellt, wie wir gleich sehen werden.

Objektbefund

Versucht man sich zunächst den Objektbefund zu vergegenwärtigen, d. h. antike Ausarbeitung, Fehlstellen und moderne Ergänzungen zu klären, dann sieht man, dass der heutige Zustand nicht dem antiken Bestand der Statue entspricht. Der Hals ist in den Gewandausschnitt eingesetzt, was bei antiken Statuen durchaus üblich war. Hier aber besteht das untere Halsstück aus einem anderen Marmor als der Kopf mit dem oberen Teil des Halses. Sie stoßen in einer schräg verlaufenden Linie zusammen. Diese Fuge ist gerade gezogen, also keine Bruchstelle, sondern ein künstlicher Schnitt. Sie befindet sich zudem an einer Stelle, an der sie in solcher Form bei antiken Statuen nicht auftritt, auch wenn man Marmorteile durchaus gesondert ansetzen konnte. Dies geschah aber nicht bei einem selbst schon eingesetzten Halsstück. Die Art der Stückung und die unterschiedlichen Marmorsorten sprechen dafür, dass der Kopf mit dem Hals ursprünglich nicht zu dieser Statue gehörte; die unantike Anstückungsform ist ein Indiz dafür, dass der Kopf der Statue erst in moderner Zeit

Abb. 33: Rom, Musei Capitolini, Centrale Montemartini Inv.-Nr. 2392: frühkaiserzeitliche Grabstatue eines Römers (‹Togatus Barberini›)

aufgesetzt wurde. Leider geben uns die alten Inventare der Sammlungen keinen Hinweis, wann man Statue und Kopf verbunden hat. Im 17. und 18. Jahrhundert war es jedoch gang und gäbe, aus einer unvollständigen antiken Statue durch Zufügung anderer Teile eine vollständige Figur zu machen. Man nennt das Ergebnis einer solchen Neukombination ‹Pasticcio›. Solche Bildnisse hatten als Geschichtsillustration und Bilder vorbildlicher Römer zu dienen. Ob die Bestandteile in der Antike so zusammengehörten, galt demgegenüber als zweitrangig.

‹Pasticcio›

Die Statue ist ansonsten relativ gut erhalten. Bis auf einzelne Gewandfalten, deren Ergänzungen aus dem 17. Jahrhundert man heute wieder abgenommen hat, ist nur der linke Fuß der Figur mit einem Teil der Plinthe, also der Standplatte, auf der die Füße stehen, modern hinzugefügt worden. Ebenso ergänzt sind die Nasen der Büsten, die der Dargestellte in Händen hält (Abb. 33–35), sowie an der von uns aus rechten Büste die Finger und ein Teil des Brustausschnitts (Abb. 34), der übrigens in der gleichen modernen Stückungstechnik wie am Hals angefügt wurde.

Ergänzungen

Ikonographie

Der Mann steht mit rechtem Stand- und linkem Spielbein frontal vor uns. Das Spielbein und das Standbeinknie scheinen sich durch den nicht allzu dicken Gewandstoff des Übergewands hindurchzudrücken, dessen Fülle aber Hüfte und Bauchbereich ganz verhängt. Auffällig ist die Drapierung, d. h. die Tragweise und Faltenführung dieses Gewands. Sein unterer Saum zeigt, dass es nicht eckig, sondern gerundet geschnitten war. Der lange Stoffsaum läuft vom linken Fuß über den linken Arm und von dort wieder herab und nach hinten um die Statue herum. Da zwischen den Füßen unter einer obersten Stoffschicht eine weitere, etwas tiefer herabfallende Stoffpartie zum Vorschein kommt, die zwischen den Füßen den Boden berührt, muss man annehmen, dass dieses Ende des Stoffstücks zunächst vor die linke Brust und auf die linke Schulter des Mannes gelegt wurde und von dort bis zu den Füßen herabfiel. Es wurde dann über die linke Schulter und quer über den Rücken gelegt, um an der rechten Hüfte wieder nach vorn zu kommen. Von dort legte man den Stoff dann über die linke Schulter und ließ den rechten Arm darunter hervorkommen. Ein weiterer Gewandsaum verläuft zudem vom

Kleidung

rechten Knie der Figur nach oben zu ihrer linken Schulter. Der halbrunde Stoff war dort also doppelt gelegt. Die nach vorn übergeschlagene Partie reicht aber nicht ganz so weit herab wie die untere. So können wir Stoffstück und Drapierung verstehen: Ein im Umriss aus zwei Kreissegmenten verschiedener Durchmesser zusammengesetztes großes Stoffstück wurde in Längsrichtung dort gefaltet, wo die beiden Kreissegmente aneinanderstießen, wobei der kleinere Teil nach vorn überhing. Dann wurde es in der oben beschriebenen Weise um den Körper gelegt.

Zu erklären bleibt der füllige Stoffwulst, der sich von der Hüfte zur linken Schulter zieht, sowie der in Bauchhöhe aus diesem Wulst herausgezogene Stoffbausch. Offenbar hat man den Stoff an der Stelle, an der er gefaltet wurde, zu einem Wulst zusammengerafft. Daraus hat man dann kunstvoll einen fülligen Zipfel herausgezogen, der vor dem Bauch nach vorn hing.

Toga

Durch viele römische Bilddarstellungen und textliche Beschreibungen wissen wir, dass es sich bei diesem Gewand um die Toga handelt, die Tracht, die nur der römische Bürger tragen durfte. So können auch ihre Bestandteile benannt werden: Der kürzere Bogensaum vom Knie nach oben heißt *sinus* (‹Bucht›, ‹Golf›), der geraffte Wulst, der quer über die Brust verläuft, heißt *balteus* (‹Gürtel›), und der aus diesem herausgezogene Zipfel heißt *umbo* (‹Buckel›). Unter der Toga trägt der römische Bürger ein dünnes Untergewand, die *tunica*. Beim ‹Togatus Barberini› ist sie an seiner rechten Brust zu sehen.

sinus, balteus, umbo

Die Beschreibung der Kleidung und ihrer Drapierung macht sinnfällig, wie kompliziert die Toga anzulegen war, die ja keine Spangen oder Knöpfe hielten, aber auch, wie viele Elemente der Drapierung nichts mit Praktikabilität zu tun hat. Das Gewand ist vielmehr eine Kunstform; und wenn man sein Gewand so trägt, muss man sich gemächlich und langsam bewegen – allein schon die am Boden schleifende Stoffpartie vorn macht das notwendig.

Schuhwerk

Zu den Kennzeichnungen des Mannes gehört aber nicht nur das Gewand, sondern auch sein Schuhwerk. Schauen wir seinen rechten Fuß an – und nur dieser ist ganz antik erhalten –, dann sehen wir, dass die Füße und Zehen offenbar umhüllt sind. Auffällig sind zwei gut erkennbare und zwei etwas höher ansetzende Laschen, die von jeweils einer Knotung oberhalb des Fußrückens rechts und links des Beines herabfallen. Es handelt sich um Lederschuhe, die *calcei* – im Gegensatz zu den Riemensandalen ohne Lederumhüllung des Fußes, den *caligae*. Die *calcei* konnten eine einfache Form haben, die nicht weiter geschnürt war; sie konnten ein Paar von einem herabfallenden Riemen an jedem Fuß besitzen, oder aber zwei Paare, wie an unserem Schuh. Je nach seiner Form und den Riemen hat der *calceus* unterschiedliche Namen: Der riemenlose heißt *calceus equester*, der mit einem Riemenpaar ausgestattete heißt *calceus senatorius*, der mit zwei Riemenpaaren ausgestattete indes *calceus patricius*. Die diffizile Unterscheidung deutet bereits eine besondere Kennzeichnung an, auf die wir zurückkommen werden. Hier können wir zunächst festhalten, dass der Dargestellte *calcei patricii* trägt. *calcei*

In den Händen hält unser Togatus je eine Büste, also eine auf den Brustausschnitt beschränkte Darstellung eines Menschen. In seiner linken Hand trägt er die Büste tatsächlich. Mit seiner rechten Hand berührt er die Büste an dieser Seite lediglich. Sie scheint vielmehr auf einer sogenannten Baumstütze zu stehen, die bei römischen Marmorstatuen häufig vorkommt und statisch notwendig war, in unserem Fall, weil die Marmorstatue sonst durch das Übergewicht der an ihrer rechten Seite überhängenden Büste instabil gestanden hätte. Die Ikonographie solcher Stützen – hier handelt es sich um eine stilisierte Dattelpalme – kann zur Darstellung passen, war aber vor allem geschmacksbedingt und meist ohne konkreten inhaltlichen Bezug zur Darstellung: Palmstützen kommen in der frühen Kaiserzeit sehr häufig vor. Büsten Statuenstütze

Antike Umarbeitungen

Schaut man die Büsten genauer an, so stellt man Interessantes fest. Petra Cain hat erst vor wenigen Jahren darauf hingewiesen, dass die von der Statue aus linke Büste einige Merkwürdigkeiten aufweist (Abb. 34–35): Ihr Hinterkopf ist außerordentlich mächtig im Vergleich zu dem eher zu wenig Substanz besitzenden vorderen Teil mit dem Gesicht. Die Haarkappe ist zudem hinten nur mit kleinen Meißelhieben aufgelockert (wir nennen das ‹gepickt›). Nach vorn hin hat der Bildhauer die Haarfläche einheitlicher gestaltet; dort sehen wir schräg vor dem Ohr einzelne breite und tiefe kurze Kerben, die zur sonstigen Oberfläche nicht recht passen. Solche Widersprüche in den Proportionen und der Ausarbeitung müssen erklärt werden, zumal sich solche Phäno- Pickung

Abb. 34: Rom, Musei Capitolini, Centrale Montemartini Inv.-Nr. 2392: frühkaiserzeitliche Grabstatue eines Römers (‹Togatus Barberini›). Detail: Büste in der linken Hand. Frontalansicht

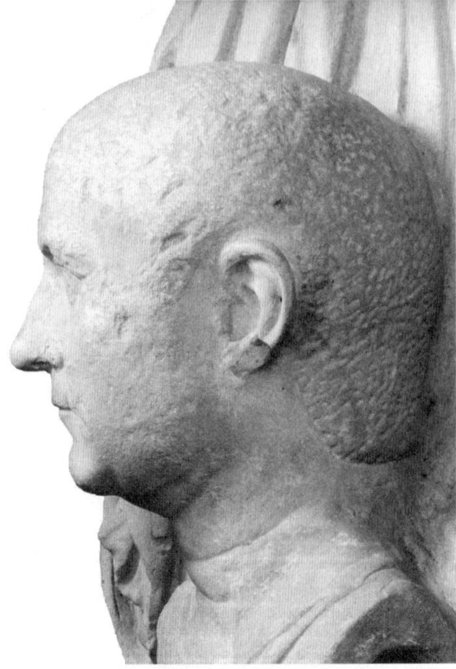

Abb. 35: Rom, Musei Capitolini, Centrale Montemartini Inv.-Nr. 2392: frühkaiserzeitliche Grabstatue eines Römers (‹Togatus Barberini›). Detail: Büste in der linken Hand. Profilansicht

mene bei römischen Porträts häufiger finden. Es handelt sich bei Bildnissen mit solchen Eigenheiten um Köpfe, die in ihrem Bestand verändert, also umgearbeitet wurden, bei Kaisern, wenn sie nach ihrem Tod verdammt wurden (*damnatio memoriae*). Die tiefen Kerben an der Oberfläche stammen von einer älteren Frisur, deren Haare durch sehr tiefe, weit in die Substanz des Kopfes eingreifende Bohrungen untergliedert waren. Sie sind Spuren einer älteren, offenbar viel voluminöseren Frisur. Als man diese Frisur abarbeitete, blieben die tiefsten Einarbeitungen der älteren Frisur erhalten. Schauen wir die rechte Seite des Büstenkopfs an, dann sehen wir, dass dort die Falten der Toga der Statue ganz unorganisch in gewissem Abstand vom Kopf aufhören und auch das Ohr umfahren. Der rohe Marmorstreifen stammt von dem fülligeren Haar der ersten Ausarbeitung, das das Ohr einmal bedeckte. Das ‹neue› Ohr kam an dieser Seite bei der Umarbeitung übrigens auch unorganisch tiefer zu liegen als das andere: Der vorhandene Marmor des ehemaligen Haares ließ offenbar nichts anderes zu. Damals hat man offenbar auch den vorderen Teil des Kopfes mit dem Gesicht umgearbeitet und das Gesicht gleichsam tiefer gelegt. Dies erklärt, warum der Kopf so unproportioniert wirkt.

Umarbeitung

Wir haben also durch die Klärung des Objektbefunds, durch die genaue Beobachtung der bildhauerischen Ausarbeitung den Kopf der einen Büste als Umarbeitung erkannt. Solche Umarbeitungen sind keine Seltenheit, und sie sind durchaus typisch für die antike Porträtplastik, weniger für den modernen Umgang mit solchen Statuen. Wir müssen uns also fragen, wen die Büste vorher darstellte und warum sie in der Antike umgearbeitet wurde.

Datierung

Für die Datierung römischer Bildnisse können unterschiedliche Wege beschritten werden. Sie kann durch ikonographische Details der Tracht erreicht werden, wenn diese nur zu bestimmten Zeiten Verwendung fanden. Sie kann durch eine stilistische Analyse erfolgen. Diese betrifft die konkrete Form der Oberflächenbearbeitung und handwerkliche Techniken, die bestimmten Handwerkstraditionen und Geschmacksvorstellungen folgen und zeittypisch sind, und ermittelt das Herstellungsdatum des

Porträts. Schließlich können Bildnisköpfe auch datiert werden, indem man sie bestimmten Modeerscheinungen (‹Modefrisur›) und zeittypischen Physiognomien (‹Zeitgesicht›) zuordnet. Dies ist dadurch bedingt, dass sich römische Bildnisse grundsätzlich an den Vorgaben orientierten, die durch die Bildnisse des Kaiserhaues gegeben waren. Und das betraf nicht nur Frisuren und Mimik, es betraf sogar die physiognomische Gestaltung des Gesichts. So wurde es bei Männern oft an das der Porträts regierender Kaiser angeglichen, um besonders loyal zu erscheinen – so seltsam uns diese Ent-Individualisierung des eigenen Aussehens auch erscheint. Bestimmte Epochen der späten römischen Republik und der Kaiserzeit zeichnen sich also durch zeittypische Ikonographien, durch einen zeittypischen Geschmack der Steinbearbeitung und durch zeittypische ‹Modefrisuren› und ‹Zeitgesichter› aus, anhand derer wir uns erhaltene Bildnisse datieren müssen. Sehen wir einen Mann mit einer Frisur, die der des Augustus gleicht, dann ist es wahrscheinlich, dass das Bildnis in augusteischer Zeit oder bald darauf entstanden ist, denn später wird es passender gewesen sein, sich seinen Nachfolgern anzugleichen.

Togaformen

Beginnen wir mit der Ikonographie: Der Togatus Barberini trägt die römische Toga in einer bezeichnenden Form, nämlich relativ lang, mit einem Sinus und einem Umbo. Wir wissen durch gut datierte Münzbilder und andere Bildnisstatuen, dass noch in der späten römischen Republik eine engere, weniger stoffreiche und anders drapierte Toga üblich war, die sogenannte *toga exigua*. Erst in der Zeit des Augustus erhielt sie Sinus und Umbo und wurde stoffreicher. Diese Form der Toga findet sich erstmals in den Reliefs der ‹Ara Pacis›, des Friedensaltars, den man für Augustus zwischen 13 und 9 v. Chr. in Rom errichtete. Wir wissen durch Textzeugnisse, dass der neue Princeps die Kleiderregeln für die römischen Bürger reformierte und die Toga zum Statussymbol und zu einer Pflichtkleidung für Römer machte, wenn sie das Forum Romanum oder das Theater betraten (Sueton, *Vita Augusti* 40; 44). Dies wird zu der neuen Tragweise der Toga geführt haben. Der *terminus post quem* für unsere Statue liegt somit etwa gegen 20 v. Chr. Im Laufe der Zeit hat sich die neue Tracht weiterentwickelt. Während der Umbo auf der ‹Ara Pacis› noch sehr klein und kaum über den Balteus gezogen ist, hat die Toga auf einem durch seine Inschrift ins Jahr 2 v. Chr.

datierten Altar mit einer Darstellung des Augustus bereits die Form wie bei unserer Statue. Der Togatus Barberini kann also wohl frühestens gegen 2 v. Chr. entstanden sein. Eine Statue, die durch ihren Porträtkopf sicher als Bildnis des jungen Nero vor seinem Regierungsantritt erkennbar ist und demnach vor 54 n. Chr. entstanden sein muss, zeigt dieselbe Form der Toga. Ikonographisch lässt sich also kein sichereres Entstehungsdatum als die erste Hälfte des 1. Jahrhunderts n. Chr. ermitteln.

Wir müssen nun zum stilistischen Befund kommen. Dabei geht es nicht um die Form und Drapierung der Toga, sondern um die Ausarbeitung ihrer Oberfläche. Vergleicht man die genannte Nero-Statue in dieser Hinsicht, fallen Unterschiede ins Auge. Die Falten sind dort wie dünne Grate aufgesetzt, der Körper scheint sich stärker unter dem Stoff der Toga abzuzeichnen, und überhaupt wirkt der Faltenreichtum unserer Statue größer. Zieht man eine Statue des Kaisers Caligula heran, für den bis 41 n. Chr. Statuen errichtet wurden, so sind die Ähnlichkeiten größer, auch wenn die Kaiserstatue ebenfalls bereits kantigere Faltenzüge und weniger Faltenreichtum aufweist als der Togatus Barberini. Viel näher kommt unserer Statue in ihrem allerdings etwas schlichterlinearen Faltenreichtum und dem nur an einzelnen Stellen der Gewandoberfläche durchscheinenden Körper die Statue des Augustus von der Via Labicana in Rom, die in der Spätzeit dieses Kaisers oder kurz nach seinem Tod entstand, also etwa gegen 10/20 n. Chr. Stilistisch würde dies eine Entstehung des Togatus Barberini in spätaugusteischer oder frühtiberischer Zeit nahelegen, etwa zwischen 10 und 30 n. Chr. Stil

Da der Statue ja ihr eigener Kopf fehlt, können für Fragen von Modefrisur und Zeitgesicht nur die Bildnisbüsten herangezogen werden, die sie in den Händen hält. Und hier gehört nur der Kopf der nicht umgearbeiteten Bildnisbüste links von uns zum ursprünglichen Bestand. Auch in diesem Fall kann man zunächst stilistisch argumentieren. Die Gestaltung der Haaroberfläche kennzeichnet eine gewisse mangelnde Präzision, bei der die Locken keine feine Gliederung aufweisen, sondern wie Facetten mit kantigem Querschnitt nebeneinanderliegen. Zwischen ihnen hat der Bildhauer Bereiche gleichsam leer gelassen, als sei dort kein Haar. So wollte er eine effektvoll flimmernde Oberfläche herstellen, nicht aber jede Haarlocke angeben. Eine solche Oberflächenwirkung des Haares findet sich auch beim Augustus von der Via Labicana – dort allerdings noch etwas geschichteter, detaillierter, wie es für ältere, frühaugusteische Bildnisse üblich war. Bei einem Porträt des Caligula in Schloss Fasanerie ist jedoch bereits eine dickere Haarkappe mit graphischer und kantiger eingezeichneten Locken zu erkennen. Der Togatus Barberini sollte in dieser relativen Chronologie zwischen 10/20 und 30/40 n. Chr. entstanden sein, also in tiberischer Zeit.

Modefrisur

Schauen wir nun auf die Modefrisur des Büstenkopfs, dann stellen wir einen Widerspruch fest. Er zeigt nämlich nicht die schön-strähnigen Stirnhaarfrisuren mit sogenannten Gabel- und Zangen-Motiven, wie sie seit Augustus gang und gäbe waren. Vielmehr ist die Stirn höher, das Haar darüber lockerer bewegt, wie es in der späten Republik vor Augustus Mode war. Und auch die Physiognomie gehört eher in diese Epoche, als noch nicht die beruhigten, alterslosen Augustus-Gesichter prägend waren, sondern tiefere Falten und ein wie von Falten gerahmter Mund, wie sie beispielsweise das Bildnis Ciceros zeigt. Solche älter aussehenden Männerporträts kommen in der frühen Kaiserzeit zwar noch vor, dann aber mit anderen Frisuren. Wir sehen also, dass man dem Aussehen von Frisur und Gesicht für die Datierung eines römischen Bildnisses nie allein trauen kann. Das Zeitgesicht und die Modefrisur weisen hier eher in die späte Republik gegen 50 v. Chr., der Stil aber zeigt, dass der Kopf erst in tiberischer Zeit hergestellt wurde. Offenbar sollte eine Büste wiedergegeben werden, die einen Mann der späten Republik darstellte, und dies in der Hand einer Statue, die in Tracht und Stil in der Zeit des Tiberius (etwa 14–37 n. Chr.) am besten zu erklären ist.

Zeitgesicht

Datierung der Umarbeitung

Zur Geschichte der Statue gehört aber gleichfalls die Umarbeitung der Büste in ihrer linken Hand, und auch sie hat Auswirkungen auf die Datierung. Ihr Kopf ist heute relativ eindeutig der eines Mannes. In die Entstehungszeit der Statue müssen die Überreste der älteren Frisur des Kopfes gehören. Wir kennen aus tiberischer Zeit keine Männerköpfe mit Frisuren, die ähnlich tiefe Kerben aufweisen wie diejenigen, die vor dem linken Ohr des Kopfes noch sichtbar sind. Zudem waren die Ohren ursprünglich von Haar bedeckt, was bei Männerfrisuren in dieser Zeit unüblich ist. Der Hals der Büste besitzt eher fleischige Halsringe (‹Venusringe›), die wie das volle Haar in Darstellungen von Frauen vorkommen. Schließlich trägt die Büste eine Tunica ohne Übergewand, die so drapiert ist, wie wir es von Frauenbüsten kennen. Typisch ist der leichte Stoffüberfall nach links am Halsausschnitt in Form eines sehr breiten V. Dagegen weist die andere Büste den für die Männertunica typischen gerundeten Ausschnitt auf; sie ist nicht umgearbeitet worden.

Vergleichen wir aber die Gesichter der beiden Büsten, dann stellen wir keine grundsätzlichen Unterschiede im Stil fest, der auch für die Wiedergabe der Augen jeweils zeittypisch ist. Das Ober- und das Unterlid sind in klaren Linien gezogen; leicht fleischig quillt das Orbital über das Oberlid hervor; die Augäpfel sind großflächig, die Krähenfüße als dünne Ritzungen dargestellt. Das Gesicht erscheint bei beiden Büsten wie eine formbare Masse. Diese stilistischen Gemeinsamkeiten können nicht bedeuten, dass beide Büsten genau zeitgleich gemeißelt wurden, denn die sekundäre Umarbeitung der einen Büste steht ja aus anderen Gründen fest. Sie legen es aber nahe anzunehmen, dass die erste Ausarbeitung und die Umarbeitung nicht in großem zeitlichem Abstand erfolgten, sicher nicht erst eine Generation später, als der Bildhauerstil für Gesichter und Haare bereits ein anderer war.

Bildniskopf

Ein Blick auf den Kopf, der dem Togatus Barberini heute aufgesetzt ist (Musei Capitolini, Inv.-Nr. 2392), kann dies untermauern. Es handelt sich ebenfalls um einen antiken Bildniskopf. Er stellt einen Mann mittleren Alters mit kurzem Haar und sehr hoher Stirn dar. Die kleinen Augen liegen in einem hageren Gesicht; der Mund ist volllippig, die Wangen zeichnen sich durch deutliche Falten aus, ohne dass der Dargestellte bereits im höchsten Alter zu sein scheint. Zeitgesicht und Frisur weisen hier zunächst auf ein Datum im 1. Jahrhundert v. Chr. Dabei sind die für das mittlere 1. Jahrhundert v. Chr. typischen Alterszüge – die ja auch die nichtumgearbeitete Büste aufweist – bereits reduziert. Andererseits sind Frisur und Gesicht noch nicht geschönt, wie in hochaugusteischer Zeit üblich. Der Kopf stammt also womöglich bereits aus der Zeit um 40/30 v. Chr. Vor allem aber sieht man, hält man ihn neben die Büstenköpfe in den Händen der Statue, dass Augen und Gesichtsoberfläche viel weicher, weniger graphisch-linear geformt sind, dass sie noch nicht den Klassizismus zum Ausdruck bringen, der seit augusteischer Zeit in Rom üblich wird. Der Kopf ist also aus stilistischen Gründen und wegen seines Zeitgesichts früher entstanden als der Togatus Barberini. Er kann auch deshalb nicht ursprünglich zu der Statue gehört haben.

Ikonographie und systemischer Kontext

imagines maiorum und Totenmasken

Der Togatus Barberini wird in der Regel immer dann in Hand- und Lehrbüchern abgebildet, wenn illustriert werden soll, dass in den Häusern römischer Bürger Bildnisse der Vorfahren gezeigt wurden, die *imagines maiorum.* Vielfach ist dann von Totenmasken die Rede, die dort in Schränken des Atriums, des Empfangsbereichs des römischen Hauses, als Nachweis der langen Genealogie der Familien aufbewahrt worden sein sollen. Wir haben bereits an der Genealogie des L. Munatius Plancus gesehen, dass hochrangige Römer auf die Präsentation ihrer Vorfahren höchsten Wert legten. Tatsächlich zeigten sie auch deshalb *imagines*, Bildnisse ihrer Vorfahren im Haus. Doch spricht kein antiker Text ausdrücklich davon, dass es sich dabei um Totenmasken gehandelt hat. Es mag zwar auch im römischen Italien Totenmasken gegeben haben, doch sie hängen mit den römischen Ahnenbildnissen nicht sicher zusammen. Durch Texte bezeugt sind aber wächserne, vielleicht auch maskenartige Bildnisse der Vorfahren, die man vor allem bei Grabprozessionen wie in einem Puppenspiel mitführte – von diesen *eikones* berichtet schon im 2. Jahrhundert v. Chr. Polybios (6, 53, 1–54, 3) –, um die lange Geschichte der Familie zu dokumentieren als gleichsam lebendige Filiationsfolge, übrigens nicht ohne Verweise auf den *cursus honorum*, die Ämterlaufbahn jedes Einzelnen. Wachsbüsten oder -masken dieser Vorfahren bewahrte man in den Atrien der Häuser auf. Ein einziges Mal ist uns im antiken Cumae eine solche Wachsbüste erhalten geblieben, allerdings in einem Grab, sie ist aber heute zerstört. Ihr ähnlich müssen wir uns die Ahnenbildnisse in römischen Häusern vorstellen. Indes: Für die Ahnenfolge waren gemäß den römischen Vorstellungen von Erbfolge ausschließlich Männerbildnisse relevant, solche von Frauen sind nicht überliefert. Das bedeutet aber, dass der Togatus Barberini keine wächsernen Ahnenbildnisse in Händen halten kann, denn er trug ja ursprünglich auch eine Frauenbüste; es muss sich also um andere Büsten handeln.

Wachsbildnisse

Ikonographie

Um dies zu verstehen, gilt es, nicht nach Realia, sondern nach Bildparallelen für die dargestellte Handlung zu suchen. Vor allem müssen wir die Semantik des Bildes ermitteln, das bestimmten medialen Bedingungen folgt – welchen ‹Sitz im Leben› das Dargestellte hatte, kann erst in einem zweiten Schritt geklärt werden.

In welchen Zusammenhängen also konnten in Bildern aus dem römischen Italien Büsten in Händen gehalten werden, wo zeigte man dabei neben Männer- auch Frauenbüsten?

‹Klinenmonumente›

Bei den uns vielfach bekannten Ehrenstatuen im öffentlichen Raum der Städte ist dies nicht der Fall, aber auch bei Weihestatuen dieser Ikonographie kennen wir es nicht. Fündig werden wir bei den sogenannten Klinenmonumenten des späteren 1. Jahrhunderts n. Chr. Es handelt sich dabei um Skulpturen, die vor allem in Grabbauten Roms aufgestellt wurden, um an die liegend dargestellten Verstorbenen zu erinnern. Auch diese halten Büsten beiderlei Geschlechts in ihren Händen, wohl solche ihrer Verwandten. Viele Grabreliefs der späten römischen Republik und Kaiserzeit stellen zudem Büsten von Mann und Frau zusammen dar, wobei es nicht um die Genealogie, sondern um die Verwandtschaft ging, die betrauert wurde. In und an römischen Gräbern also zeigte man Büsten von Angehörigen der Familie im Bild. Es liegt nahe, daraus zu folgern, dass der Togatus Barberini wie die Klinenfiguren und die Reliefs in den Grabkontext gehörte, wo übrigens Statuen der Verstorbenen keine Seltenheit waren. Er stellte dann ein Mitglied der dort bestatteten Familie dar mit Büsten von Verwandten – vielleicht den Eltern, denn der Mann links ist ja als Angehöriger einer älteren Generation gekennzeichnet. Weshalb man die Büste der Mutter später zu der eines Mannes umarbeitete, ist nur spekulativ zu beantworten. Wollte man besonders auf die männlichen Vorfahren hinweisen und so doch einen Bezug zu einer langen Genealogie herstellen, wie in der Grabinschrift des Munatius Plancus, oder war ein Bruder des Dargestellten plötzlich verstorben, an den erinnert werden sollte?

Ikonologie und Repräsentation

Die Marmorstatue des Togatus Barberini stellt also einen Mann wohl an dessen Grab dar, der auf seine (verstorbenen?) Angehörigen durch Büsten in den Händen hinweisen wollte. Obwohl es um das individuelle Grab des Dargestellten geht, wird ihm durch sein Bildnis zugleich auch eine klar erkennbare soziale Rolle zugeschrieben: Die Toga demonstriert seinen Status als römischer Bürger. Er gleicht sich in ihrer Tragweise der Toga an die durch den Kaiser vorgegebene typische Mode tiberischer Zeit an, wie im öffentlichen Raum der Städte damals üblich. Und er trägt *calcei patricii*, die wir noch nicht erklärt haben.

Toga

Kommen wir zunächst zur Toga. Auch sie war nicht bedeutungslos. Vergil nennt in der *Aeneis* (1, 282) die Römer *gens togata*. Die Zugehörigkeit zu dieser ‹Familie› (*gens*) anzuzeigen, darauf verzichtete niemand, der das Recht dazu hatte. Als Römer sah man sich so erkennbar von allen Unfreien und Nichtrömern abgesetzt – Augustus hatte dies durch seine Kleiderregeln forciert.

Tunica, *clavi*

Die Toga ließ zudem im bemalten Zustand – und auch römische Marmorstatuen waren vermutlich durchweg mehr oder weniger bemalt –, den Stand des Dargestellten noch genauer erkennen. Die *toga praetexta* besaß eine Purpurstreifen wohl entlang des Sinus. Sie wurde zusammen mit einer Halskapsel (*bulla*) von Knaben getragen, die jünger als 16 Jahre waren, dann aber vor allem von den Magistraten in Rom. Die blendend weiße Toga (*toga candida*) trugen Magistratskandidaten. Eine weitere Statuszuordnung ließ die unter der Toga getragene Tunica zu. Sie besaß in bestimmten Fällen farbige Streifen, die seitlich von oben nach unten in den Stoff eingewebt, bei Marmorstatuen aufgemalt waren, die sogenannten *clavi*. Es gab breite und schmale Streifen, die *clavi lati* und die *clavi angusti*. Die *angusti* kamen den Rittern (*eques*) zu, die *lati* den Mitgliedern des senatorischen Standes, also denjenigen, die dem Senat angehörten. Nimmt man auch dies wörtlich, so konnte jeder an Tunica und Toga eines jeden Römers erkennen, welchen Rang dieser hatte: Inhaber eines öffentlichen Amtes, aus einer hochrangigen Familie oder Ritter, gerade kandidierend.

Für den Togatus Barberini geben frühere Beschreibungen an, dass sich Metallreste innen an Falten der Tunica auf der rechten Schulter gefunden hätten. Diese könnten von einer Applikation in dünnem Metall stammen, die den *clavus* der Tunica angab. Dass dieser nicht gemalt, sondern metallisch angegeben war, stellt kein Problem dar, doch ließe sich dies heute – wenn überhaupt – nur durch aufwändige Oberflächenuntersuchungen prüfen.

calcei patricii

Neben Tunica und Toga diente schließlich sogar das Schuhwerk der Statusdemonstration. Die *calcei patricii* waren, wie der Name schon sagt, den Patriziern vorbehalten, d. h. den alten römischen Adelsfamilien, die besondere Rechte für sich beanspruchten, ursprünglich den Senat stellten und die Oberschicht Roms bildeten: den Iulii, den Fabii, den Claudii usw. Tiberius soll es, so berichtet Sueton in seiner Biographie des Kaisers (13), verboten haben, als Patrizier mit anderen Schuhen in der Öffentlichkeit aufzutreten. Da der Togatus Barberini *calcei patricii* trägt, sollte der Dargestellte zu diesen höchsten Familien gehören. Doch schauen wir das Bildmaterial der Kaiserzeit durch, stellen wir fest, dass außerhalb der Stadt Rom mancher Provinzhonoratior, wie beispielsweise M. Holconius Rufus in Pompeji, in seinem Bildnis ebenfalls diese *calcei* trägt. Offenbar maßten sich in den Städten des Imperium lokale Magistrate Kleidungsrechte an, die in Rom nur für die höchste Gesellschaftsgruppe galten. Der Togatus Barberini wird also nur dann, wenn er aus Rom stammt – was wir aber nicht wissen –, sicher einen Patrizier darstellen. Dann müsste seine Tunica auch einen *clavus latus* aufweisen, sonst könnte auch ein Lokalmagistrat gemeint sein, beispielsweise im nahen Ostia. Jedenfalls zielte die Grabstatue auf eine Demonstration seines möglichst hochrangigen Sozialstatus ab – kaum anders als der Grabbau des Munatius Plancus, dort aber mit anderen Mitteln.

Statusrepräsentation

Römische Kleidung hat also wenig mit individueller Mode, aber viel mit Statusrepräsentation zu tun. Römische Bildnisse, haben wenig mit Individualität, aber viel mit Selbstdarstellung zu tun, auch das müssen wir bedenken. Daraus ergeben sich zwei Schlussfolgerungen: Ein antikes Bildnis kann man nicht unmittelbar und ohne Vorwissen verstehen, so sehr es uns ein Individuum zu zeigen scheint. Die Darstellungskonventionen von Porträts müssen wie im Falle von Vasenbildern oder Terrakotten ermittelt, die Bildsemantik muss erst erarbeitet werden. Und zweitens zeigt uns der Befund in ikonologischer Hinsicht, welche strikten inneren Ordnungsvorstellungen und Normen die Realität und Bilderwelt der römischen Kaiserzeit prägten – und dies nicht nur bei einem prächtigen Grabbau, sondern auch in der Grabstatue eines Verstorbenen. Der Togatus Barberini verdeutlicht nicht, dass römische Bürger ihre männlichen Vorfahren ehrten, vielmehr demonstriert er als historisches Zeugnis, dass und wie sich römische Bürger der höchsten Klassen den sozialen Normen und den vom Princeps vorgeprägten Moden und Vorstellungen unterwarfen: mehr auf bessere Gefolgschaft denn auf Individualität aus – und dies auch noch am Grab.

Literatur: Die Darstellung folgt weitgehend der Neuvorlage des ‹Togatus-Barberini› durch P. Cain: Statue des sog. Togatus Barberini, in: K. Fittschen u. a.: Katalog der römischen Porträts in den Capitolinischen Museen und den anderen kommunalen Sammlungen der Stadt Rom 2 (Berlin 2010) 48–51 Nr. 38; zum modern aufgesetzten Kopf ebenda 41 Nr. 28. – *Antike Porträts:* L. Giuliani: Bildnis und Botschaft. Hermeneutische Untersuchungen zur Bildniskunst der römischen Republik (Frankfurt a. M. 1986); S. Dillon: Ancient Greek Portrait Sculpture (Cambridge 2006); D. Boschung/F. Queyrel: Bilder der Macht. Das griechische Porträt und seine Verwendung in der antiken Welt (Paderborn 2017); F. S. Knauß (Hrsg.): Charakterköpfe. Griechen und Römer im Porträt (München 2017). – *Römische Porträts:* O. Dally: Das Bildnis des Kaisers in der Klassischen Archäologie, in: Jahrbuch des Deutschen Archäologischen Instituts 122 (2007) 223–256; J. Fejfer: Roman Portraits in Context (Berlin 2008); G. Lahusen: Römische Bildnisse (Darmstadt 2010); E. La Rocca (Hrsg.): Ritratti. Le tante facce del potere (Rom 2011); K. Fittschen: Methodological Approaches to the Dating and Identification of Roman Portraits, in: B. Borg (Hrsg.): A Companion to Roman Art (Chichester 2015) 52–70. – *‹Zeitgesicht› und ‹Modefrisur›:* P. Zanker: Herrscherbild und Zeitgesicht, in: Römisches Porträt. Wege zur Erforschung eines gesellschaftlichen Phänomens (Berlin 1982) 307–312; A.-K. Maßner: Bildnisangleichung. Untersuchungen zur Entstehungs- und Wirkungsgeschichte des Augustusporträts (Berlin 1982); Fittschen a. O. – *Toga und Tracht als Statuszeichen:* H. R. Goette: Studien zu römischen Togadarstellungen (Mainz 1990); H. R. Goette: Mulleus, Embas, Calceus. Ikonografische Studien zu römischem Schuhwerk, in: Jahrbuch des Deutschen Archäologischen Instituts 103 (1988) 401–464; H. R. Goette: Die römische «Staatstracht». *Toga, tunica* und *calcei*, in: M. Tellenbach u. a. (Hrsg.): Die Macht der Toga. DressCode im römischen Weltreich (Regensburg 2013) 39–52; vgl. F. Kolb: Zur Statussymbolik im antiken Rom, in: Chiron 7 (1977) 239–259. – *Umarbeitungen von Porträts:* E. R. Varner: Mutilation and Transformation. *Damnatio memoriae* and Roman Imperial Portraiture (Leiden 2004); K. Fittschen: Über das Umarbeiten römischer Porträts, in: Journal of Roman Archaeology 25 (2012) 637–643. – *Klinenmonumente:* H. Wrede: Stadtrömische Monumente, Urnen und Sarkophage des Klinentypus in den beiden ersten Jahrhunderten n. Chr., in: Archäologischer Anzeiger (1977) 395–431. – *Skulpturenausstattung römischer Grabbauten:* H. Wrede: Das Mausoleum der Claudia Semne und die bürgerliche Plastik der Kaiserzeit, in: Mitteilungen des Deutschen Archäologischen Instituts, Römische Abteilung 78 (1971) 125–166; F. Sinn/K. S. Freyberger: Vatikanische Museen. Museo gregoriano profano ex lateranense. Katalog der Skulpturen I 2. Die Ausstattung des Hateriergrabes (Mainz 1996); s. auch http://viamus.uni-goettingen.de/fr/e/uni/d/02/03. – *Wachsbildnisse und Ahnenbilder:* H. I. Flower: Ancestor Masks and Aristocratic Power in Roman Culture (Oxford 1996); P. Blome: Die «imagines maiorum». Ein Problemfall römischer und neuzeitlicher Ästhetik, in: G. Boehm (Hrsg.): Homo pictor (München 2001) 305–332; C. M. Mazzeri: Ancestors at the Gate. Form, Function and Symbolism of the *imagines maiorum*, in: Opuscula. Annual of the Swedish Institutes at

Athens and Rome 7 (2014) 7–22; M. Flecker: Ahnenbild und Totenmaske. Die *imagines maiorum* und die Erforschung des römischen Porträts, in: Antike Welt 48 (2017) Nr. 2, 72–78.

11. Die Grablege eines Römers aus dem Ritterstand (160–180 n. Chr.)

Die antiken Bestattungsbräuche unterscheiden sich nach Regionen und Epochen. Unterschiedliche Formen der Körperbestattung lassen sich dabei ebenso trennen wie unterschiedliche Formen der Brandbestattung. Sarkophagbestattungen stellen eine Form der Körperbestattung dar. Seit der römischen Kaiserzeit bezeichnete man mit dem altgriechischen und heute noch verwendeten Begriff ‹Sarkophag› das verschließbare Behältnis, das einen Leichnam bei einer Körperbestattung aufnahm. Sarkophage konnten aus Holz oder Ton, aber auch aus Kalkstein, ja aus Marmor oder wertvollem Porphyr hergestellt werden – je nach Epoche, Region und Status der Bestatteten. Ursprünglich bezeichnete der Begriff aber angeblich, so berichtet Plinius der Ältere in seiner *Naturalis historia* (36, 27), nur eine bestimmte Steinsorte im kleinasiatischen Assos, aus der dort Sarkophage hergestellt wurden und die angeblich zur Zersetzung der Leichname beitrug (griech. *sarko-phagos* = Fleischfresser).

Bestattungsformen

Körperbestattung

Sarkophag

Sarkophagbestattungen zählten gegenüber anderen Körperbestattungen und Brandbestattungen zu den aufwändigeren, eher von den sozialen Eliten praktizierten Formen der Grablegung. Dies galt auch für das hellenistische und spätrepublikanische Italien. Dort war noch im 1. Jahrhundert n. Chr. die Brandbestattung die dominante Form der Grablegung. Die Asche des verbrannten Leichnams wurde dabei in einer Urne beigesetzt. In Rom deponierte man den Leichenbrand häufig in einer kastenförmigen marmornen Urne mit Reliefdekor. Als Grabbauten dienten auch Gemeinschaftsgräber, in deren Innerem die Urnen in Wandnischen aufgestellt wurden (Columbarien). Die reliefierten Marmorurnen können als Leitgattung der Bestattungen der frühen römischen Kaiserzeit gelten.

Brandbestattung

Das änderte sich unter Kaiser Hadrian (117–138 n. Chr.). Damals hielt auf breiter Front und sehr schnell fast überall im Imperium Romanum die Körperbestattung Einzug. Und nicht

Übergang zur Körperbestattung

nur das: Man bestattete die Verstorbenen, wenn man es sich leisten konnte, weiterhin in marmornen Behältnissen, aber nun in Sarkophagen, die vor allem auf ihrer Vorderseite sehr häufig mit Reliefs dekoriert wurden. In Form eines langgestreckten Frieses sah man dort figürliche, in überwiegender Zahl griechisch-mythologische Darstellungen. Wer es sich leisten konnte, ließ also seit etwa 120/30 n. Chr. prächtige Marmorsarkophage mit Bildern griechischer Mythen dekorieren – erneut ein Zeichen dafür, in welcher Weise die Aneignung der Kultur Griechenlands für Rom und das Imperium Romanum prägend war.

Mythologische Sarkophagreliefs

Produktionsstätten

Wir nennen die von dieser Zeit an bis zum 3. Jahrhundert laufende Produktion von marmornen, reliefierten Sarkophagen in Rom die Hauptproduktion stadtrömischer Reliefsarkophage – stadtrömisch, weil sich die Werkstätten wohl in Rom selbst befanden und im Unterschied zu den Sarkophagen, die zeitgleich in Griechenland (Attika) und Kleinasien (Dokimeion) produziert wurden. Die stadtrömischen Sarkophage besitzen – im Gegensatz zu den attischen und dokimeischen Sarkophagen – eine Rückseite ohne Relief, weil sie in Familiengrabbauten vor Wänden oder in Nischen aufgestellt wurden, vielfach neben anderen Sarkophagen, die nach und nach in die Grabkammern kamen. Bei Festen oder Gedenktagen kam es zu familiären Zusammenkünften am oder im Grabbau. Als Besucher betraten also Familienangehörige, Klienten und vielleicht Freunde das Innere der Grabbauten und sahen die Sarkophage. An diesen Personenkreis richteten sich die Sarkophagreliefs.

Mythenbilder am Grab

Die Visualisierung griechischer Mythen und anderer Themen bezweckte zweierlei: Sie ließen es einerseits zu, die Verstorbenen durch die Erzählung solcher Mythen in besonderer, griechisch-gebildeter Weise in Erinnerung zu halten, im Vergleich mit Göttern und Heroen ihre Qualitäten herauszustellen. Andererseits zeigten sie vielfach Szenen des plötzlichen Todes und der Trauer und unterstützten damit die Trauerarbeit der Hinterbliebenen. Bilder, die auf Jenseitsvorstellungen verweisen, kommen selten vor.

‹Vita Romana-Sarkophage›

Neben die mythologischen Darstellungen traten nach und nach – und verstärkt seit etwa 200 n. Chr. – solche, die Szenen darstellten, die aus dem Leben der Verstorbenen gegriffen schienen. Sarkophage mit solchen Bildern nennen wir ‹Vita Romana-Sarkophage›. Zu dieser Gruppe gehört das hier zu besprechende Stück.

Abb. 36: Sankt Petersburg, Eremitage Inv.-Nr. A 433: hochkaiserzeitlicher Sarkophag aus Monticello. Frontrelief

Herkunft und systemischer Kontext

Stadtrömische Sarkophage

Der Sarkophag befindet sich heute in der Eremitage, dem aus den Sammlungen der russischen Zaren hervorgegangenen Kunstmuseum in Sankt Petersburg (Inv.-Nr. A 433; Abb. 36–39). Der Kasten ist 2,30 Meter lang und 80 Zentimeter hoch, eine normale Proportionierung für stadtrömische Sarkophage. Der aufliegende Deckel gehörte schon in der Antike dazu. Wie für stadtrömische Sarkophage üblich, ist der Kasten an der Vorderseite vollständig reliefiert und an den Schmalseiten nur mit flachen Reliefs versehen. Der Deckel ist – in der Seitenansicht sichtbar – wie ein Dach geformt, das nach vorn eine fassadenhafte Ansichtsseite ausbildet, der ein Relief vorgeblendet ist. An dieser Deckelgestaltung und der Ausarbeitung des Sarkophagkastens lässt sich erkennen, wie sehr der Sarkophag auf eine Hauptansicht hin ausgearbeitet wurde, die Besucher des Grabes sehen sollten, und wie viele Bilder man dabei zeigen wollte.

Obwohl aus der sogenannten stadtrömischen Produktion, stammt der Sarkophag nicht direkt aus Rom. Man hat ihn 1843 in Monticello gefunden, einen Ort bei Tivoli, ca. 20 Kilometer östlich vor den Toren Roms. Die genauen Fundzusammenhänge kennen wir nicht. Da, wie wir sehen werden, ein Ehepaar im Relief an der Sarkophagfront abgebildet ist, könnten beide Ehe-

Grabinhaber

partner – u. U. nacheinander – in dem Sarkophag ihre letzte Ruhe gefunden haben; zumindest aber der Mann wird in ihm bestattet gewesen sein. Der systemische Kontext des Marmorsarkophags – er diente als Grablege – und der vermutliche ehemalige archäologische Kontext – er stand einmal sichtbar in einer geschlossenen Grabkammer – und so auch der Herstellungs- und der Wahrnehmungkontext sind damit im Analogieschluss geklärt.

Ikonographie

Frontseite

Der Relieffries der Vorderseite (Abb. 36) zeigt 15 Figuren, die in Gruppen angeordnet sind. Links steht eine Dreiergruppe von bekleideten Frauen, deren mittlere eine Kiste hält, aus der ein Stoffstück heraushängt. Sie zeichnen sich durch dünne Gewänder aus. Im Hintergrund ist ein hängender Stoff erkennbar. Abgesetzt von dieser Szene folgt nach rechts die figurenreichste. In der Mitte – auch des ganzen Sarkophags – steht ein Klappaltar, auf dem eine Flamme brennt. Links von ihm sehen wir eine bekleidete Frau mit verhülltem Kopf (Abb. 39), die von drei Figuren begleitet wird. Hinter ihr steht eine lockerer Bekleidete, deren Kopf modern ergänzt ist. Sie fasst der Frau vor ihr auf die Schulter. Ihre rechte Schulter ist entblößt; zu ihren Füßen sehen wir einen nackten Knaben, den wir an seinem Kindesalter und an den Flügeln sogleich als Amor, den Sohn der Venus erkennen. Da er die Frau vor ihm berührt, um seine Verbindung zu ihr anzuzeigen, und da diese mit ihrer entblößten Schulter der Ikonographie der Venus folgt, wird sie die Göttin selbst darstellen – die den meisten anderen Frauen im Bild aber durchaus ähnelt. Von Amor verdeckt steht ein junger Mann mit einer langen Fackel im Bild. Hinter dem Altar in der Mitte erkennen wir eine weitere Frau mit ausgebreiteten Armen (Abb. 39). Sie schaut auf die Frau am Altar. Auf der anderen Seite des Altars steht ein Mann (Abb. 39). Er vollzieht mit einer Schale (*patera*) ein Trankopfer (Libation) über dem Altarfeuer und trägt die römische Toga. Über seinem Haupt erkennt man einen Kranz, den eine Frau weiter rechts hält. Sie ist geflügelt und trägt einen Palmzweig, stellt also Victoria dar. Zu ihren Füßen erscheint ein Kind mit langem Gewand und Früchten. Hinter ihm sieht man einen etwas größeren Knaben mit ungewöhnlich langem Haar und einem Kästchen in Händen. Er leitet zur dritten Gruppe rechts über. Sie wird von einem Rind eröffnet, das zwischen den Hörnern geschmückt ist und nach links schreitet, geführt von einem Mann mit rockartigem Ge-

Amor und Venus

Libation

Victoria

Abb. 37: Sankt Petersburg, Eremitage Inv.-Nr. A 433: hochkaiserzeitlicher Sarkophag aus Monticello. Rechtes Seitenrelief

Abb. 38: Sankt Petersburg, Eremitage Inv.-Nr. A 433: hochkaiserzeitlicher Sarkophag aus Monticello. Linkes Seitenrelief

wand, an dessen Gürtel ein Messer hängt. Über der Schulter trägt er den Stiel eines weiteren Attributs. Hinter ihm nach rechts und etwas isoliert folgt ein sehr junger Mann mit langem Haar. Sein Gewand ist nur knielang und er trägt einen Umhang mit Fransen, der vor der Brust geknotet ist. In seiner Rechten hält er einen Stab, in der Linken einen dickeren, stabartigen Gegenstand, der bis an den oberen Reliefrand reicht, wo er abgebrochen ist.

Nebenseiten

Ein Blick auf die Nebenseiten des Sarkophagkastens lässt links einen Hirten mit Tieren in einer Landschaft erkennen (Abb. 38), rechts die Jagd auf einen Eber zu Pferd (Abb. 37). Das Deckelrelief (Abb. 36) ist vielfigurig: Ein aufsteigendes und ein absteigendes Gespann rahmen die Szene rechts und links außen, jeweils begleitet von fliegenden Fackelträgern. Im Mittelbereich stehen frontale Figurengruppen. Die rechte besteht aus einer bewaffneten, langgewandeten Frau, also Minerva; der zentrale Mann im Hüftmantel mit erhobenem linkem Arm, der sich auf ein Szepter stützt, ist Jupiter, der genau so oft dargestellt wird, die Frau rechts, züchtig verhüllt, muss dann Juno sein. Diese Götter bilden die Kapitolinische Trias, die als höchstes Göttertrio Roms im Tempel des Jupiter auf dem Kapitol verehrt wurde. Die linke Gruppe wird aufgrund ihrer Dreizahl und ikonographischer Parallelen als Darstellung der drei Parzen angesehen, der Göttinnen, die das Schicksal bestimmen.

Deckel

Kapitolinische Trias

Versuchen wir nun, die Darstellungen in der weiteren ikonographischen Bestimmung durch typologisch ähnliche, aber sicher identifizierte Szenen zu erklären. Die Szene rechts auf dem Kasten lässt sich leicht einordnen (Abb. 36). Ein geschmücktes Rind mit einem langhaarigen Kästchenträger und einem Mann mit rockartigem Gewand kennen wir von großen ‹Staatsreliefs›, die den römischen Kaiser mit solchen Figuren bei einem Opfer zeigen – und zwar in fast identischer Figurenfolge. Es handelt sich um die typische Darstellung eines blutigen Rinderopfers. Der Kästchenträger bringt Duftstoffe für das Opfer herbei, er heißt Minister. Der Mann mit dem Beil wird das Tier töten und heißt Victimarius. Den vergleichbaren Szenen zufolge gehörte der Rest des Stabes, den er über die Schulter gelegt hat, zu einem Beil. Die kleinere Figur vorn findet sich in solchen Opferszenen jedoch nicht. Sie ist eine Zutat und trägt wohl Früchte zum unblutigen Voropfer heran, das der Togatus in der Mitte schon vollzieht. Auch die Figur weiter rechts, die sich vom Opfer abwendet, ge-

Opfer

Victimarius

Abb. 39: Sankt Petersburg, Eremitage Inv.-Nr. A 433: hochkaiserzeitlicher Sarkophag aus Monticello. Detail

hört nicht standardmäßig zu diesen Szenen. Sie trägt ein knielanges Gewand, einen Umhang und hält links ein Gerät. Solche Männer tragen in vielen Bildern Rutenbündel mit einer Axt über der Schulter. Es handelt sich dabei um die Fasces des Liktors, des Macht (*potestas*) anzeigenden Begleiters römischer Magistrate. Der dünnere Stab in der anderen Hand kommt ebenfalls bei Liktoren vor; es ist die *virga*, ein Schlagstock, der dazu dient, dem Magistrat den Weg freizuhalten. So haben wir die rechte Hälfte des Hauptbilds weitgehend bestimmt. Der Römer in der Toga ist durch den Liktor als römischer Magistrat ausgewiesen, der ein Opfer vollzieht und dem Victoria den Sieg verleiht.

Liktoren

In der Mitte wird die Szene mit einer anderen verbunden (Abb. 39): Dem Mann steht eine Frau gegenüber, die ihr Haupt verhüllt hat und ihre linke Hand mit offener Handfläche zur Libation hin vorstreckt. Dies ist eine typische Gebetsgeste einer das Opfer Begleitenden. Die Frau trägt eine Mittelscheitelfrisur.

Hymenaeus

Die Begleiterinnen der Frau sind Venus und Amor, die ihr figürlich Schönheit und Liebe zuordnen. Der junge Fackelträger lässt sich durch typologische Parallelen identifizieren. Taucht er sonst bei einer Szene mit Mann und Frau auf, dann handelt es sich um Hymenaeus, den Hochzeitsgott und Begleiter des Brautpaars. Er weist also auf die Hochzeit zwischen den Ehepartnern hin. Nun erklärt sich auch die Figur, die zwischen diesen auftaucht (Abb. 39). Sie verbindet kompositorisch und durch ihre Gesten die Eheleute. Eine solche verbindende Figur heißt im Lateinischen *Concordia*, die Personifikation der Eintracht, die hier durch ihre entblößte linke Schulter zusätzlich als venusartig bezeichnet wird.

Concordia

Hochzeitsvorbereitung

Die Szene links spielt sich wegen des im Hintergrund hängenden Tuches im Inneren eines Hauses ab; die Frauen lokalisieren sie im Frauengemach. Die kleine Kiste, die herangetragen wird, ist dann wohl eine Kleidungsbox, denn solche Szenen mit Frauen, die sich an Kästchen zu schaffen machen, kennen wir; sie meinen die feierliche Schmückung einer Frau, oftmals ihre Vorbereitung auf die Hochzeit. Die Schmückung der Frau stellt erneut einen Zusammenhang zu den Qualitäten her, die Venus und Amor verkörpern.

Datierung

Die Datierung stadtrömischer Sarkophage kann sich zweier Methoden bedienen: Sie erfolgt einerseits auf der Grundlage des Stils der Bildhauerarbeit, denn die große Zahl erhaltener Stücke und gut datierter Reliefs, wie der ‹Staatsreliefs›, lässt schlüssige relativ- und absolutchronologische Reihungen zu. Andererseits macht sie es sich zunutze, dass die Reliefs stadtrömischer Sarkophage seit dem späteren 2. Jahrhundert n. Chr. manche Figuren mit Porträtköpfen ausstatten, d. h., dass wir Modefrisuren und ‹Zeitgesichter› ausmachen können, die sich von den idealen Köpfen anderer Figuren unterscheiden.

Modefrisuren

Letzteres gilt auch für den Sankt Petersburger Sarkophag. Die weibliche Hauptfigur am Altar (Abb. 39) ist anders frisiert als alle anderen Frauen des Reliefs. Der Stirnkante folgt bei ihr eine wellige Haarlinie, das Ende eines Scheitelzopfs ist von hinten als Haarnest auf die Kalotte gelegt. Diese Frisur ist eine Modefrisur, sie kommt bei Porträts von Kaiserinnen einer bestimmten Epoche vor, nämlich bei Bildnissen der Ehefrau des Kaisers Marc Aurel (161–180 n. Chr.), Faustina der Jüngeren, die 176 n. Chr. verstarb. In ihren frühen Bildnistypen sind die Stirnwellen dominanter gestaltet, wie bei der Frau unseres Sarkophags mit einem breiten Mittelmotiv über der Stirn. In späteren Bildnistypen wird der Scheitelzopf wichtiger. Bildnisse von Privatpersonen werden in der römischen Kaiserzeit ja gezielt an diejenigen des Kaiserhauses angeglichen, und dies geschieht durch charakteristische Frisuren. Eine Angleichung an die früheren Bildnisse der Faustina Minor ist kaum zu erklären, wenn diese längst verstorben ist und andere Frisuren neue Trends markieren. Daraus folgt eine Datierung des Sarkophags eben in die Jahre, in denen die angesprochenen Faustina-Frisuren Mode waren, also um 170 n. Chr.

Marc Aurel und Faustina die Jüngere

Der Mann in der Mitte des Frontreliefs am Altar (Abb. 39) weist eine mythologischen Figuren und Personifikationen fremde Kurzhaarfrisur auf und trägt einen Bart. Hier zeigt sich, dass die mit der Faustina-Mode zeitgleiche Frisurmode des Kaisers, die des Marc Aurel, nicht mit dem Sarkophagporträt übereingeht. Marc Aurel wird mit langem Bart und vollem, üppig gelocktem, luxuriösem Haar dargestellt. Der Sarkophaginhaber indes trägt eine strähnige Kurzhaarfrisur mit kurzem Bart; er zeichnet sich zudem durch markante Gesichtsformen aus, die Marc Aurels entspannten Bildnissen fremd sind. Wir stellen also keine Angleichung an den Kaiser fest. Mimik, Frisur und Barttracht sind gleichwohl nicht individuell. Sie finden sich im späteren 2. Jahrhundert in einer bestimmten sozialen Gruppe. Vor allem die Figuren, die in den Kriegsreliefs der Marcussäule in Rom – dem Monument für Kaiser Marc Aurel – den Kaiser als Militärs umgeben, sind so gekennzeichnet. Der Inhaber des Sankt Petersburger Sarkophags ordnete sich durch seine schlichte, gezielt antiluxuriöse Frisur und seine hagere Physiognomie mit kurzem Bart der sozialen Gruppe solcher militärischen Berater und Feldherren des Marc Aurel zu. Bezeichnenderweise übernahmen die Kaiser seit dem frühen 3. Jahrhundert genau diese Frisur und Mimik auch für ihre Bildnisse, um sich als militärisch erfahren und leistungsfähig zu zeigen, wie beispielsweise Decius (249–251 n. Chr.). Könnte unser Sarkophag dann aber nicht erst in diese Zeit gehören?

Zeitgesicht

In einem solchen Fall kommt die zweite Datierungsmethode als Korrektiv ins Spiel, die der stilistischen Einordnung, die sich

Stil

der Art der Wiedergabe bestimmter Materialien zuwendet. Zunächst erkennt man, dass sich das Haar des Sarkophaginhabers durch eine strähnige Ausarbeitung auszeichnet, nicht durch die stoppelig erscheinende Haarpickung wie bei Decius. Stilistische Unterschiede zum 3. Jahrhundert n. Chr. zeigen sich sodann in den Proportionen des Sarkophags und im Reliefstil der Figuren (Abb. 36). Typisch für die Sarkophage der antoninischen Zeit (138–192 n. Chr.) sind die horizontal langgestreckten Proportionen des Bildfrieses, in dem sich viele Figuren nebeneinanderreihen. Im 3. Jahrhundert sind die Sarkophagkästen höher proportioniert im Verhältnis zu ihrer Breite. Die Figuren sind seit etwa 190 n. Chr. gestreckter und überdies enger zusammengeschoben (‹antoninischer Stilwandel›); alle scheinen in der vorderen Reliefebene sichtbar zu sein – bei unserem Sarkophag hingegen schichten sie sich noch stärker in die Tiefe und überschneiden sich in Schrägstellungen. Auch diese stilistischen Unterschiede sprechen für einen Ansatz des Sarkophags noch im 2. Jahrhundert. Die Frauenfrisur, die vor 160 nicht auftaucht, lässt an ein Datum in mittelantoninischer Zeit (160–180 n. Chr.) denken.

Bildtypologie und Semantik: Qualitäts- und Wertezuschreibungen

Szenentypus

Wir haben bereits gesehen, dass einzelne Szenen des Sarkophags in Sankt Petersburg sich in anderen Bildkontexten wiederholen. Aber auch in der Zusammensetzung der Szenen steht der Sarkophag nicht allein. Die Szenenfolge findet sich fast figurengleich bei mehreren Sarkophagen aus Italien. Es scheint sich um einen festen Typus zu handeln. Wir sehen daran, dass solche Sarkophage nicht als Einzelstücke hergestellt wurden, die gezielt für bestimmte Verstorbene nach deren Leben und Wünschen gestaltet wurden, sondern als Serienprodukte. Es ging also nicht um individuelle Schicksale von Verstorbenen, sondern um Standards – allein das ist schon bezeichnend.

‹Hochzeitssarkophage›

Aufgrund der Mittelszene mit Mann und Frau und wegen des Auftretens des Hymenaeus lag es nahe, solche Sarkophage als Hochzeitssarkophage zu bezeichnen, das Opfer in der Mitte als Hochzeitsopfer. Aus einer solchen konkret-situativen Festlegung ergeben sich indes Schwierigkeiten. Szenen von Mann und Frau, die deren Verbindung zeigen, tauchen auch in anderer Form und an anderen Sarkophagen auf. Frau und Mann reichen sich dort die rechten Hände (*dextrarum iunctio*) und kennzeichnen ihre Verbindung unmittelbar als *concordia*. Eine solche Szene findet sich vor allem in Sarkophagreliefs, deren männliche Hauptfigur in benachbarten Szenen in Militärtracht erscheint; dort aber sieht die Opferszene anders aus, und militärische Anspielungen sind bei unserem Sarkophag ja nicht vorhanden. Wir müssen uns also fragen, welche Kombinationen von Szenen mit welchen Aussagen über die Bestatteten verbunden waren.

dextrarum iunctio

Dies kann nur beantwortet werden, wenn man sämtliche typologisch und ikonographisch verwandten Sarkophage in den Blick nimmt; nur dann lassen sich Muster der Kombination von Bildmotiven und Szenentypen erkennen. Um dies zu ermöglichen, existiert schon seit dem späten 19. Jahrhundert das Publikationsvorhaben «Die antiken Sarkophagreliefs» (ASR). Es hat es sich zum Ziel gesetzt, sämtliche römisch-kaiserzeitlichen Sarkophage – und dies sind insgesamt an die 10 000 Exemplare – zusammenzutragen und in wissenschaftlich aktuellen Besprechungen und Fotografien vorzulegen, so dass das Material für die Forschung auswertbar ist. Carola Reinsberg hat 2006 denjenigen Band der Publikationsreihe vorgelegt, der sich mit den stadtrömischen ‹Vita Romana-Sarkophagen› beschäftigt. Der Sankt Petersburger Sarkophag wurde in diesem Rahmen neu untersucht. Dabei traten Auffälligkeiten zutage, denn wir haben es zwar in der Mitte und rechts im Bildfries mit jeweils konventionellen römischen Opferdarstellungen zu tun, doch haben alle anderen derartigen Opferdarstellungen eines gemeinsam: Sie zeigen den männlichen Opfernden mit verhülltem Haupt. Indem er seine Toga von hinten über den Oberkopf gezogen hat (*capite velato*), folgt er der römischen Praxis beim Opfer. Im Bild zeigt dieser Habitus auch in vielen anderen Szenen die *pietas* des Dargestellten an, sein richtiges Verhalten gegenüber den Göttern. Der Mann auf dem Sankt Petersburger Sarkophag aber erscheint mit bloßem Haupt; und dies ist bei allen Sarkophagen dieses Szenentypus der Fall. Das Opfer mit bloßem Haupt entsprach griechischem Usus (*Graeco ritu*). Da aber das Hochzeitsopfer ein römisches Opfer war, wäre der Mann im Widerspruch zu rituellen Gebräuchen gezeigt, was nicht möglich ist. Hinzu kommt, dass keine literarische Quelle davon berichtet, dass ein blutiges

«Die antiken Sarkophagreliefs» (ASR)

capite velato

Opfer *Graeco ritu*

Opfer, ein Rinderopfer, wie wir es rechts sehen, zur Hochzeit gehörte. Wollen wir also überhaupt annehmen, dass *ein* bestimmtes Opfer gezeigt ist, so kommt das Hochzeitsopfer nicht infrage.

Quindecimviri

Über Opferrituale sind wir durch Text- und Bildzeugnisse informiert. Nur wenige Opfer wurden demnach in Rom nach griechischem Brauch vollzogen. Dazu gehörten Opfer für Saturn und Hercules, aber auch für Honos, die Personifikation der Ehre, der in Rom seit dem 2. Jahrhundert v. Chr. einen Tempel besaß, und für die Opfer der sogenannten *quindecimviri sacris faciundis*, eines Priesterkollegiums von 15 Personen. Bilder, die ein Opfer der Quindecimviri zeigen, stellen den Opfernden tatsächlich mit unverhülltem Haupt dar. Galten die Sarkophage vom Typus des Sankt Petersburger Kastens also solchen Priestern?

calcei equestri

Die Quindecimviri wurden aus dem Senatorenstand rekrutiert. Wir haben bereits bei der Besprechung des Togatus Barberini herausgearbeitet, welche Rolle die Statusdefinition in der Bildrepräsentation römischer Eliten spielte; auch Sarkophagreliefs dienten dieser Repräsentation. Den Senatorenstand kennzeichnete visuell ein bestimmtes Schuhwerk, die *calcei senatorii* mit vier herabfallenden Riemenenden am Fuß. An den Füßen des opfernden Mannes auf dem Sankt Petersburger Sarkophag sieht man keine Riemenenden, er trägt einfache *calcei equestri*. Mit Ritterschuhwerk kann er nicht zu den Quindecimviri gehören – er hätte auf die Darstellung des höheren Ranges sicher nicht verzichtet.

Opfer für Honos

Opfer an Saturn und an Hercules aber, die ebenfalls nach griechischem Ritus vollzogen wurden, fügen sich überhaupt nicht in das ein, was die Sarkophage dieses Typus zeigen. Anders ist dies bei Honos, der Personifikation der Ehre. Der Sarkophaginhaber zeigt sich als Ritter, dokumentiert seine *potestas* als Magistrat durch einen Liktor. Er verweist durch die Libation und das Rinderopfer auf sein angemessenes Verhalten gegenüber den Göttern (*pietas*), zudem auf Victoria, seine Sieghaftigkeit, und auf die *concordia*, die ihn mit seiner Frau verbindet. Ein bildlicher Hinweis auf Honos, seine Ehre, würde dies in sehr grundsätzlicher Weise zusammenfassen. Für Honos ist nun auch gerade ein Rinderopfer bezeugt. Deshalb werden wir annehmen können, dass das Opfer, das der Mann in der Mitte durch die Libation vorbereitet und das mit dem Rind rechts vollzogen werden soll, Honos gelten sollte. Allerdings ergibt sich sogleich das nächste Problem: Ein Ritter wie der hier dargestellte konnte natürlich nicht Honos-Priester werden. Die Szene des Rinderopfers *Graeco ritu* lässt sich also nicht auf ein konkretes Priesteramt beziehen, sondern ist selbst wieder symbolisch gemeint als eine rituell angemessene Hinwendung zu Honos als Ausdruck einer bestimmten *pietas* des Grabinhabers.

pietas

Nun ist es aber ebenfalls unstrittig, dass bei dem Opfer für Honos, das der staatliche Priester öffentlich vollzog, keine Frauen anwesend waren, vor allem nicht als Mit-Opfernde. Entweder stellte das Relief also auch in diesem Sinne kein konkretes Opfer dar, das so tatsächlich stattfinden konnte, oder das Bild lief den Verhaltensnormen entgegen, die im religiösen Ritual galten. Letzteres ist in Anbetracht der vielfältigen Hinweise auf richtiges Verhalten beim Opfer kaum denkbar. Das hat zur Folge, dass die Anwesenheit der Frau im Bild nicht ihr konkretes Dabeisein meinen kann. Sie wurde vielmehr in den Bildfries eingefügt, um anderes zum Ausdruck zu bringen.

pudicitia der *matrona*

Schauen wir dazu ihre Darstellung genauer an. Sie hebt die Hand achtungsvoll zum Gebet und hat das Haupt verhüllt (Abb. 39), was bei Frauen ihr züchtiges Auftreten (*pudicitia*) anzeigt. Gemeint ist offenbar eine Qualitätskennzeichnung der Frau als römische *matrona*: nicht nur die *concordia* mit dem Mann, die als Personifikation im Bild erscheint, sondern auch ihre *pietas* beim Opfer – auf Münzen wird Pietas mit derselben Gebetsgeste dargestellt – und ihre *pudicitia*. Venus und Amor verweisen zudem auf ihre Schönheit und ihren Liebreiz (*pulchritudo*). Die Liste dieser Qualitäten liest sich wie ein Kanon bester Eigenschaften einer römischen Frau – so wie dies auch für den römischen Ritter gilt, der ihr gegenübersteht. So kann der Sarkophag auch geschlechtsspezifische soziale Rollenvorstellungen (Gender) erkennbar machen. Und sogar in seiner Komposition trennt er das Bild in eine linke weibliche und eine rechte männliche Hälfte.

pietas und *pulchritudo*

Gender

Auch die Reliefs der Nebenseiten des Sarkophags und des Deckels müssen in dieser Weise gelesen werden. Die eine Nebenseite zeigt eine Eberjagd eines jungen Mannes – wegen der anderen Frisur und des fehlenden Bartes sicher nicht der Grabinhaber. Vielmehr scheint hier eine Figur gemeint zu sein, die die Jagd als kennzeichnende Tätigkeit junger, dynamischer Männer verkör-

virtus

pert. Insofern ist diese Nebenseite mit solchen römischen Sarkophagen zu vergleichen, die auf der Frontseite mythologische Szenen, und dort häufig Eberjagdszenen wie die der großen Helden Meleager oder Adonis abbilden. Durch die Darstellung eines solchen Mythenbilds wird eine andere männliche Qualität aufgerufen, die Leistungsfähigkeit (*virtus*).

felicitas

Die andere Nebenseite zeigt Hirten bei ihrer Herde, also eine bukolische Szene. Seit dem Hellenismus verwies dies auf Lebensglück und Zufriedenheit, war Zeichen der *felicitas*. Die handlungslose Schlichtheit stellt den Gegenpol zur Jagdszene der gegenüberliegenden Seite dar: dort die aktive Virtus der Tat, hier die zufriedene Einfachheit eines glücklichen Lebens. Ohne den Grabinhaber und seine Frau in Szene zu setzen, vermögen es also auch die Nebenseitenreliefs durch ein mythologisches und ein zeitloses Bild, Qualitäten aufzurufen, die man den Grabinhabern zuschrieb.

Kosmos und Göttermacht

Das Relief des Sarkophagdeckels rahmen Sol und Luna, die kosmischen Gottheiten, durch ihren Auftritt und Abgang. Diese symbolische Darstellung eines Tages verleiht dem Geschehen, wenn sie Szenen in antiken Bildern rahmt, eine kosmische und regelhafte Qualität. In die Mitte sind die drei Parzen gestellt, die Göttinnen des Schicksals, und sie sind verbunden mit einer Darstellung der höchsten Götter Roms, der Kapitolinischen Trias. Die Szenen des Deckels setzen damit den höchsten Rahmen für die Bilder der Frontseite, die passenderweise darunter angeordnet sind: Kosmos und Tagesabläufe, das Schicksal und die höchsten Götter überragen die Werte, die das Ehepaar für sich beansprucht.

Bildsyntax: Narration und Symbolik

‹Schlagbilder›

Die Figurenzusammenstellung im Relief des Deckels – man könnte es die Syntaktik oder Syntax des Bildes nennen – zeigt nochmals sinnfällig, in welcher abstrakten Art auf den Sarkophagen Verweise angedeutet und nicht reale oder mythische Handlungen illustriert wurden, denn eine mythische Geschichte, in der die Parzen neben der Kapitolinischen Trias auftreten und dabei einen Tagesablauf umspannen, wie auf dem Deckel, kennt die antike Mythologie nicht. So wenig das Relief des Deckels eine konkrete Situation zeitlicher und räumlicher Einheit darstellt, so wenig dürfen wir dies für das Relief des Sarkophagkastens erwarten, und entsprechend haben wir es ja bereits analysiert. Die Bildsyntax römischer Sarkophagreliefs folgt nicht einfacher Narration oder situativer Geschlossenheit, sie addiert vielmehr schlagbildhaft Qualitätsaussagen.

Repräsentation von Normen

Entscheidend für die Bildsyntax ist aber auch, dass die Symbolik qualitativer Aussagen nicht in abstrakter Weise geschieht, etwa durch die Aufreihung von Personifikationen. Die Reliefszenen sehen ja durchaus so aus, als sei eine narrative Handlungsfolge und ein reales Agieren in Szene gesetzt: am Kasten vom Auftreten der Frau, die aus dem Brautgemach links kommt, über die Libation am Altar mit dem Mann, während von rechts schon das Opfertier herangeführt wird; am Deckel eine Erscheinung von Gottheiten im Tageslauf. Und man meint ja auch, diese Handlungen unmittelbar auf den Grabinhaber beziehen zu müssen, der hier bestattet ist, und so sein individuelles Schicksal kommentieren zu können. Doch haben wir gesehen, wie viele Sarkophage exakt derselben Typologie folgten: Sie repräsentierte Normen, nicht das Individuelle – doch es ist gleichwohl die konkret erscheinende, szenische Handlung, die zum normierten Typus gerinnt.

Porträtköpfe

Die in die Sarkophagreliefs hineingesetzten Porträtköpfe – denn auch sie müssen wir erklären – lassen sich mit dieser Dualität verbinden. Porträtköpfe finden sich nicht nur, wie auf dem Sankt Petersburger Kasten, in lebensweltlich erscheinenden Szenen, sondern auch in Mythenbildern. Adonis oder Achilleus können dabei die Modefrisur und das Zeitgesicht des Grabinhabers erhalten, aber auch Venus diejenigen einer Grabinhaberin. Auch dies wirkt in doppelter Weise: Die Mythen wurden in die reale Welt geholt, indem Römer in ihnen zu agieren scheinen. Dies ist ein Realitätseffekt, der jedem Betrachter die Konkretheit und Aktualität des Mythos sinnfällig vor Augen führt – und zugleich werden historische Personen im Bild mit den mythischen Figuren verbunden und erhalten so deren Qualitäten zugeschrieben, werden metaphorisch zu Heroen und Göttern. Die komplexe Bildsyntax und Symbolik der Sarkophage ist selbst ein wichtiges kultur- und sozialhistorisches Zeugnis.

Ikonologie und Repräsentation

Um Bildsyntax und Symbolik richtig zu verstehen, bedarf es der ikonologischen Analyse. Dass der Sarkophag ein Zeugnis für geschlechtsspezifische, rangspezifische und kollektive Wertvorstellungen darstellt, wurde bereits angedeutet. Dies gilt vor allem deshalb, weil er kein Einzelstück ist, sondern sich in eine feste Typologie im Corpus sämtlicher Sarkophage aus Rom einfügt.

Wertekanon

Die typische Bildsprache dieser Sarkophage ähnelt dem, was wir für das Onyx-Alabastron herausgearbeitet haben. Und Gleiches gilt für die römischen ‹Staatsreliefs›. Aber auch alle diese Bilder beziehen sich zum einen – wie konkret auch immer – auf bestimmte Ereignisse, folgen im Bild zum anderen zeitlos erscheinen Typen und nicht historischer Kontingenz. Sie bringen zudem in diesen Typen immer wieder dieselben, für das Imperium Romanum offenbar kanonischen Werte zum Ausdruck. Der Bezug auf allgemeingültige Werte und Qualitäten durch eine additive Bildsymbolik in situativ erscheinenden Szenen scheint typisch zu sein für wesentliche Bereiche der römischen visuellen Kultur – und dies ist ein Indiz, dass wir damit grundlegende Vorstellungen zumindest der römischen Kaiserzeit erfasst haben. Wir erkennen nämlich, dass Bilder – am Grab und in der Öffentlichkeit – eher auf Bestätigung, auf Bestandserhalt und Unveränderlichkeit von sozialen Werten und Normen setzten. Sie sprachen – wie auch die Porträts mit ihren ‹Zeitgesichtern› – dauerhaft über deren Erfüllung und Wiederholung. Die Wiederholung des Normativen galt als auszeichnende Qualität. So wurden die in ihnen repräsentierten Vorstellungen – auch die genderbezogenen und sozialen – zugleich gestärkt, bestätigt und perpetuiert. Gleichwohl zeigen die konkret erscheinenden Szenen, dass ein direkter Bezug auf konkrete Menschen und ihr reales Handeln ebenfalls wichtig war.

Ereignis, Ideal, Werte

Eine dreifache Spannung bestimmte, so können wir aus den ‹Staatsreliefs› und Sarkophagen, aber auch aus Münzbildern und Porträtstatuen der römischen Kaiserzeit folgern, die Vorstellungswelt im Imperium Romanum, die wir in der visuellen Kultur greifen können: die Spannung zwischen realem Geschehen und historischem Ereignis auf der einen, den Mythen und den Idealen, die sie verkörperten, auf der anderen und den relativ fest gesetzten Normen und Werten der kaiserzeitlichen Gesellschaft auf der dritten Seite. An unterschiedlichen Stellen in der kaiserzeitlichen Kultur wurden diese Ebenen in Beziehung zueinander gesetzt; ihre Relationen bestimmten offenbar Denken und Vorstellung – und man versicherte sich vielfältig der Grundlagen und Fixierung dieses Denksystems, indem man sich Bilder zeigte.

Werte und Erinnerung

Wir haben gesehen, dass auch Sarkophage von diesen Relationen nicht grundsätzlich in privater, individueller oder ‹menschlich› erscheinender Weise abrückten, obgleich sie in einer Grabkammer nicht der Öffentlichkeit zugänglich waren, sondern der Erinnerung der Familienangehörigen dienten. Vielmehr wird klar, dass sich selbst an diesen Orten familiären Trauerns alle Anwesenden der Gültigkeit der Kollektivwerte des Imperiums durch Bilder und der Mythen als Ausdrucksformen des Kulturellen versicherten. Eine Erklärung finden Bildinhalte und Bildsymbolik also nicht in ihren Adressaten oder Rezeptionsbedingungen. Vielmehr fand man im Grab und am Forum dieselben Normen bestätigt.

Indem sich die Sarkophagreliefs auf konkrete Personen, die Verstorbenen, bezogen, ja diese in die normierte Visualisierung der Werte durch ihre Porträtköpfe integriert wurden, geschah dies nur umso sinnfälliger: Reale Figuren praktizierten, so sah man in den Grabkammern immer wieder, die gesetzten Werte tatsächlich, und diese Werte verkörperten sich wiederum in diesen historischen Menschen ebenso wie in mythischen Figuren – eine solche bildliche Verschränkung muss offenbar überzeugender gewirkt haben als jede abstrakte Visualisierung und leistete anderes als jeder Text.

Tod und Trauer?

Die Vorstellung, es ginge in den Reliefs stadtrömischer Sarkophage aber in *keiner* Weise um den Tod und die Trauer – wie beim annähernd 200 Jahre älteren Grabmonument des Munatius Plancus – geht gleichfalls in die Irre. Der Sankt Petersburger Sarkophag blendet dies tatsächlich aus. Viele andere Sarkophage, vor allem mit mythologischen Reliefs und vor allem im 2. Jahrhundert, seltener im 3. Jahrhundert n. Chr. thematisierten visuell zusammen mit den normativen sozialen Werten auch Verlust und Tod als Teile der Trauerarbeit der Grabbesucher. Das Grab der römischen Kaiserzeit erweist sich als Ort der Repräsentation des Lebens *und* der Arbeit an Todeserfahrungen. Die stadtrömischen Sarkophage lassen hier eine zeitliche Veränderung erkennen, indem Trauerbezüge vor allem im 2. Jahrhundert zunahmen und

Grab als Repräsentationsort

zwar im Inneren der Grabbauten, wo die Sarkophage vor den Augen der engen Angehörigen standen. Am gleichen Ort gewann die Verdeutlichung sozialer Werte im folgenden Jahrhundert dann aber die Oberhand.

In längeren, diachronen Reihen muss man zum einen die Bildsprache und Semantik jedes einzelnen Bildmediums, wie diejenige der Sarkophage, verfolgen, zum anderen kann man diese nicht ohne den Kontext der übrigen Bildmedien ihrer Zeit ikonologisch bewerten: Diachronie und Komparatistik der Medienanalyse lassen im Verbund eine historische Auswertung der visuellen Zeugnisse zu. Gerade Bildmedien, die uns in so großer Zahl erhalten sind wie die römischen Sarkophage, bieten dafür die besten Voraussetzungen. Als Einzelmonumente jedenfalls sind sie weder verständlich noch können sie als solche zu historisch wertvollen Zeugnissen werden.

Literatur: *Zum Sarkophag in Sankt Petersburg:* I. I. Saverkina: Römische Sarkophage in der Ermitage (Berlin 1979) 38–41 Kat. Nr. 14; C. Reinsberg: Die Sarkophage mit Darstellungen aus dem Menschenleben. Vita Romana, Antike Sarkophagreliefs I 3 (Berlin 2006) 232–233 Kat. Nr. 137 Taf. 51,3; 57,2; 58,1–2; 59,1–3; 60,1–8; 61,1–9; 126,3. – *Bestattungssitten im Imperium Romanum:* M. Heinzelmann u. a. (Hrsg.): Römischer Bestattungsbrauch und Beigabensitten (Wiesbaden 2001); S. Schrumpf: Bestattung und Bestattungswesen im Römischen Reich (Göttingen 2006). – *Römische Marmorurnen:* F. Sinn: Stadtrömische Marmorurnen (Mainz 1987). – *Wechsel zur Sarkophagbestattung:* I. Morris: Death-ritual and Social Structure in Classical Antiquity (Cambridge 1992) 31–69; K. Junker: Römische mythologische Sarkophage. Zur Entstehung eines Denkmaltypus, in: Mitteilungen des Deutschen Archäologischen Instituts, Römische Abteilung 112 (2005/2006) 164–188; H. Mielsch: Überlegungen zum Wandel der Bestattungsformen in der römischen Kaiserzeit (Paderborn 2009). – *Römische Sarkophage, Übersicht, Material:* G. Koch/H. Sichtermann: Römische Sarkophage, Handbuch der Archäologie (München 1982); G. Koch: Sarkophage der römischen Kaiserzeit (Darmstadt 1993); zum Corpus «Die antiken Sarkophagreliefs (ASR)» vgl. G. Koch: 125 Jahre Sarkophag-Corpus. Ein großes deutsches Forschungsvorhaben feiert Jubiläum, in: Antike Welt 26 (1995) 365–377; zuletzt: G. Koch (Hrsg.): Akten des Symposiums Römische Sarkophage Marburg, 2.–8. Juli 2006 (Marburg 2016); http://arachne.uni-koeln.de/browser/index.php?=sarkophag [‹Sarkophagbrowser›]. – *Herstellung und Werkstätten:* S. Birk: Carving Sarcophagi. Roman Sculptural Workshops and their Organization, in: T. M. Kristensen/B. Poulsen (Hrsg.): Ateliers and Artisans in Roman Art and Archaeology (Portsmouth 2012) 13–37. – *Aufstellung und Wahrnehmung:* P. Zanker: Die mythologischen Sarkophagreliefs und ihre Betrachter (München 2000); K. Meinecke: *Sarcophagum posuit.* Römische Steinsarkophage im Kontext (Ruhpolding

2014). – *Chronologie:* B. Andreae: Zweites Symposion über die antiken Sarkophagreliefs, in: Archäologischer Anzeiger (1977) 327–478. – *‹Hochzeitsopfer› und Ritterstand:* C. Reinsberg: Das Hochzeitsopfer – Eine Fiktion, in: Jahrbuch des Deutschen Archäologischen Instituts 99 (1984) 291–317. – *Sarkophage von Senatoren:* H. Wrede: Senatorische Sarkophage Roms. Der Beitrag des Senatorenstandes zur römischen Kunst der hohen und späten Kaiserzeit (Mainz 2001). – *Kultpersonal und Opferdarstellungen:* F. Fless: Opferdiener und Kultmusiker auf stadtrömischen historischen Reliefs. Untersuchungen zur Ikonographie, Funktion und Benennung (Mainz 1995). – *Mythologische Sarkophage und Bildsprache:* D. Grassinger: The Meaning of Myth on Roman Sarcophagi, in: Fenway Court (1994) 91–107; M. Koortbojian: Myth, Meaning and Memory on Roman Sarcophagi (Berkeley 1995); P. Zanker/B. Ewald: Mit Mythen leben. Die Bilderwelt der römischen Sarkophage (München 2004). – *Porträtköpfe:* S. Birk: Depicting the Dead. Self-representation and Commemoration on Roman Sarcophagi with Portraits (Aarhus 2013); C. Maderna: Auf ewig Held? Zu Porträtdarstellungen in der römischen Sarkophagplastik, in: R. von den Hoff u. a. (Hrsg.): *Imitatio heroica.* Heldenangleichung im Bildnis (Würzburg 2015) 99–118. – *Wertrepräsentation und Geschichte:* T. Hölscher: Die Geschichtsauffassung in der römischen Repräsentationskunst, in: Jahrbuch des Deutschen Archäologischen Instituts 95 (1980) 265–321; S. Muth: Drei statt vier. Zur Deutung der Feldherrnsarkophage, in: Archäologische Anzeiger (2004), 263–273; B. E. Borg: Jenseits des *mos maiorum.* Eine Archäologie römischer Werte?, in: A. Haltenhoff u. a. (Hrsg.): Römische Werte als Gegenstand der Altertumswissenschaft (Leipzig 2005) 47–75. – *Beispielhafte Gesamtanalyse eines Sarkophags:* K. Fittschen: Der Meleager Sarkophag (Frankfurt a. M. 1975).

12. Ein Herakles im Typus Farnese in den Thermen des Caracalla (211–217 n. Chr.)

Marmorplastik

Rundplastisch ausgearbeitete oder als Relief gestaltete Skulpturen sind aus der griechisch-römischen Antike in großer Zahl überliefert und deshalb wichtige kulturhistorische Zeugnisse, wie wir schon an mehreren besprochenen Beispielen gesehen haben. Insgesamt sind aus der griechisch-römischen Antike besonders viele Marmorskulpturen erhalten, da sich Marmorplastik zwar durch Zerschlagung und Verbrennung zu Kalk verarbeiten, sonst aber kaum wiederverwenden ließ. Die in der Antike seit dem späten 6. Jahrhundert deutlich häufigeren Bronzeskulpturen hingegen waren einfach einzuschmelzen und sind deshalb weitgehend zerstört worden – wenn sie nicht beispielsweise als Ladungen in Schiffswracks, durch antike Verschüttung oder in unterirdischen

Gräbern der materiellen Weiternutzung entzogen waren. Deshalb wird die lebensgroße und überlebensgroße antike Plastik heute vor allem durch marmorne Skulpturen repräsentiert. All diese Skulpturen sind antike Originale ihrer Entstehungszeit, wurden zu bestimmten Zeiten in bestimmter Weise verwendet – und müssen in diesen Kontexten bewertet werden.

Vorbilder und Reproduktion

Viele Bildhauer bedienten sich bei der Gestaltung ihrer Skulpturen älterer Vorbilder, wie wir schon am Dornauszieher aus Priene festgestellt haben – dies hat allein schon mit den Traditionen und Entwurfstechniken in antiken Bildhauerwerkstätten zu tun, die weit weniger als seit der Renaissance auf individuelle Originalität des ‹Künstlers› als auf Funktionalität setzten und Auftragswerke herstellten. Es betrifft oft nur ikonographische Konventionen, doch seit dem 2. Jahrhundert v. Chr. reproduzierte man mehr und mehr Skulpturen, die erkennbar älter waren – sei es, weil man ihre Bildhauer oder Bronzegießer schätzte, sei es, weil man Wert auf ältere Traditionen legte oder besondere, inhaltsreiche Bildwerke erneut benutzen wollte, diese selbst aber nicht verfügbar waren. In Form regelrechter, oft maßgleicher Kopien rundplastischer Statuen bestimmte diese Tradition vor allem die Plastik der römischen Kaiserzeit zwischen dem späten 1. Jahrhundert v. Chr. und dem 3. Jahrhundert n. Chr. Das wird durch die typologische Identität vieler kaiserzeitlicher Skulpturen in bisweilen winzigen Einzelmotiven und durch die Auffindung antiker Gipsabgüsse viel älterer griechischer Originale bezeugt, die man als Vorlagen für die Herstellung von Kopien benutzte. Die Kopien selbst bestanden zumeist, wenn auch nicht ausschließlich aus Marmor. Ideal- und Porträtplastik sind gleichermaßen vertreten. Die Kopien wurden aber in ganz anderen Kontexten als diejenigen der Vorbilder verwendet. So stellte man sie nun beispielsweise in reichen Wohnhäusern oder in Badeanlagen (Thermen) auf. Dies alles hat zur Folge, dass uns besonders die weitgehend verlorene antike griechische Bronzeplastik der Zeit vor dem 2./1. Jahrhundert mehrheitlich nur in römisch-kaiserzeitlichen Marmorkopien erhalten ist. Wir bezeichnen das Phänomen der Reproduktion als ‹Kopienwesen›, doch ist dieser Begriff irreführend: Man schuf nämlich nicht nur echte Kopien, man veränderte sie auch nach den eigenen Bedürfnissen, verkleinerte oder vergrößerte sie, man schuf neue Bildwerke, die älteren nur ähnlich

(Randnotiz bei „oft maßgleicher Kopien“: Kopienwesen)

waren, man kombinierte Teile antiker Skulpturen und setzte sie zu neuen Statuen zusammen (‹Eklektizismus›). Seit der Zeit des Augustus (27 v. Chr.–14 n. Chr.) schätzte man beispielsweise die Skulpturen der griechischen Klassik in besonderer Weise (‹Klassizismus›). Entsprechend wurden auch zu anderen Zeiten jeweils beliebtere Bildwerke in größerer Zahl kopiert, so dass uns oftmals mehrere Kopien nach demselben Vorbild bekannt sind, wir aber auch Kenntnis über sich verändernde Geschmacksvorstellungen erhalten können.

Eklektizismus

Klassizismus

Der geschilderte Befund ist eine Herausforderung für die wissenschaftliche Bearbeitung antiker und vor allem römischer Plastik, er eröffnet aber auch eine Vielzahl von wissenschaftlichen Möglichkeiten. Jede Kopie einer älteren Skulptur, aber auch jede Umbildung ist, so wird nun klar, u. U. ein zumindest zweifaches historisches Zeugnis. Man kann und muss danach fragen, was sie in ihrer Herstellungszeit bedeutete. Man kann und muss aber auch fragen, ob und wie sie ältere Vorbilder kopierte, variierte oder umbildete. Die Vorbilder können dann wiederum in ihrer Entstehungszeit erklärt werden.

Vorbild und Kopie

Die Fragen und Methoden, mit denen man dies in der Forschung umsetzt, sind vielfältig. Dazu gehören die Bestimmung der Skulptur in ihrer Entstehungszeit (Datierung, systemischer Kontext, Stil, Ikonographie, Semantik); dazu gehört die Ermittlung von anderen Statuen, die in ausreichend vielen Details identisch aussehen (‹Repliken›) und deshalb auf dasselbe Vorbild (‹Typus›) zurückgehen müssen. Durch den Vergleich der Repliken untereinander (‹Kopienkritik›) lässt sich eine Vorstellung vom Aussehen des Vorbilds ermitteln. Daran schließt sich die Datierung dieses Vorbilds und die Einordnung in seine erst zu rekonstruierenden Verwendungs- und Sinnzusammenhänge an; in seltenen Fällen lässt sich sogar der Bildhauer identifizieren, der für seine Herstellung verantwortlich war. Im Umgang mit dem Kopienwesen kommt uns zu Hilfe, dass das Interesse an älteren Vorbildern nicht nur durch archäologische Objekte dokumentiert ist, sondern auch durch die Literatur der Antike. Hervorzuheben ist hier vor allem die *Naturalis historia* (Naturgeschichte), die Plinius der Ältere (23/4–79 n. Chr.) gerade zu der Zeit verfasste, als das Kopienwesen blühte. Die Bücher 35 und 36 sind den Metallen und den Steinen gewidmet, behandeln aber vor allem antike Bildhauer und Bronzegießer, die man in der Zeit des

Repliken, Typus

Kopienkritik

Plinius schätzte – und deren Skulpturen man deshalb sicherlich auch kopierte und neu verwendete.

Objektbefund

‹Herakles Farnese›

Die Marmorstatue, die sich heute im Museo Archeologico Nazionale in Neapel befindet (Inv.-Nr. 6001, Abb. 40 a–b), gehört zu den seit der Renaissance bekanntesten antiken Skulpturen. Sie wird heute als ‹Herakles Farnese› bezeichnet. Wie man sogleich an der Keule und dem Löwenfell unter dem linken Arm verbunden mit der Bärtigkeit des Kopfes erkennt, ist der griechische Heros Herakles dargestellt – im Lateinischen heißt er Hercules. Die Statue kam 1787 mit den Objekten der Sammlung des Kardinals Alessandro Farnese (1520–1589) aus dem Palazzo Farnese in Rom nach Neapel. Daher rührt ihr moderner Rufname.

Erhaltungszustand

Die Statue ist deutlich überlebensgroß, besitzt also kolossales Format (Höhe ohne Basis 2,92 m). Sie ist sehr gut erhalten, denn ergänzt sind nur ein Teil des Löwenfells, die Augen und kleinere Flickungen an verschiedenen Stellen. Der linke Unterarm mit der Hand scheint zwar ebenfalls modern, in seiner Haltung jedoch in etwa richtig ergänzt zu sein, da sich an der linken Flanke der Skulptur keine Ansatzspuren eines Unterarms erkennen lassen. Die Standplatte wurde nach dem Fund überarbeitet; die Unterschenkel sind antik, waren aber abgebrochen und sind wieder eingesetzt, ebenso der Kopf. Der antike Bildhauer hat die Statue aus einem einzigen Marmorblock herausgearbeitet – sie wiegt mehr als 35 Tonnen. Vorn auf dem Felsen hat er seine Signatur eingemeißelt: «Glykon der Athener hat (die Statue) gemacht» (*Inscriptiones Graecae Urbis Romae* IV 1238).

Bildhauersignatur

Der ‹Hercules Farnese›: archäologischer Kontext und Datierung

Fundort

Durch Aufzeichnungen aus der Auffindungszeit der Statue kennen wir ihren Fundort: Sie wurde 1545/6 bei Ausgrabungen in den bis heute gut erhaltenen Thermen in Rom entdeckt, die Kaiser Caracalla (211–217 n. Chr.) errichten ließ. Als man sie fand, war sie aufgrund ihrer vielen Brüche bereits umgestürzt, lag aber an ihrem antiken Aufstellungsort: in der größten Halle der Badeanlage, wie Zeichnungen von der Hand Antonio da Sangallos

Aufstellungsort

Abb. 40 a–b: Neapel, Museo Archeologico Nazionale Inv.-Nr. 6001: hochkaiserzeitliche Statue des Hercules aus den Caracallathermen in Rom (‹Herakles Farnese›)

des Jüngeren (1484–1546) beweisen, und zwar zwischen zwei Säulen neben einem Zugang in den Raum. Die Statue stand also im 3. Jahrhundert n. Chr. in der größten Badeanlage am Südrand des antiken Rom, den ‹Caracallathermen›.

Datierung

Damit ist indes noch nicht gesagt, dass sie für die Aufstellung an diesem Ort hergestellt wurde, denn in Thermen stellte man auch ältere Skulpturen auf. Da wir den Bildhauer Glykon sonst nicht kennen, lassen sich nur die Stilformen der Oberfläche zur Datierung heranziehen. Die Art des Bohrereinsatzes vor allem an den antiken Stellen des Löwenfells entspricht Marmorbildwerken, die in die Zeit der frühen severischen Kaiser gehören (193–217 n. Chr.). Eine Herstellung anlässlich der Aufstellung in den Caracallathermen ist deshalb sehr wahrscheinlich.

Ikonographie

Äpfel der Hesperiden

Dargestellt ist, wie schon erwähnt, Hercules, der bei den Griechen Herakles hieß. Er steht frontal vor uns und hat den Fuß seines entlasteten linken Beines vor den rechten Fuß gesetzt. Durch diese Haltung wird der Stand labil: Hercules steht nur auf einer schmalen Fläche und scheint nach rechts zu kippen. Dort aber stützt er sich schwer lastend mit seiner linken Achsel auf. Die Stütze, die ihn hält, wird durch das Löwenfell mit Kopf und Tatzen verhängt; ob es sein zweites Attribut, die Keule, ist, welche ihm als Halt dient, kann man nicht genau erkennen, wohl aber, dass ein Felsblock als Basis der Stütze fungiert. Die linke Hand des Heros hing inaktiv herab, die rechte ist hinter seinen Rücken gelegt. Man muss von hinten auf die Skulptur schauen, erst dann erkennt man, dass Hercules dort drei runde Gegenstände hält. Die einzigen Gegenstände dieser Form, die in der Antike ikonographisch mit Hercules verbunden wurden, sind die Äpfel der Hesperiden. Er erwarb sie im Garten der Hesperiden im fernen Westen der Welt, der für Menschen sonst unbetretbar war. Sie verliehen ewige Jugend.

Körperbild

Der Körper des Helden ist offenbar ein wichtiges Element seiner Charakterisierung. Nicht nur ist er nackt und riesig groß, auch prägen deutlich voneinander abgesetzte Muskelpakete den Eindruck: Die Oberschenkel sind mächtig, der Oberkörper breit; vor lauter Muskeln, so meint man, vermag sich Hercules kaum zu bewegen, und seine Muskeln sind angespannt. Der Kopf erscheint im Vergleich zum Körper jedoch klein. Das Haar ist athletisch kurz, der Bart aber außerordentlich füllig. Der Heros blickt nicht frei nach vorn, nimmt mit niemandem Kontakt auf; vielmehr hat er den Kopf zu seiner linken Seite geneigt, der Blick geht nach unten, sei es zu Boden, sei es zu seiner inaktiven linken Hand.

Die Statue des Hercules bringt also die Größe und die immense körperliche Kraft des Heros zum Ausdruck. Die Nacktheit unterstreicht seine physische Leistungsfähigkeit, wie bei vielen Athletenbildern, doch gehört sie auch zu den geläufigen Darstellungsformen heroischer und göttlicher Figuren. Andererseits ist der Held in Ruhe gezeigt. Auf die Taten, die er mit Hilfe seiner Körperkraft erledigt hat, verweisen seine Attribute: das Löwenfell, die Keule und die Äpfel der Hesperiden, die er in der

Inaktivität

rechten, in der Antike als aktiv angesehenen Hand hält. Die linke Hand ist entspannt. So macht die Ikonographie deutlich, dass Hercules nach seinen Taten dargestellt ist – in inaktiver Haltung, die ihm das Stehen nur mit einer Stütze erlaubt, aber muskulär angespannt und bereit. Dass er zugleich geradezu nachdenklich den Blick gesenkt hat, unterstreicht seine Inaktivität und Ruhe.

Wahrnehmungskontext, Semantiken und Kommunikation

Haben wir damit die ikonographisch vermittelten Bildinhalte erschlossen, so können wir uns auch den örtlichen Kontext der Statue und ihre Wahrnehmung am Aufstellungsort ansehen, um zu verstehen, welche weiteren Sinnzuschreibungen in ihr erkennbar sind.

Auftraggeber

Zunächst stellt sich die Frage nach dem Auftraggeber bzw. Stifter und danach, was die Statue in einer Thermenanlage zu suchen hatte. Marmorstatuen gehören zu den gängigsten Bestandteilen der Ausstattung römischer Thermen. Meist waren diejenigen, die den Thermenbau finanzierten, also die Stifter der Bauwerke, auch für ihre Ausstattung zuständig – im Falle der Caracallathermen also der Kaiser selbst. Im Inneren der Thermen dienten Statuen dazu, die Atmosphäre der Räume neben der Architektur und anderen Wand- und Bodendekorationen mitzubestimmen. Der Beitrag, den Statuen dazu leisteten, lässt sich anhand der dargestellten Bildthemen und ihrer Semantik ermitteln. Statuen in Thermen waren seltener Porträts als in anderen öffentlichen Räumen, vielmehr dominierten Bilder, die griechische Mythen, Heroen, Götter und andere Inhalte in Szene setzten, die mit der griechischen Kultur der klassischen und hellenistischen Zeit zu tun hatten. Man sah beispielsweise dionysische Figuren, die auf Luxus und Glück verwiesen, aber auch berühmte Statuen der griechischen Klassik. Nackte Statuen gehörten dabei zum Standard, Männerfiguren waren häufiger, auch Athleten, Frauen vor allem durch Venusstatuen vertreten, die Schönheit verkörperten. In diesen systemischen Kontext fügt sich eine Herculesstatue problemlos ein.

Statuen in Thermen

Rezeptionsästhetik

Im Falle des ‹Herakles Farnese› lässt sich auch die konkrete Inszenierung im Raum untersuchen. Die Statue stand in den Caracallathermen leicht erhöht am Rand des prächtigsten und höchsten Raumes der Anlage, des ‹Kaltbaderaums› (Frigidarium),

Abb. 41: Caserta, Palazzo Reale: hochkaiserzeitliche Statue des Hercules aus den Caracallathermen in Rom (‹Herakles Caserta›)

der eine lichte Höhe von etwa 30 Metern erreichte. Sie war in die Architektur integriert, indem sie nicht vor einer Wand, sondern zwischen zwei 10 Meter hohen Säulen stand. Beim Eintreten sah man sie seitlich eines Zugangs zum Frigidarium, und zwar zunächst von hinten (Abb. 40 b). Erst im Frigidarium stehend konnte man sie von vorn betrachten. Und sie stand nicht allein, denn auf der anderen Seite des Zugangs war als Pendant eine ähnliche Heraklesstatue aufgestellt. Sie befindet sich heute im Palazzo Reale von Caserta in Italien und wird deshalb ‹Herakles Caserta› genannt (Abb. 41). Im Angesicht der kolossalen Architektur betrachtet, erweisen sich die Maße der Statuen als bescheiden, so sehr sie menschliches Maß bereits sprengten. Dass dieser Effekt durch die Aufstellung erreicht werden sollte, wird durch ein anderes Gestaltungselement erkennbar: Einzelne Säulen des Frigidariums, die die Statuen weit überragten, waren von korinthischen Kapitellen bekrönt, an denen selbst kleine, kaum einen Meter hohe Darstellungen des Hercules angebracht waren (Abb. 42). Sie stellten den Heros in gleicher Haltung dar wie die riesigen Statuen. Offenbar sollten hier Wahrnehmungseffekte des Größenvergleichs zwischen Architektur und Skulptur, zwischen

‹Herakles Caserta›

Figuralkapitelle

Abb. 42: Rom, Terme di Caracalla: hochkaiserzeitliches Figuralkapitell

Nahsicht und Fernsicht erprobt werden, zwischen Größe des Besuchers und Formen übermenschlicher Kolossalität, die das Frigidarium mit immer neuen Effekten beeindruckend machten. Die Herculesstatue wurde damit auch zu einem rezeptionsästhetischen Faktor innerhalb des Raumes.

Hercules scheint aber, wie die zweite Statue und die Kapitelle erweisen, den Raum auch thematisch geprägt zu haben. Welche Assoziationen dies wach rief, lässt sich nur ermitteln, indem man Muster herausarbeitet, die die Ikonographie des Hercules mit dem Erfahrungs- und Erwartungsschatz seiner Rezipienten in den Thermen verband.

Körper und Thermen

Römische Badeanlagen dienten nicht nur der Körperpflege, sondern auch als Orte des Zusammenseins, der Kommunikation und Unterhaltung derjenigen Männer, die Zeit hatten, sich tagsüber dort aufzuhalten. Sportliche Betätigung und Training spielten, anders als in griechischen Gymnasia, die schon früher erste kleine Badeanlagen besaßen, eine nur untergeordnete Rolle, doch wurde dieses Thema bildlich des Öfteren aufgerufen. Zudem bewegte man sich vielfach – wie griechische Athleten – nackt in den Thermen. Die drängende Körperlichkeit des Hercules hält so geradezu dazu an, an ihr die Möglichkeiten und Probleme körperlichen Trainings – und seiner Rolle in der griechischen Kultur – zu erkennen. Die Statue präsentiert sehr sinnfällig das angebliche Aktivitätspotenzial des männlichen Körpers. Man könnte sie als eine Art visueller Selbstversicherung für Männer verstehen, für die solche Thermen in erster Linie gestaltet wurden, und zwar im Kontrast zu den dort ebenfalls sichtbaren Bildern beispielsweise der Göttin der Schönheit, Venus, oder dionysischer Gestalten, die eher auf Luxus und Wohlstand verwiesen. Schließlich hatte schon Kaiser Commodus 192 n. Chr. die Statue des ‹Herakles Farnese› auf Medaillons abbilden lassen, die auf der Vorderseite ihn selbst mit einem Löwenfell darstellten – er wurde sogar als neuer Hercules angesprochen. Mit der Kraft des Hercules ließ sich also auch die Macht des Herrscherhauses verbinden, zu dem der Stifter der Thermen gehörte. Er hatte den Besuchern die Erfahrungen von Pracht und Fülle durch die spektakuläre, kostenaufwändige Ausstattung ja erst ermöglicht. Der Kaiser versorgte die Besucher mit dem Luxus der Thermen und ihren ästhetischen Reizen, als wären sie Villenanlagen in der Stadt.

Gender

Commodus und Hercules

Narration

Durch ihre Aufstellung erhielt die Statue aber auch eine visuell-narrative Komponente. Das Frigidarium betraten die Besucher, bevor sie andere wärmere Baderäume erreichten. War man auf dem Weg ins Frigidarium, so sah man zunächst eine gewaltige Figur, die drei Äpfel hielt, von hinten (Abb. 40 b); erst von vorn wurde dann klar, dass es sich um Hercules nach seinen Taten handelte. Umgekehrt entdeckte der Besucher beim Verlassen des Frigidariums die Äpfel, die Unsterblichkeit anzeigten, erst nachdem er den überkräftigen Heros gesehen hatte, der seine Taten vollbracht hat, aber bereit zu neuer Aktivität ist – die Äpfel wurden dann zum Lohn der Taten; man konnte sich indes fragen, wozu Tatbereitschaft und unendliche Kraft nach dem Gewinn dieser göttlichen Früchte noch dienen sollten.

Statuenvergleich

Der benachbart aufgestellte ‹Herakles Caserta› (Abb. 41) legt einen weiteren visuellen Effekt offen. Er steht prinzipiell ähnlich da wie der ‹Herakles Farnese›. Doch sind ihm zusätzliche Attribute beigegeben: ein Stierkopf, der an die Tötung des kretischen Stieres erinnert, eine andere Tat des Helden, und vermutlich auch ein Bogen mit Köcher. Der Stand des ‹Herakles Caserta› ist zudem breiter, das Stützmotiv weniger entlastet, der Oberkörper stärker aufrecht wiedergegeben. Dass man die beiden so ähnlichen, aber doch verschiedenen Statuen nebeneinander stellte, machte sie vergleichbar. Dadurch ließ sich erkennen, dass der überkräftige, aber inaktive Hercules nur eine Vorstellung wiedergab, die man sich von dem Heros machen konnte. Die Statue, die auf weitere Taten verwies und deren Haltung aktionsbereiter erschien, zeigte ein etwas anderes Bild des Heros, das seine Handlungspotenz deutlicher hervorhob, seine Bereitschaft, noch mehr zu leisten.

Kunstcharakter

Schließlich ist auch die Inschrift am ‹Herakles Farnese› auffällig, die Glykon als Bildhauer nennt. Sie ist gut sichtbar unten an der Felsstütze der Statue angebracht: Man sollte sie lesen. Zunächst macht sie – nicht an der Basis wie ein Ausstellungsschild, sondern an der Statue selbst platziert – aus dem Bildwerk ein Kunstobjekt. Und sicherlich drückte Glykon damit sein Selbstbewusstsein als Bildhauer aus. Damit wurde der Blick eines Betrachters aber zugleich auf die künstlerische Leistung gelenkt, die die Herstellung des Riesen bedeutete. Glykon nennt Athen als seinen Herkunftsort; die Inschrift ist in griechischer Sprache verfasst. Es gab also auch kurz nach 200 n. Chr. in Rom Bildhauer aus Athen, wie schon seit Jahrhunderten. Gelesen werden konnte die Signatur dort von allen ausreichend Gebildeten, denn diese beherrschten die griechische Sprache – und griechische Bildung hatte gerade im 2. Jahrhundert in Rom einen neuen Aufschwung erfahren. Man erkannte dann aber auch, welchen Gewinn die Aneignung griechischer Traditionen und die Verfügbarkeit von Bildhauern aus Athen, dem bedeutendsten Ort griechischer Kunst, für Rom bedeutete: Der Besucher sah sich selbst als Profiteur und Mitbesitzer dieser Traditionen. Wir wissen nichts von einer Signatur am ‹Herakles Caserta›. Zog man ihn aber auf dieser Ebene zum Vergleich heran, konnte man in den unterschiedlichen Botschaften der Bilder auch variable künstlerische Leistungsfähigkeit erkennen.

Wir haben so Sinn- und Wahrnehmungsebenen des ‹Herakles Farnese› im frühen 3. Jahrhundert n. Chr. herausgearbeitet. Ausgangspunkt war die konkrete räumliche Kontextualisierung im Rahmen der Architektur und anderer Bildwerke, die die Statue umgaben. Dann erfolgte eine rezeptionsästhetische Analyse, die die Wahrnehmung und erfahrungsbezogene Bewertung der Statue zu rekonstruieren versuchte: in grundsätzlicher Hinsicht als ein Teil konventioneller Ausstattungen von Thermen mit Bildwerken, in ästhetischer Hinsicht als Teil der Raumgestaltung und ihrer Wahrnehmung, in ikonographischer und semantischer Hinsicht als Darstellung einer bestimmten Vorstellung von Hercules und seines Bezugs zum Kaiserhaus, und in praxeologischer Hinsicht in Bezug auf die aktive Bewegung und Tätigkeit der Besucher der Thermen.

Dass mit diesen Ergebnissen in jedem Fall wohlüberlegte ‹Botschaften› der Statue erfasst seien, ist keinesfalls gesagt. Vielmehr legen die geschilderten Analysen Sinnpotenziale der Statue offen, die aus ihr selbst im Zusammenhang mit anderen Bildwerken und zu erwartenden Erfahrungen der ‹impliziten› Betrachter ermittelt wurden – sie erschließen Muster von Deutungsmöglichkeiten anhand der uns überlieferten Zeugnisse. Denkbare Rezeptionsmöglichkeiten individueller Betrachter lassen sich so ebenso wenig erfassen wie die Festlegung einer einzigen, eindeutigen Botschaft der Statue möglich ist – zumal die ‹Entschlüsselung einer Botschaft› kaum die unterhaltsamste Tätigkeit der Thermenbesucher darstellte. Stand eine Statue wie die des ‹Herakles Farnese› in der ihr eigenen Weise inszeniert in einer Thermenanlage, dann wird genau dies sicher Gefallen gefunden haben. Was wir ermitteln können ist, welche Komponenten dieses Gefallen und die Attraktivität des Bildwerks in einer bestimmten Zeit begründet haben könnten.

Der Herakles im Typus Farnese: Typologie, Repliken und Kopienkritik

Repliken und Typus

Glykon hieß der Bildhauer der Statue aus Rom. Doch enthüllt eine Durchsicht antiker Darstellungen des Hercules/Herakles, dass seine Statue kein Einzelstück war. Es gibt ein ganzes Corpus von Skulpturen und anderen bildlichen Darstellungen, die eine Heraklesfigur nicht nur mit Keule und Löwenfell aufgestützt darstellten – dies wären nur grobe ikonographische Gemeinsamkeiten –, sondern Herakles im selben Standmotiv, mit derselben

Hand- und Kopfhaltung und denselben Attribute wiedergaben wie die Statue in Neapel. Zusätzlich – und dies ist besonders wichtig – zeigen weitere Statuen auffällig identische Details bei Haar-, Falten- und Gewandmotiven. Identisch meint dabei, dass die Details sich in einer derartigen Übereinstimmung finden, dass eine zufällige Gleichheit ausgeschlossen ist. Beim ‹Herakles Farnese› betrifft dies beispielsweise am Kopf die Abfolge und Bewegungsrichtung der Haarlocken über der Stirn oder die Linienzüge, die die Muskelkompartimente des Körpers trennen. Schon der im Gesamtbild ähnliche ‹Herakles Caserta› – ganz zu schweigen von anderen Heraklesfiguren – weicht nicht nur in der Beinstellung und den Attributen, sondern beispielsweise auch in der flach geschwungenen Hautfalte über dem Bauchnabel davon ab.

Diethelm Krull hat 1985 systematisch die mehr als 90 Skulpturen untersucht, die grundsätzlich und in der Summe der Details in dieser Weise mit dem ‹Herakles Farnese› zusammengehören. Eine sich wiederholende Kombination motivischer Identitäten nennen wir typologische Identität, und diese lässt nur den Schluss zu, dass die typologisch identischen Skulpturen auf ein gemeinsames Modell zurückgehen. Skulpturen, die in dieser Weise miteinander verbunden und also Kopien nach demselben Vorbild sind, nennen wir Repliken. Sie konstituieren einen Typus, den Herakles im Typus Farnese.

Die Fundorte der Repliken zeigen, dass dieses Modell nicht nur in Rom und Italien, sondern auch in Griechenland bekannt war. Es handelt sich also um ein überregional beliebtes Vorbild. Da wir derartige Replikenreihen auch von vielen anderer Skulpturen kennen – beispielsweise auch im Falle der römischen Kaiserporträts – und wissen, dass römische Bildhauer mit Gipsabgüssen berühmter Statuen arbeiteten, um diese zu kopieren, und zudem bestimmte Künstler und Statuen älteren Datums hoch schätzten, muss ein berühmtes Vorbild existiert haben, nach dessen Gipsabgüssen die Bildhauer – und auch Glykon – die Statuen im Typus des ‹Herakles Farnese› im üblichen technischen Kopierverfahren herstellten.

Kopienkritik

Die Kopienkritik versucht, durch den Vergleich der Repliken eines Typus eine Vorstellung von diesem Vorbild zu erhalten. Zunächst stellt man dabei fest, dass die Repliken sich in ihrer Größe unterscheiden, auch wenn mehrere deutlich überlebensgroß sind. Natürlich konnte man anhand von Abgüssen auch vergrößerte oder verkleinerte Kopien herstellen. Im Falle des

‹Herakles Farnese› gibt es aber kaum exakt maßgleiche Gruppen von Repliken, die einen Hinweis auf die genaue Größe des Originals darstellen würden. Vielmehr ist es typisch für Kopien nach kolossalen, aus schwer abzugießenden Materialien bestehenden oder aber kaum zugänglichen Skulpturen wie Kultbildern, dass solche Unterschiede existieren. Andererseits kennen wir keine Replikenreihen, in denen lebensgroße Vorbilder mehrfach in kolossales Format gesteigert wurden. Es spricht deshalb viel dafür, dass das Vorbild des ‹Herakles Farnese› überlebensgroß war, doch können wir das Maß zwischen etwa 2,50 und 3,20 Meter, der größten bezeugten Höhe in der Replikenreihe, nicht genauer bestimmen.

Diethelm Krulls Kopienkritik hat zudem die zuverlässigste Wiedergabe des Vorbilds ermittelt. Die dabei angewandten Methoden können hier nicht im Einzelnen besprochen werden. Sie wurden an Replikenreihen erarbeitet, in denen wir das Vorbild *und* kaiserzeitliche Kopien kennen und Veränderungen und Überlieferungstreue also wirklich bewerten können, wie bei den Korenstatuen vom Erechtheion auf der Athener Akropolis. Jede Replik eines Typus besitzt einerseits stilistische Eigenarten, die mit der Arbeitsweise des Kopisten und vor allem dem Geschmack an bestimmten Wirkungen von Skulptur in seiner Arbeitszeit zusammenhängen – dies hat uns oben bei der Datierung der Statue aus Rom geholfen. Solche Faktoren müssen in der ‹Kopienkritik› gleichsam ‹abgezogen› werden. Es ist dabei keinesfalls davon auszugehen, dass detailreich ausgearbeitete Repliken das Vorbild zwingend besser wiedergeben, da beispielsweise Klarheit der Oberfläche auch dem Zeitgeschmack der Kopisten entsprechen konnte. Hilfreich sind wechselweise Bestätigungen von Details in mehreren Repliken untereinander oder auch Methoden, die man aus der Beurteilung mittelalterlicher Abschriften von antiken Texten kennt: Dort ist die einfache Form eines Wortes, die nur einmal auftaucht, eher ein Zeichen für einen Abschreibfehler als eine kompliziertere Wortform (*lectio difficilior*), die wahrscheinlicher dem Vorbild entspricht, das man abschrieb.

‹Kopistengeschmack›

lectio difficilior

Da das Vorbild des ‹Herakles Farnese› verloren ist, muss die zuverlässigste Replik für unsere Beurteilung des Vorbilds eintreten, und zwar unter virtuellem Abzug der Faktoren, die auf den Kopisten selbst zurückgehen. Wollen wir ein Vorbild beurteilen, das nur in römischen Kopien überliefert ist, dann können folglich Details der Ausarbeitung des Marmors nicht mehr relevant sein, die typologisch fixierten Elemente aber sehr wohl, wie das Standmotiv, die räumliche Gestaltung, die Gliederung der Körperoberfläche oder die Anlage der Frisur. Für den Herakles im Typus Farnese konnte Diethelm Krull die Statue in Neapel als zuverlässigste Kopie erweisen. Der Kopf allerdings wird von einer ohne Körper erhaltenen Kopie in London besser repräsentiert. Sie zeigt, dass der Mund des Heros leicht geöffnet, die Zähne sichtbar waren und der Heros zudem mit geschwollenen Ohren dargestellt war (‹Blumenkohlohren›), was als Kennzeichen von Schwerathleten galt.

Eine Heraklesstatue des Lysipp

Lysipp aus Sikyon

Eine kaiserzeitliche Replik des ‹Herakles Farnese›, die in Rom gefunden wurde und anschließend in den Palazzo Pitti in Florenz gelangte, besitzt wie unsere Statue eine Inschrift. Doch lautet sie dort: «Werk des Lysippos» (*Inscriptiones Graecae Urbis Romae* IV 1574). Offenbar wollte ein Kopist explizit darauf hinweisen, dass die von ihm kopierte Statue ein Vorbild wiedergibt, das Lysipp geschaffen hatte, denn in dieser Wortwahl finden sich keine Bildhauersignaturen wie die des Glykon. Da der Name ‹Lysipp› nicht weiter erläutert wird, muss es sich um einen bekannten Bildhauer dieses Namens handeln. Eine Vielzahl von Texten und Inschriften berichtete in der Antike von Lysipp aus Sikyon, der Plinius zufolge ein Zeitgenosse Alexanders des Großen (356–323 v. Chr.) war und als Bronzebildhauer seine Blütezeit (*floruit*) in der 113. Olympiade (328–325 v. Chr.) hatte *floruit* (*Naturalis historia* 34, 51). Viele kaiserzeitliche Replikenreihen gehen auf seine Bronzestatuen zurück. Unter den literarisch überlieferten Heraklesstatuen von seiner Hand wird aber keine so genau beschrieben, dass wir sie sicher mit dem Herakles im Typus Farnese identifizieren können. Andererseits bestätigen die Hinweise, die wir aus Texten und anderen Replikenreihen zur bildhauerischen Handschrift des Lysipp besitzen, die Zuordnung des ‹Herakles Farnese› zu seinem Œuvre. Dazu gehören beispielsweise die im Vergleich zum Körper eher kleinen Köpfe seiner Statuen und die komplizierte Gestaltung des Kopfhaars, bei dem sich die Locken sehr eigenständig, plastisch und gegenläufig überschneiden.

Datierung

Schaffenszeit des Künstlers

Zwar haben wir damit eine grobe Datierung in die Schaffenszeit Lysipps, ins mittlere oder spätere 4. Jahrhundert v. Chr. erreicht. Die zeitliche Festlegung der Entstehung der Statue könnte man präzisieren, indem man das Œuvre des Lysipp chronologisch gliedert, doch ist dies problematisch, da wir es nur in römischen Kopien kennen. Unabhängig davon zu einer Datierung zu gelangen ist deshalb notwendig und kann auch eine weitere Bestätigung der Zuschreibung der Statue an diesen Bildhauer ermöglichen.

Wiedergaben der Statue

Einen ersten Hinweis geben uns Wiedergaben der Statue des Herakles im Typus Farnese auf Tetradrachmen aus Argos, Korinth und Sikyon. Sie wurden im frühen 3. Jahrhundert v. Chr. geprägt, was einen *terminus ante quem* für die Statue ergibt. Für die Zeit vorher ist eine zeitstilistische Einordnung erforderlich. Dies lässt sich im Rahmen der Chronologie der Plastik des 4. Jahrhunderts v. Chr., die durch die Abfolge der attischen Urkunden- und Grabreliefs und viele gut datierte Skulpturen der Zeit relativ zuverlässig erarbeitet wurde, bewerkstelligen. Ein Kriterium ist dabei das Standmotiv der Statuen. Den klassischen, seit dem 5. Jahrhundert normativen Kontrapost zeichnete ein kanonisches Zusammenwirken der Unterscheidung von Stand- und Spielbein mit der Bewegung des Oberkörpers aus. Im 4. Jahrhundert löste eine Reihe von Statuen dies auf, indem sie als Stützfiguren gestaltet wurden, wie der ‹Angelehnte Satyr› oder der Hermes des Praxiteles (ca. 360–330/20 v. Chr.). Lysipps Herakles geht noch weiter, indem zwar die gesenkte Spielbeinhüfte noch der erhobenen Spielbeinschulter gegenübersteht, der Stand aber völlig labil, das Spielbein nach vorn gesetzt und so kein ‹Schrittstand› mehr dargestellt wird. Fortschrittlich ist auch, dass die Statue bereits Züge von Mehransichtigkeit besitzt, die erst im Frühhellenismus (ca. 320/10–ca. 200 v. Chr.) typisch werden: Die Äpfel der Hesperiden werden als ein wichtiger narrativer Faktor des Bildes erst von hinten sichtbar. Die Gestaltung der Skulptur als räumlich erfahrbares Bildwerk ist auch in anderer Hinsicht ein Datierungskriterium. Im Laufe des 4. Jahrhunderts entwickelte sich die Plastik hin zu einer räumlicheren Gestaltung, durch die Vorder- und Tiefenbereiche explizit sichtbar gemacht wurden. Dies ist beim Herakles im Typus Farnese sehr weit ent-

Marginalien: Zeitstil – Stützfiguren – Mehransichtigkeit – Räumlichkeit

wickelt, denn die weiter hinten im Raum befindlichen Elemente – die rechte Hand und der rechte Fuß – sind zusammen mit den ihnen vorgeblendeten Körperteilen – der Hüfte, dem linken Bein und der vorgreifenden linken Hand – solche Markierungen. So kann der Betrachter die räumliche Tiefe der Skulptur aus einer Ansicht kontinuierlich erfassen. Die rundplastische Tiefe ist beim ‹Herakles Farnese› sehr groß, darin geht er über einen aufgestützten, älteren Herakles des Lysipp (‹Typus Dresden-Kopenhagen›) hinaus, aber auch über den gut datierten ‹Sophokles Farnese› (kurz vor 330 v. Chr.). Schließlich waren seit etwa 340/30 v. Chr. die Köpfe griechischer Skulpturen stärker kugelig gerundet, wobei Haar und Bart als eigene stoffliche Massen deutlicher vom Schädel abgesetzt wurden. Der ‹Herakles Farnese› steht darin der Stilstufe später attischer Grabreliefköpfe nahe, deren Produktion 317/7 v. Chr. endete, was insgesamt auf ein Datum zwischen etwa 330/20 und 320/10 v. Chr. hinweist.

Ikonographie, Semantik und Ikonologie

Aufstellungsort

Fragen wir nach dem ursprünglichen systemischen Kontext und Aufstellungsort des Herakles des Lysipp, so ist ein Urteil schwer zu fällen. Mit einer textlich bezeugten Statue des Künstlers können wir ihn nicht identifizieren. Die Darstellungen auf regional geprägten Münzen sprechen eher dafür, dass die Statue in der entsprechenden Region stand. Dies würde bedeuten, dass Lysipp sie für eine Stadt auf der Peloponnes schuf. Ob sie dort als Kultbild diente – ihre Überlebensgröße ist dafür kein sicherer Beweis – oder als ein besonders anspruchsvolles Weihgeschenk eines potenten Stifters, lässt sich nicht entscheiden.

Auch ohne diese Informationen muss man nun nach den Besonderheiten der Ikonographie und der Semantik des spätklassischen Bildwerks fragen. Dabei behält eine Reihe von Eigenarten natürlich Gültigkeit, für die wir bereits am ‹Herakles Farnese› des Glykon herausgearbeitet haben, dass sie auch seinem Vorbild schon eigen waren. Wichtig ist nun aber, dies im Kontext des 4. Jahrhunderts v. Chr. zu sehen. Lysipp hat den Herakles im Typus Farnese zwar nicht erstmals aufgestützt auf seine Keule und ruhig stehend dargestellt und damit den klassischen Kontrapost infrage gestellt. Dies war auch schon beim ‹Herakles Dresden-Kopenhagen› der Fall. Dort aber war der Stand weniger labil,

Labilität und Kontrapost

und dies ist auch ein charakteristisch innovativer Zug gegenüber anderen Skulpturen des 4. Jahrhunderts. Lysipp hat also im ‹Herakles Farnese› mit dem kanonisch-klassischen Kontrapost gebrochen, der das 4. Jahrhundert sonst weitgehend prägte – eine formale Innovation, die im Hellenismus nach 320 v. Chr. weiterentwickelt wurde. Ähnliches gilt für die Mehransichtigkeit der Figur. Aber auch ikonographisch zeigen sich Neuerungen. Lysipps ältere Heraklesstatue schaute aufmerksam und stand weit weniger lastend vor uns. Ruhe und Inaktivität sind im jüngeren ‹Herakles Farnese› weiterentwickelt; zugleich wurde durch die

Ruhe und Inaktivität

geneigte Kopfhaltung eine Verinnerlichung seines Habitus erreicht. Demgegenüber ist die im 4. Jahrhundert außerordentliche Muskulosität des Helden ein gesteigerter Hinweis auf seine übertrainierte, menschliches Maß sprengende Leistungsfähigkeit; ‹Blumenkohlohren› zeigen schwerathletisches Training an, der leicht geöffnete Mund ist ein Zeichen von lebendiger Anspan-

Anspannung und Kraft

nung. Bereit zu neuen Taten, deren Gewalt man sich gut ausmalen kann, steht Herakles nachdenklich und inaktiv vor dem Betrachter – die Äpfel ewiger Jugend bereits in der Hand.

Eine Statue des Heros, die in vergleichbarer Weise durch eine innere Widersprüchlichkeit ausgezeichnet ist, gab es vorher nicht. Lysipp demonstrierte am Bild des Heros sehr konkret, dass eine ‹Leistungsmaschine› seiner Statur zu neuer Arbeit durch ihren Körper bereit und fähig ist. Aber der Riese ruht derzeit. Man vermag damit in der Statue ein narratives Vorher ebenso zu erkennen wie das mögliche Nachher.

Dies ikonologisch einzuordnen ist vielfach versucht worden. Man hat dazu Herakles' Kraft mit den zeitgleichen Leistungen Alexanders des Großen verbunden – ohne aber zu erklären, wie diese Verbindung in der Statue deutlich gemacht worden wäre. Oder man las aus der Statue den Geist einer Endzeitstimmung heraus, die man – im historischen Rückblick – für die Jahre Alexanders und des Endes der klassischen Epoche für angemessen hielt. Dass allerdings Lysipp das Ende einer Epoche anzeigen wollte, die wir überhaupt erst zur ‹Epoche› erklärt haben, ist schwerlich denkbar. Zudem fehlen für eine solche Interpretation wiederum konkrete Hinweise oder visuell erkennbare Indizien.

Innovation

Eine ikonologische Bewertung, d. h. eine Erklärung des ‹Herakles Farnese› als Hinweis auf zeitgenössische Vorstellungen, die sich auf die visuellen Kennzeichen der Statue stützen, kann kaum mehr als feststellen, dass Lysipps Statue zwar nicht einen Epochenumbruch markiert oder als aktive Zeitdiagnose des Künstlers anzusehen ist, uns aber gleichwohl beweist, dass der Bildhauer am Ende seines Œuvre den tradierten formalen Kanon antiker Plastik innovativ sprengte. Er präsentiert uns einen Helden, dessen Taten logisch aus seiner Körperkraft erklärbar sind, dessen Leistungspotenzial aber kurzzeitig ruhiggestellt, wenn auch immer bereit ist. Und er schuf die Figur eines Heros, die von den Menschen der Gegenwart durch Größe und Verinnerlichung der Haltung weit entfernt erscheint.

Leistungsbereitschaft und Distanz

Dass dies nur persönliche Vorstellungen Lysipps repräsentierte, ist unwahrscheinlich, denn seine Statue wurde ja von anderen in Auftrag gegeben, wurde von diesen auch aufgestellt und hatte Bestand. Mit den Vorstellungen, die das Bild im wörtlichen Sinne verkörpert, fassen wir also sicherlich auch Faktoren des Helden- und Götterbilds, die im späten 4. Jahrhundert wichtig waren, so schwer dies im Einzelnen zu bewerten ist.

Rezeptionsgeschichte: Objektbiographie eines Typus

Nach dieser Klärung der zweifachen Aussagekraft des ‹Herakles Farnese› – durch die Statue des Glykon und als Werk des Lysipp – müssen wir nun nochmals die Überlieferungsgeschichte in den Blick nehmen, um zu erklären, welche Geschichte der Statue Lysipps seit ihrer Entstehung eigen war. Bisher haben wir ja nur die echten Kopien berücksichtigt und auf den Beginn gegen 320 v. Chr. und die Spätzeit gegen 215 n. Chr. geschaut. Die Vielzahl der mit dem ‹Herakles Farnese› über mehr als 500 Jahre verbundenen Bilddarstellungen liefert dafür eine hervorragende Grundlage.

Frühe Reproduktionen

Es wurde bereits erwähnt, dass die Statue schon im frühen 3. Jahrhundert auf der Peloponnes Münzen schmückte, also für dortige Städte offenbar bedeutsam und bereits ein Signet war. Diethelm Krull konnte zudem feststellen, dass eine ebenfalls überlebensgroße Statue eines Herakles geschaffen wurde, die den Heros prinzipiell so darstellte wie den ‹Herakles Farnese›, aber Fußstellung, Haltung und Attribute veränderte und ihm hellenistische Körperformen verlieh. Ob dies schon im 2. Jahrhundert v. Chr. geschah oder erst in Laufe der Kaiserzeit, ist umstritten. Diese Umbildung wurde jedoch ebenfalls etwa drei-

Umbildung

‹Herakles, Caserta›

ßigmal kopiert. Der ‹Herakles Caserta› (Abb. 41), der ja neben dem ‹Herakles Farnese› in den Caracallathermen stand, ist eine Replik dieses Typus. Zudem findet sich zeitgleich mit den beiden Replikenreihen eine Vielzahl von einzelnen klein- und großformatigen Statuen, die sich in dem typischen Stützmotiv mit auf den Rücken gelegter linker Hand am ‹Herakles Farnese› Lysipps orientierten, aber andere Details veränderten. Nach der Auffindung des ‹Herakles Farnese› 1545/6 setzte in der Neuzeit eine vergleichbar intensive Rezeption ein, die hier nicht behandelt werden kann.

Abwandlungen

Es gibt mithin kaum eine andere Statue der spätklassischen Zeit, die in der Antike (und Nachantike) in derart vielfältiger Weise rezipiert, kopiert, verändert und innovativ bereichert wurde. Das Konzept eines Heraklesbilds, das Lysipp mit seinem ‹Herakles Farnese› geschaffen hatte, konnte, so zeigt dies, bis ins 3. Jahrhundert n. Chr. langfristig Bestandteile der Vorstellungen zu visualisieren helfen, die man in je unterschiedlichen Gewichtungen mit dem bekanntesten griechischen Heros verbunden hat. So eignete man sich die berühmte Statue des Helden zu jeder Zeit auf je eigene Weise an und arbeitete am Bild des Heros. Diese Aneignungsformen als kulturhistorische Zeugnisse zu bewerten kann eine sorgfältige kopienkritische, rezeptionsästhetische und rezeptionsgeschichtliche Analyse erreichen.

Literatur: Die Darstellung folgt R. M. Schneider: Der Hercules Farnese, in: L. Giuliani (Hrsg.): Meisterwerke der antiken Kunst (München 2005) 136–157; zur Kopienkritik und Überlieferungsgeschichte: D. Krull: Der Herakles vom Typ Farnese. Kopienkritische Untersuchung einer Schöpfung des Lysipp (Frankfurt a. M. 1985). – *‹Herakles Farnese› in Neapel:* R. Cantilena u. a. (Hrsg.): Le collezioni del Museo Nazionale di Napoli II. La scultura greco-romana, le sculture antiche della collezione Farnese (Rom 1989) 154 Nr. 10; S. Kansteiner u. a. (Hrsg.): Der Neue Overbeck V. Späthellenismus, Kaiserzeit (Berlin 2014) 582 Nr. 4189; s. auch http://arachne.uni-koeln.de/item/objekt/23288. – *Caracallathermen und ihre Ausstattung:* N. Schröder: Ein severisches Großprojekt: Die Ausstattung der Caracalla-Thermen in Rom, in: S. Faust/F. Leitmeir (Hrsg.): Repräsentationsformen in severischer Zeit (Berlin 2011) 179–192; M. Piranomonte: Die Caracalla-Thermen (Mailand 2016). – *Skulpturen in römischen Thermen:* H. Manderscheid: Die Skulpturenausstattung der kaiserzeitlichen Thermenanlagen (Berlin 1981). – *Kolossalität in der hohen Kaiserzeit:* R. von den Hoff: Horror and Amazement. Colossal Mythological Statue Groups and the New Rhetoric of Images in Late Second and Early Third Century Rome, in: B. E. Borg (Hrsg.): Paideia. The World of the Second Sophistic (Berlin 2004)

105–129. – *Kopienwesen und Kopienkritik:* H. Lauter: Zur Chronologie römischer Kopien nach Originalen des V. Jahrhunderts (Bonn 1966); Krull a. O.; E. Perry: The Aesthetics of Emulation in the Visual Arts of Ancient Rome (Cambridge 2005); K. Junker/A. Stähli (Hrsg.): Original und Kopie. Formen und Konzepte der Nachahmung in der antiken Kunst (Wiesbaden 2008) 1–5; T. Bartsch u. a. (Hrsg.): Das Originale der Kopie. Kopien als Produkte und Medien der Transformation von Antike (Berlin 2010); A. Anguissola: «Difficillima imitatio». Immagine e lessico delle copie tra Grecia e Roma (Rom 2012); S. Settis u. a. (Hrsg.): Serial/Portable Classic. The Greek Canon and its Mutations (Mailand 2015); s. auch http://viamus.uni-goettingen.de/fr/e_/uni/b/03/01/. – *Idealplastik der römischen Kaiserzeit:* P. Zanker: Klassizistische Statuen (Mainz 1974); P. C. Bol (Hrsg.): Geschichte der antiken Bildhauerkunst IV (Mainz 2010) [Bd. V in Vorbereitung]. – *Lysipp, Zeugnisse:* S. Kansteiner u. a. (Hrsg.): Der Neue Overbeck III. Spätklassik (Berlin 2014) 291–392. – *Lysipps ‹Herakles Farnese› und die spätklassische Skulptur:* P. Moreno: Lisippo. Arte e la fortuna (Rom 1995) 51–56; 103–101; 242–250; 352–361 [mit zu weitgehender ‹Typen›-Scheidung]; S. Kansteiner: Herakles. Die Darstellungen in der Großplastik der Antike (Köln 2000) 78–79; 99–102; C. Maderna: Die letzten Jahrzehnte der spätklassischen Plastik, in: P. C. Bol (Hrsg.): Geschichte der antiken Bildhauerkunst II (Mainz 2004) 303–382; S. Kansteiner u. a. (Hrsg.): Text und Skulptur. Berühmte Bildhauer und Bronzegießer der Antike in Wort und Bild (Berlin 2007) 146–148. – *‹Herakles Kopenhagen-Dresden›:* C. Knoll/C. Vorster (Hrsg.): Staatliche Kunstsammlungen Dresden. Skulpturensammlung. Katalog der antiken Bildwerke II 2 (München 2011) 631–634 Nr. 144 (C. Vorster). – *Ikonographie des Herakles:* Lexicon Iconographicum Mythologiae Classicae IV (Zürich 1988) 728–838; V (Zürich 1990) 1–192 (J. Boardman u. a.); R. Vollkommer: Herakles in the Art of Classical Greece (Oxford 1988); R. Wünsche (Hrsg.): Herakles – Herkules (München 2003). – *Ikonographie des Herakles im Typus Farnese:* H. U. Cain: Der Herakles Farnese. Ein müder Heros?, in: A. Corbineau-Hoffmann/P. Nicklas (Hrsg.): Körper, Sprache. Ausdrucksformen der Leiblichkeit in Kunst und Wissenschaft (Hildesheim 2002) 33–61; N. Himmelmann: Der ausruhende Herakles (Paderborn 2009) 143–147; 196–197 Taf. 1–8 [auch zur Ansichtigkeit]. – *‹Herakles Caserta› und weitere Umbildungen und Varianten:* Krull a. O.; zuletzt: L. M. Stirling: Pagan Statuettes in Late Antique Corinth. Sculpture from the Panayia Domus, in: Hesperia 77 (2008) 106–108; C. Knoll/C. Vorster (Hrsg.): Staatliche Kunstsammlungen Dresden. Skulpturensammlung. Katalog der antiken Bildwerke II 2 (München 2011) 635–639 (F. Sinn). – *Neuzeitliche Rezeption:* F. Haskell/N. Penny: Taste and the Antique. The Lure of Classical Sculpture 1500–1900 (New Haven 1981) 229–232 Nr. 46; C. Gasparri: The Making of an Icon. The Farnese Hercules and the Power of Place, in: S. Settis u. a. (Hrsg.): Serial/Portable Classics. The Greek Canon and its Mutations (Mailand 2015) 171–179.

III. Hilfsmittel und Online-Ressourcen

Die folgenden Angaben listen in Ergänzung zu den Literaturangaben der Fallbeispiele erste grundsätzliche Möglichkeiten der Recherche vor allem für Sachwissen und wissenschaftliche Literatur, aber auch für Texte sowie Pläne und Bilder auf, die als dokumentarische Wiedergaben von Objekten und Stätten der Antike wichtige Arbeitsmittel der Klassischen Archäologie darstellen. Einen Überblick bietet:
M. Schröter: Erfolgreich recherchieren. Altertumswissenschaften und Archäologie (Berlin 2017)

*

Das wichtigste *Nachschlagewerk der Klassischen Altertumswissenschaften* bleibt im Hinblick auf die textliche Überlieferung die sogenannte RE (= Realenzyklopädie):

RE

A. Pauly/G. Wissowa (Hrsg.): Paulys Real-Encyclopädie der classischen Altertumswissenschaft. Neue Bearbeitung (Stuttgart 1894–1980).

Der Kleine Pauly

Die sorgfältig alle Zeugnisse erfassenden Einträge haben vielfach weiterhin Gültigkeit. In verkürzter Form – und als Taschenbuch erhältlich – liegen ausgewählte Einträge im fünfbändigen Werk ‹Der Kleine Pauly› vor:

K. Ziegler (Hrsg.): Der Kleine Pauly (München 1979).

DNP

Die RE wird ergänzt – nicht ersetzt – durch den ‹Neuen Pauly› (= DNP) vor allem mit Artikeln zu Phänomenen der antiken Kulturgeschichte, zur Methodik der Altertumswissenschaften und zur Rezeptionsgeschichte der Antike:

H. Cancik/H. Schneider (Hrsg.): Der Neue Pauly. Enzyklopädie der Antike (Stuttgart 1996–2003).

RAC

Viele für die Klassische Archäologie relevante Informationen liefert auch das ‹RAC› (derzeit bis zum Buchstaben P erschienen, Fortsetzung läuft):

Reallexikon für Antike und Christentum. Sachwörterbuch zur Auseinandersetzung des Christentums mit der antiken Welt (Stuttgart 1950–2017).

*

Die antike literarische *Textüberlieferung* ist umfänglich in der Originalsprache und in englischen Übersetzungen online zugänglich über das Portal ‹Perseus› (www.perseus.tufts.edu/, dort: Collections/Texts), jedoch ohne textkritische Bewertungen. Die antike Überlieferung in Text und Bild speziell zu antiken *Künstlern* ist systematisch erfasst im Lexikon ‹Der Neue Overbeck› (DNO): Perseus

S. Kansteiner u. a. (Hrsg.): Der Neue Overbeck. Die antiken Schriftquellen zu den bildenden Künsten der Griechen (Berlin 2014). DNO

Die epigraphische Überlieferung wird in den großen Corpus-Publikationen der *Inscriptiones Graecae* (IG; telota.bbaw.de/ig/) und des *Corpus Inscriptionum Latinarum* (CIL; cil.bbaw.de) nach Regionen erschlossen; griechische Inschriften sind bestens recherchierbar über die ‹Searchable Greek Inscriptions› des Packard Humanities Institute (PHI; inscriptions.packhum.org), attische (mit Kommentaren) auch über die ‹Attic Inscriptions Online› (AIO; www.atticinscriptions.com), lateinische beispielsweise über die Epigraphische Datenbank Heidelberg (EDH; https://edh-www.adw.uni-heidelberg.de). IG und CIL

*

Zu den meisten *Objektgattungen und Stätten* der Klassischen Archäologie existieren zwar umfassendere Darstellungen (s. o. zu den jeweiligen Fallbeispielen), doch fehlen zumeist Nachschlagewerke. Dies gilt vor allem für die Antiquaria, d. h. die Sach- und Objektkultur der Antike, zu der man sich nur punktuell systematisch informieren kann. Nur wenige Museen bieten umfangreiche *Bestandskataloge* an, die unterschiedlichste Objektgattungen erfassen, so dass Recherchen über Museumskataloge selten zum Erfolg führen.

Für viele Objektgattungen, vor allem aber für die *Skulpturen* der griechischen und römischen Antike ist ‹Arachne› ein unverzichtbares Online-Hilfsmittel vor allem zur Bildrecherche (arachne.uni-koeln.de oder arachne.dainst.org; Anmeldung kostenfrei). Die Objektdatenbank bündelt sämtliche (Bild-)Archive des Deutschen Archäologischen Instituts und erweitert dies um Vernetzungen zur wissenschaftlichen Literatur und zur Topographie. Integriert in ‹Arachne› ist der beispielhafte und auch zur Arachne weiteren Literaturrecherche nützliche Online-Katalog antiker Skulpturen der Staatlichen Museen zu Berlin:

Antikensammlung Berlin (Hrsg.), Gesamtkatalog der Skulpturen (Köln 2013): https://arachne.uni-koeln.de/drupal/322

Beazley-Archive

Das wichtigste Online-Hilfsmittel für die Erforschung der antiken, vor allem griechischen und hier besonders attischen *Keramik* ist das ‹Beazley-Archive› (Beazley Archive Pottery Database BAPD: www.beazley.ox.ac.uk/pottery). Dort sind die Bildbestände des Archivs und Sach- und Forschungsdaten zu weitgehend jeder attischen ‹Vase› abrufbar und – auch nach ikonographischen Kriterien – durchsuchbar. Die Publikationen des internationalen Erschließungsprojekts für antike Keramik insgesamt, des *Corpus Vasorum Antiquorum* (CVA), sind integriert (www.cvaonline.org).

CVA

Numismatik

Immer besser online erschlossen werden die weltweiten Bestände der antiken *Numismatik*. Die römischen sind im Verbund unterschiedlicher Sammlungen erfasst in ‹Online Coins of the Roman Empire› (http://numismatics. org/ocre), ergänzt durch die Numismatische Bilddatenbank Eichstätt (www.nbeonline. de/), die auch griechische Bestände erschließt.

*

Topographie

Zu antiken Städten und zur *Topographie* liefert einen ersten lexikalischen Überblick:

K. Brodersen (Hrsg.): Antike Stätten am Mittelmeer (Stuttgart 1999).

Athen und Rom

Für die Städte Athen und Rom liegen z. T. ältere Ortslexika vor:

J. Travlos: Bildlexikon zur Topographie des antiken Athen (Tübingen 1971).

J. Travlos: Bildlexikon zur Topographie des antiken Attika (Tübingen 1988).

E. M. Steinby (Hrsg.): Lexicon Topographicum Urbis Romae (Rom 1993–2000) = LTUR.

Pompeji

Die Funde und Befunde *Pompejis* gelten als beispielhafte und bedeutendste einer römischen Stadt und sind umfassend nach den Lokalitäten in der Stadt erschlossen in:

Pompei. Pitture e mosaici (Rom 1990–2003).

*

Für die antike *Ikonographie* ist das Referenzwerk das ‹LIMC›, das alphabetisch die Darstellungen sämtlicher antiker Götter und Heroen, aber auch von Personifikationen diskutiert: LIMC

Lexicon Iconographicum Mythologiae Classicae (Zürich 1981–1999).

*

Für Fragen der antiken *Religion und Kultpraxis* dient der ‹ThesCRA› als wichtigstes Nachschlagewerk: ThesCRA

Thesaurus Cultus et Rituum Antiquorum (Los Angeles 2004–2014)

*

Zur fach- und themenspezifischen *Literaturrecherche* eignen sich lokale umfassende Bibliothekskataloge (‹OPAC›) nur sehr selten. Eine fachlich angemessene Erschließung und Recherche bieten die Kataloge des Deutschen Archäologischen Instituts (https://zenon.dainst.org/), die über ihren Thesaurus auch gezielte Literaturrecherche zu vielen antiken Sachthemen zulassen. In einzelnen Themen umfassender ist die Bibliographische Datenbank Dyabola, die über viele örtliche Bibliotheksnetze zugänglich ist (www.dyabola.de). Die Universitätsbibliothek Heidelberg sammelt in Deutschland am systematischsten wissenschaftliche Literatur zur Klassischen Archäologie; zusammen mit der Bayerischen Staatsbibliothek betreibt sie den Fachinformationsdienst für sämtliche Altertumswissenschaften (‹Propylaeum›), der umfangreiche Recherchen zur wissenschaftlichen Literatur ermöglicht und alte und neue Publikationen digital zur Verfügung stellt (www.propylaeum.de). ZENON Dyabola Propylaeum

Der unverzichtbare Weg der Literaturrecherche zu Themen und Objekten ist weiterhin die systematische Lektüre relevanter – auch älterer – wissenschaftlicher Publikationen über den Online-Bestand hinaus und die Konsultation der dort in Bibliographien und Fußnoten verzeichneten Literaturverweise.

Anhang

Bildnachweis

Abb. 1, 2, 6, 7, 8, 18, 28, 29, 30 Zeichnungen: E. Raming
Abb. 3 Photo: Craig Mauzy/ASCSA.net/Agora Excavations, Archiv-Nr. 2004.02.0009 (LCT-105)
Abb. 4 Mauzy (2006), ASCSA.net/Agora Excavations, Archiv-Nr. 2008.18.0011 (LCT-74)
Abb. 5 New York, Metropolitan Museum of Art; Rogers Fund, 1914. CC0 1.0 Universal
Abb. 9 Zeichnung: J. Denkinger/U. Sinn
Abb. 10, 11, 12, 13: Zeichnungen: U. Sinn
Abb. 14 Photo: G. Hellner
Abb. 15 Zeichnung: K. von Woyski
Abb. 16 a–b, 17 a–b National Archaeological Museum, Athen, Photos: Karl-Valentin von Eichstedt, © Hellenic Ministry of Culture and Sports/Archaeological Receipts Fund
Abb. 19 © Hirmer Verlag München
Abb. 20 Aus: Salvatore Aurigemma, La necropoli di Spina in Valle Trebba 2 (Rom 1965), Taf. 8, Grab 740
Abb. 21, 22 Baltimore, The Walters Art Museum, 482115
Abb. 23 Berlin, bpk/Antikensammlung, SMB/Johannes Laurentius
Abb. 24 Photo: Marie-Lan Nguyen (2009), https://commons.wikimedia.org/wiki/File:Spinario_Musei_Capitolini_MC1186_n4.jpg, CC BY 2.5
Abb. 25 © bpk/The Trustees of the British Museum
Abb. 26 Luigi Versaggi, bearbeitet von Alfovel, CC-BY 2.0
Abb. 27 © Dennis Graehn, Jena
Abb. 31 © Berlin, bpk/Antikensammlung, SMB/Johannes Laurentius
Abb. 32 Bern, Antikensammlung der Universität
Abb. 33 http://arachne.uni-koeln.de/item/marbilder/7770033 Photo: B. Malter
Abb. 34 http://arachne.uni-koeln.de/item/marbilder/403497 Photo: G. Fittschen-Badura
Abb. 35 http://arachne.uni-koeln.de/item/marbilder/403529. Photo: G. Fittschen-Badura
Abb. 36, 37, 38, 39 Photos: Ralf von den Hoff
Abb. 40 a–b H. Schwanke, D-DAI-Rom 80.2908; 80.2910
Abb. 41 Aus Luca Giuliani (Hrsg.), Meisterwerke der antiken Kunst (München 2005) S. 151, Abb. 8
Abb. 42 http://arachne.uni-koeln.de/item/marbilder/7578630 Photo: G. Fittschen-Badura

Karten: © Peter Palm, Berlin

Register und Glossar

Begriffe

Adyton (abgeschlossener Rückraum der → Cella eines Tempels) 76
Aeneis (röm. ‹Nationalepos› des → Vergil, um 20 v. Chr.) 173 f., 192 f., 195, 214
Affordanz 31 f.
Ägäische Bronzezeit (Epoche der griechischen Kulturgeschichte, ca. 3000–1050 v. Chr.) 9 f., 28–30, 104
Aigis/Ägis (geschuppter Umhang des Zeus, den er zum Schutz verleiht) 189 f.
Agency 37 f.
Agon (Wettkampf, Wettbewerb) 97 f., 122
Agora (politischer Platz und Handelszentrum der griech. → Polis) 44, 53, 70
Akropolis (griech. «Oberstadt», Haupterhebung in einer griech. Stadt, zumeist mit Zentralheiligtum) 44, 109, 124, 248
Akteur-Netzwerk-Theorie 37 f.
Alabastron (griech. längliches Öl-/Parfumfläschchen) 183–188 Abb. 31–32; 190, 193 f., 199, 232
Altar 67–69, 72, 74–76, 78, 81, 83, 87, 134, 150, 179, 208 f., 220, 224 f., 231
Altertumswissenschaft 10–13, 239
Amphore/Amphora (zweihenkliges Transportgefäß) 48, 56, 92–95, 132, 135 f., 138 f., 189, 191
Andron (griech. Raum mit → Klinen für das → Symposion, wörtlich «Raum der Männer») 150 f.
Anstückung 201, 203
Anthemion (Fries aus Lotusblüten und Palmetten) 132
Antikerezeption/neuzeitliche Rezeption der Antike 11 f. s. a. Rezeptionsgeschichte
‹Antoninischer Stilwandel› 226
Applik (an der Oberfläche eines Gegenstandes angebrachter Aufsatz) 78, 214
Apsis/apsidial (im Grundriss gerundeter, seltener rechteckiger Abschluss einen Raumes) 69, 72 f.
Archaik (Epoche der griech. Kulturgeschichte, ca. 700–490/80 v. Chr.) 28, 68, 72, 78 f., 90, 104, 111, 128, 176
Archäoanthropologie (Archäologie menschlicher Körperüberreste) 17 f., 46
Archäobotanik (Pflanzenkunde auf archäologischer Grundlage) 17 f.
Archäometrie (naturwissenschaftliche Methoden in der Archäologie) 17–19
Archäozoologie (Tierkunde auf archäologischer Grundlage) 17 f.
Architektur 20, 28, 39, 68–86, 139, 164–182, 241 f., 246
Architekturordnung (System der Kombination von Säulen/Stützen mit Kapitell und Gebälkgliederung) 20, 81, 180 s. a. ionisch, dorisch, korinthisch
Architektursemantik 176–182
Artefakt 9 f., 12–38, 42, 52, 54, 71, 101–103, 127, 129, 186, 188
Ästhetik 22, 38–40, 81, 100, 176, 241
Asyl 81, 83 f., 86 s. a. Hikesia

Athlet/Athletik 113 f., 121, 134, 139, 184, 240 f., 244, 249, 252
Ausgrabung 13 f., 17 f., 56, 69 f., 71, 86 f., 108, 127, 150, 238
s. a. Feldforschung

balteus (Stoffwulst der → Toga) 204, 208
Bauforschung 10, 20
Bauplastik (an → Architektur angebrachte → Skulptur/Plastik) 20
Befund 27–29, 44, 46 f., 52 f., 68, 71, 73–76, 81, 83 f., 88, 105, 116, 123 f., 151, 161, 164–168, 176, 181, 195, 201, 207, 209, 215, 237 f., 258
Befundformation 19, 29 s. a. Formationsprozesse
Bemalung von Artefakten → Farbigkeit
Bestattung 44–67, 104–126, 163–182, 217–235
Bestattungspraxis/-sitte 46 f., 52 f.
Biga (Zweigespann) 59, 64
Bildakt 38
Bildmotiv 33, 59, 63, 90 f., 98, 100, 117, 139, 155, 179, 190 f., 197, 227
Bildnis (Darstellung einer historischen Person; → Porträt) 20, 26, 29, 199–217, 225
Bildnistypus/en 225
Bildsyntax 33, 197, 230–232
Bohrereinsatz 23, 239
‹böotischer Schild› (ovaler Schild mit seitlichen Einbuchtungen; dem → ‹Dipylon-Schild› verwandt) 60
Brandbestattung (= Kremation) 46 f., 217
Büste (auf Kopf und Teil der Brust beschränkte menschliche Darstellung; menschliche → Protome) 199–217 Abb. 34–35
Bukolik (Hirtendichtung, oft auch Hirtenwelt) 154 f.

C14-Methode → Radiokarbonmethode
calceus (röm. Lederschuh) 205, 214 f., 228
caligae (röm. Ledersandalen) 205
capite velato (lat. «mit verhüllten Haupt»; üblich beim röm. Opfer) 223, 227, 229
Cella (innerster Raum eines antiken Tempels) 76, 195
Censor (hoher röm. Verwaltungsmagistrat) 172 f.
Chiton (griech. dünnes [Unter-]Gewand) 114 f., 136
Chlamys (mit einer Fibel auf der Schulter befestigter Mantel) 136–139, 143, 145
Chronologie, absolute/relative (jahresgenaue Zeitbestimmung/Zeitbestimmung durch → *termini ante/post quos*) 28–30, 208–210, 224
Cippus (Steinmal) 178
clavus (Farbstreifen zur Standeskennzeichnung an der → Tunica) 214 f.
Code 36
‹Columbarium› (lat. «Taubenschlag»: moderne Bezeichnung für röm. Grabbauten mit Nischen für Urnen) 215
Concordia (lat. «Eintracht» und ihre Personifikation) 224, 227–229
Consul/Consulat (höchster Magistrat Roms) 170–173, 201
Corona Muralis (mauerförmige militärische Auszeichnung, ‹Mauerkrone›) 179 f. Abb. 30
cursus honorum (lat. «Ämterabfolge»; Liste der Ämter eines Römers) 170 f., 212

Daktyliothek (Sammlung von → Gemmen und Kameen) 185
damnatio memoriae (lat. «Verdammung der Erinnerung»: Zerstörung von Namensinschriften und Bildnissen einer vom Senat verdammten Person) 207
s. a. Umarbeitung
Datierung 19, 27 f., 30, 37, 47 f., 52, 54, 56 f., 76, 90, 96, 108–110, 123, 125, 130, 148, 151, 169, 172 f., 193 f., 207 f., 210, 224 f., 237–239, 250

Dekoration 19 f., 23, 28, 47, 56 f., 65 f., 76, 91 f., 100–103, 115, 128 f., 132, 150, 165, 179 f., 241
Dendrochonologie 17 f.
Denotation 37
Deponierung 13, 15, 29, 31, 46, 87, 90, 109 f., 123–125,
‹deskriptive Bilder› 65, 99
‹Dipylon-Schild› (Rundschild mit eingezogenen Seiten in Bildern der → geometrischen Epoche) 60, 64
Diskursanalyse 38, 142 f., 147
Domus Augusta (röm. Kaiserhaus, Kaiserfamilie) 195 f.
dorisch (aus Dorien oder → Architekturordnung mit dorischen Säulen und → Triglyphon über dem Architrav) 20, 23, 81, 180
Dornauszieher 149–163 Abb. 23–25; 236 s. a. ‹Spinario›
Drachme (griech. Gewichts- und Währungseinheit) 74 f., 250
Dreifuß (Gefäßform: auf drei Beinen stehender Kessel) 60–62, 66, 72 f.

Echinus (runder Bestandteil eines → Kapitells, beim → dorischen Kapitell kissenartig gewölbt) 23
Eklektizismus 157, 237
Ekphora (griech. Zug mit einem Leichnam zur Grabstätte) 46 f.
Enkaustik (Malerei mit Wachs als Bindemittel der Farbpigmente, die unter Erhitzung aufgetragen werden) 111
Epigramm (metrischer, gedichtartiger Text, oft als → Grabinschrift) 119–121
Epigraphik 21, 170
Ephebe (junger Mann, der in der griech. → Polis ‹Wehrdienst› leistet) 132–148
Epochen 11, 21, 24 f., 27–30, 44, 48, 51 f., 56 f., 60, 82, 100 f., 104 f., 111 f., 118, 121, 127, 150, 174 f., 177, 200, 208, 210, 217, 252 f.
Eques (Stand der Ritter in Rom) 214
Erinnerung 12, 41 f., 64, 66, 104, 110, 114, 119 f., 122, 124 f., 176, 200, 218, 233
Erzählweise/Narration 218, 233

Farbe/Farbfassung/Farbigkeit 21, 48, 56, 105, 110–118, 125, 128 f., 151, 183, 185, 189, 194, 214
Feldforschung (archäologische Erforschung durch → Ausgrabung oder → Survey) 17
‹Festwiese› (neuzeitliche Bezeichnung für unbebaute Lager- und Gelageareale in griech. Heiligtümern) 81, 84, 86
Fluoreszenzanalyse 17, 115
Formanalyse 22 f., 25, 27, 29 f.
Formationsprozesse/Befundformation 13 f., 19, 29
Fries (langestrecktes Bild- oder Ornamentband; in der ionischen → Architekturordnung Teil des Gebälks über dem Architrav) 56 f., 59 f., 62, 64 f., 91 f., 95, 132, 187, 195, 218, 220, 226 f., 229
Frigidarium (Kaltbaderaum einer röm. → Therme) 241–244
Frisur 111 f., 157, 188–191, 207–211, 216, 223–226, 229, 231, 249 s. a. Modefrisur; Scheitelzopffrisur
Fundspektrum 71, 73, 84
Funktion von Artefakten 20, 22, 31 f., 34, 40, 54–56, 61, 65, 73, 80, 84, 88–90, 97 f., 102 f., 130, 150, 166 f., 171, 179, 187, 189, 192 f., 236
Fuß (antikes Längenmaß; lat. *pedes*) 168

Gattung(en) 19–22, 24 f., 29–31, 37, 91, 186, 195, 217, 257
Gattungsstil 21
‹Gemma Augustea› (→ Kameo augusteischer Zeit, heute im Kunsthistorischen Museum in Wien) 194 f.
Gemme (vertieft reliefierter Edel-

oder Halbedelstein) 158, 182 f., 186, 198
Gender/Geschlechter(relationen) 41 f., 121, 140, 229, 232
Genre(szenen) 154, 158–160, 162
Genos (griech. Bezeichnung einer meist durch Abstammung verbundenen Gemeinschaft) 123
Gens (lat. «Familie; Geschlecht»; griech. *genos*) 170, 172, 174, 177, 196–198, 214
Geoarchäologie (Archäologie der Erd- und Landschaftsentwicklung) 17 f.
Geometrische Epoche (Epoche der griech. Kunstgeschichte, ca. 1000–700 v. Chr.) 28, 44–68, 72 f., 76, 91, 94, 98–101, 104, 112, 127, 153
Glaspaste (reliefiertes Schmuckstück aus gegossenem Glas, Imitat von → Gemmen) 183
Glutäen (Gesäßmuskel) 111
Glyptik 21, 182–199
Gorgoneion (Frontalgesicht der → Gorgo Medusa) 189
Grab/Grabbefunde 13, 31, 41, 44–67, 98, 104–149, 151, 162, 163–182, 212 f., 217–236
Grabmal 54–67 Abb. 5–8; 104 f., 107, 118–121, 123 f., 127, 163–182 Abb. 27–29; 198
Grabung → Ausgrabung, Feldforschung
Grabreliefs 20, 213, 250 f.
Grabritual 46 f., 66
Grabschändung 123
Grabstatue 104–126, 199–217
Graffito (gemalte oder geritzte, meist sekundäre Kurzaufschrift oder Zeichnung auf der Oberfläche eines Artefakts) 21
‹Grand Camée de France› (→ Kameo tiberischer Zeit, heute in der Bibliothèque Nationale in Paris) 194 f.
Greifenkessel (Bronzekessel mit → Protomen von Greifen, auf → Dreifuß stehend) 73, 78
‹Grotesken› (moderne Bezeichnung für körperlich deformierte antike Menschenfiguren und für filigrane Wandmalereien des sog. 4. pompejanischen Stils) 160 f.

Habitus 41, 66, 189, 227, 252
Handel 10, 78 f., 84, 96, 102 f., 128, 163 s. a. Wirtschaftsgeschichte
Hausmodell 72, 85
Heiligtum 10, 31, 61, 67–87, 89, 102, 112, 119, 129, 151, 158, 160, 175 f., 192 s. a. Temenos
Hellenismus (Epoche der griech. Kulturgeschichte, ca. 330–31 v. Chr.) 25, 28, 68, 82, 150, 154 f., 157, 159–162, 166, 175–178, 180, 183 f., 194 f., 200, 217, 230, 241, 250, 252
Helm, ionisch 91, 97 f.
Helm, korinthisch 95, 97 f.
Herme 200
Hermeneutik 16–19, 30, 38, 96 f.
Heros (griech. männliche Figur mit besonderer Wirkkraft über ihren Tod hinaus, die in einem → Heiligtum verehrt wird, oder männliche Figuren der griech. Mythologie) 10, 65 f., 75, 95, 97, 112 f., 128, 137 f., 141, 145 f., 176, 218, 231, 238, 240–242, 244 f., 249, 252–254, 258
Hestiatorion (Versammlungsgebäude für Speisungen) 75, 77 f., 80, 84 f., 150
Hikesia (Bitte um → Asyl in einem → Heiligtum) 83
Hochzeit 120 f., 224, 226–228, 235
homo novus 172
Honos (röm. Personifikation der Ehre) 228 f.
Hoplit (griech. Bürgersoldat) 94–96, 98, 136–138, 141–143
Hydria (griech. Kanne zum Wassertransport) 95, 132

Ikonik 39 f.
‹ikonische Differenz› 32 f.
Ikonographie 32–35, 37, 67,

92–97, 104, 110–118, 122, 126, 149, 152–154, 187–193, 196, 203–205, 208, 212 f., 220–224, 237, 240 f., 243, 251–253, 255, 258
Ikonologie 34–37, 97 f., 104, 121 f., 126, 154 f., 159–163, 196–198, 213–215, 232–234, 251–253
Ilias (Epos des → Homer, um 700 v. Chr.) 55, 60 f., 64 f., 117, 120, 176
Image Studies 38
imagines maiorum (lat. «Ahnenbilder», im Besonderen: Wachsmasken der Vorfahren im röm. Haus) 212, 216
Import 78 f., 102, 128 f.
‹*in situ*› (am antiken Nutzungs-/Deponierungsort aufgefunden) 56, 164
Individualstil 23 f.
Insula (rechteckiger Häuserblock einer antiken Stadt) 150
Inschriften 21, 28, 70, 74 f., 79, 88, 93, 105, 108–110 Abb. 18; 118–122, 124, 134, 136, 138, 145, 168–173, 179–182, 200, 208, 213, 245, 249, 257 s. a. Epigraphik
‹intentionale Geschichte› 42 f.
Ionien (antike Landschaft im mittleren Kleinasien) 91 f., 150
ionisch (aus Ionien oder Bezeichnung einer antiken → Architekturordnung) 20, 79, 81, 87, 91 f., 97 f., 100, 104, 134, 158
Isotopenanalyse 17 f.

Jagd 143–148, 222, 229 f.

‹Kalos-Inschriften› (Namensaufschriften als schön [griech. *kalos*] bezeichneter Männer auf attischer Keramik) 130, 143, 145, 148
Kameo (erhaben reliefierter, oft farblich geschichteter Edel- oder Halbedelstein) 183, 185 f., 193 f., 196, 198
Kantharos (zweihenkliger Kelch mit Fuß) 132
Kapitell (Bekrönung einer Säule, Bindeglied zum Architrav; je nach → Architekturordnung unterschiedlich gestaltet) 23, 134, 242 f.
Keramik 20 f., 29, 47 f., 54, 66, 72 f., 75, 78, 91, 109, 127–129, 163, 258
Klassifizierung 19–25, 27, 31, 129
Klassik (Epoche der griech. Kulturgeschichte, ca. 490/80 – ca. 330 v. Chr.) 28, 68, 80, 127, 157, 237, 241, 252, 254
Klassizismus 195, 211, 237
Kleidung → Toga, Tunica, Chlamys, Schuhwerk
Kleinasien (Westteil der heutigen Türkei) 9, 79, 87, 89, 101, 150, 160, 175, 218
kleos (griech. «Ruhm») 119 f.
Kline (griech. Liegesofa beim → Symposion) 57, 59 f., 62 f., 77, 80, 131, 151, 161, 213, 216
Körperbestattung 217 f.
Kolonettenkrater (Sonderform des → Kraters mit säulenartigen Stützen der Griffplatten) 127
Kolossalität (deutlich überlebensgroßes Format einer Skulptur) 243, 254
Kommunikation 32, 35–40, 65–67, 71, 75, 84, 187, 196–199, 241–246
Komposition 23, 39, 134, 139, 224, 229,
Konnotation 37, 154
Konsumption 15, 31, 130–132
Kontext, archäologischer 14 f., 19, 22, 44–46, 54, 87 f., 102, 105 f., 108, 128, 150 f., 160, 220, 238 f.
Kontext, historisch-sozialer 15, 18, 38, 40–42, 50–52, 82 f., 123–125, 159, 161, 172 f., 193–197
Kontext, systemischer 15, 19 f., 22, 36, 54–56, 89 f., 102, 106–108,

129–132, 150 f., 164–168, 185–187, 193, 212 f., 219 f., 251–253 s. a. Verwendungskontext, Wahrnehmungskontext
Kopien(wesen) 26 f., 154, 156–158, 185, 236–238, 246 f., 250 f., 253–255
Kopienkritik 157, 246–251
Kore (griech. «Mädchen»; moderne Bezeichnung bekleideter Frauenfiguren der → Archaik) 78, 104–126 Abb. 17 a–b; 171, 248
korinthisch (aus Korinth oder Bezeichnung einer antiken → Architekturordnung) 79, 95, 97 f., 184, 242
Koroplastik (Terrakotten) 20, 151 f., 155 f., 158
Kottabos (griech. Spiel beim → Symposion) 132
Körper/Körperbild 23, 25, 33, 41–43, 59–64, 91 f., 95–99, 105, 109–111, 113, 121 f., 136, 145 f, 151–153, 156, 161, 163, 194, 204, 209, 219, 224, 240 f., 243–245, 247, 249–253
Krater (griech. Mischgefäß für Wein und Wasser) 25, 54–67 Abb. 5–8; 91, 94, 98, 127–141, 147–149
Kremation → Brandbestattung
Kultbild 68, 76, 89, 154, 192, 248, 251
Kultpraxis 71, 74 f., 84, 86, 89, 117, 131, 258
Kultur(wissenschaft) 9–43, 50–55, 86, 89, 101–104, 130, 155, 159, 161, 163, 176 f., 196 f., 218, 232 f., 241, 244
Kulturelles Gedächtnis 42 f.
Kulturtransfer 78 f., 85 f., 101–104
Künstler 22, 24 f., 36, 96, 236, 245, 247, 250–253, 257
Kuros (griech. «Jüngling»; moderne Bezeichnung nackter Jünglingsstatuen der → Archaik) 25, 104–126 Abb. 16a–b
Kylix (griech. Trinkschale) 127, 144 Abb. 21–22
‹Lächeln›, archaisches 111, 114
lectio difficilior 248
Lekythos (griech. Öl-/Parfumkännchen mit Fuß und einem Henkel) 132
Libation/Trankopfer; Trankspende 56, 67, 78, 131, 134–136, 139 f., 220, 223, 228, 231
Lokalstil 23 f., 96
lustratio (röm. Reinigungszeremonie) 191 f.

Mäander (orthogonales Linienornament) 48, 56, 101, 110
Magistrat (Bezeichnung für den Verantwortlichen für Kulthandlungen, Politik oder Verwaltung in antiken Gemeinschaften) 171, 214 f., 223, 228 s. a. Censor; Praetor, Consul
Malerei 21 f., 24
Materielle Kultur/materielle Hinterlassenschaft 8 f., 13 f., 24, 102
Matrone (röm. verheiratete Frau) 191
Medien/-um 19 f., 25–40, 71, 120, 158, 197, 200, 234
Mehransichtigkeit 250–252
‹Meisterforschung› 24
Metope (Platte zwischen den → Triglyphen im → dorischen Gebälk) 48, 166, 178–180, 179 Abb. 30
Minister (Diener beim röm. → Opfer) 222
Modefrisur 190 f., 208–210, 216, 224 f., 231
‹Morelli'sche Methode› 24, 27, 129
Mosaiken/Musivik 21 f.
Münzen/Münzkunde/Numismatik 10, 20, 22, 26, 28, 190 f., 197, 200, 208, 229, 232, 251, 253
Mythologie/Mythos 43, 62, 93 f., 96–100, 118, 136–138, 141, 146, 173 f., 176, 180 f., 190, 197 f., 230 f.,

Nacktheit 36, 113, 121, 126, 146, 240

Naiskos (kleiner griech. Tempel) 188
Naos (griech. «Tempel») 76
Narration/Erzählweise 33–35, 99, 230 f., 244
‹narrative Bilder› 98–100
Naturalismus 25, 112, 116, f., 154, 200
Numismatik → Münzen

Obeloi (griech. «Spieße»; griech. Währungseinheit) 74 f.
Objektbiographie 13 f., 19, 29, 87 f., 105–110, 123, 186, 253 f.
Odyssee (Epos des → Homer, um/kurz nach 700 v. Chr.) 33, 55, 117
Oikos (griech. Bezeichnung eines familiären Haushaltes, ‹Familie›) 105, 121 f.
Oinochoe (griech. Weinkanne) 132
Omphalosschale 78 f.
Opfer 66–68, 71, 74 f., 77 f., 81, 84, 134–136, 139 f., 222 f., 226–229, 235 s. a. Libation
opus caementicium (lat. «Gussmauerwerk») 166, 180 f.
opus latericium (lat. «Ziegelmauerwerk») 166, 180 f.
opus reticulatum (lat. Verkleidung des → *opus caementicium* mit quadratischen Kalksteinen) 166, 180 f.
Orientalisierende Epoche (Epoche der griech. Kulturgeschichte mit starkem Einfluss orientalischer Motive, ca. 700–600 v. Chr.) 101, 103 f.
Ornament 20, 23, 33 f., 36, 48, 56, 100–102, 111, 112, 116

Palmette (Dekormotiv in Form stilisierter Blätter einer Palme) 101, 132
Panegyrik (Lob-/Prunkrede) 187, 198 f.
panhellenische Heiligtümer (griech. Heiligtümer überregionaler Bedeutung, die von allen Griechen besucht wurden, wie → Olympia und → Delphi) 68
Patera (röm. Opferschale) 220, 223 Abb. 39 s. a. Phiale
Pasticcio (ital. künstliche Zusammenstellung eines Artefakts aus Formen unterschiedlicher Herkunft) 203
Pektoral (Brustschmuck) 86–104 Abb. 14–15
Peloponnesischer Krieg (Kriege zwischen Sparta und Athen ca. 431–404 v. Chr.) 79, 82 f.
Pentakosiomedimnoi (höchste Einkommensklasse im antiken Athen) 50
Peristasis (allseitige Säulenstellung um die → Cella eines Tempels) 76
Peristyl (von Säulen/→ Stoai umstandener Hof) 150
Perserkriege (Kriege zwischen Griechen und Persern zwischen 492 und ca. 461 v. Chr.) 142, 147
Personifikation/en 134, 224 f., 228 f., 231
Petasos (breitkrempiger griech. Reisehut) 137, 143
Phalanx (Schlachtreihe der griech. → Hopliten) 98
Phiale (griech. Opferschale) 78
Phyle (Untereinheit der Bürgerschaft in griech. Poleis) 137, 139
Pietas (lat. «Frömmigkeit» und ihre Personifikation) 227–229
Pilos (spitzer Hut griech. Handwerker) 158 f.
Plastik/Skulptur 20, 41, 151, 159, 235–237, 250, 253, 255
Plinthe (Standplatte einer Marmorstatue) 105 f., 108, 114, 203
Polis (griech. politische Einheit, Bürgerschaft, ‹Stadtstaat›) 44, 71, 138–143
Polos (zylinderförmige griech. Kopfbedeckung) 117 f., 120
Polygonalmauerwerk 69, 75
Pompeion (Gebäude zur Vorbereitung von Prozessionen [griech. *pompai*]) 77 f., 81

Porträt (= → Bildnis) 20–22, 25, 41, 43, 153, 162, 183, 199–217, 224 f., 231–233, 235 f., 241, 247
Praetor (hoher Rechtsmagistrat in Rom) 170–172
Praxeologie 22, 31 f.
Princeps (Bezeichnung für den röm. ‹Kaiser›, daher: → Prinzipat) 172–174, 178, 181, 187, 190, 196, 198, 208, 215
Prinzipat (röm. ‹Kaiser›-Herrschaft/-Zeit) 174, 181, 194, 197–199
Proconsul (röm. Provinzverwalter) 172
Pronaos (Raum vor der → Cella des griech. Tempels) 76
Prothesis (griech. Aufbahrung eines Leichnams) 58–61 Abb. 6; 63 f., 66 f., 99
Protome (Skulptur in Form des Vorderteils eines Lebewesens) 73
Provenienz 24, 128
Provinzialrömische Archäologie 10
prozessuale/post-prozessuale Archäologie 51
Pubes (Schambehaarung) 111
Pudicitia (lat. «Schamhaftigkeit; züchtiges Auftreten» und ihre Personifikation) 229
Pyxis (Box; Dose) 50, 95

quindecimviri (röm. Priesterkollegium) 228

Radiokarbonmethode (= C14-Methode) 17
Regionalstil 23 f., 26, 91
Re-Kontextualisierung 14 f., 27
Relief/Reliefplastik 20 f., 25, 42, 78, 87–91 Abb. 14–15; 98, 104 f., 158, 166, 178, 180, 182–199 Abb. 31–32, 208, 213, 217–235 Abb. 36–38; 250 f.
Religion/religiöse Praxis 10, 42, 68, 84, 131 f., 134, 229, 258 s. a. Heiligtum; Kultpraxis; Opfer; Libation
Reliquiar (Gegenstand zur Aufbewahrung einer Reliquie) 186
Replik (eine von mehreren → Kopien nach demselben Vorbild) 26, 156 f., 237 f., 246–249, 254 s. a. Kopie, Typus
Repräsentation 39–42, 65, 105, 112, 121–124, 172, 175, 181, 213–215, 228, 231–235
Rezeption/ Rezeptionsästhetik 38–40, 233, 241–243, 246
Rezeptionsgeschichte 11 f., 163, 253–256 s. a. Antikerezeption
‹*rite de passage*› 51
Ritter (lat. *eques*) 214, 217–235
Rotfigurige Maltechnik in der → Vasenmalerei 128 f., 133 Abb. 19–20; 144 Abb. 21–22
Rundplastik 20, 104–126 Abb. 16–18; 149–163 Abb. 23–25; 199–217 Abb. 33–35; 235–255 Abb. 40–41; 235 f.

sacellum (lat. «Tempelchen»; griech. → Naiskos) 188 f., 192
Sarkophag (steinerner Sargkasten, von griech. «fleischfressend») 20, 25, 180, 217–235 Abb. 36–39
Senator (Mitglied des röm. Senats) 172, 214 f., 228, 235
Schmuck 20, 46–51, 65, 78, 89, 100, 102, 111–114, 117 f., 122, 152, 160, 184, 186, 196, 224
Schuhwerk → *caligae, calcei*
Schwarzfigurige Maltechnik in der antiken → Vasenmalerei 95, 129
sema (griech. «Mal, Zeichen») 35, 118–120, 122
Semantik/Semiotik 17, 32, 35–40, 48–50, 61–65, 97 f., 110–118, 121, 134 f., 176–182, 187–193, 196 f., 200, 212, 215, 226–230, 234, 237, 241–246, 251–256
Senator (Mitglied des röm. Senats) 172, 214 f., 228, 235
Sepulkralwesen (Praktiken und Objekte im Umgang mit Bestattungen und Gräbern) 51 f., 180 f. s. a. Grabritual

Seriation (Methode der Verbundanalyse von archäologischen Befunden zur Chronologieerstellung) 29
Signatur(en) 24, 109 f., 119, 122, 238, 245, 249
sinus (Bogensaum der → Toga am Knie) 204, 208, 214
Skulptur/Plastik 20 f., 24, 26, 114, 116, 120, 123, 125, 149 f., 154, 158, 194, 213, 216, 235–255, 257 f. s. a. Relief, Rundplastik
Skyphos (zweihenkliger Becher, Trinkgefäß) 132
Sozialgeschichte 66, 98, 105, 123 f., 130, 143, 153 f., 163, 172
Sozialstatus 50 f., 98, 112 f., 171 f., 215
Spektroskopie 17 f.
Sphinx (griech. Mischwesen eines geflügelten Löwen mit Frauenkopf) 74
‹Spinario› (berühmte antike Statue eines → Dornausziehers in Rom) 155–157 Abb. 24; 163
‹Staatskameen› 183, 186 f., 193, 196, 199
‹Staatsreliefs›, röm. 20 f., 42, 183, 199, 222, 224, 232
Stadtforschung 20, 22
Statusrepräsentation 215
Stil (Stilanalyse) 23–31, 33, 48, 56 f., 79, 90–92, 108, 130, 157, 169, 193–195, 207, 209 f., 211, 224–226, 237, 251; s. a. Lokalstil, Regionalstil, Individualstil, Zeitstil, Werkstattstil
Stoa (griech. Gebäude in Form einer einseitig durch Säulen geöffneten Halle; pl. Stoai) 69, 77, 81, 85
Stratigraphie (Schichtenabfolge in einer Ausgrabung) 29, 90
Strukturalismus/strukturale Anthropologie/strukturalistisch 36, 39, 149
Stückungstechnik 201–203
Survey (Oberflächenprospektion als Methode der → Feldforschung) 17
Symposion (griech. Männergelage) 55, 66, 130–132, 141 f., 145, 147 f., 150, 161–163

Tänie (Stoffbinde) 113, 122, 134
tainiosis (griech. Verleihung von Stoffbinden an Sieger) 113, 126
Tabula (lat. Inschriftentafel) 169 f.
Tambour (vertikal stehendes, rundes Bauelement in der Architektur) 166–170, 177 f., 180
Taphonomie 13 f., 19
‹Tazza Farnese› (späthellenistischer → Kameo, heute im Archäologischen Nationalmuseum in Neapel) 194
Temenos (griech. Heiligtum; lat. *templum*) 67 f., 70, 75, 81 f., 84, 86 s. a. Heiligtum
Tempel (geschützter Ort der Aufstellung eines Kultbildes in einem antiken Heiligtum; griech. *naos*, lat. *aedes*) 68 f., 72–76, 78, 81 f., 85, 170–172, 180, 188, 192, 195, 222, 228
Temperamalerei (Malerei mit Ei oder Öl als Bindemittel der Farbpigmente) 111
‹*terminus post/ante quem*› (Bezeichnung des frühest/spätest möglichen Zeitpunkts eines Ereignisses in der relativen → Chronologie) 29, 151, 208, 250
Terrakotten/Koroplastik (Figuren aus gebranntem Ton) 22, 74, 78 f., 149–152 Abb. 23; 154–156, 159–163, 215
Therme/n (röm. Badeanlage) 235 f., 238 f., 241–244, 246, 254
Thermoluminiszenz 17 f.
Toga (Gewand des röm. Bürgers) 201 f., 204–217, 220, 222 f., 227 f. s. a. *balteus, sinus, umbo*
Togatus (Träger einer → Toga) 201 f. Abb. 33; 204–206, 208–215, 222, 228
Topographie 15, 32, 69, 84, 164, 174, 257
Topologie 31 f.
Toreutik (Handwerk der Metallge-

fäßherstellung/Metallverarbeitung) 20, 22
Totenkult 56 s. a. Grabkult
Trauer/Trauerrituale 51, 60–64, 66 f., 105, 118 f., 171, 213, 218, 233
Treibtechnik (Metall) 90
tria nomina (lat. Personenname aus drei Bestandteilen: Praenomen, Gentilnomen [→ *gens*], Cognomen) 170
Triglyphe (dreigeteilte Platte zwischen → Metopen im → dorischen Gebälk) 76, 81, 85, 165 f., 179 f., 182
Triklinium (Gelageraum im röm. Haus; röm. Form des → Andron) 80 f.
Tropaion/*tropaeum* (griech./lat. «Siegesmal») 33, 179 f., 182, 189–191, 195, 197
Tumulus (Grabhügel) 167–169 Abb. 29; 173–178, 180 f.
Tunica (röm. Untergewand) 204, 210 f., 214 f. s. a. *clavus*
Typologie/Typus/typologische Analyse 23–31, 33, 57, 71, 76, 96, 109, 112, 121, 134–137, 140, 156–159, 164, 167, 176 f., 180, 191 f., 197, 222, 224, 226–228, 231 f., 236 f., 246–251, 253–255
Tyrannis (unumschränkte Willkürherrschaft eines Mannes) 123

Umarbeitung 205–207, 210 f., 216
Umbildung 158, 191 f., 237, 253–255
umbo (lat. Stoffzipfel am → Balteus der → Toga) 204, 208
Urne (Gefäß zur Aufnahme der Asche einer → Brandbestattung) 44, 46–48, 217, 234

Vasen (moderne Bezeichnung für antike, vor allem griech. Tongefäße von ital. *vaso*) 20, 127
Vasenbilder/-malerei 20 f., 24 f., 36, 62, 95, 117, 127–149, Abb. 19–20, 22, 215 s. a. rotfigurige Maltechnik, schwarzfigurige Maltechnik
Vergleich 22 f., 28 f., 33, 41, 89, 92, 94, 96, 98, 117, 147, 183, 195, 205, 209, 211, 218, 222, 230, 237, 240, 244 f., 247–249
Verwendungskontext 19, 26, 31 f., 34, 36–38
Victimarius (röm. Opferdiener, der das Tier tötet) 222
virga (lat. Schlagstock) 223
Visuelle Kultur 13 f., 26
Volutenkrater (Sonderform des → Kraters mit eingerollten [‹voluten›-förmigen] Henkeln) 25, 127, 133 Abb. 19–20; 140, 148
Votiv/Votivgabe (Objektgabe, die man einer Gottheit oder einem Heros darbringt) 20, 31, 41, 68, 71–75, 78 f., 84, 86 f., 90, 102, 151, 159, s. a. Weihgeschenk
Votivpraxis/Votivspektrum 68, 71, 78 f., 84, 86 s. a. Votiv

Wahrnehmungskontext 31 f., 38, 61, 241–246
Wandmalerei, röm. 21 f.
Wechselansichtigkeit 62 f., 99
Weihgeschenk (= Votiv) 68, 71–73, 86, 89, 101 f., 112, 127, 158, 251
Werkstatt 24, 47, 57, 66, 92, 96, 109, 123 f., 148, 158, 218, 234, 236
Werkstattstil 57, 109
‹*wild goat style*› (ein Dekorationssystem → archaischer → Keramik aus Ionien) 91 f., 100, 103
Wirtschaftsgeschichte 50–52 s. a. Handel
Wohnforschung 20, 22

Zeitgesicht 208–211, 216, 224 f., 231 f.
Zeitstil 23 f., 47 f., 56 f., 91 f., 109, 194 f., 210, 225 f., 239, 250
Zisterne (Wasserdepot) 44, 69, 80 f.

Orte/Regionen/Bevölkerungsgruppen

Actium (Ort an der Westküste Griechenlands, griech. auch Nikopolis, wo 31 v. Chr. → Octavianus den letzten Widersacher im Machtkampf, Marcus Antonius, in einer Seeschlacht besiegte) 190
Assos (griech. Stadt in der Troas im nördlichen Kleinasien) 217
Assyrier/Assyrien/assyrisches Reich (Großreich in Mesopotamien seit dem frühen 1. Jhtsd. v. Chr.) 79, 81, 101–104
Athen (griech. Stadt in Attika) 44, 47 f., 50–53, 56 f., 60, 66, 92 f., 95 f., 103–110, 119, 121, 123 f., 128–131, 135, 137–143, 145–148, 161, 176, 245, 248
Attika (griech. Landschaft um Athen und Territorium der → Polis Athen) 56 f., 95, 97 f., 109, 121, 123 f., 176, 218

Baltimore, The Walters Art Museum 127, 130, 143, 144 Abb. 21–22; 148
Belevi (Ort hellenistischer Grabbauten bei Ephesos im westlichen → Kleinasien) 176
Benevent (röm. Stadt in Süditalien) 170 f.
Berlin, Antikensammlung SPK 152 Abb. 23; 183, 184 Abb. 31; 186, 188 Abb. 32; 257 f.

Caieta → Gaeta
Cerveteri (→ etruskische Siedlung mit Nekropole) 177

Delphi (Stadt in Mittelgriechenland mit bedeutendem → panhellenischem Heiligtum des Apollon) 72
Dokimeion (griech.-persische Stadt in Phrygien im nördlichen → Kleinasien; Ort bedeutender Marmorsteinbrüche) 218

Eleusis (Heiligtum der Demeter westlichen von → Athen in → Attika) 119
Etrurien/etruskisch/Etrusker (Region im nördlichen Westitalien) 9, 28, 128, 163, 177

Ferrara, Archäologisches Museum 127–129, 133 Abb. 19–20; 148 f.

Gaeta/Caieta (röm. Stadt in Campanien) 163–182 Abb. 26
Gallien/Gallia (antike Region des heutigen Frankreich und Belgien; seit 58 v. Chr. von → Caesar erobert; zur Gallia gehörten mehrere römische Provinzen) 170, 172

Hierapolis (griech. Stadt in Phrygien in → Kleinasien) 176

Ionien (antike Region im mittleren westlichen → Kleinasien) 91 f., 150

Kalydon (griech. Stadt in Ätolien in Nordgriechenland; mythischer Ort des Ebers von Kalydon, den → Meleager tötete) 145
Kleinasien (lat. Asia Minor; antike Region der heutigen Westtürkei bis etwa zum Taurosgebirge) 9, 79, 87, 89, 101, 150, 160, 175, 218
Knidos (griech. Ort auf einer Halbinsel vor der Südwestküste → Kleinasiens; Ort eines bedeutenden Heiligtums der Aphrodite mit Kultstatue des → Praxiteles) 175, 177
Kommagene (Region in der heuti-

gen Südosttürkei; unabhängiges Königreich im Späthellenismus) 175, 177 s. a. Antiochos I. von Kommagene
Konstantinopel (Byzanz/Byzantion; griech. Stadt am Bosporus im nordwestlichen → Kleinasien, heute Istanbul) 186
Korinth (griech. Stadt am Nordostende der → Peloponnes) 68, 70 f., 79, 82, 95, 250

Larisa am Hermos (griech. Stadt in der Äolis, einer Landschaft im westlichen → Kleinasien) 176
Latium (Region des antiken Mittelitalien im Umfeld von Rom) 164, 173
Lavinium (röm. Stadt in → Latium; angeblich von → Aeneas nach seiner Ankunft aus Troja gegründet) 173
Lefkandi (griech. Stadt auf Euböa, der Insel östlich → Attikas; bedeutende geometrische Grabfunde) 103
Lindos (griech. Stadt auf der Insel Rhodos) 175
London, British Museum 157 Abb. 25
Lugdunum (röm. Stadt in Gallien; Hauptstadt der Provinz Gallia Lugdunensis; heute Lyon) 170–172

‹Magna Graecia› (griech. kolonisiertes Unteritalien und Sizilien) 163
Merenda (Hügel im mittleren → Attika; zum antiken Demos → Myrrhinous gehörig) 105
Myrrhinous (griech. Siedlung und Demos in → Attika) 105, 107, 110 f., 123 f.

Neapel, Museo Archaeologico 238, 239 Abb. 40a–b; 247, 249, 254
Nemrud Dağ (Grabbau des → Antiochos I. von → Kommagene) 175 f., 182
New York, Metropolitan Museum of Art 54, 55 Abb. 5; 58 Abb. 6–8; 66
Numidien/Numidia (antike Region in Nordafrika; Königreich bis ins 1. Jh. n. Chr.) 176, 182

Olympia (bedeutendes → panhellenisches Zeusheiligtum auf der → Peloponnes mit Kultstatue des Zeus von → Phidias) 72, 87, 154

Paris, Musée du Louvre 57, 93, 129, 154, 159 f.
Paros (griech. Insel der Kykladen in der Ägäis) 109 f., 125
Parther/Parthia (antike Region und Großreich seit dem 2./1. Jh. v. Chr. in Mesopotamien und dem nordwestlich anschließenden Gebiet) 191
Peloponnes (griech. Halbinsel; südlichster Teil des griech. Festlandes) 79, 82 f., 251, 253
Perachora (griech. Ort bei → Korinth mit Heiligtum der → Hera Akraia) 67–86 Abb. 9–13; 150
Pergamon (griech. Stadt in der Äolis im westlichen Kleinasien; hellenistisches Königreich) 150, 175
Persien/Perser (Königreich, das sich im 1. Jhtsd. v. Chr. von Kleinasien bis Mesopotamien erstreckte, beherrscht von den Achämeniden als Könige; von den Griechen in den → Perserkriegen [ca. 490–460 v. Chr.] u. a. bei Marathon, Salamis und Plataiai geschlagen) 123 f., 142, 147
Phönikien/phönikisch/Phöniker (Region an der Südostküste des Mittelmeeres; bedeutende Handelsmacht in der ersten Hälfte des 1. Jhtsd. v. Chr.) 9, 51, 78 f.
Plataiai (griech. Stadt in Böotien; Ort des Landsieges der Grie-

chen über die → Perser 479 v. Chr.) 124, 142
Pompeji (röm. Stadt in Mittelitalien; 79 n. Chr. beim → Vesuvausbruch zerstört 29, 215, 258
Populonia (→ etruskische Siedlung gegenüber von Elba) 177
Priene (griech. Stadt in → Ionien) 150–152

Raetia/Raeter (antike Region und Bevölkerungsgruppe etwa zwischen Schwarzwald, Bodensee und Inn; röm. Provinz seit dem 1. Jh. n. Chr.) 171
Raurica (röm. Colonia am Oberrhein, gegründet von → Lucius Munatius Plancus wohl 44 v. Chr.; später Augusta Raurica) 170–172
Rhodos (griech. Insel vor der Südwestküste Kleinasiens) 175
Rom (antike Stadt in → Latium) 10, 67, 95, 155–157, 163 f., 171–175, 177 f., 180–182, 187, 189, 192, 195, 197, 201, 208 f., 211, 213 f., 215, 217–219, 225, 228, 230, 232, 238 f., 245–249
Rom, Musei Capitolini 156 Abb. 24; 202–207 Abb. 33–35; 211

Salamis (griech. Insel vor der Westküste → Attikas; Ort des entscheidenden Seesiegs der Griechen über die → Perser 480 v. Chr.) 142
Samos (griech. Insel vor der Westküste Kleinasiens, zu → Ionien gehörig, mit bedeutendem Heiligtum der → Hera) 72, 75, 79, 86–104
Sankt Petersburg, Eremitage 219 Abb. 36; 221 Abb. 37–38; 223 Abb. 39; 224–228, 231, 233 f.
Spina (griech.-etruskische Hafenstadt in Norditalien an der Mündung des Po) 128, 136, 140, 148

Unteritalien (Süditalien, Teil der → Magna Graecia) 94–96, 98, 103

Vesuv (Vulkan in Kampanien, an der Westküste Mittelitaliens östlich von Neapel; sein Ausbruch 79 n. Chr. zerstörte u. a. Pompeji und Herculaneum) 29, 164

Personen/Figuren

Achilleus 65, 120, 231
Adonis 230 f.
Aeneas 173, 192
Agesilaos (um 440–359/8 v. Chr; spartanischer König und Feldherr) 70 f., 82 f.
Agrippa: Marcus Vipsanius Agrippa (64/3–12 v. Chr.; röm. Feldherr und Vertrauter des → Augustus, seines Schwiegervaters) 196
Akamas 136
Aktorione/Molione (Doppelwesen der griech. Mythologie) 58 Abb. 7; 61 f., 67
Alexander der Große (356–323 v. Chr.; makedonischer Herrscher, der 334–324 v. Chr. das Perserreich bis zum Indus eroberte) 28, 249, 252
Alkibiades (um 450–404 v. Chr.; griech. Politiker aus Athen) 131
Alkmaionidai (altes → Genos Athens, zu dem auch → Kleisthenes gehörte) 123 f., 126
Amarynkeus 61 f., 65
Amor/griech. Eros 220, 224, 229
Antiochos I. von Kommagene

(69 – um 36 v. Chr.; König von → Kommagene 175–177
‹Antiphon-Maler› (moderner Name eines attischen Vasenmalers des späteren 5. Jh.s v. Chr.) 130, 143
Antonio da Sangallo d. J. (1484–1546; ital. Architekt der Renaissance, der auch Ausgrabungen in Rom dokumentierte) 238 f.
antoninische Dynastie (138–193; röm. → Principes aus der Familie des Antoninus Pius) 226
Aphrodite/lat. Venus 117 f., 191 f., 197
Apollodor (griech. Grammatiker des 2. Jh.s v. Chr. aus Athen; angeblicher Autor der ‹Bibliotheke›, eines mythographischen Handbuchs des 1. Jh.s n. Chr.) 61, 94
Aristion von Paros (zweite Hälfte 6. Jh. v. Chr.; griech. Bildhauer aus Paros) 109, 119, 122, 125
Athena/lat. Minerva 33, 36, 95 f., 117, 135, 175, 189
Athenaios (um 200 n. Chr.; griech. Schriftsteller aus Naukratis in Ägypten; schrieb die ‹Deipnosophistai› [= ‹Gelehrtengastmahl›]) 117, 161
Augustus (63/reg. 27 v. – 14 n. Chr.; lat. Ehrenname des Gaius Iulius Caesar → Octavianus, → Adoptivsohn → Caesars, als erster röm. → Princeps seit 27. v. Chr.) 172–174, 177 f., 180 f., 190, 192–196, 198, 208–210, 214, 237

Barberini, Francesco (1597–1679; ital. Kardinal und Antikensammler aus Florenz) 201
Beazley, John D. (1865–1970; britischer Archäologe, Erforscher der attischen Vasenmalerei) 129 f., 258

Caesar: Gaius Iulius Caesar (100–44 v. Chr.; röm. Politiker und Feldherr; Adoptivvater des → Augustus) 172–174, 190, 192 f., 195
Gaius Caesar: Gaius Iulius Caesar (20 v. – 4 n. Chr.; Sohn des → Agrippa und der → Iulia; designierter Nachfolger und Adoptivsohn des → Octavianus → Augustus) 196, 199
Caligula: Gaius Caesar (12/reg. 37–42 n. Chr.; dritter röm. → Princeps der → iulisch-claudischen Dynastie; Sohn des → Germanicus, Neffe des → Claudius; verfiel der → *damnatio memoriae*) 193, 195, 209 f.
Caracalla: Marcus Aurelius Severus Antoninus (188/reg. 211–217 n. Chr.; röm. → Princeps der severischen Dynastie) 238 f., 241, 254
Carmenta/Carmentes (röm. Geburtsgöttin/nen) 192, 195, 197 f.
Cicero: Marcus Tullius Cicero (106–43 v. Chr.; röm. Politiker und Redner aus Arpinum) 210
Claudius: Tiberius Claudius Caesar (10 v./reg. 41–54 n. Chr.; vierter röm. Princeps der → iulisch-claudischen Dynastie, Onkel des → Caligula) 194
Colonna, Filippo (1578–1639; ital. Antikensammler aus Rom) 201
Commodus: Marcus Aurelius Commodus Antoninus (161/reg. 180–192 n. Chr.; letzter röm. → Princeps der → antoninischen Dynastie; verfiel der → *damnatio memoriae*) 244

Decius: Gaius Messius Quintus Traianus Decius (kurz vor 201/reg. 249–251 n. Chr.; röm. → Princeps, einer der sog. Soldatenkaiser) 225 f.
Demeter/lat. Ceres 117 f.
Dionysios von Halikarnass (um 54 – nach 7 v. Chr.; griech. Redner und Historiker aus →

Kleinasien, der eine ‹Frühgeschichte Roms› verfasste) 164
Dionysos/lat. Bacchus 131 f., 154, 158 f.
‹Doppelwesen› → Aktorione/Molione

Eros/lat. Amor 131
Euphronios (Ende 6. Jh. v. Chr.; attischer Töpfer und Vasenmaler) 95
Eurystheus 146
Eurytion 93–95
Euthymides (Ende 6. Jh. v. Chr.; attischer Vasenmaler) 135

Farnese, Alessandro (1520–1589; ital. Kardinal und Antikensammler) 238
Faustina d. J. (130–176 n. Chr.; Ehefrau des → Marc Aurel) 225
Foucault, Michel (1926–1984); franz. Philosoph und Begründer der → Diskursanalyse) 141 f.

Geertz, Clifford (1926–2006; US-amerikanischer Ethnologe und Kulturwissenschaftler) 10
Gerhard, Eduard (1795–1867; deutscher Altertumswissenschaftler und Archäologe; 1829 Mitbegründer des *Istituto di Correspondenza* in Rom, des Vorläufers des Deutschen Archäologischen Instituts) 96
Germanicus: Nero Claudius Germanicus (15 v. – 19 n. Chr.; Großneffe des → Augustus, Vater des → Caligula) 195
Geryoneus 93–100, 103 f.
Glykon (um 200 n. Chr.; griech. Bildhauer aus Athen; schuf die Statue des ‹Herkules Farnese›) 238 f., 245–247, 249, 251, 253
Gorgonen (griech. Mythenschwestern, deren Blick versteinert und von denen die Gorgo → Medusa von Perseus getötet wird; davon abgeleitet → Gorgoneion) 189

Hekabe 135, 141
Hektor 135
Hera/lat. Iuno 67–86, 86–104
Herakles/lat. Hercules 30, 93–99 Abb. 14–15; 101, 103 f., 146, 149, 235–255 Abb. 40–42
Hermes/lat. Mercurius 154, 159, 250
Herodot (490/80 v. Chr. – um 430/20 v. Chr.; griech. Historiker und ‹Vater der Geschichtsschreibung› aus Halikarnass in → Kleinasien) 75, 83, 85, 113
Hesiod (7. Jh. v. Chr.; griech. Dichter aus Böotien) 93, 134
Hesperiden 240, 250
Hestia (griech. Göttin des Herdes) 75
Holconius Rufus: Marcus Holconius Rufus (1. Jh. v. Chr.; bedeutender Magistrat in → Pompeji) 215
Homer (spätes 8./frühes 7. Jh. v. Chr.?; griech. Dichter der → ‹Ilias› und ‹Odyssee›) 10, 33, 55, 60–66, 73, 99, 112, 114, 117, 119, 120, 122, 135
Horaz: Quintus Horatius Flaccus (65–8 v. Chr.; röm. Dichter der augusteischen Epoche) 184
Humann, Carl (1839–1896; deutscher Ingenieur; Entdecker des ‹Pergamon-Altares›, heute in Berlin) 150

Isokrates (436–338 v. Chr; griech. Redner und Politiker aus Athen) 123
Iulia (39 v. – 14 n. Chr.; Tochter des → Augustus, Ehefrau des → Agrippa und Mutter des → Gaius und Lucius Caesar) 196
Iulisch-claudische Dynastie (27 v. – 69 n. Chr.; röm. → Principes aus der Familie des Augustus) 190–196
Iuno → Hera

Jupiter/griech. Zeus 222

Kapitolinische Trias (die drei Götter → Jupiter, Iuno und Minerva, die im Tempel des Jupiter auf dem Kapitol in Rom verehrt wurden) 222, 230
Kleisthenes (um 570 – Ende 6. Jh./nach 507 v. Chr.; attischer Reformer aus der Familie der → Alkmaionidai) 123
Kroisos aus Anavyssos (Mitte/zweite Hälfte 6. Jh. v. Chr.; attischer Bürger, dessen Grabmal beim heutigen Anavyssos gefunden wurde) 109, 126

Livius: Titus Livius (um 60 v. Chr. – 17 n. Chr.: röm. Historiker, dessen Werk *Ab urbe condita*/‹Von der Gründung Roms›, das die Geschichte Roms darstellt, nur in Teilen erhalten ist) 70, 83
Lucius Caesar: Lucius Iulius Caesar (17 v. – 2 n. Chr.; Sohn des → Agrippa und der → Iulia; designierter Nachfolger und Adoptivsohn des Augustus) 196, 199
Luna 230
Lydos (Mitte 6. Jh. v. Chr.; attischer Vasenmaler) 95
Lysipp 249–255

Marc Aurel: Marcus Aurelius (121/reg. 161–180 n. Chr.; röm. → Princeps aus der → antoninischen Dynastie) 155, 225
Medusa (eine der drei → Gorgonen) 189
Meleager 145 f., 149, 230
Minerva/griech. Athena 33, 189, 222
Molione/Aktorione → Aktorione
Munatius: Lucius Munatius Plancus (um 87 – um 15 v. Chr.; röm. Politiker und Feldherr) 163–182, 198, 212 f., 215, 233

Nessos 91, 104
Nestor 61, 65
Nike/lat. Victoria 113, 134–137, 139 f., 142, 149
‹Niobidenmaler› (moderner Name eines attischen Vasenmaleres des mittleren 5. Jh.s v. Chr.) 130, 148

Octavianus (Beiname des seit 27 v. Chr. als → Augustus regierenden Gaius Iulius Caesar vor Beginn des → Prinzipats 27 v. Chr.) 172, 193
Odysseus 33, 65

Pandion 136
Parzen 222, 230
Patroklos 61
Pausanias (griech. Schriftsteller des 2. Jh.s n. Chr., der eine ‹Beschreibung Griechenlands› [Periegesis] verfasste) 75
Peisistratos (um 600–528/7 v. Chr.; → Tyrann Athens) 123
Personifikationen 134, 224 f., 228 f., s. a. Concordia, Honos, Pietas, Pudicitia
Phidias (ca. 500/490–430/20 v. Chr.; griech. Bildhauer aus Athen) 36
Phrasikleia (Mitte/zweite Hälfte 6. Jh. v. Chr.; attisches Mädchen, dessen Grabmal in Form einer → Kore mit Inschrift in Attika gefunden wurde) 107 Abb. 17a–b; 108 f., 114 f., 117–120, 122–125
Platon (428/7–348/7 v. Chr.; griech. Philosoph aus Athen) 131, 176
Plinius d. Ä. (= Gaius Plinius Secundus, 23/24 v. – 79 n. Chr.; röm. Verfasser einer Naturgeschichte [*Naturalis historia*]) 24, 111, 217, 237 f., 249
Plutarch (um 45 – um 125 n. Chr.; griech. Schriftsteller aus Chaironeia in Griechenland, der u. a. Parallel-Biographien verfasste und Priester des Apollon in Delphi war) 70, 111

Polygnot (Mitte 5. Jh. v. Chr.; attischer Vasenmaler; namensgleich mit dem griech. Maler des mittleren 5. Jh.s v. Chr. aus Thasos, der große Tafelbilder schuf) 136, 149
Polyphem 33
Praxiteles (um 390 – um 320 v. Chr.; griech. Bildhauer aus Athen) 191 f., 250
Priamos 135
Prokrustes 145

severische Dynastie (193–235 n. Chr.; röm. → Principes aus der Familie des Septimius Severus) 239
Sokrates (469–399 v. Chr.; griech. Philosoph aus Athen) 131, 153, 162
Sol/griech. Helios 230
Sophokles (497/6–406/5 v. Chr.; einer der drei großen Tragiker aus Athen) 251
Stesichoros (ca. 630– ca. 555 v. Chr.; griech. Dichter und Lyriker aus Sizilien) 94 f., 97, 99, 103
Strabo (64/3 v. – nach 23 n. Chr.; röm. Geograph und Historiker aus Amaseia in → Kleinasien) 70, 177

Theokrit (früheres 3. Jh. v. Chr.; griech. Dichter vor allem der → Bukolik) 155, 162 f.
Theseus 138 f., 141, 145 f., 149
Thetis 190
Tiberius: Tiberius Iulius Caesar (42 v./reg. 14 n. – 37 n. Chr.; zweiter röm. → Princeps der → iulisch-claudischen Dynastie; Adoptivsohn des → Augustus) 194, 210, 215

Velleius: Marcus Velleius Paterculus (20/19 v. Chr. – nach 30 n. Chr.; röm. Historiker) 171
Venus/lat. Aphrodite 190–197, 210, 220, 224, 229, 231, 241, 244
Venus Genetrix 190
Venus Victrix 190
Vergil: Publius Vergilius Maro (70–19 v. Chr.; röm. Dichter, schuf u. a. das röm. ‹Nationalepos› → ‹Aeneis›) 173 f., 192 f., 195, 198, 214
Victoria/griech. Nike 191 f., 220, 223, 228
Vitruv: Marcus Vitruvius Pollio (1. Jh. v. Chr. – nach 27 v. Chr.; röm. Architekturtheoretiker, der das Handbuch *de architectura* verfasste und → Augustus widmete) 111

Weber, Max (1864–1920; deutscher Soziologe) 10
Winckelmann, Johann Joachim (1717–1768; deutscher Gelehrter und Begründer der kunsthistorischen Forschung zur Antike) 11

Xenophon (ca. 430/25 – ca. 350 v. Chr.; griech. Historiker aus Athen) 70, 82

Zeus/lat. Jupiter 25, 87, 154, 189, 22

Aus dem Verlagsprogramm